Management-Reihe Corporate Social Responsibility

Herausgegeben von
René Schmidpeter
Dr. Jürgen Meyer Stiftungsprofessur für
Internationale Wirtschaftsethik und CSR
Cologne Business School (CBS)
Köln, Deutschland

D1726115

Das Thema der gesellschaftlichen Verantwortung gewinnt in der Wirtschaft und Wissenschaft gleichermaßen an Bedeutung. Die Management-Reihe Corporate Social Responsibiltiy geht davon aus, dass die Wettbewerbsfähigkeit eines jeden Unternehmens davon abhängen wird, wie es den gegenwärtigen ökonomischen, sozialen und ökologischen Herausforderungen in allen Geschäftsfeldern begegnet. Unternehmer und Manager sind im eigenen Interesse dazu aufgerufen, ihre Produkte und Märkte weiter zu entwickeln, die Wertschöpfung ihres Unternehmens den neuen Herausforderungen anzupassen, sowie ihr Unternehmen strategisch in den neuen Themenfeldern CSR und Nachhaltigkeit zu positionieren. Dazu ist es notwendig, generelles Managementwissen zum Thema CSR mit einzelnen betriebswirtschaftlichen Spezialdisziplinen (z. B. Finanz, HR, PR, Marketing etc.) zu verknüpfen. Die CSR-Reihe möchte genau hier ansetzen und Unternehmenslenker, Manager der verschiedener Bereiche sowie zukünftige Fach- und Führungskräfte dabei unterstützen, ihr Wissen und ihre Kompetenz im immer wichtiger werdenden Themenfeld CSR zu erweitern. Denn nur wenn Unternehmen in ihrem gesamten Handeln und allen Bereichen gesellschaftlichen Mehrwert generieren, können sie auch in Zukunft erfolgreich Geschäfte machen. Die Verknüpfung dieser aktuellen Managementdiskussion mit dem breiten Managementwissen der Betriebswirtschaftslehre ist Ziel dieser Reihe. Die Reihe hat somit den Anspruch, die bestehenden Managementansätze, durch neue Ideen und Konzepte zu ergänzen um so durch das Paradigma eines nachhaltigen Managements einen neuen Standard in der Managementliteratur zu setzen.

Reihenherausgeber
René Schmidpeter
Köln
Deutschland

Weitere Bände in dieser Reihe
http://www.springer.com/series/11764

Vera Steinkellner
(Hrsg.)

CSR und Kultur

Corporate Cultural Responsibility als
Erfolgsfaktor in Ihrem Unternehmen

 Springer Gabler

Herausgeber
Vera Steinkellner
Consulting & Artmanagement
Wien, Österreich

ISSN 2197-4322   ISSN 2197-4330 (electronic)
Management-Reihe Corporate Social Responsibility
ISBN 978-3-662-47758-8   ISBN 978-3-662-47759-5 (eBook)
DOI 10.1007/978-3-662-47759-5

Die Deutsche Nationalbibliothek verzeichnet diese Publikation in der Deutschen Nationalbibliografie; detaillierte
bibliografische Daten sind im Internet über http://dnb.d-nb.de abrufbar.

Springer Gabler

Coverfoto: Michael Bursik

Springer-Verlag Berlin Heidelberg ist Teil der Fachverlagsgruppe Springer Science+Business Media
(www.springer.com)

Vorwort des Reihenherausgebers: Wechselspiel zwischen Kultur und Wirtschaft – kreative Impulse und ästhetische Reflexion für das Management

Das Thema der gesellschaftlichen Verantwortung (CSR) hat unbestritten eine ökonomische, soziale und okologische Perspektive. Aber hat es auch eine kulturelle bzw. ästhetische Perspektive? Kunst und Kultur reagieren auf die Entwicklungen in der Wirtschaft – zum einen durch künstlerische Kritik, kreatives Weiterdenken als auch durch konkrete Fragen nach der finanziellen Förderung von Kunst und Kultur durch das Wirtschaftssystem.

Dadurch weisen die Beziehungen zwischen der Wirtschaft und der Kultur eine gewisse Ambivalenz auf. Zum einen berufen sich beide Systeme auf ihre jeweilige Unabhängigkeit, zum anderen brauchen sie die Leistungen des jeweils anderen Systems für ihren eigenen Erfolg. Zudem reagieren beide Bereiche manchmal ganz unabhängig und manchmal gemeinsam auf globale Megatrends, wie zum Beispiel Ressourcenknappheit, Demografie, Finanzkrisen etc.

Darüber hinaus hat sich in der Wirtschaft die Erkenntnis durchgesetzt, dass Ästhetik und Formensprache Einfluss auf den Erfolg von Produkten und Marken haben. Und gerade sehr erfolgreiche Unternehmen arbeiten oft intensiv mit Künstlern und Designern zusammen, um ihren Marktauftritt zu optimieren. Kann daraus eine direkte Verantwortung der Unternehmen für die Entwicklung von Kunst und Kultur abgeleitet werden? Oder sollte ganz im Gegenteil Kunst und Kultur selbst die alleinige Verantwortung für ihr Handeln und ihre Entwicklung übernehmen?

Dieses Wechselspiel zwischen Kunst und Kultur und seinem wirtschaftlichen Umfeld erfährt auch in der CSR-Diskussion immer mehr Aufmerksamkeit. Es wird deutlich, dass Kunst auch ökonomischen Wert stiften kann, und z. B. auch hilft Transaktionskosten im internationalen Handel zu reduzieren. Oft verkaufen deutsche und österreichische Unternehmen auf den globalen Märkten nicht nur ein Produkt, sondern als Mehrwert auch die deutsche und österreichische Kultur. Werksorchester dienen dazu, insbesondere in Asien kulturelle Brücken zu bauen und durch künstlerische Performance die eigene Identität zu transportieren. Davon profitieren sowohl die Unternehmen als auch die beteiligten Künstler, die auf neue Ressourcen für ihr eigenes Schaffen zurückgreifen können. So bietet das ökonomische System einen wichtigen Resonanzraum auch für künstlerische Ideen, die durch wirtschaftliche Prozesse verstärkt oder abgeschwächt werden.

Jedoch ist dieses Zusammenspiel von Kultur und Wirtschaft nicht immer ohne Kritik. So wird Künstlern, die sich auf ökonomische Faktoren einlassen, oft vorgeworfen, sich vereinnahmen zu lassen. Gleichzeitig wird Unternehmen, die sich für Kunst und Kultur engagieren, vorgeworfen, dies nur aus Eigeninteresse zu tun oder um die Kunst für ihre Zwecke zu missbrauchen. Engagiert sich ein Unternehmen jedoch aus reinen Altruismus und ohne unternehmerisches Ziel, dann wird auch dies kritisch hinterfragt und von Managementwissenschaftlern als reine Mittelverschwendung verurteilt. Daher kann eine Zusammenarbeit zwischen Unternehmen und Kunst immer nur Mittel und auch Zweck zugleich sein, und ist damit ein sehr komplexes Unterfangen und nur in interdisziplinärer Betrachtung zu erklären.

Um auf Augenhöhe und partnerschaftlich miteinander zu handeln, bedarf es daher auf beiden Seiten eines reflektierten und bewussten Umgangs mit der Unterschiedlichkeit und den jeweiligen Werten des anderen. Nur so kann die Verknüpfung von Kunst und Kultur mit bestehenden betriebswirtschaftlichen Konzepten ein adäquates Mittel sein, um auf ökonomische Entwicklungen eines Unternehmens mit künstlerischen Impulsen gezielt Einfluss zu nehmen. Zu lange wurde der Bereich von Kunst und Kultur aus der Betriebswirtschaftslehre ausgeblendet. Jedoch zeigt sich in der gelebten Praxis, dass insbesondere Ästhetik und künstlerische Kreativität, wichtige Dimensionen von Innovation sowie von wirtschaftlichen Wertschöpfungsprozessen in den Unternehmen sind. Viele Fragen der Unternehmensführung und -praxis hängen direkt oder indirekt mit kulturellen Fragen zusammen, die von der künstlerischen und ästhetischen Entwicklung des jeweiligen gesellschaftlichen Umfelds des Unternehmens abhängen. Somit ist es nicht verwunderlich, wenn Unternehmen genau in dieses Umfeld investieren und wichtige kreative Impulse und ästhetische Reflexionen aus Kunst und Kultur ziehen.

Die vorliegende Publikation mit dem Titel „CSR und Kultur" stellt damit ein wichtiges Bindeglied zwischen unternehmerischen und kulturellen bzw. künstlerischen Fragen dar. Dabei werden konkrete Instrumente für die erfolgreiche Verknüpfung von Management und Kunst dargestellt. Ergänzt werden diese konzeptionellen Überlegungen durch ausführliche Praxisbeispiele von erfolgreichen Unternehmen, die ein sehr ausgeprägtes Verhältnis zu Kunst und Kultur pflegen, und gleichzeitig aufzeigen wie durch Kunst der ökonomische Erfolg der jeweiligen Unternehmen nachhaltig positiv beeinflusst werden kann.

Alle LeserInnen sind damit herzlich eingeladen, die in der Reihe dargelegten Gedanken aufzugreifen und für die eigenen beruflichen Herausforderungen zu nutzen sowie mit den Herausgebern, Autoren und Unterstützern dieser Reihe intensiv zu diskutieren. Ich möchte mich last but not least sehr herzlich bei der Herausgeberin Vera Steinkellner für ihr großes Engagement, bei Michael Bursik und Janina Tschech vom Springer Gabler Verlag für die gute Zusammenarbeit sowie bei allen Unterstützern der Reihe recht herzlich bedanken und wünsche Ihnen, werter Leser bzw. werte Leserin, nun eine interessante Lektüre.

Prof. Dr. René Schmidpeter

Vorwort

Corporate Social Responsibility gewann in den vergangenen Jahren zunehmend an Bedeutung – in vielen Unternehmen ist die Übernahme sozialer, ökonomischer und ökologischer Verantwortung bereits integrativer Bestandteil der Unternehmensstrategie. Es steht mittlerweile außer Frage, dass Unternehmen Verantwortung für ihre Auswirkungen auf die Gesellschaft tragen. Der Fokus liegt nunmehr auf Strategien zur erfolgreichen Umsetzung und zur Etablierung von CSR als Managementansatz.

Doch wie sieht es mit Corporate Cultural Responsibility aus? Selten empfinden Unternehmer, die zum ersten Mal mit CCR konfrontiert werden, diese Verantwortung. Manche sehen in der Zusammenarbeit mit Kunst und Kultur einen überflüssigen Luxus, andere befürchten Verantwortung dort *auferlegt* zu bekommen, wo vielleicht gar keine besteht.

Die Gründe für die geringe Ausprägung dieses Verantwortungsgefühls sind vielfältig. Zum einen werden Kultur und Wirtschaft immer noch als getrennte Sphären wahrgenommen, zum anderen tritt der Staat – zumindest in weiten Teilen Europas – als Verantwortungsträger auf. Erschwerend kommt hinzu, dass die Wirtschaftstheorie über einen langen Zeitraum hinweg nicht quantifizierbare Faktoren, darunter auch kulturelle Einflüsse, als relevante Parameter ausklammerte.

Da Kultur ihre Wirkung indirekt entfaltet, sind die Vorteile und Potenziale, die sie mit sich bringt, oft erst auf den zweiten Blick erkennbar. Kunst und Kultur gelten als Basis für Kreativität und können wichtige Impulse für die Bereiche Forschung und Innovation darstellen. Darüber hinaus trägt Kultur maßgeblich zur Identität eines Unternehmens bei.

Vor allem große Konzerne können hier als Vorreiter betrachtet werden: Sie wissen die Besonderheiten der Kultur mit den Bedürfnissen von Wirtschaftsunternehmen zusammenzuführen und setzen diese gezielt ein, sei es im *war for talent*, sei es, um die Attraktivität des Standorts zu sichern.

Ziel dieses Beitragswerks ist es, Vermittlungsarbeit zwischen Kultur und Wirtschaft zu leisten. Erst wenn Unternehmer den Wert dieser Ressourcen erkennen und zu schätzen wissen, wird ein Verantwortungsgefühl gegenüber Kultur entstehen können. Damit wird auch Interesse daran geweckt, die Herausforderung anzunehmen und die *Ressource Kultur* zu nutzen.

Wie bei CSR geht es auch bei CCR nicht um Stiften, Spenden und Sponsern, sondern um eine Investition in die kulturelle Basis, die ökonomischen Erfolg nach sich zieht.

Der vorliegende Band bietet dem Leser die Möglichkeit, sich durch eine Zusammenstellung ausgewählter Beiträge erstmalig einen gesammelten Überblick zum Thema Corporate Cultural Responsibility zu verschaffen. Mein einführender Artikel ist eine überarbeitete und erweiterte Version meines im Sammelband *Corporate Social Responsibility*
(Steinkellner 2015) erschienenen Beitrags über CCR und bietet eine umfassende Einführung in das Thema. Die weiteren wissenschaftlichen Artikel des ersten Teils behandeln
verschiedene Teilbereiche von CCR, beleuchten ihre diversen Aspekte aber auch in der
Praxis. Der zweite Teil trägt dem Stellenwert der Bildung im Rahmen von Kunst und
Kultur anhand eines kurzen Exkurses Rechnung. Im dritten Teil des Bandes werden erfolgreiche Business Cases vorgestellt. Die Entstehungsgeschichte, gemeisterte Herausforderungen und die anwendungsorientierte Beschreibung von Seiten der Unternehmens-
vertreter bieten eine wertvolle Informationsquelle – auch für kleine und mittelständische
Unternehmen.

Ich freue mich, dem Thema Corporate Cultural Responsibility im Rahmen dieser Reihe
eine verdiente Bühne bieten zu können und bedanke mich sehr herzlich bei allen, die das
Erscheinen dieses Bandes ermöglicht haben.

Wien, Mai 2015   Vera Steinkellner

Steinkellner V (2015) Corporate cultural responsibility. In: Schneider A, Schmidpeter R
(Hrsg) Corporate social responsibility, 2. Auflage. Springer Gabler, Wiesbaden

Inhaltsverzeichnis

Mitarbeiterverzeichnis

Alexander Lukas Bieri Historisches Archiv Roche, F. Hoffmann-La Roche AG, Basel, Schweiz

Davide Brocchi Köln, Deutschland

Arne Eimuth Wiesbaden, Deutschland

Alina Friedrichs Frankfurt, Deutschland

Lisa Fröhlich Cologne Business School, Köln, Deutschland

Peter Heinrich HEINRICH Kommunikation, Ingolstadt, Deutschland

Karin Heyl Social Engagement & Work-Life-Management, BASF SE, Ludwigshafen, Deutschland

Susanne Hilger PwC-Stiftung/Universität Düsseldorf, Frankfurt/Main, Deutschland

Ruediger John Cambridge, USA

Wolfgang Lamprecht Bank Austria Kunstforum Wien, Wien, Österreich

Stephan Muschick RWE Stiftung für Energie und Gesellschaft gGmbH, Essen, Deutschland

Tanja Nagel EDUCULT – Denken und Handeln im Kulturbereich, Wien, Österreich

Christian Neßler Mainz, Deutschland

Lorenz Pöllmann HMKW – Hochschule für Medien, Kommunikation und Wirtschaft, Berlin, Deutschland

Simon Rein Google Cultural Institute, Google UK Ltd, London, UK

Roland Schappert Köln, Deutschland

Gereon Schmitz SKVM, FH KufsteinTirol, Kufstein, Österreich

Vera Steinkellner Consulting & Artmanagement, Wien, Österreich

Evi Weichenrieder HEINRICH Kommunikation, Ingolstadt, Deutschland

Michael Wimmer EDUCULT – Denken und Handeln im Kulturbereich, Wien, Österreich

Der Autor

 **Mag. (FH)/MAS Vera Steinkellner** Vera Steinkellner ist seit 2010 als selbstständige Unternehmensberaterin und Kunstmanagerin tätig und Geschäftsführerin der Vera Steinkellner GmbH. Sie berät und begleitet Unternehmen, Kunstschaffende und Kulturorganisationen bei der Entwicklung und erfolgreichen Umsetzung von Corporate Cultural Responsibility-Projekten.

Sie ist zudem Gründerin des Shared Work- und Artspace Herminengasse1. Das Projekt verbindet die Idee von Freiraum für selbstständige Tätigkeit mit der Vision von Kunst als Katalysator für gesellschaftlichen Austausch. Halbjährlich wird der Raum für kuratierte, temporäre Ausstellungen der bildenden Kunst zur Verfügung gestellt.

Die gebürtige Oberösterreicherin studierte Kultur- und Veranstaltungsmanagement an der FH Kufstein, Kunstgeschichte an der Universität Wien und absolvierte berufsbegleitend das postgraduale Studium art&economy an der Universität für Angewandte Kunst in Wien. Sie war als Projektverantwortliche im Agenturgeschäft tätig und sammelte Erfahrung im privatwirtschaftlichen Museumsmanagement.

Teil I
Wissenschaftliche Beitraege

Corporate Cultural Responsibility. Eine Einführung

Vera Steinkellner

Zusammenfassung

Dieser Beitrag bietet eine umfassende Einführung zum Thema Corporate Cultural Responsibility (CCR), der unternehmerischen Verantwortung gegenüber Kultur. Erfolgreiche CCR-Partnerschaften sind beidseitig gewinnbringend und zeichnen sich durch Nachhaltigkeit sowie Integration in die Unternehmensstrategie aus.

Eingehend betrachtet werden die Entwicklung von CCR, die sich bietenden Potenziale und mögliche Einsatzfelder, sowohl aus wissenschaftlicher Perspektive als auch anhand von Praxisbeispielen. Dadurch werden die möglichen Dimensionen von Kultur als Erfolgsfaktor herausgearbeitet.

In erster Linie werden UnternehmerInnen adressiert aber auch Kulturinstitutionen und KünstlerInnen werden angesprochen und finden Anhaltspunkte, um eine Partnerschaft zu initiieren, die Konzeption zu bewältigen und schließlich die Herausforderungen der Umsetzung zu meistern. Ebenso wird Anleitung zur erfolgreichen Etablierung, wirkungsvollen Kommunikation und Langlebigkeit von Engagements gegeben.

If you are not interested in culture by taste, at least you have to be interested in it by opportunism or by strategy. (Nicolas Bourriaud, ehemaliger Direktor des Palais de Tokyo, Museum zeitgenössischer Kunst in Paris.)

V. Steinkellner (✉)
Consulting & Artmanagement, Wien, Österreich
E-Mail: vera@verasteinkellner.com

© Springer-Verlag Berlin Heidelberg 2015
V. Steinkellner (Hrsg.), *CSR und Kultur,* Management-Reihe Corporate
Social Responsibility, DOI 10.1007/978-3-662-47759-5_1

1 Einleitung

Bei dem Begriff Corporate Cultural Responsibility (CCR) könnte vermutet werden, es handle sich um eine neue Terminologie, die bestehenden Konzepten frischen Wind und neue Aufmerksamkeit bringen solle. Diese Annahme ist zum Teil gerechtfertigt, schließlich kann kulturelles Engagement von Unternehmen auf eine lange Geschichte zurückblicken. Kunstförderung, Kultursponsoring oder auch Mäzenatentum sind Beispiele für die vielfältigen Ausprägungen von Kooperationen und Partnerschaften zwischen Wirtschaft und Kultur. Allerdings besitzt keiner dieser Ansätze einen integrativen und nachhaltigen Charakter wie das Konzept von CCR. Dieses stelle ich auf den kommenden Seiten im Detail vor.

Wie der Terminus impliziert, schließt die CCR direkt an das Konzept von Corporate Social Responsibility (CSR) an und erweitert den Verantwortungsbereich auf kulturelle Inhalte. Der Managementansatz der CSR wird in der einschlägigen Literatur zumeist in einen ökonomischen, einen sozialen und einen ökologischen Bereich geteilt.[1] Um dem Prinzip der Ganzheitlichkeit und Nachhaltigkeit auch bei der Definition von CSR zu entsprechen, erscheint die Erweiterung des Verantwortungsbereichs logisch und konsequent. Bis dato erfährt die Kultur allerdings in keiner Definition eine explizite Erwähnung. In den seltenen Fällen ihrer Berücksichtigung wird Kultur dem Begriff Gesellschaft zugeordnet (Curbach 2008, S. 25). Diese untergeordnete Stelle wird der Bedeutung und Wirkungsdimension von Kultur jedoch nicht gerecht.

Um das Thema CCR einzuordnen, möchte ich vorschlagen, den etablierten Triple-Bottom-Line-Ansatz zu erweitern. Allerdings greift die naheliegende Ausdehnung auf einen Quadruple-Ansatz, im Rahmen dessen die kulturelle Verantwortung gleichberechtigt neben der ökonomischen, sozialen und ökologischen Verantwortung stehen würde, zu kurz. Vielmehr stellt die kulturelle Verantwortung die Basis dar, die auch in die anderen Verantwortungsbereiche miteinwirkt.[2]

Der Einbezug einer weiteren Ebene taucht auch bei anderen Autoren auf, so zum Beispiel bei Eva Grieshuber. Sie siedelt *Ethik & Geschäftsprinzipen* als zugrundeliegende Basis an (Grieshuber 2012, S. 374). Hildegard Kurt und Bernd Wagner schlagen indes vor Kultur „gleichberechtigt mit den ‚Drei Säulen' […] als querliegende Dimension" zu definieren (2002, S. 13 f.). Diese Ansätze greifen einen ähnlichen Gedanken auf: Einstellungen, Werte und Denkweisen – also die kulturelle Prägung – bilden die Grundlage für verantwortliches Handeln von Unternehmen (Abb. 1).

Die Argumentation der folgenden Seiten soll die Bedeutung der Kultur für die Wirtschaft klar herausstellen und es ermöglichen, die Verortung der Kultur an der Basis des Triple-bottom-Ansatzes nachzuvollziehen. Sie schafft eine Legitimation für die

---

[1] Entsprechend dem 1994 von Elkington geprägten Triple Bottom Line-Ansatz.

[2] Davide Brocchi beschäftige sich in seinem – in diesem Band veröffentlichten – Beitrag „Nachhaltigkeit als kulturelle Herausforderung" intensiv mit dem Zusammenhang von Kultur und Verhalten gegenüber der Natur und Nachhaltigkeit.

Abb. 1 Eigene Darstellung.
Erweiterter Triple-bottom-
Line-Ansatz. (Elkington 1998)

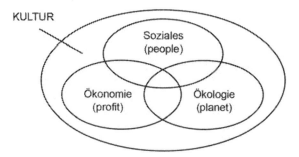

Etablierung eines grundlegenden und eigenständigen Verantwortungsbereichs der Kultur im Rahmen des Managementansatzes CSR. Auf dieser Basis wird anschließend die Konzeption von CCR vorgestellt und deren Ausprägungen und Formen präsentiert. Außerdem werden die Entwicklung einer Partnerschaft, Herausforderungen der Zusammenarbeit und die Kommunikation von CCR betrachtet.

2 Die Bedeutung von Kultur im Unternehmen

Die Bedeutung von Kultur ist vielschichtig. In diesem Kapitel möchte ich die vorherrschenden Zweifel an der Existenz einer unternehmerischen Verantwortung gegenüber der Kultur ausräumen. Die folgende Erörterung geht auf das Verhältnis von Kultur und Wirtschaft ein – vor allem aus der Sicht des Unternehmers.

Um die Relevanz der Kultur für Unternehmen zu bewerten, beziehungsweise für deren Wertschöpfungskette darzustellen, ist eine kurze begriffliche Definition von Kultur notwendig. Außerdem wird deren Verhältnis zu den Begriffen Kunst und Kreativität beleuchtet. Der Zusammenhang dieser Termini wird einen entscheidenden Beitrag zum Verständnis der Argumentation leisten.

2.1 Begriffliche Definition

Als Basis für diesen Beitrag soll Kultur nicht nur als Branche verstanden werden – im Sinne verschiedener Institutionen, die sich um Produktion und Erhalt von Kultur kümmern – sondern auch als sinnstiftende Instanz und Trägerschaft von Werten, die eine Gruppe von Menschen verbindet.

Das lateinische Wort „cultura" bezog sich zunächst auf die Bestellung von Land und wurde erst später auf kultische und intellektuelle Tätigkeiten übertragen. Darin liegen die Wurzeln der Doppeldeutigkeit des Begriffs, der einerseits für die kultivierte Natur und Kulturprodukte, andererseits für Prozesse stehen kann. Das bedingt sich durch die Tatsache, dass Kultur „sowohl Voraussetzung als auch Resultat der Geschichte" ist. Darüber

hinaus bildete der Begriff einen positiven Wertcharakter aus, da Kultur sich durch die
Summe menschlicher Leistungen definiert (Fisch 1992, S. 679 ff.).

Parallel dazu wird die Bedeutung der Kreativität betrachtet. Der Begriff „Kreativität"
leitet sich vom lateinischen Wort „creare" ab, was soviel wie „Schöpfen" oder „Erschaffen
von Neuem" bedeutet. Bringt man nun die Begriffe Kultur und Kreativität zueinander in
Bezug, kann die Kreativität der Menschen als kulturbildend angesehen werden. Sie bildet
die Basis für die Entstehung von Kultur.

Nach Wagner ist Kreativität auch ein elementarer Bestandteil der Kunst, die er als
„Höchstentwicklung des kreativen Potentials des Menschen in der Versinnlichung seines
intellektuellen, emotionalen und sozialen Vermögens" beschreibt (Wagner 2003, S. 58).
Auch Lüddemann bezeichnet die Kunst als „Experimentierfeld und Labor" der Kultur, die
in ihrer stetigen Reflexion, Überprüfung und Revision eine Steigerung der Kultur darstellt
(Lüddemann 2010, S. 51).

Die Begriffe Kultur, Kunst und Kreativität verfügen folglich über ein starkes Naheverhältnis und bedingen sich gegenseitig. Vor allem die Kreativität scheint als Ausgangspunkt
identifizierbar.

Betrachtet man den Begriff der Kreativität jedoch isoliert, steht dieser in erster Linie für
einen innovativen Prozess. „Ein kreativer Mensch ist eine Person, deren Denken und Handeln eine Domäne verändert oder eine neue Domäne erschafft" (Csikszentmihalyi 2007,
S. 48). Diese auf Innovation und Erneuerung ausgerichtete Qualität von Kreativität produziert nicht ausschließlich Kunst und Kultur, sondern auch wirtschaftlichen Fortschritt.
Abhängig von Zielrichtung, Einsatz und Intention ist Kreativität sowohl für Kultur und
Kunst als auch für die Wirtschaft ein entscheidender Faktor.

Die Kreativität spielt auch bei der begrifflichen Definition des Unternehmers eine bedeutende Rolle. Schumpeter lenkte bereits 1911 die Aufmerksamkeit auf das wichtige
Thema der Innovation (Schumpeter 1926). Die Kernthese seiner Theorie dreht sich um die
„schöpferische Zerstörung", des Unternehmers, „der unaufhörlich die Wirtschaftsstruktur
von innen heraus revolutioniert, unaufhörlich die alte Struktur zerstört und unaufhörlich
eine neue schafft" (Schumpeter 2005, S. 137–138). In der aktuellen Managementliteratur
wird ein Unternehmer mit ebendiesen Eigenschaften auch in der Gestalt des Entrepreneurs
(z. B. Fueglistaller et al. 2008, S. 40) beschrieben. Ursula Bertram (2012, S. 43) beschreibt
künstlerisches Denken gar als eine Kompetenz, „die nicht fachlich gebunden ist, genauso
wenig wie wissenschaftliches Denken fachlich gebunden ist. Es geht um eine Kunst in
außerkünstlerischen Feldern, die perspektivisch in den Köpfen von Wissenschaftlern und
Ökonomen genauso zu Hause ist wie in den Köpfen der Künstler."

Ich möchte damit herausstellen, dass schöpferische beziehungsweise kreative Qualitäten zu den Basisqualifikationen von Unternehmern zählen.

2.2 Wirkungsbereiche von Kultur

Diese Erkenntnisse verweisen noch nicht auf eine Verantwortung der Wirtschaft gegenüber der Kultur. Es konnte nur die gemeinsame Basis der Kreativität ausgemacht werden.

Die Frage, die sich an dieser Stelle aufdrängt, ist, ob Kultur im Umkehrschluss auch Basis für Kreativität ist. Ich betrachte hier nicht die *Henne-Ei-Problematik*, sondern die Wechselwirkung von Kreativität und Kultur. Sowohl der US-amerikanische Ökonom Florida als auch eine Studie der Europäischen Kommission weisen unter anderen (z. B. Schiuma 2009) klar auf die Existenz einer solchen Wechselwirkung hin.

Florida lenkte 2002 mit seinem Buch *The Rise of the Creative Class* die Aufmerksamkeit auf einen Paradigmenwechsel: ausgehend von der Industriegesellschaft hin zur Wissens- und Bildungsgesellschaft mit einem damit verbundenen Aufschwung der kreativen Klasse. Florida beschreibt ausführlich die Bedeutung der Attraktivität von Städten sowohl für die Mitarbeiter als auch für deren kreativen Output. Kunst und Kultur machen Standorte interessant und lebenswert, eine hohe Dichte an Künstlern kann als Indikator für eine offene und gelebte Kultur gesehen werden, die kreativitätsfördernd wirkt (Florida 2004, S. XVII). Der Ansatz von Florida ist großen Unternehmen mittlerweile geläufig und die Standortauswahl ist für diese ein wichtiges Thema. Der Einfluss, den Unternehmen allerdings auf bestehende Standorte nehmen können, wird oft nicht wahrgenommen. Es geht also nicht nur um die Auswahl eines kulturell potenten Standortes, sondern auch um dessen Sicherung und eine aktive Weiterentwicklung der ansässigen Kultur.

Eine Studie aus dem Jahr 2009, die im Auftrag der Generaldirektion für Bildung und Kultur der Europäischen Kommission erstellt wurde, belegt ebenfalls den Einfluss von Kultur auf Kreativität und definiert den Begriff der „culture-based creativity". Der veröffentlichte Bericht beschreibt auf Kultur basierende Kreativität als „ein wichtiges Mittel zur Überwindung von Normen und Konventionen", was dazu beiträgt, „sich inmitten eines immer intensiver werdenden wirtschaftlichen Wettbewerbs ein Alleinstellungsmerkmal zu verschaffen" (KEA European Affairs 2009, S. 4). Damit wird ganz klar der Einfluss von Kultur auf die Strategie von Unternehmen herausgestellt.

Neben der Unterstützung und Förderung des künstlerischen und kulturellen Umfelds zählt auch der Einsatz von Kunst und Kultur direkt im Unternehmen – beispielsweise im Rahmen von Veranstaltungen oder Workshops – zur strategischen Dimension. Der bewusste Einsatz von Kunst und Kultur bezweckt die Förderung von Kreativität. Diese wiederum generiert durch ihren ganzheitlichen Ansatz Innovation, Problemlösungskompetenz und Fortschritt. Kooperationen von Kultur und Wirtschaft eröffnen neue Perspektiven und etablierte Verhaltensmuster werden – zumindest temporär – aufgebrochen. Der veränderte Blickwinkel führt zu neuen Erkenntnissen. Durch eine Integration von Kunst und Kultur in die Unternehmensstrategie werden Synergieeffekte und Lernprozesse direkt und unmittelbar nutzbar gemacht.

Die Wirkung von Kunst und Kultur in Unternehmen besitzt neben der eben beschriebenen strategischen auch eine funktionale Dimension (Bauer 2005, S. 100).[3]

Der funktionale und kommerzielle – also mittelbare – Einsatz von Kunst und Kultur findet bei einem Großteil der Unternehmen täglich statt. Priddat stellt fest, dass durch

---

[3] Priddat identifiziert den Strategie- und Innovationsprozess und den Konsumbereich als Schnittstellen von Kunst und Wirtschaft (Priddat 2009, S. 63).

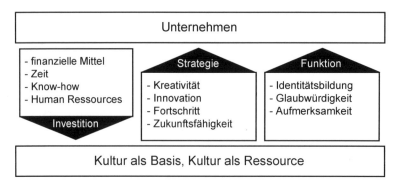

Abb. 2 Wechselwirkung zwischen Unternehmen und Kultur

Marketing und Werbung ganz klar kulturelle Elemente Einsatz finden. Mit den Mitteln der Kunst und Kultur werden Identitäten kreiert, ein Image aufgebaut, Werte authentisch vermittelt und ästhetische und ansprechende Produkte geschaffen, die der Konsument wiedererkennt und als besonders wahrnimmt. Sie werden zu „marked commodities" die erst durch ihre kulturelle Codierung von der definierten Zielgruppe wahrgenommen werden können (Priddat 2009, S. 15–16).

Der funktionale Einsatz von Kunst und Kultur hat in den vergangenen Jahrzehnten enorm an Bedeutung zugelegt und eine ganze Branche mit der etwas widersprüchlichen Bezeichnung *Creative Industries* begründet. Kreativität mit dem seriellen und vereinheitlichenden Industriebegriff zu kombinieren, erscheint paradox, lässt allerdings die wirtschaftliche Zielrichtung erkennen. Kunst, Kultur und Kreativität finden Einsatz im Auftrag der Wirtschaftlichkeit mit einem klar definierten Zweck. Im Sinne von Benchmarking dienen Kunst und Kultur dem Unternehmensmarketing als Vorlage: „Jedes Kunstwerk, jedes Kunstereignis arbeitet am Problem, als solches zur Kenntnis genommen zu werden. Darin steckt eine Kompetenz, die eine Wirtschaft auf der Suche nach knapper gewordenen Kunden beeindrucken muß" (Bäcker 2001, S. 4).

Damit wird klar gezeigt, welche Funktion – wenn auch indirekt – Kunst und Kultur in vielen Unternehmen hat: Generierung von Aufmerksamkeit, Ästhetik durch Identitätsbildung, Storytelling und ästhetisches Design. Kunst und Kultur – als Vorbild und Quelle der Kreativität – tragen zur Bewältigung einer der größten Herausforderungen bei: Aufmerksamkeit zu schaffen und zu halten.

Zusammenfassend möchte ich die grundlegenden Aufgaben von Kunst und Kultur für Unternehmen festhalten (siehe Abb. 2). Sie dienen als:

* Basis für Kreativität und dadurch als Ressource für Innovation, Fortschritt und Zukunftsfähigkeit (Strategie) und
* sinnstiftende Quelle für Identitätsbildung, Glaubwürdigkeit und Generierung von Aufmerksamkeit (Funktion).

There is no doubt that creativity is the most important human resource of all. Without creativity, there would be no progress, and we would be forever repeating the same patterns. (Edward de Bono)

Durch die ausführliche Behandlung dieses Bereichs kann festgestellt werden, dass Kultur bereits Bestandteil jedes Unternehmens ist und als Ressource eine bedeutende Rolle spielt. Diese Erkenntnis ist die Grundlage für das Verständnis von CCR.

2.3 Soziologische Aspekte

Noch klarer wird der tatsächlich vorherrschende Einfluss von Kunst und Kultur, wenn man einen Blick auf die soziologische Forschung wirft. Der Soziologie sind neben den ökonomischen Ressourcen bereits lange auch soziale und kulturelle Ressourcen bekannt.

Durch die mangelnde Operationalisierbarkeit von sozialen und kulturellen Ressourcen werden diese in Unternehmen selten entsprechend bewertet. In den 1990er-Jahren wurde der Managementansatz *Ressource-basedased View* zwar populär und sogenannte *intangible assets* als Erfolgsfaktor gepriesen, außerdem folgten zahlreiche Publikationen, die das Thema des *intellektuellen Kapitals* behandelten. Trotzdem werden soziale und kulturelle Ressourcen heute meist nur indirekt im Rahmen des Human Ressource Managements behandelt (Moldaschl 2007, S. 28–29).

Aus diesem Grund möchte ich den kulturellen Ressourcen an dieser Stelle etwas Aufmerksamkeit entgegenbringen und sie anhand von Pierre Bourdieus Kapitalanalytik betrachten.

Bourdieus Konzeption ist konflikt- und verteilungstheoretisch angelegt und eignet sich aufgrund ihrer Wurzeln im Marx'schen Kapitalbegriff auch für die Untersuchung unternehmerischer Beziehungen (Pongratz und Trinczek 2007, S. 143).

„Kapital ist akkumulierte Arbeit, entweder in Form von Materie oder in verinnerlichter, ‚inkorporierter' Form" (Bourdieu 1983, S. 183). Bourdieu berücksichtigt dabei das Kapital „in allen seinen Erscheinungsformen" und erweitert den *ökonomischen Kapitalbegriff* um das *kulturelle und soziale Kapital*. Für ihn greift dieser aus der Wirtschaftstheorie bekannte Kapitalbegriff zu kurz, der auf den bloßen Warentausch reduziert ist und die Vielfalt gesellschaftlicher Austauschverhältnisse ausblendet beziehungsweise diese für ökonomisch nicht relevant erklärt.

Im Unterschied zu *ökonomischem Kapital* ist das *kulturelle Kapital (inkorporiertes kulturelles Kapital)* an seinen Träger gebunden und kann nicht übertragen werden. Zwar gibt es auch die Form des *objektivierten kulturellen Kapitals*, das sich über seine materiellen Träger (Schriften, Gemälde, usw.) übertragen lässt, allerdings bedarf es wiederum der Fähigkeiten von *inkorporiertem Kulturkapital*, um diese kulturellen Güter zu verstehen oder zu genießen (Bourdieu 1983, S. 187–190).

Ein Unternehmen kann folglich *Kulturkapital* nur in seiner objektivierten Form erwerben, für ein *inkorporiertes Kulturkapital* bzw. um das *kulturelle Kapital* nutzbar zu machen, benötigt es die möglichst dauerhafte Disposition von Trägern *kulturellen Kapitals*. Es sind also die Mitarbeiter bzw. deren Auseinandersetzung mit kulturellen Themen, die zu einer Akkumulation von *Kulturkapital* im Unternehmen führen.

Nun könnte man an dieser Stelle einwenden, dass das *kulturelle Kapital* laut Bourdieu in erster Linie während der Kindheit und durch Bildung erworben wird und die Erweiterung im Rahmen von Aus- und Weiterbildung folglich als nachrangig zu betrachten ist.

Allerdings ist gerade die Tatsache, dass die Zeit der Sozialisation zugleich eine Zeit der Akkumulation ist und *Kulturkapital* dadurch quasi erblich übertragbar ist, ein noch weitreichenderes Argument für eine Investition in *kulturelles Kapital*. Neben der direkten Anhäufung von *Kulturkapital* bei den Mitarbeitern, wird die Investition an deren Kinder weitergegeben und stellt somit eine nachhaltige Investition in potenzielle zukünftige Mitarbeiter und die Standortqualität dar.

Das *soziale Kapital* hingegen beruht auf der Zugehörigkeit zu einer Gruppe und bezieht sich auf die aktuellen und potenziellen Ressourcen, die durch zwischenmenschliche Beziehungen entstehen. Es beschreibt den Wert des sozialen Netzwerks von Individuen (Bourdieu 1983, S. 191).

Ein spannender Aspekt an Bourdieus Kapitalanalytik ist die Kapitalumwandlung: Die verschiedenen Kapitalformen sind transformierbar, darüber hinaus verfügt das *Sozialkapital* über einen Multiplikationseffekt (Bourdieu 1983, S. 191).

Eine Investition in *kulturelles Kapital* ist folglich eine indirekte Investition in das *ökonomische Kapital* eines Unternehmens. Folgt man Bourdieus Ansatz sind CCR-Konzepte, die einen hohen Grad an Integration aufweisen, zu bevorzugen.

Beispiel

Ein Unternehmen sponsert ein Festival oder unterhält eine umfangreiche Kunstsammlung. Folglich verfügt es über ein hohes kulturelles Kapital und kann dieses zu Imagezwecken nutzen. Investiert dasselbe Unternehmen zusätzlich Zeit und/oder Kapital, um seiner Belegschaft die kulturellen Inhalte zugänglich zu machen, dann verfügt dieses auch über inkorporiertes kulturelles Kapital. Kapital das auch für Unternehmenszwecke genutzt und in ökonomisches Kapital umgewandelt werden kann.

Durch eine Auseinandersetzung mit Kunst und Kultur werden also im Unternehmen beziehungsweise bei den Mitarbeitern Ressourcen geschaffen, die sich entweder in einer Stärkung der Unternehmensposition (strategisch) oder der Pflege der Außenwirkung (funktional) niederschlagen.

2.4 Unternehmerische kulturelle Verantwortung

Fasst man die bisher gesammelten Erkenntnisse zusammen, kann die zu Beginn dieses Kapitels aufgeworfene Frage beantwortet werden.

Laut der CSR-Definition der Europäischen Kommission von 2011 ist ein Unternehmen verantwortlich für seine „impacts on society" (Europäische Kommission 2011, S. 6). Dies betrifft die eingesetzten Ressourcen, das unternehmerische Umfeld sowie Mitarbeiter und Shareholder.

Die Verantwortung gegenüber der Kultur entsteht durch ihren Einsatz als Ressource, die verschiedene Unternehmensbereiche berührt. Kultur als Ressource für Kreativität betrifft das Kerngeschäft und damit die Entwicklung und Zukunftsfähigkeit eines Unternehmens. Sie sichert die Attraktivität des Standorts für zukünftige Generationen und dient Mitarbeitern als Quelle der Inspiration. Im Bereich des Marketings findet Kultur seit jeher mittelbar Einsatz, um die Wahrnehmung von Produkten und Dienstleistungen zu unterstützen und ein Alleinstellungsmerkmal zu generieren. Darüber hinaus dient Kultur als Basis, als gemeinsamer Nenner, der wirtschaftliches Schaffen und persönliche Interaktion ermoglicht, ohne uber deren Parameter permanent zu verhandeln.

Insofern kann festgestellt werden, dass die Wirtschaft eine Verantwortung gegenüber der Kunst und Kultur trägt. Unternehmen sollten die Bedeutung von Kultur anerkennen, die Augen gegenüber den Potenzialen dieses Bereichs öffnen, diese nutzen und damit aktiv Verantwortung übernehmen.

Zum Abschluss dieser Argumentation weise ich noch auf einen willkommenen *Nebeneffekt* hin: Investition in Kunst und Kultur schafft einen Reputationsgewinn und stärkt das Ansehen. Die Etablierung eines positiven Images dient der Zukunftsfähigkeit von Unternehmen und kann insofern auch als Verantwortung gegenüber den Shareholdern legitimiert werden.

3 Geschichtliche Entwicklung von Kooperationen zwischen Kultur und Wirtschaft

Kooperationen von Kultur und Wirtschaft blicken auf eine lange Geschichte zurück. Im Folgenden möchte ich punktuell Einblicke vornehmen und einen knappen Überblick bieten.

3.1 Mäzenatentum

Hinter den vermeintlich altruistisch motivierten Unterstützungen des Mäzenatentums standen auch strategische Überlegungen.

Namensgeber des Begriffs war der reiche und gebildete Römer Gaius Clinus Maecenas (70 v. Chr.–8. n. Chr.), der zur Zeit Kaiser Augustus' als Förderer von Vergil, Horaz und Properz bekannt war und die geförderte Literatur zu Zwecken der kaiserlichen Propaganda eingesetzt haben soll (Effmert 2006, S. 17).

Der Begriff Mäzen steht auch heute noch für eine Palette ehrenvoller Eigenschaften: kunstsinnig, gebildet, idealistisch, selbstlos, schöngeistig. Er gibt damit hinreichend Aufschluss über den mit einem Kulturengagement einhergehenden Reputationsgewinn. „Der

Mäzen [...] ist wohl nicht selten das Produkt einer Metamorphose, die die Spuren, welche die Härte und Kälte kapitalistischen Wirtschaftens im Leben [eines] Wirtschaftsbürgers eingeprägt haben, hinter dem Schleier des zweckfreien Kunstgenusses und der spielerischen Liebe zum Schönen verschwinden läßt" (Sarasin 1998, S. 208).

Über eine Imagesteigerung beziehungsweise eine reine Metamorphose der Wahrnehmung geht das Engagement der Medici – die wohl bekanntesten Mäzene der italienischen Renaissance – weit hinaus. Diese vermögende Familiendynastie aus Florenz profitierte von Kunst und Kultur auch in wirtschaftlicher Hinsicht. Sie machte sich die radikalen Neuerungen und den frischen Zeitgeist der Renaissance, den die Kunst zum Vorschein brachte, zunutze und baute über Generationen ein florierendes und diversifiziertes Wirtschaftsimperium auf (Reinhardt 1998, S. 15 ff.). „Kunst wurde nicht nur Gegenstand, sondern prägend für das Marktgeschehen" (von Fürstenberg 2012, S. 75). Darüber hinaus wussten die Medici den Wert ihres kulturellen Umfeldes zu schätzen und investierten ihre Kapitalgewinne in die Künste (Esch 1981, S. 201). Fürstenberg stellt treffend fest: „Die unternehmerische Auseinandersetzung mit Kunst ist in letzter Konsequenz auch kulturbildend, wie wohl keine Unternehmerfamilie nachhaltiger bewiesen hat als die Medici, die so sehr zur Prägung des Stadtbildes und auch des allgemeinen Kunstverständnisses beigetragen haben" (von Fürstenberg 2012, S. 225). Dabei handelt es sich um eine gern vernachlässigte Tatsache. Es waren vor allem auch erfolgreiche Unternehmer, die bedeutende Werke der Kunst- und Kulturgeschichte quer durch alle Epochen ermöglichten.

Dieser Exkurs weist darauf hin, dass sowohl der funktionale als auch der strategische Einsatz von Kunst und Kultur über geschichtliche Vorbilder verfügt. Diese firmieren zwar unter dem Begriff des Mäzenatentums, weisen jedoch durchaus die Merkmale von CCR im Sinne des hier vorgestellten Konzepts auf.

3.2   Status Quo

Heute ist der Kultursektor in den westlichen Industriestaaten mit einer stetigen Kürzung von staatlichen Förderungen konfrontiert. Diese derzeitige Situation lässt Unternehmer und Kulturschaffende wieder näher zusammenrücken. Bereits seit den 1980er-Jahren wird die alleinige Verantwortung des Staates hinterfragt. Die knappen Budgets und wirtschaftlichen Krisen weltweit beschleunigten den Prozess der Abkoppelung und führten zu einem sukzessiven Rückzug des Staates (Höhne 2005, S. 9).

Diese Situation brachte eine Reihe von Kunst- und Kulturinstitutionen unter Zugzwang. Nach amerikanischem Vorbild scheinen erfolgreiche Unternehmen ein willkommener Ersatz, um die klaffende Lücke in den Budgets aufzufüllen. Kunst und Kulturinstitutionen treten folglich vermehrt mit Förderanfragen für finanzielle Unterstützung an Unternehmen heran. Dieses eindimensionale Spendenkonzept drängt Kunst und Kultur automatisch in die Situation eines Bittstellers. Die Wirkung von positiven Synergieeffekten bleibt aus. Einige Organisationen versuchen es mit einem auf Leistung und Gegenleistung basierenden Entwurf und greifen auf das erfolgreiche Konzept des Sportsponsorings zurück. Die Adaptierung dieses Ansatzes für die Kultur funktioniert allerdings nur in öffentlichkeitswirksamen Bereichen und kann hinsichtlich des eingesetzten Volumens mit dem Sportsponsoring nicht mithalten (Bruhn 2010, S. 195).

Kunst- und Kulturpartner verfügen momentan noch relativ selten über das Bewusstsein, wie viel Potenzial sie in eine Zusammenarbeit mit einem Unternehmen miteinbringen können/könnten. Um dem Partner diese Effekte anbieten zu können, muss sich der Künstler oder die Institution auch damit auseinandersetzen, offen darauf einlassen und Unternehmen bzw. deren Mitarbeiter miteinbeziehen. Die Vorbehalte gegenüber Kooperationen sind – auf beiden Seiten – immer noch Vorhanden.

Auch von Unternehmensseite werden zunehmend Partnerschaften angestrebt, aber „Trotz der sich etablierenden Ahnung, dass Kunst ein spezifisches Potential besitzt, das unsere wirtschaftliche und wissenschaftliche Entwicklung weiterbringt, […], sind die Berührungspunkte von Kunst und Wirtschaft heute immer noch auf einem höchst oberflächlichen, geradezu naiven Niveau. Vielleicht liegt das Missverständnis in der allzu direkten Verdrahtung von Künstlern und Unternehmern […]" (Bertram 2012, S. 41). Bertram spricht damit die Herausforderung an, Kunst und Kultur auch tatsächlich in das Unternehmen zu lassen. Vielen bestehenden Kooperationen mangelt es an Zeit und am Willen, eine intensive Auseinandersetzung mit dem Partner zuzulassen. Darüber hinaus ist eine nachhaltige Ausrichtung ein wesentlicher – und zu oft vernachlässigter – Aspekt, um einen positiven Nutzen zu generieren. Die Schnelllebigkeit des heutigen Alltags stellt sich dabei als Herausforderung dar. Durch den Drang, schnell über quantifizierbare Ergebnisse zu verfügen zu müssen, werden mitunter erfolgversprechende Projekte, voreilig eingestellt.

Bestehende und erfolgreiche Kooperationen zwischen Kultur und Wirtschaft verfügen über eine meist langfristige Ausrichtung und einen stark kooperativen Ansatz. Insofern können diese Partnerschaften der CCR zugerechnet werden.

3.3 Trends und Zukunftsperspektiven

Wirft man einen Blick auf die Zukunftsperspektiven und die Herausforderungen, denen sich Unternehmen in den kommenden Jahren stellen müssen, avanciert der gezielte Einsatz von Kunst und Kultur zum Wettbewerbsvorteil.

Bereits 2009 wies Horx auf das überholte System klassischer Organisationsstrukturen hin. Die sich rasant entwickelnden Märkte verlangen nach einem komplexen und gleichzeitig flexiblen Organisationssystem. Netzwerke und Kommunikation gewinnen an Bedeutung (Horx 2009, S. 271 ff.). Der Wandel der Wirtschaft hinsichtlich eines stetigen Anstiegs der Komplexität (Horx 2011, S. 69), verlangt nach Kreativität, Problemlösungskompetenz, vernetztem Denken und Innovation. Insofern werden Generalisten benötigt, die bei der Fülle an zu verarbeitenden Informationen nicht das Ziel aus den Augen verlieren. Parallel dazu sehen wir uns allerdings mit einer zunehmenden Spezialisierung der Arbeitsplätze konfrontiert (Habisch 2003, S. 5). Die Herausforderung besteht darin, unternehmensintern Möglichkeiten zum Austausch und zur Vernetzung zu bieten.

Leifer von der Stanford University beschäftigt sich seit Beginn der 1990er-Jahre mit dem strategischen Einsatz von Kreativität und prägte den Begriff *Design Thinking*. Die Idee besteht darin, Wissenschaftler und Designer zusammen an einem Problem arbeiten zu lassen. Dadurch werden kreative und analytische Herangehensweisen verbunden und verschiedene Sichtweisen miteinbezogen. Mittlerweile gibt es das Design for Change Center, das sich interdisziplinär mit den Problemen der Menschheit betreffend Klima, Gesundheit und Energie auseinandersetzt und von internationalen Konzernen beauftragt wird (Leifer 2013).

Unternehmen, die in Zukunft die Verantwortung für Kultur ausschließlich beim Staat verorten und die Potenziale von Kreativität als Innovationstreiber nicht erkennen, werden es im Wettbewerb um die besten Mitarbeiter schwer haben. Regionale Betriebe verkennen dabei ihren Einfluss auf die Standortsicherung.

Das Konzept CCR bietet Lösungsansätze für die Handhabung dieser Herausforderungen: die volle Ausschöpfung des unternehmerischen Potenzials von Kreativität. Der ganzheitliche Ansatz ermöglicht eine partnerschaftliche Begegnung auf Augenhöhe, um für beide Seiten eine Win-win-Situation zu schaffen. CCR entfaltet vor allem in ihrer langfristigen Etablierung ihre volle Wirkung. Im folgenden Abschnitt werde ich darauf eingehen, wie eine Zusammenarbeit für die Bereiche Wirtschaft und Kultur gewinnbringend etabliert werden kann.

4 Konzept der Corporate Cultural Responsibility

In den vorangehenden Kapiteln wurde dargelegt, dass eine unternehmerische Verantwortung gegenüber der Kultur besteht und ein knapper Blick auf die Erfolgsgeschichte von Kooperationen zwischen Wirtschaft und Kultur geworfen. Die Beschreibung des Status Quo und der zukünftigen Entwicklung macht das Potenzial von CCR deutlich. Dieses Kapitel beschäftigt sich damit, wie CCR im Unternehmen übernommen werden kann. Dazu präsentiere ich einleitend folgende Definition:

CCR wird durch eine gemeinsame Entwicklung und Etablierung einer beidseitig gewinnbringenden Partnerschaft zwischen Kultur und Wirtschaft übernommen.

Diese Definition beinhaltet alle wichtigen Aspekte von CCR. Der Ausdruck *gemeinsame Entwicklung* deutet auf ein partnerschaftliches Konzept und eine Abstimmung der verbindenden Werte hin. *Etablierung* verweist auf eine langfristige Ausrichtung und Ernsthaftigkeit. *Beidseitig gewinnbringend* impliziert, dass sowohl Wirtschaft als auch Kultur von den entstehenden Synergieeffekten profitieren. Des Weiteren steht *Partnerschaft* für Begegnung auf Augenhöhe und Respekt vor den Kompetenzen des Partners.

Mit dieser Definition sind die Kernaspekte für einen erfolgreichen Einsatz von CCR abgesteckt. Bevor ich auf die Einbindung von CCR in die Praxis eingehe, wird noch einen Blick auf die verschiedenen Formen und Ausprägungen geworfen.

4.1 Ausprägungen von CCR

In der Abb. 3 werden die verschiedenen Ausprägungen von CCR kategorisiert. Die Abbildung zeigt zudem die angrenzenden Bereiche des Sponsorings und des funktionalen Einsatzes von Kultur. Auf der horizontalen Achse wird der Grad an Integration in den Unternehmenszweck oder die Unternehmensstrategie indiziert. Die vertikale Achse gibt die Höhe des Investments an. Dieses kann durch einen finanziellen Beitrag, Güter, Know-how, personellen Einsatz oder eine Kombination aus diesen Faktoren erfolgen. Die Abbildung kategorisiert CCR in drei Ansätze. Hierbei handelt es sich um keine strikte Unterteilung, vielmehr werden die Varianten und Ausrichtungen aufgezeigt. Insofern sind die Übergänge fließend, was ebenso für den Bereich des Sponsorings gilt. Die strichlierte Linie begrenzt den Bereich, der dem Konzept von CCR entspricht. Es bedarf eines Mindestmaßes an Investition und Integration, um von unternehmerischer Verantwortung im Sinne von CCR sprechen zu können. Allgemein gehaltene Beispiele veranschaulichen die drei unterschiedlichen Ansätze.

Investition
Bei einer Investition muss es sich nicht immer um einen finanziellen Beitrag handeln, es zählen auch die Bereitstellung von Gütern, die Bereitstellung von Know-how oder Human Ressources als Investition. Selbstverständlich ist auch eine Kombination verschiedener

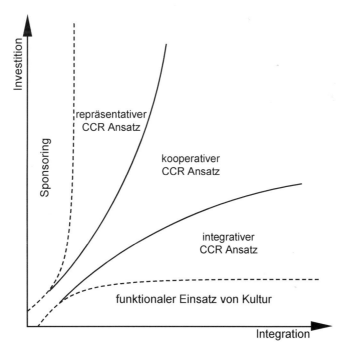

Abb. 3 Corporate Cultural Responsibility Ansätze

Investitionsarten möglich (und auch in den meisten Fällen im Einsatz). Vor allem hinsichtlich organisatorischer oder rechtlicher Belange ist auf Unternehmensseite Know-how vorhanden, auf das unbürokratisch und rasch zugegriffen werden kann. Beim Einsatz von Personal im Rahmen eines Engagements gilt es zu unterscheiden, ob die Arbeitskraft ausschließlich zur Umsetzung eingesetzt wird oder ob eine Auseinandersetzung mit den künstlerischen Inhalten erfolgt. In diesem Fall würde dies zur Integration des Projekts beitragen.

Integration Die Höhe der Integration kann anhand der Zeit, die der Zusammenarbeit innerhalb des Unternehmens eingeräumt wird, bemessen werden. Dabei gilt hier das Prinzip, dass die Zeit der Unternehmensleitung stärker gewichtet wird als die der Mitarbeiter. Insofern kann die Einbindung einer künstlerischen Aktion in einen strategischen Entscheidungsprozess ebenso eine hohe Integration aufweisen, wie die Etablierung eines Künstlerworkshops für alle Lehrlinge des Betriebs. Im Regelfall gilt: Je mehr Hierarchiestufen in ein Engagement involviert sind, desto höher die Integration. Dadurch ergibt sich automatisch eine höhere Integration für langfristige und nachhaltig angelegte Projekte.

Sponsoring Der Bereich entlang der Investitionsachse des Diagramms verfügt über eine geringe Integration und zeichnet sich vor allem durch Investition aus. Dieser Bereich kann auch als werblicher Ansatz definiert werden, da das Leistungs-/Gegenleistungsprinzip vorrangig für Werbezwecke eingesetzt wird. Es handelt sich also um kurzfristige Sponsoring-Kooperationen. Dieser Bereich zählt nicht zur CCR, da eine Zusammenarbeit in diesem Bereich keine nachhaltige Konzeption aufweist und über keine oder eine nur niederschwellige strategische Integration verfügt. Es gibt allerdings strategisch ausgerichtete Sponsoring-Konzepte, die verbunden mit dem Unternehmensinhalt auf Nachhaltigkeit abzielen und mit CCR gleichzusetzen sind.

Generell ist eine eindeutige begriffliche Abgrenzung schwer möglich. Vor allem Betriebe, die sich schon lange für Kunst und Kultur engagieren, bleiben oft bei der etablierten Bezeichnung „Sponsoring", auch wenn es sich dabei um ein CCR Konzept handelt.

Ist in einem Unternehmen ein Budget für die beschriebenen klassischen Sponsoringaktivitäten vorhanden, kann mit einigen wenigen Veränderungen ein wirkungsvolles CCR-Projekt daraus gemacht werden.

Repräsentativer CCR-Ansatz Dieses Feld verfügt über einen hohen Grad an Investition und einen im Verhältnis gesehen geringeren Grad an Integration. Der Einbezug von Kunst und Kultur gilt in diesem Fall vor allem imagebildenden Zwecken. Das Engagement wird öffentlichkeitswirksam kommuniziert und die Außenwirkung steht im Mittelpunkt. Die Integration erfolgt bei diesem Ansatz meist durch die Partizipation von Mitarbeitern und Kunden. Der Unterschied zum Sponsoring liegt hier vor allem in der Nachhaltigkeit von Kooperationen. Darüber hinaus ist das Engagement nachvollziehbar, etwa hinsichtlich ähnlicher Werte. Eine intensive Presse- und Öffentlichkeitsarbeit begleitet die Kooperation.

> **Beispiel**
>
> Ein Unternehmen entscheidet sich für die Zusammenarbeit mit einem jährlich stattfin-
> denden Theaterfestival. In dessen Rahmen übernimmt das Unternehmen jeweils die
> Patronanz für einen der Abende. Das Engagement wird im Vorfeld angekündigt und
> die Motivation erläutert. Mitarbeiter und Kunden werden zur Veranstaltung eingeladen.

Kooperativer CCR-Ansatz

Diese Kategorie bezeichnet Ansätze, die über ein hohes Maß sowohl an Investition als
auch Integration verfügen. Diese Partnerschaften zeichnen sich durch Nachhaltigkeit und
eine Verknüpfung mit der Unternehmensstrategie aus. Eine enge Zusammenarbeit schafft
Vertrauen und ermöglicht ein großes Potenzial an Lernprozessen. Mitarbeiter aller Ge-
schäftsbereiche und auch Kunden werden miteinbezogen und zur Interaktion eingeladen.
Die Veranstaltungen rund um die Zusammenarbeit dienen zudem der Vernetzung und stärken die Mitarbeitermotivation. Auch bei dieser Form von CCR spielt die Kommunikation
eine wichtige Rolle.

> **Beispiel**
>
> Zusammen mit einem regionalen Verein wird eine eigene Konzertreihe initiiert. Im
> Rahmen von regelmäßigen Meetings wird das Konzept entwickelt und die Kompe-
> tenzen für die Umsetzung werden geteilt. Parallel dazu wird eine firmeninterne Mu-
> sikgruppe für Mitarbeiter und deren Kinder gegründet. Die laufenden Veranstaltungen
> liefern Raum für Vernetzung.

Integrativer CCR-Ansatz

Der integrative Ansatz beschreibt CCR mit einem sehr ausgeprägten Integrationsge-
danken. Bei dieser Form von CCR wird die Kunst ins Unternehmen geholt. Kunst und
Kulturschaffende werden beauftragt, um spezielle Konzepte umzusetzen oder direkt mit
den Mitarbeitern zu arbeiten. Der Fokus liegt hier stärker auf einer Interaktion mit der
Unternehmensstrategie beziehungsweise auf einer Prägung der Unternehmenskultur. Die
interne Kommunikation steht hier im Vordergrund. Durch eine geringere Öffentlichkeits-
orientierung können auch die Investitionskosten niedriger sein.

> **Beispiel**
>
> Ein neues Firmengebäude wird bezogen, Künstler werden eingeladen, die öffentlich
> genutzten Räume zu gestalten. Damit die Künstler einen Einblick bekommen, wird
> ihnen für die Dauer der Produktion ein Atelier in den neuen Räumlichkeiten zur Ver-
> fügung gestellt. Sämtliche Mitarbeiter werden eingeladen, sich im Rahmen von Work-
> shops in die Gestaltung einzubringen.

Funktionaler Ansatz

Dieser Bereich zeichnet sich durch eine sehr hohe Integration aus, die eine Eigenständigkeit von Kunst und Kultur nicht mehr erkennen lässt. Durch die spezifische und zielgerichtete Anwendung der künstlerischen Inhalte geht das Potenzial, Synergieeffekte zu generieren, verloren. Dieser Bereich wird nicht der CCR zugerechnet. Eine Abgrenzung über die Höhe der Investition ist insofern möglich, da in diesem Bereich lediglich Anleihen aus Kunst und Kultur Einsatz finden.

4.2 Formen von CCR

Es gibt eine Vielzahl verschiedener Konstellationen, die hinter einem CCR-Projekt stehen können. Folgende Grafik gibt einen Überblick über die Formen der Zusammenarbeit (Abb. 4).

Unternehmen

Auf Seite der Unternehmen kann die CCR-Aktivität auf verschiedenen Hierarchieebenen angesiedelt sein. Auch wenn die Idee zur Umsetzung eines CCR-Konzepts in der Geschäftsführung entsteht, wird im Laufe des Projekts eine andere Abteilung mit der Umsetzung beauftragt, beziehungsweise muss rechtzeitig für zusätzliches, entsprechend qualifiziertes Personal gesorgt werden. Verbreitet ist die Ansiedelung in der Marketing- und Sponsoring-Abteilung, im Idealfall gibt es eine eigene Abteilung, die sich mit der Abwicklung von CSR oder CCR Konzepten beschäftigt. Bei großen Konzernen kann es vorkommen, dass sich eigene Stiftungen um CSR-/CCR-Angelegenheiten kümmern. Eine klare Definition der Aufgaben, Verantwortlichkeiten und des zur Verfügung stehenden Budgets ist in jedem Fall unerlässlich.

Kulturpartner

Auch auf der Kunst- und Kulturseite gibt es mehrere Optionen: Angefangen vom einzelnen Künstler, der als Einzelunternehmer agiert, können auch Vereine, Kulturbetriebe oder Institutionen als potenzielle Partner auftreten. Wird mit einem einzelnen Künstler oder einer Künstlerin gearbeitet, erfolgt eine direkte Zusammenarbeit. Je größer die Belegschaft auf der Seite der Kulturpartner, desto mehr Zeit muss der internen Organisation entgegengebracht werden. Die Anforderungen sind ähnlich, wie beim Partner-Unternehmen:

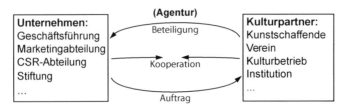

Abb. 4 Formen der Zusammenarbeit

Es gilt, Ansprechpartner auszuwählen, Kapazitäten zu allokieren und die Kommunikationswege zwischen den involvierten Personen abzustimmen.

Agentur
Bei jeder Form der Zusammenarbeit ist jeweils die Variante mit Einbezug einer Agentur oder Vermittlungsposition optional möglich. Unabhängig von Größe und Art der Zusammenarbeit bringt das Hinzuziehen einer Instanz, die mit Projekten zwischen Kunst und Wirtschaft vertraut ist, eine Reihe von Vorteilen. Professionelle Agenturen beraten im Vorfeld und begleiten durch die verschiedenen Stadien der Zusammenarbeit. Sie helfen, durch Erfahrung klassischen Fehlern vorzubeugen. Ein guter Vermittler wird die Organisation und Umsetzung unterstützen und moderieren sowie bei Unstimmigkeiten, Problemen in der Kommunikation oder Differenzen hinsichtlich der Zielvorstellungen – zu denen es natürlich dennoch kommen kann – eine neutrale Position beibehalten.

Die parteilose Einstellung ist äußerst wichtig. Selbst wenn die Agentur, wie in den meisten Fällen üblich, von der Unternehmensseite beauftragt wird, ist es für eine dauerhafte und erfolgreiche Vermittlungsleistung unerlässlich, dass die Ziele und Vorstellungen beider Partner gleichermaßen miteinbezogen und berücksichtigt werden.

Selbstverständlich kommt es auf Form, Inhalt und Umfang der Kooperation an, ob die Beauftragung einer Agentur notwendig oder vorteilhaft ist. Denn damit sind klarerweise zusätzliche Kosten verbunden. Im Regelfall können durch den Einsatz einer vermittelnden Instanz allerdings zeit- und ressourcenraubende Zwischenfälle vermieden werden.

Die Formen von CCR-Partnerschaften
Die Pfeile, die sich zwischen den beiden Parteien befinden, indizieren durch Ihre Richtung, auf welcher Seite Organisation und Abwicklung, also letztlich die Verantwortung über das Projekt liegt und bestimmen dadurch die Art der Zusammenarbeit. Geht der Pfeil von Kunst und Kultur aus, handelt es sich um eine Beteiligung, in umgekehrter Richtung um einen Auftrag oder eine Eigenproduktion des Unternehmens. Ausschlaggebend ist dabei nicht, von welcher Seite die Initiative ausgeht, sondern bei welcher Partei letztlich die Leitung angesiedelt ist. Sind beide Partner gleichermaßen involviert, wird von einer Kooperation gesprochen.

Beteiligung
Im klassischen Fall einer Beteiligung wird auf Kunst- und Kulturseite ein Projekt initiiert und ein oder mehrere Unternehmenspartner für die Umsetzung hinzugezogen. Erfolgt die Beteiligung ausschließlich durch eine finanzielle Investition, handelt es sich meist um Sponsoring. Bringt sich das Unternehmen in die Zusammenarbeit auch aktiv mit ein, handelt es sich um einen CCR-Ansatz. Die Initiative für eine Beteiligung kann sowohl vom Unternehmen als auch vom Kulturpartner ausgehen.

Beteiligungen können eine exklusive Partnerschaft darstellen, oder auch Varianten, bei denen mehrere Unternehmen in Zusammenarbeit mit dem Kulturpartner stehen. Beide Ausprägungen haben ihre Vorteile. Bei einer exklusiven Zusammenarbeit kann sich das

Unternehmen stärker einbringen, die Abstimmungsprozesse und Kommunikationswege sind kürzer und die Aufmerksamkeit der Öffentlichkeit für nur einen Partner höher. Projekte, an denen sich mehrere Unternehmen beteiligen, sind üblicherweise größer und erreichen dadurch eine größere Öffentlichkeit, hinsichtlich des damit einhergehenden Imagetransfers erfolgt die Werteübertragung außerdem nicht nur von Kultur- auf Wirtschaftspartner, sondern auch zwischen den beteiligten Unternehmen.

Beispiel

Ein klassischer Fall einer Beteiligung ist die Unterstützung eines Museums. Die unternehmensinterne Auseinandersetzung beginnt bereits mit der Organisation von regelmäßigen Mitarbeiterführungen durch die Ausstellungen, kann allerdings auch weitreichender sein und beispielsweise die Umsetzung eines gesamten Ausstellungsprojektes ermöglichen.

Kooperation

Bei einer Kooperation entschließen sich ein Unternehmen und ein Kulturpartner dazu, gemeinsam ein Projekt umzusetzen. Die Organisation und Umsetzung wird von beiden Partnern übernommen. Außerdem ist die Kooperation für die Öffentlichkeit als gemeinsames Projekt erkennbar. Im Rahmen von Kooperationen können völlig eigenständige Ideen entstehen und umgesetzt werden. Sie bieten aber auch die Chance, Konzepte zu realisieren, die ohne einen potenten Partner ein Schubladendasein hätten fristen müssen.

Beispiel

Ein lokales Unternehmen und ein Theater übernehmen die gemeinsame Organisation eines jährlichen Kleinkunstfestivals. Das Unternehmen stellt das Budget für die Künstlergagen zur Verfügung und übernimmt die Kommunikation. Das Theater kuratiert das Festival, konzipiert das Programm und stellt die Räumlichkeiten zur Verfügung.

Auftrag

Um einen Auftrag handelt es sich dann, wenn ein Unternehmen sich dazu entschließt, gemeinsam mit einem Kulturpartner ein Projekt oder eine Projektreihe umzusetzen, die ohne diese Partnerschaft nicht existieren würde. Erst durch die Beauftragung durch das Unternehmen wird das Projekt konzipiert und ausgearbeitet. In diesem Fall liegt die Leitung des Projekts überwiegend beim Unternehmer, der auch die Rahmenbedingungen definiert.

Beispiel

Ein Unternehmen engagiert einen internationalen Street-Art-Künstler die kahlen Wände seiner Produktionshallen zu gestalten. Alle Anspruchsgruppen sind eingeladen, dem Künstler zu gewissen Zeiten bei der Arbeit zuzusehen. Als Rahmenveranstaltungen können ein Workshop für Kinder und Jugendliche organisiert und ein Künstlergespräch zum Thema Street Art veranstaltet werden.

Jede Form der Zusammenarbeit kann entweder einen repräsentativen, kooperativen oder integrativen Ansatz verfolgen. So ergibt sich eine Vielzahl von Möglichkeiten der Partnerschaft:

- Repräsentative Beteiligung
- Kooperative Beteiligung
- Integrative Beteiligung
- Repräsentative Kooperation
- Kooperative Kooperation
- Integrative Kooperation
- Repräsentative Beauftragung
- Kooperative Beauftragung
- Integrative Beauftragung

Eine Einordnung, die in der Praxis – auch aufgrund von Mischformen – ohnehin schwer vorzunehmen ist, gilt nicht als Ziel dieser Kategorisierung. Das Aufzeigen dieser zahlreichen Varianten, die wiederum jeweils in verschiedenen Kultursparten, in unterschiedlicher Größe und mit variabler Dauer umgesetzt werden können, soll darlegen, dass für jedes Unternehmen und Bedürfnis eine passende Partnerschaft gefunden werden kann. Darüber hinaus hilft diese Kategorisierung dabei, eine für das jeweilige Unternehmen passende Zielsetzung auszuwählen und Klarheit über die möglichen Formen einer Partnerschaft zu erlangen.

Außerdem möchte ich an dieser Stelle anmerken, dass es selbstverständlich auch Projekte gibt, die nicht nur ein kulturelles Engagement darstellen, sondern darüber hinaus soziale, ökonomische oder ökologische Aspekte beinhalten.

4.3 Leitfaden für erfolgreiche Partnerschaften

Es gibt eine Reihe von Punkten, die bei der Entwicklung und Etablierung einer Partnerschaft zu berücksichtigen ist. Ziel, Form, Inhalt, Umfang und interne Organisation der geplanten Zusammenarbeit sind konkret zu definieren. Erst anschließend werden Gespräche mit potenziellen Partnern aus dem Kulturbereich geführt.

Zunächst gilt es, die Zielrichtung des Engagements zu klären: Steht die Verbesserung der Reputation oder die Erhöhung der Mitarbeiterzufriedenheit im Vordergrund oder sollen interne Prozesse unterstützt werden? Dementsprechend kann die Geschäftsführung entscheiden, ob das Engagement eine repräsentative, kooperative oder integrative Ausprägung aufweisen soll.

Je nach angestrebter Ausprägung gilt es, verschiedene Aspekte zu berücksichtigen. So ist zum Beispiel bei einem repräsentativen Ansatz eine Exklusiv-Partnerschaft tendenziell vorzuziehen. Dadurch können Interessenskonflikte mit anderen Partnern aus der Wirtschaft vermieden und die Kommunikation besser gesteuert werden. Bei einem kooperativen Ansatz ist eine sehr intensive Zusammenarbeit der Kooperationspartner notwendig. Eine frühzeitige Absprache zum Ablauf und eine aufgeschlossene Arbeitseinstellung beider Seiten sind essenziell. Wird ein integrativer Ansatz gewählt, sollte besonderes Augenmerk auf die interne Kommunikation gelegt werden. Ohne das Verständnis und die Offenheit der Mitarbeiter ist ein solches Projekt schwer umzusetzen.

Im nächsten Schritt wird definiert, in welcher Form das Engagement – als Beteiligung, Kooperation oder Auftrag – umgesetzt werden soll. Auch wenn sich eine Beteiligung für einen repräsentativen Ansatz anbietet, kann diese Form durchaus einen integrativen Charakter aufweisen. Selbstverständlich können auch Mischformen gewählt werden und so steht eine beinahe unbeschränkte Anzahl an möglichen Partnerschaftsmodellen zur Auswahl.

Im Rahmen dieser Überlegungen wird auch der Umfang des Engagements festgelegt und die interne Organisation besprochen. Schon bevor die ersten Kooperationsgespräche geführt werden, ist es wichtig zu klären, wer zukünftig Ansprechpartner sein wird, auf welcher Ebene diese Person positioniert ist sowie deren Verhältnis zu den anderen zentralen Stellen, die an einem CCR-Engagement beteiligt sind: Geschäftsführung, Marketing, Public Relations, CSR-Abteilung, Human Ressource, etc. An diesem Punkt gilt es auch zu entscheiden, ob eine Agentur hinzugezogen werden soll.

Falls nicht bereits eine Idee oder Tendenz besteht, wird anschließend abgesteckt, in welchem künstlerischen oder kulturellen Bereich ein Engagement getätigt werden soll. Ein Blick auf Unternehmensgeschichte, Philosophie und Standort vermittelt in den meisten Fällen bereits Anhaltspunkte, Präferenzen oder Einschränkungen. Unabhängig davon, ob im Rahmen der Umsetzung mit einem Vermittler oder einer Agentur gearbeitet werden soll, kann es sinnvoll sein, sich vorab im Rahmen einer Beratung verschiedene Möglichkeiten vorstellen zu lassen. Die Frage „Was passt zu meinem Unternehmen" kann durch einen externen Blick leichter beantwortet werden. Dadurch kommen auch ungewöhnliche und gewagtere Kooperationsmöglichkeiten in Betracht, die Potenzial haben.

Es gibt eine Reihe von verschiedenen Einteilungen zur Kunst und Kultur. Kunst wird klassisch in angewandte, bildende und darstellende Kunst sowie Musik und Literatur eingeteilt. Zusätzlich möchte ich die von den deutschen Wirtschaftsministern vorgeschlagene Brancheneinteilung der Kultur- und Kreativwirtschaft in der folgenden Abb. 5 vorstellen, da diese einen sehr guten Überblick über die Vielzahl der Bereiche für mögliche Partnerschaften bietet. Einige Branchen der Kreativwirtschaft eignen sich in erster Linie für funktionale Partnerschaften, die nicht der CCR zuzurechnen sind. Diese wurden in Abb. 5 kursiv gekennzeichnet.

Hat eine Eingrenzung auf einen Bereich oder eine Kunstrichtung stattgefunden, beginnt nun die Auswahl der möglichen Partner.

1. MUSIKWIRTSCHAFT
- selbständige Musiker, Komponisten
- Musik- und Tanzensembles
- Verlag von bespielten Tonträgern und Musikverlage
- Einzelhandel mit Musikinstrumenten und Musikalien
- Theater-/Konzertveranstalter
- Betrieb von Theatern, Opern und Schauspielhäusern
- sonst. Hilfsdienste des Kultur- u. Unterhaltungswesens (u.a. Tonstudios)

2. BUCHMARKT
- selbständige Schriftsteller, Autoren
- selbständige Journalisten
- Buchverlage
- Einzelhandel mit Büchern

3. KUNSTMARKT
- selbständige Bildende Künstler
- selbständige Restauratoren
- Kunsthandel (Schätzung)
- Museen (mit privatwirtschaftlichen Betriebsteilen, Schätzung)

4. FILMWIRTSCHAFT
- selbständige Bühnenkünstler
- selbständige Artisten
- Film-/TV- und Videofilmherstellung
- Filmverleih- und Videoprogramman- bieter
- Kinos

5. RUNDFUNKWIRTSCHAFT
- Rundfunkveranstalter
- Herstellung von Hörfunk- und Fernsehprogrammen

6. DARSTELLENDE KUNST MARKT
- selbständige Bühnenkünstler
- selbständige Artisten
- Theaterensembles
- Theater-/Konzertveranstalter
- Betrieb von Theatern, Opern und Schauspielhäusern
- Varietes und Kleinkunstbühnen
- sonstige Hilfsdienste des Kultur- und Unterhaltungswesens
- weitere Kultur-/Unterhaltungseinrichtungen (Zirkus, Akrobaten, Puppentheater)

7. DESIGNWIRTSCHAFT
- *Industriedesign*
- *Produkt-/Grafikdesign*
- *Kommunikationsdesign/Werbegestaltung*

8. ARCHITEKTURMARKT
- *Architekturbüros für Hochbau und für Innenarchitektur*
- *Architekturbüros für Orts-, Regional- und Landesplanung*
- *Architekturbüros für Garten- und Landschaftsgestaltung*

9. WERBEMARKT
- *Werbung/Werbevermittlung*

10. SOFTWARE/GAMES-INDUSTRIE
- *Software-/Gamesentwicklung, -beratung*

11. PRESSEMARKT
- *Verlegen von Adressbüchern*
- *Zeitungsverlag*
- *Zeitschriftenverlag*
- *sonstiges Verlagswesen*
- *Korrespondenz- und Nachrichten büros*

12. SONSTIGES
- *Tanzschulen*
- *Bibliotheken/Archive (privatwirtschaftliche Anteile)*
- *botanische und zoologische Gärten sowie Naturparks*
- *Schaustellergewerbe und Vergnügungsparks*

Abb. 5 Eigene Darstellung. Brancheneinteilung der Kultur- und Kreativwirtschaft. (Zimmermann 2009, S. 28–29)

Durch die Überlegungen im Vorfeld hat sich die Anzahl der in Frage kommenden Kooperationspartner bereits reduziert. Eventuell vorliegende Anfragen können nun den eigenen Interessen und Zielen angeglichen werden.

Im Idealfall werden zwei oder drei unverbindliche Gespräche geführt. Während eines persönlichen Termins lassen sich gemeinsame Ziele und Vorstellungen am besten klären. Darüber hinaus sieht man, ob auch die persönliche Ebene passt.

Im nächsten Schritt werden zusammen mit dem ausgewählten Partner die Details der Zusammenarbeit und Umsetzung definiert.

Die intern ausgewählte Person (bzw. Personen) sollte von Anfang an bei Besprechungen dabei sein. Erfahrungsgemäß zieht sich die Geschäftsführung nach der initiativen Phase der Konzeption etwas zurück. Das ist ohne Komplikationen möglich, wenn die für die Umsetzung zuständigen Mitarbeiter von Beginn an beteiligt waren.

Die im Rahmen dieser Phase besprochenen Zuständigkeiten hinsichtlich Inhalt, Organisation, Ablauf und Kommunikation sollten auf jeden Fall schriftlich festgehalten werden. Im Idealfall wird eine Vereinbarung verfasst, die von beiden Seiten unterzeichnet wird. Erfahrungsgemäß tauchen bei der Verschriftlichung der besprochenen Inhalte immer noch Fragen auf, die an dieser Stelle problemlos geklärt werden können, im fortgeschrittenen Projektstadium aber Probleme verursachen würden. Unabhängig vom gewählten Ansatz ist eine großzügige Zeitplanung wesentlich. Ein entscheidender Punkt ist die Nachhaltigkeit der Kooperation, daher muss von Beginn an eine Verbindlichkeit geschaffen werden.

KONZEPTION

ZIEL:	Welche Ziele sollen verfolgt werden?
CCR-ANSATZ:	Welche Ausprägung erfüllt die gewünschte Zielsetzung?
	(repräsentativ / kooperativ / integrativ)
	Welche Form der Zusammenarbeit kommt in Frage?
	(Beteiligung / Kooperation / Auftrag)
	Wird eine dauerhafte Unterstützung oder anfängliche Beratung durch eine Agentur benötigt?
RESSOURCEN:	Wer soll das Projekt umsetzen?
	Verfügt das Unternehmen über qualifiziertes Personal?
	Welche Ressourcen stehen zur Verfügung?
	In welchem Umfang stehen die jeweiligen Ressourcen zur Verfügung?
ECKDATEN:	In welchem Bereich der Kunst und Kultur soll das Engagement stattfinden?
	Welche örtliche Ausdehnung soll die Zusammenarbeit aufweisen?
	Für welchen Zeitraum wird die Partnerschaft angelegt?

AUSWAHL

PHILOSOPHIE:	Lassen sich die Ziele mit diesem Partner umsetzen?
	Passen Wertvorstellungen und Philosophie zueinander?
WIN-WIN:	Ist eine Zusammenarbeit beiderseitig gewinnbringend?
ECKDATEN:	Sind die Vorstellungen hinsichtlich Umfang und Dauer vereinbar?

DEFINITION

INHALT:	Was wird umgesetzt?
TEAM:	Wer wirkt an dem Projekt mit?
VERANTWORTUNG:	Welche Rechte und Pflichten hat jeder der beiden Partner?
	Wo liegen die Verantwortungsbereiche?
ORGANISATION:	Wie wird die Organisation aufgeteilt?
	Welcher Partner übernimmt welche Aufgabenbereiche?
KOMMUNIKATION:	Was wird wann und wie von wem an wen kommuniziert?
	Wer tritt nach Außen als Ansprechpartner auf?
UMSETZUNG:	Welche Abstimmungswege und Vorlaufzeiten sind zu berücksichtigen?

KONTROLLE

UMSETZUNG:	Was läuft gut?
	Was kann verbessert werden?

Abb. 6 Fragestellungen für Unternehmen zur Entscheidungsfindung

Die tatsächliche Umsetzung des Projekts sollte laufend dokumentiert werden. Eine regelmäßige Kontrolle und Evaluierung hilft dabei, die Zusammenarbeit stetig zu verbessern und Herausforderungen bei zukünftigen Kooperationen richtig einschätzen zu können.[4]

Abbildung 6 listet eine Reihe von Fragestellungen auf, die im Rahmen einer Entscheidungsfindung behandelt werden sollten, den Auswahlprozess unterstützen und für die Definition der Zusammenarbeit hilfreichen Input liefern.

---

[4] Weiterführende Informationen zur Konzeption und Abwicklung stellt Lorenz Pöllmann in seinem Beitrag *Schnittstellenmanagement von Corporate Cultural Responsibility-Projekten* vor.

4.4 Herausforderungen der Zusammenarbeit

Nachdem im vorangegangenen Kapitel die Herangehensweise an Partnerschaften zwischen Wirtschaft und Kultur skizziert wurde, weise ich nun auf deren spezifische Herausforderungen hin.

Wirtschaft und Kultur sind getrennt agierende Sphären, die unterschiedliche Perspektiven aufweisen. Darin liegt sowohl das enorme Potenzial als auch die große Herausforderung. Durch das Aufeinandertreffen von kontrollierter Organisationsstruktur und kreativem Generalistentum entstehen wertvolle Synergieeffekte, allerdings auch oft Konflikte und Unverständnis. Vorbehalte und Zweifel führen mitunter zu einer Infragestellung des Potenzials der Zusammenarbeit. Die Unternehmerseite fürchtet den Kontrollverlust, die Kulturseite eine Vereinnahmung und Einmischung in die künstlerische Qualität. An dieser Stelle helfen Gespräche, Offenheit und Toleranz. Es gilt, eine Vertrauensbasis zu schaffen, um die Berührungsängste abzubauen. Oberste Prämisse ist daher die beidseitige Respektierung der Kompetenzbereiche. Das betrifft vor allem die inhaltliche künstlerische Ausrichtung, die in der Verantwortung des Kulturpartners liegt. Regelmäßige Abstimmung, Transparenz aber vor allem Freiraum tragen zu einer erfolgreichen Kooperation bei.

Diese Handlungsanweisungen sind logisch und nachvollziehbar. Die Umsetzung in der Praxis ist für beide Seiten allerdings keine leichte Aufgabe. Schon bei der ersten Besprechung wird meist deutlich, welche Welten hier aufeinanderprallen.

Für die Unternehmensseite ist es in diesem Moment wichtig, sich vor Augen zu halten, dass ihr hier ein potenzieller Partner gegenübersitzt und kein Lieferant. Die Begegnung auf Augenhöhe ist für beide Seiten eine der größten Herausforderungen, da Künstler und Kulturpartner mitunter in die Rolle des Bittstellers rutschen. Das bringt allerdings ein Ungleichgewicht mit sich, das sich im Laufe der Zusammenarbeit rächt. Ein einfacher Trick hilft: Vereinbaren Sie das Treffen an einem neutralen Ort oder besuchen Sie den Künstler in seinem Atelier bzw. die Räumlichkeiten der Institution. Geben Sie dem Gespräch Zeit, sich zu entwickeln und rechnen Sie nicht sofort mit Ergebnissen oder Entscheidungen.

Rufen Sie sich außerdem in Erinnerung, dass bereits in diesem ersten Gespräch ein wichtiger Schritt gesetzt wird und schon hier die Auseinandersetzung mit neuen Ideen beginnt. Sich darauf auch voll einzulassen, wird vermutlich auch bedeuten, seine Komfortzone zu verlassen. Aber schließlich geht es genau darum: sich auf etwas Neues einzulassen.

Die Entwicklungsphase ist sehr wichtig und entscheidend für den Erfolg der Zusammenarbeit. Die Initiatoren müssen von Beginn an von der Kooperation überzeugt sein, um etwaige Vorbehalte bei Mitarbeitern, Kunden, Shareholdern und der Öffentlichkeit ausräumen zu können. Insofern kommt der Kommunikation eine besondere Rolle zu.

Herausforderungen der Kommunikation

Neben dem herausfordernden Austausch zwischen den Kooperationspartnern gilt es, eine Reihe von Personengruppen über die Kooperation zu informieren. Dabei sollten die Zielgruppen beider Partner berücksichtigt werden. Zunächst werden die Inhalte und das

Wording der Partner abgestimmt und eine gemeinsame sprachliche Basis definiert. Um glaubwürdig aufzutreten, muss die Kommunikation von Unternehmen und Kulturpartner eine Einheitlichkeit aufweisen.

Im Idealfall wird ein Grundlagen- und Informationstext gemeinsam entwickelt. Sollte dies nicht möglich sein, empfiehlt es sich, dem Partner Raum für Adaptierungen einzuräumen. Die volle Identifikation mit der Beschreibung des Projektes ist zentral, denn nur dann wird sie auch über persönliche Kanäle weitergeleitet. Bewährt hat es sich, zusätzlich zu einer allgemeinen Information zielgruppenspezifisch Pressetexte und Informationsmaterial zusammenzustellen.

Mitarbeiter

Mitarbeiter sind eine sehr wichtige und oft vernachlässigte Zielgruppe. Sie tragen in vielen Fällen die Projekte mit und dadurch maßgeblich zu dessen Erfolg bei. Dies gilt für Mitarbeiter auf Unternehmensseite genauso wie für Mitarbeiter der Kulturpartner. Ehe eine Entscheidung für ein Engagement getroffen wird, gibt es an der Unternehmensspitze eine eingehende Auseinandersetzung mit den positiven Effekten, Vorteilen und den sich erst auf lange Sicht entwickelnden Wettbewerbsvorteilen. Ist dieser Prozess vorüber, wird die Kommunikation in vielen Fällen darauf beschränkt, über die Zusammenarbeit zu informieren. Tatsächlich ist eine Darlegung der grundlegenden Argumente, die zu einer Partnerschaft geführt haben, essenziell. Es hilft, um auch in wirtschaftlich herausfordernden Zeiten kulturelles Engagement nicht rechtfertigen zu müssen, sondern als festen und anerkannten Bestandteil des CSR-Programms des Unternehmens etabliert zu wissen.

Darüber hinaus sollte die Kommunikation mit den Mitarbeitern deren Rolle beschreiben. Werden sie bei der Umsetzung involviert oder direkt miteinbezogen? Können sie oder ihre Angehörigen daran teilnehmen? Welche Auswirkung hat das Engagement auf ihren gewohnten Tagesablauf? Je nach Form der Zusammenarbeit kann eine Reihe von Fragen auftauchen, die eingehend beantwortet werden sollten. Dabei ist auf eine umfangreiche Gestaltung der Information, die alle für die Mitarbeiter relevanten Aspekte beinhaltet, zu achten. Fühlen sich die Mitarbeiter schlecht informiert, entstehen Unsicherheit und Skepsis, die schnell in eine ablehnende Haltung umschlagen können.

Shareholder

Shareholder interessierten sich zunächst dafür, wie und warum es zur Zusammenarbeit gekommen ist. Hier gilt es, in erster Linie die Vorteile für eine nachhaltig erfolgreichen Fortbestand des Unternehmens und dessen Umfeld zu vermitteln. Ebenso sollten die positiven Effekte für Image und Positionierung erwähnt werden. Je nach Art des Engagements können Shareholder auch zur Zielgruppe der Projekte zählen. In diesem Fall ist es wichtig, dass sie, noch bevor die Öffentlichkeit oder andere Anspruchsgruppen adressiert werden, informiert und persönlich eingeladen werden. Im Rahmen dieser Kommunikationsmaßnahme sollte die inhaltliche Komponente und künstlerische Intention im Vordergrund stehen.

Darüber hinaus informieren sich Shareholder über den Geschäfts- bzw. den mittlerweile immer oft auch verfügbaren Nachhaltigkeitsbericht. Diese Schriftstücke eignen sich sehr gut, um auf Partnerschaften aufmerksam zu machen und rückblickend zu dokumentieren.

Öffentlichkeit, Kunden und Lieferanten
Bei der Zusammenstellung der Information für die Öffentlichkeit steht das Ergebnis im Mittelpunkt. Das Produkt der Zusammenarbeit wird vorgestellt, Informationen zu Inhalt und Ablauf werden geteilt. Erst wenn die Eckdaten rund um Ort, Programm und Dauer einer Veranstaltung geklärt sind, rücken Beweggründe zur Entstehung ins Interesse. Auch in der Kommunikation mit der Öffentlichkeit können und sollten die Motive für eine Zusammenarbeit offengelegt und weiterführende Information für Interessierte zugänglich sein.

Ein weiterer Punkt, der bei der Kommunikation berücksichtigt werden muss, ist das richtige Timing. Sobald die Entscheidung für die Entwicklung einer Partnerschaft getroffen wurde, müssen Mitarbeiter und Shareholder informiert werden. Je nach Form des Engagements können Mitarbeiter bereits in der Entscheidungsphase miteinbezogen werden. Wie bereits erwähnt, empfiehlt sich eine zielgruppenspezifische Ansprache. Die Botschaft muss die für die Gruppe relevanten Informationen hinsichtlich Ziel und Zweck enthalten.

Die Kommunikation der CCR sollte also abgestimmt, antizipativ, differenziert und regelmäßig erfolgen. Dadurch entsteht zwar ein Mehraufwand im Bereich der Kommunikation, gleichzeitig werden aber auch Inhalte bereitgestellt, die kommuniziert werden können. Dies ist ein wertvoller Aspekt, schließlich fehlt es oftmals an sinnvollen Inhalten, um die verschiedenen Kommunikations- und Social-Media-Kanäle zu bedienen und Aufmerksamkeit zu generieren.

Darüber hinaus bietet die Kooperation durch die begleitenden Veranstaltungen eine Basis für die Entstehung, den Ausbau und die Pflege von Netzwerken. Von diesem Aspekt, der als wesentliches und zusätzliches Potenzial betrachtet werden kann, profitieren sämtliche beteiligte und miteingebundene Zielgruppen. Durch die besondere Atmosphäre, die Kultur als Emotionsträger bietet, sind Kontakte in diesem Umfeld besonders positiv besetzt.

5 Schlussbetrachtung

The economy of the future will be about creating value and appropriate forms, no one knows more about the processes for doing that than artists. (Rob Austin, Harvard Business Professor)

Fassen wir nun die Erkenntnisse überblicksweise zusammen: Zunächst konnte das vielschichtige Potenzial von Kultur festgestellt werden. Sie dient als Basis für Kreativität und stellt somit einen entscheidenden Faktor für die zukünftige strategische Wirtschaftsentwicklung von Unternehmen dar. Damit kommt der Kultur ein wesentlicher Wirkungsbereich zu, der über die Generierung von Kommunikationsinhalten, Networking-Potenzial und Reputationssteigerung weit hinausgeht.

Die Einbindung der Kultur in die Unternehmensstrategie schafft einen Wettbewerbsvorteil durch die direkte Förderung von Kreativität und Innovation. Darüber hinaus trägt eine Investition in eine gelebte und vielfältige Kultur maßgeblich zur Attraktivität des Standorts und dessen Sicherung bei. Ein weiterer Punkt ist die Steigerung der Mitarbeitermotivation. Dreh- und Angelpunkt bei all diesen Aspekten sind die Menschen im Unternehmen. Dadurch steht die kulturelle Verantwortung in einem starken Näheverhältnis zur sozialen Verantwortung. Insofern möchte ich nicht nur – wie bereits zu Beginn des Beitrags erwähnt – empfehlen, die Kultur als grundlegenden und eigenständigen Bereich in den Managementansatz CSR zu integrieren, sondern die Verantwortungsbereiche ganzheitlich zu betrachten und das Potenzial ihrer Kombination zu nutzen.

Ein noch unerforschtes Feld stellt der Zusammenhang von Kunst und Kultur im Unternehmen und Resilienz bzw. Antifragiltität, dar. Laut Taleb (2013) steigt die Fähigkeit, unter Stress ruhig zu bleiben und die richtigen Entscheidungen zu treffen, wenn Mitarbeiter durch externen Input regelmäßig mit Unbekanntem und Neuem konfrontiert werden. Je höher die Antifragilität eines Unternehmens, desto höher ist auch die Chance, Krisen zu bewältigen und gestärkt aus diesen herauszugehen. Ich bin der Meinung, dass eine bewusste Auseinandersetzung mit Kunst und Kultur eben diese Kriterien erfüllt und zu einer Steigerung der Antifragilität eines Unternehmen beiträgt.

Um CCR umfangreich in Unternehmen etablieren zu können, muss weiter Überzeugungs- und Vermittlungsarbeit geleistet werden, vor allem auch bei klein- und mittelständischen Unternehmen. Auch die Kulturseite muss sich ihrer Rolle bewusster werden und als aktiver Partner auftreten. Außerdem gilt es, alternative Ansätze für die Erfolgsmessung zu etablieren[5], da für bestehende wirtschaftlich-mathematische Controllingsysteme der Einflussfaktor der Kultur nicht quantifizier- und darstellbar ist (Hilger und Landwehr 2011, S. 8 f.).

Unternehmen mit Weitblick machen sich bereits – auch ohne versicherndes Zahlenmaterial – die positiven Synergieeffekte der CCR zunutze und investieren damit in ihre Zukunftsfähigkeit.

Literatur

Bäcker D (2001) Etwas Theorie. In: Luckow D (Hrsg) Wirtschaftsvisionen 2: Peter Zimmermann. Simens Kulturprogramm, München, S 3–6
Bauer TW (2005) Forschung zu Kunst und Wirtschaft neu orientiert: von Kommerzialisierungsstrategie zu kultureller Innovationsstrategie. In: Brellochs M, Schrat H (Hrsg) Raffinierter Überleben – Strategien in Kunst und Wirtschaft. Kulturverlag Kadmos, Berlin, S 96–118

---

[5] Christian Neßler, Arne Eimuth und Alina Friedrichs beschreiben in ihrem – in diesem Band veröffentlichten – Beitrag „Kunstförderung durch Unternehmen im Kontext des Value-based Managements" neue Ansätze dazu.

Bertram U (2012) Ein Muster für die Zukunft. Vom künstlerischen Denken in außerkünstlerischen Feldern. In: Bertram U (Hrsg) Kunst fördert Wirtschaft. Zur Innovationskraft künstlerischen Denkens. transkript Verlag, Bielefeld

Bourdieu P (1983) Ökonomisches Kapital, kulturelles Kapital, soziales Kapital. In: Kreckel R (Hrsg) Soziale Ungleichheiten (Soziale Welt, Sonderband 2). Schwartz, Göttingen, S 183–198

Bruhn M (2010) Sponsoring – Systematische Planung und integrativer Ansatz. Gabler, Wiesbaden

Csikszentmihalyi M (2007) Kreativität – Wie Sie das Unmögliche schaffen und Ihre Grenzen überwinden. Klett-Cotta, Stuttgart

Curbach J (2008) Die Corporate-Social-Responsibility-Bewegung. VS Verlag für Sozialwissenschaften, Bamberg

Effmert V (2006) Sal. Oppenheim jr. & Cie. – Kulturförderung im 19. Jahrhundert. Böhlau, Köln

Elkington J (1998) Cannibals with forks. The triple bottom line of 21st century business. New Society, Gabriola Island

Esch A (1981) Über den Zusammenhang von Kunst und Wirtschaft in der italienischen Renaissance. Z Hist Forsch 8:179–222

Europäische Kommission (2011) Communication from the Commission to the European Parliament, the Council, the European Economic and Social Committee and the Committee of the Regions – A renewed EU strategy 2011–2014 for Corporate Social Responsibility. Brüssel

Fisch J (1992) Zivilisation, Kultur. In: Brunner O, Conze W, Koselleck R (Hrsg) Geschichtliche Grundbegriffe – Historisches Lexikon zur politisch-sozialen Sprache in Deutschland, Bd 7. Klett-Cotta, Stuttgart, S 679–774

Florida R (2004) The rise of the creative class. Basic Books, New York

Fueglistaller U, Müller C, Volery T (2008) Entrepreneurship: Modelle – Umsetzung – Perspektiven. Mit Fallbeispielen aus Deutschland, Österreich und der Schweiz. Gabler, Wiesbaden

von Fürstenberg J (2012) Die Wechselwirkung zwischen unternehmerischer Innovation und Kunst – Eine wissenschaftliche Untersuchung in der Renaissance und am Beispiel der Medici. Springer Gabler, Wiesbaden

Grieshuber E (2012) CSR als Hebel für ganzheitliche Innovation. In: Corporate Social Responsibility. Verantwortungsvolle Unternehmensführung in Theorie und Praxis. Springer-Verlag, Berlin, S 371–384

Habisch A (2003) „Corporate Citizenship" – unternehmerisches Bürgerengagement im Gemeinwesen des 21. Jahrhunderts. In: Litzel S, Loock F, Brackert A (Hrsg) Handbuch Wirtschaft und Kultur – Formen und Fakten unternehmerischer Kulturförderung. Springer, Berlin, S 4–13

Hilger S, Landwehr A (2011) Wirtschaft – Kultur – Geschichte. Positionen und Perspektiven. Franz Steiner Verlag, Stuttgart

Höhne S (2005) „Amerika du hast es besser"? – Kulturpolitik und Kulturförderung in kontrastiver Perspektive. Leipziger Universitätsverlag, Leipzig

Horx M (2009) Das Buch des Wandels – Wie Menschen Zukunft gestalten. Verlagsgruppe Random House, München

Horx M (2011) Das Megatrend-Prinzip – Wie die Welt von morgen entsteht. Verlagsgruppe Random House, München

KEA European Affairs (2009) Der Einfluss von Kultur auf Kreativität – Eine Studie im Auftrag der Europäischen Kommission. Generaldirektion Bildung und Kultur

Kurt H, Wagner B (2002) Kultur der Nachhaltigkeit – nachhaltige Kultur? Fachz Kult Mein, 97 II. Bonn

Leifer L (2013) Design thinking as a tool for innovation. Vortag im Rahmen des Forum Alpbach

Lüddemann S (2010) Kultur – Eine Einführung. VS Verlag für Sozialwissenschaften, Wiesbaden (GWV Fachverlage)

Moldaschl M (2007) Immaterielle Ressourcen: Nachhaltigkeit von Unternehmensführung und Arbeit I. Rainer Hampp, Mering

Pongratz HJ, Trinczek R (2007) Industrielle Beziehungen als soziales und kulturelles Kapital. Innovative Bildungs- und Qualifizierungskonzepte von Gewerkschaften und Unternehmen. In:

Moldaschl M (Hrsg) Immaterielle Ressourcen: Nachhaltigkeit von Unternehmensführung und Arbeit I. Rainer Hampp, Mering, S 137–171

Priddat BP (2009) Wirtschaft durch Kultur. Metropolis, Marburg

Reinhardt V (1998) Die Medici – Florenz im Zeitalter der Renaissance. Beck, München

Sarasin P (1998) Stiften und Schenken in Basel im 19. und 20. Jahrhundert – Überlegungen zur Erforschung des bürgerlichen Mäzenatentums. In: Kocka J, Frey M (Hrsg) Bürgerkultur und Mäzenatentum im 19. Jahrhundert. Fannei & Walz, Berlin, S 192–211

Schiuma G (2009) The value of arts-based initiatives – mapping arts-based initiatives. Arts & Business, London

Schumpeter J (1926) Theorie der wirtschaftlichen Entwicklung – Eine Untersuchung über Unternehmergewinn, Kapital, Kredit, Zins und den Konjunkturzyklus. Duncker & Humblot, München

Schumpeter J (2005) Kapitalismus, Sozialismus, Demokratie. UTB, Tuìbingen

Taleb N (2013) Antifragilität. Anleitung für eine Welt, die wir nicht verstehen. Knaus, München

Wagner M (2003) Kreativität und Kunst. In: Berka W, Emil B, Smekal C (Hrsg) Woher kommt das Neue? Kreativität in Wissenschaft und Kunst. Wien, Böhlau, S 51–88

Zimmermann O, Schulz G (2009) Zukunft Kulturwirtschaft. Zwischen Künstlertum und Kreativwirtschaft. Klartext, Essen

Mag. (FH) Vera Steinkellner MAS ist seit 2010 als selbstständige Unternehmensberaterin und Kunstmanagerin tätig und Geschäftsführerin der Vera Steinkellner GmbH. Sie berät und begleitet Unternehmen, Kunstschaffende und Kulturorganisationen bei der Entwicklung und erfolgreichen Umsetzung von Corporate Cultural Responsibility-Projekten.

Sie ist zudem Gründerin des Shared Work- und Artspace Herminengasse1. Das Projekt verbindet die Idee von Freiraum für selbstständige Tätigkeit mit der Vision von Kunst als Katalysator für gesellschaftlichen Austausch. Halbjährlich wird der Raum für kuratierte, temporäre Ausstellungen der bildenden Kunst zur Verfügung gestellt.

Die gebürtige Oberösterreicherin studierte Kultur- und Veranstaltungsmanagement an der FH Kufstein, Kunstgeschichte an der Universität Wien und absolvierte berufsbegleitend das postgraduale Studium art & economy an der Universität für angewandte Kunst in Wien. Sie war als Projektverantwortliche im Agenturgeschäft tätig und sammelte Erfahrung im privatwirtschaftlichen Museumsmanagement.

Corporate Cultural Responsibility – Zum Wechselspiel von Wirtschaft und Kultur aus historischer Perspektive

Susanne Hilger

Zusammenfassung

Die Ökonomie kennzeichnet einen sehr komplexen Verantwortungsbegriff. Kapitaleigner, Unternehmer und Manager besitzen in erster Linie Verantwortung für die wirtschaftlich erfolgreiche Führung eines Unternehmens, für seine Bestandserhaltung und -mehrung. Doch gerade weil privatwirtschaftliche Entscheidungen immer auch Entscheidungen von volkswirtschaftlicher Reichweite darstellen, beeinflussen sie auch die Entwicklungen des Gemeinwesens. Nicht von ungefähr formuliert Artikel 14 des Grundgesetzes der Bundesrepublik die soziale Verpflichtung des Eigentums. Als eine zentrale gesellschaftliche Gruppe mit besonderen Einflussmöglichkeiten und wirtschaftlichen Ressourcen, die in einer Volkswirtschaft erzeugt werden und dieser letztlich wieder zugute kommen sollen, sind die Akteure der Wirtschaft gefordert. Aus all dem erwächst eine über die betriebswirtschaftlichen Notwendigkeiten hinausgehende Verantwortung, die sich auf das Gemeinwesen in lokaler, regionaler und globaler Hinsicht erstreckt.

Corporate Cultural Responsibility lässt sich also analog zu dem Schwesterbegriff Corporate Social Responsibility schon frühzeitig als die so empfundene Verantwortung von Wirtschaftsakteuren verstehen, die erwirtschafteten Ressourcen nicht ausschließlich in ihr Unternehmen zu stecken, sondern darüber hinaus Bereiche zu unterstützen, die ihnen als besonders förderwürdig erschienen. Dies lässt sich über Jahrhunderte zurückverfolgen. Neben humanitären und philanthropischen Beweggründen lassen sich stets auch persönliche Interessen benennen. Diese richteten sich auf den Erwerb von Reputation und kulturellem Kapital, das sich über die Unterstützung von Kunsteinrichtungen, Künstlern und Museen generieren lässt.

S. Hilger (✉)
PwC-Stiftung, Friedrich-Ebert-Anlage 35-37,
60327 Frankfurt/Main, Deutschland

© Springer-Verlag Berlin Heidelberg 2015
V. Steinkellner (Hrsg.), *CSR und Kultur,* Management-Reihe Corporate
Social Responsibility, DOI 10.1007/978-3-662-47759-5_2

Kultur hat Konjunktur – nicht nur als Schlagwort in den öffentlichen Medien. Auch als wissenschaftliche Disziplin in Forschung und Lehre erleben die Kulturwissenschaften einen regen Zulauf. Selbst in den sich lange distanziert gebenden Wirtschaftswissenschaften hat der *cultural turn* mittlerweile Einzug gehalten. Ergänzend zu der stark idealisierten Sichtweise ökonomischer Modelle werden in jüngster Zeit vermehrt kulturell geprägte Faktoren wie Werte, Emotionen, Vertrauen oder Glück in die empirischen Betrachtungen einbezogen (Hilger und Landwehr 2011, S. 7–26).

Dabei war das Verhältnis zwischen Wirtschafts- und historischen Kulturwissenschaften in der Wissenschaftstheorie lange keineswegs ungestört. Dies förderte auf der einen Seite die *Enthistorisierung* der Ökonomie. Auf der anderen Seite wandte sich die Geschichtswissenschaft mit dem *cultural turn* von der Ökonomie ab. Im Ergebnis führt dies dazu, dass die ökonomische Theorie bei ihren Erklärungsansätzen des Rational-Choice-Modells kulturelle, also nicht messbare Einflussfaktoren außer Acht ließ und der *Homo oeconomicus* als ideales Abbild eines ökonomisierten Akteurs so ganz ohne emotionale oder kulturelle Prägung auskam. Dementsprechend spät hat auch in der Wirtschaftsgeschichte die *kulturalistische Wende* erst mit einem deutlichen *timelag* eingesetzt. Dem ökonomischen Rational-Choice-Modell verpflichtet, stand und steht ein Teil der deutschen Wirtschaftshistorikerinnen und -historiker der heuristischen Bedeutung von Kultur nach wie vor skeptisch gegenüber. Folgerichtig findet der Betrachtungsgegenstand in den aktuellen Einführungen in die Wirtschaftsgeschichte bislang kaum Berücksichtigung (siehe etwa Ambrosius et al. 2006; Pierenkemper 2005). Das gegenseitige Desinteresse lässt sich historisch herleiten und führte in letzter Konsequenz zu einer überwiegend klaren inhaltlichen und methodischen Trennung. Diese lässt sich zurückverfolgen bis zu dem so genannten Methodenstreit in der Nationalökonomie, einer Auseinandersetzung um die Ausrichtung der Volkswirtschaftslehre, die Ende des 19. Jahrhunderts im deutschsprachigen Raum geführt wurde. Er trug dazu bei, dass „sich die Mainstream-Ökonomie zu einer abstrakt-theoretischen Wissenschaft entwickelt, die mit deduktiven Methoden allgemein gültige Gesetze sucht und mit stark idealisierten Modellen operiert", die in der empirischen Realität nur selten anzutreffen sind (Berghoff und Vogel 2004, S. 9).

Geradezu weltanschauliche Differenzen scheinen die beiden Fachbereiche zu trennen. Vermittelt die Ökonomie den Eindruck, lediglich Fragen der Gewinnoptimierung verpflichtet zu sein, verschreiben sich die Kulturwissenschaftler demgegenüber ästhetischen oder epistemischen Prinzipien. Damit erscheinen wirtschaftliche Belange aus der Kulturgeschichte ebenso weitgehend ausgeblendet wie kulturelle Belange in der Wirtschaftsgeschichte unberücksichtigt bleiben.

Nicht zuletzt vor dem Hintergrund der Finanzmarktkrisen der 2000er-Jahre, für die George A. Akerlof und Robert J. Shiller die auf Keynes zurückgehende Formel der Animal Spirits prägten (Akerlof und Shiller 2009), zeigten sich auch für die Wissenschaften immer deutlicher die untrennbaren Zusammenhänge zwischen Wirtschaft und kultureller Prägung. Und ganz anders auch als in den seit mehr als einem Jahrhundert anhaltenden polarisierenden Diskursen um das Verhältnis von Kultur und Wirtschaft zeigt sich in der historischen Empirie ein enges Wechselspiel zwischen der unternehmerischen Wirtschaft auf der einen Seite und der Kultur, insbesondere den Produzenten von Kunst und Kultur, auf der anderen. Diese Austauschbeziehung, die wesentlich mehr beinhaltete und bis heute beinhaltet als die Investition von Finanzmitteln, soll im Mittelpunkt der folgenden Ausführungen stehen, um den Begriff der Corporate Cultural Responsibility aus historischer Perspektive zu veranschaulichen.

Verantwortung in der Ökonomie ist ein komplexer Begriff, der von wirtschaftlicher Performanz und gesamtwirtschaftlicher Stabilität bis hin zu gesellschaftlichem Wohlstand und ökologischem Gleichgewicht reicht. Damit kennzeichnet die Ökonomie einen sehr weitreichenden Verantwortungsbegriff. Kapitaleigner, Unternehmer und Manager besitzen in erster Linie Verantwortung für die wirtschaftlich erfolgreiche Führung eines Unternehmens, für seine Bestandserhaltung und -mehrung. Doch gerade weil privatwirtschaftliche Entscheidungen immer auch Entscheidungen von volkswirtschaftlicher Reichweite darstellen, beeinflussen sie damit auch die Entwicklung des Gemeinwesens. Nicht von ungefähr formuliert Artikel 14 des Grundgesetzes der Bundesrepublik die soziale Verpflichtung des Eigentums.

In ihrer Funktion als eine zentrale gesellschaftliche Gruppe mit hohen Einflussmöglichkeiten und wirtschaftlichen Ressourcen, die in einer Volkswirtschaft erzeugt werden und dieser letztlich wieder zu Gute kommen sollen, sind die Akteure der Wirtschaft gefordert. Aus all dem erwächst eine über die betriebswirtschaftlichen Notwendigkeiten hinausgehende Verantwortung, die sich über die Ebene der Anteilseigner hinaus ebenso auf die Stakeholder, also Kunden, Lieferanten und Mitarbeiter, sowie auf das unternehmerische Umfeld in lokaler, regionaler und globaler Hinsicht erstreckt (siehe dazu Galbraith 2005, S. 24 f.; Heidbrink und Hirsch 2008). In Gesellschaft und Öffentlichkeit besteht darum eine hohe Erwartungshaltung an die Politik von Unternehmen und an das Verhalten ihrer Protagonisten.

Die Geschichte der Marktwirtschaft ist für die westliche Welt, zumindest für die zweite Hälfte des 20. Jahrhunderts, mit der Verbreitung von Wohlstand und demokratischer Freiheit verbunden. Die antike Philosophie betonte indessen bereits vor mehr als 1000 Jahren den untrennbaren Zusammenhang von Wirtschaft und *gutem Leben* (Bien 1990, S. 211–234). Vor diesem philosophischen Hintergrund galt die vormoderne Ökonomie in der geschichtswissenschaftlichen Literatur lange als *moral economy* (Thompson 1971), die eingebettet gewesen sei in soziale Beziehungen und nicht-ökonomische Institutionen (*embeddedness*).

Um dies deutlich zu machen, genügt ein Blick in die jahrhundertealte Stiftungstradition von Unternehmen, deren Aufmerksamkeit sich seit dem 15. und 16. Jahrhundert mit dem wachsenden Wohlstand aus grenzüberschreitender Handelstätigkeit und analog dazu dem Aufkommen des bürgerlichen Selbstbewusstseins nicht nur auf soziale Zwecke, sondern ebenso auch auf die Förderung und Unterstützung von Kunst und Kultur richtete (Esch 1981, S. 179–222; siehe auch Flöter und Ritzi 2007; Frey 1999). Der heutige Begriff der Kultur, zumindest wenn er im Kontext der unternehmerischen Kulturförderung Verwendung findet, korrelierte lange mit den bewährten Traditionen eines bürgerlichen Selbstverständnisses. Dieses umfasste vor allem die *schönen Künste*, also Bereiche wie Bildende Kunst, Architektur, Musik, Literatur und Darstellende Kunst (siehe dazu Strachwitz und Lingelbach 2009, S. 101–132).

In der Gewinnung von Reputation und Anerkennung, also von sozialem und kulturellem Kapital (Pierre Bourdieu) verbirgt sich damals wie heute eines der wichtigsten Motive für unternehmerische Kulturförderung. Das damit eine Win-win-Situation für beide Seiten, Förderer wie Gefördertem, verbunden ist, liegt nahe. Ebenso profitiert der Standort von den Investitionen in Kunst und Kultur (vgl. Gaehtgens und Schieder 1998; Adloff 2010, S. 71–84).

Corporate Cultural Responsibility (CCR) lässt sich also analog zu dem Schwesterbegriff CSR schon frühzeitig als die so empfundene Verantwortung von Wirtschaftsakteuren verstehen, die erwirtschaftete Ressourcen nicht ausschließlich in ihr Unternehmen stecken, sondern darüber hinaus Bereiche unterstützen, die ihnen als besonders förderwürdig erschienen. Was ist der Zweck unternehmerischer Kulturförderung? Jedenfalls unterscheidet er sich deutlich von den neoliberalen Überzeugungen eines Milton Friedman. Demnach sei „the social responsibility of business […] to increase its profits and nothing else" (Friedman 1970). Ist es legitim, von einer kulturellen Verantwortung von Unternehmen zu sprechen und wie sieht diese überhaupt aus? Ohne Zweifel lässt sich der Börsenwert eines Unternehmens durch die Zusammenarbeit mit einem Museum nicht ad hoc erhöhen. Doch ist Kunst Kommunikation, sie vermittelt Botschaften und Emotionen, ist der Nährboden für Wirtschaft, Politik und Gesellschaft. Mit der unternehmerischen Kulturförderung verbinden sich somit auch politische Zielsetzungen.

Diese Erkenntnis lässt sich über Jahrhunderte zurückverfolgen. Neben humanitäre und philanthropische Beweggründe traten stets auch persönliche Interessen. Dazu gehörten z. B. die Reputation und das kulturelle Kapital, die sich durch die Unterstützung von Kunsteinrichtungen, Künstlern und Museen generieren ließen. Darin unterscheidet sich das mäzenatische Engagement eines Lorenzo de Medici oder eines Jakob Fugger wenig von dem des Wuppertaler Bankiers Alfred von der Heydt im 19. Jahrhundert. In jedem Fall birgt CCR eine dreifache Win-Konstellation, indem sie das persönliche Interesse des Förderers mit positiven Impulsen für die künstlerische Arbeit und für den kulturellen Input einer Region oder eines Landes impliziert.

1   Düsseldorf als Kultur- und Wirtschaftsstandort

Ich möchte die Effekte von CCR am Beispiel Düsseldorfs im 19. Jahrhundert illustrieren. Die Stadt gehört heute zu den wohlhabendsten Kommunen im Westen der Bundesrepublik. Damit hat sich der Wirtschaftsstandort, nicht zuletzt durch einen gelungenen Branchenmix, seit Langem von der Entwicklung benachbarter Regionen (etwa in den westlichen Ruhrgebietsstädten) abgekoppelt. Die Qualität eines Wirtschaftsstandorts ist nicht nur für die Einkommenssituation der Kommune von hoher Bedeutung, sondern ebenso für die Rentabilität der dort ansässigen Unternehmen. Man kann fast sagen, dass sich Investitionen in Kunst und Kultur – ob durch die öffentliche Hand, den privaten oder den so genannten dritten Sektor – in Wirtschaftswachstum und gesellschaftlichem Wohlstand niedergeschlagen haben. Durch die Neugründung der Kunstakademie im Jahre 1819 entwickelte sich Düsseldorf im 19. Jahrhundert zu einem anerkannten Standort für Kunst und

Kultur. Ab Mitte des Jahrhunderts siedelten sich in der Stadt aufgrund der günstigen Verkehrslage und von ausreichenden Ansiedelungsfläche zahlreiche industrielle Großunternehmen an. Die sich damit anbahnende Verbindung von Kunst und Wirtschaft prägen Stadt und Stadtkultur bis heute.

Generationen von Historikern haben darüber diskutiert, welchem Stadttypus Düsseldorf denn zuzuordnen sei und warum sich hier, an der Peripherie des Ruhrreviers, nach Jahrhunderten des wirtschaftlichen *Dornröschenschlafs* innerhalb von wenigen Dezennien der Aufstieg zur Industriemetropole vollzogen hat. Martin Weyer-von Schoultz hat vor einigen Jahren die Genese einer *verspäteten Industriestadt* skizziert (Weyer-von Schoultz 1998, S. 159). Der Kölner Wirtschaftshistoriker Friedrich-Wilhelm Henning vertritt in seiner Düsseldorfer Wirtschaftsgeschichte die Ansicht, dass sich Düsseldorf im 19. Jahrhundert „keineswegs zu einer reinen Industriestadt" entwickelt habe, sondern ebenso weiterhin durch seine Residenz- und Gartentradition geprägt gewesen sei (Henning 1981, S. 383). Zu kurz greift indessen, Düsseldorf, wie bis heute im Volksmund üblich, vor allem als „Schreibtisch des Ruhrgebiets" zu charakterisieren. Um die ineinandergreifenden Expansionsprozesse von Industrie und Handel, von Kunst und Kommerz zu beschreiben, eignet sich wohl am ehesten der Terminus der *Wirtschaftsmetropole*, der auch auf weiche, also quantitativ nicht messbare Standortfaktoren wie Kulturreichtum, *Atmosphäre* und Lebensqualität abzielt und bis heute die Qualität erfolgreicher Wirtschaftsstandorte ausmacht (Zimmermann 1996; vgl. auch Grabow 1995; Kocka und Frey 1998; Werner 2011).

Das eher höfisch-beschauliche Leben in Düsseldorf wurde durch neu hinzuziehende Unternehmensgründer nachhaltig geprägt. Die Industriellen, Kauf- und Bankleute der Stadt verstanden sich zugleich als Förderer der Künste und der Wirtschaft. Dies zeigte sich bereits im Jahr 1811 auf der ersten Gewerbeausstellung auf Düsseldorfer Boden, die zu Ehren Napoleons stattfand. Das machte Schule. 1837 folgte eine zweite Ausstellung, die den Grundstock für Düsseldorfs Ruf als Ausstellungs- und Messestadt legte. Die Kooperation zwischen den Unternehmen in Vereinen und Verbänden förderte Ausstellungen und Vereinsgründungen. Die Gründung des Kunstvereins für die Rheinlande und Westfalen (1829) und des Künstlervereins Malkasten (1844), der Künstler und Käufer zusammenbrachte, sorgte schon frühzeitig für einen fruchtbaren Austausch zwischen Kultur und Wirtschaft.

Kein Wunder also, wenn die Düsseldorfer Gewerbeausstellungen seither auch Kunstausstellungen waren. Als neues Verfahren der Vermarktung präsentierten sich Kunst und innovative Technik nebeneinander. Im Ergebnis schlug sich dies auch in dem Zusammenspiel von Kunst und Massenproduktion in der kunstgewerblichen Herstellung nieder. Düsseldorfer Ausstellungen wie die von 1852, die Gewerbe-Ausstellung und Allgemeine-Deutsche-Kunst-Ausstellung von 1880 und die Industrie-Gewerbe-Kunst-Ausstellung von 1902 legten die Basis für die Messestadt Düsseldorf und für den besonderen Mix aus Kultur- und Wirtschaftsstandort im 20. und 21. Jahrhundert.

Der Verdienst des Wirtschaftsbürgertums lag darin, Kunst und Wirtschaft nicht getrennt zu sehen, sondern als sich gegenseitig befruchtende Größen von ökonomischem und kulturellem Kapital. „Kunst diente zur Legitimation eines neuen, oft neureichen Wirtschaftsbürgertums, dem die traditionellen Legitimationskriterien fehlten" (Fear 2009, S. 36; vgl.

dazu auch Augustine 1994). Wirtschaftsbürger hatten zwar großen kommerziellen Erfolg, sie besaßen jedoch den gleichen Status wie die klassische Elite, das Bildungsbürgertum. Sie setzten auf Reputationserwerb durch die Förderung der schönen Künste. Dabei war es nachrangig, ob es sich um ein neues Schauspielhaus, die Kunsthalle oder um die Tonhalle handelte. Prominente Unternehmerfamilien wie Haniel, Bagel, Henkel, Heye, Lueg, Poensgen, Schiess und Trinkaus trugen mit ihrem Engagement dazu bei, dass Düsseldorf zu einem bedeutenden Kunststandort wurde.

Als *Motor* der Düsseldorfer Messeaktivitäten engagierte sich der Unternehmer Heinrich Lueg für die Düsseldorfer Industrie- und Gewerbeausstellungen der Jahre 1880 und 1902, wohl wissend, dass die Stadt auf diese Weise als Wirtschafts- und Handelsstandort, aber auch als Standort von Kunst, Kultur und Tourismus vermarktet werden konnte. Die Düsseldorf bis heute prägende Symbiose von Kunst und Wirtschaft wurde z. B. auch in der Errichtung eines Kunst-Gewerbe-Museums dokumentiert, das die Verbindung von Kunst und Gewerbe zu einem konstituierenden Merkmal des Wirtschaftsstandorts Düsseldorf machen sollte. Vergleichbar ist diese Standortqualität wohl entfernt mit Städten wie München oder Darmstadt, die ebenfalls wirtschaftliche Funktionen mit einer künstlerischen Vorreiter-Position verbanden. So gehörten gleich fünf Mitglieder der Industriellen-Familie Poensgen dem Künstler-Verein Malkasten an.

Dies ist heute kein Einzelfall. CCR ist heute ein Aushängeschild eines jeden Wirtschaftsstandortes, egal, ob es sich um die Überlassung einer privaten Kunstsammlung an eine Stadt oder um private Museumsgründungen wie die Kunsthalle Würth in Schwäbisch Hall handelt. Oder ob, wie nach dem Zweiten Weltkrieg, sich Unternehmer kollektiv, nämlich in dem 1951 gegründeten Arbeitskreis Kulturförderung des Bundes Deutscher Industrie, für die Revitalisierung der unter dem NS und dem Zweiten Weltkrieg brachliegenden Kunst und Kulturlandschaft bemühten. (Frucht et al. 2009, S. 49).

Heute ist der Förderschwerpunkt Kultur starken Differenzierungen unterworfen. Er erstreckt sich, wie etwa das breite Engagement des Kulturkreises der Deutschen Industrie deutlich macht, von der Begabtenförderung bis hin zur kulturellen Bildung für Kinder und Jugendliche. Die Sensibilisierung für den Stellenwert, den Kultur für die Entwicklung von Kindern und Jugendlichen hat, ist erst in den vergangenen Jahrzehnten verstärkt auch in die Förderperspektive von Unternehmen getreten. Sie setzen damit auf Kreativität und Partizipation als wichtige Assets in einer komplexer werdenden Umwelt und investieren bewusst in die Zukunftsfähigkeit künftiger Generationen.

2   Ausblick

Unternehmen werden immer häufiger aufgefordert, sich mit den drängenden Fragen der globalen Welt auseinanderzusetzen und gesellschaftliches Engagement zu zeigen. Ihre Aktivitäten werden in der Öffentlichkeit genau verfolgt und eine nachhaltige Verantwortung bei der Lösung globaler Probleme verlangt.

Als eine zentrale gesellschaftliche Gruppe mit besonderen Einflussmöglichkeiten und wirtschaftlichen Ressourcen, die in einer Volkswirtschaft erzeugt werden und dieser letztlich wieder zugute kommen sollen, sind die Akteure der Wirtschaft gefordert. Aus all dem erwächst eine über die betriebswirtschaftlichen Notwendigkeiten hinausgehende Verantwortung, die sich auf das Gemeinwesen in lokaler, regionaler und globaler Hinsicht erstreckt.

Corporate Cultural Responsibility lässt sich also analog zu dem Schwesterbegriff Corporate Social Responsibility schon frühzeitig als die so empfundene Verantwortung von Wirtschaftsakteuren verstehen, die erwirtschafteten Ressourcen nicht ausschließlich in ihr Unternehmen zu stecken, sondern darüber hinaus Bereiche zu unterstützen, die ihnen als besonders förderwürdig erschienen. Dies lässt sich über Jahrhunderte zurückverfolgen. Neben humanitären und philanthropischen Beweggründen lassen sich stets auch persönliche Interessen benennen. Dieses richtet sich auf den Erwerb von Reputation und kulturellem Kapital, das sich über die Unterstützung von Kunsteinrichtungen, Künstlern und Museen generieren lässt.

Als Form des professionalisierten und langfristigen Engagements in der unternehmerischen Kulturförderung hat sich die Unternehmensstiftung bewährt. Sie ist Ausdruck eines Bekenntnisses zur gesellschaftlichen Verantwortung und stellt im besten Fall eine unabhängige und nachhaltige, von Fachkompetenz geleitete Förderstruktur sicher. Mit ihrem Engagement dient sie dem zivilgesellschaftlichen Nutzen ebenso wie sie das Image des Stifterunternehmens prägt.

Literatur

Adloff F (2010) Philantropisches Handeln. Eine historische Soziologie des Stiftens. Campus, Frankfurt

Akerlof G, Shiller RJ (2009) Animal spirits. Wie Wirtschaft wirklich funktioniert. Campus Verlag, Frankfurt

Ambrosius G et al (2006) Moderne Wirtschaftsgeschichte: Eine Einführung für Historiker und Ökonomen. Oldenbourg Wissenschaftsverlag, München

Augustine D (1994) Particians and Parvenus. Wealth and High Society in Wilhelmine Germany. Berg Publishers Ltd., Oxford

Berghoff H, Vogel J (2004) Wirtschaftsgeschichte als Kulturgeschichte. Ansätze zur Bergung transdisziplinärer Synergiepotenziale. In: Berghoff H, Vogel J (Hrsg) Wirtschaftsgeschichte als Kulturgeschichte: Dimensionen eines Perspektivenwechsels. Campus Verlag, Frankfurt a. M, S 9–42

Bien G (1990) Die aristotelische Ökonomik und die moderne Ökonomie. In: Wörz M, Dingwerth P, Öhlschläger R (Hrsg) Moral als Kapital. Perspektiven des Dialogs zwischen Wirtschaft und Ethik. Akademie der Diözese Rottenburg, Stuttgart, S 211–234

Esch A (1981) Über den Zusammenhang von Kunst und Wirtschaft in der italienischen Renaissance. Z für hist Forsch 8:179–222

Fear J (2009) Die Zukunft der Vergangenheit, In: Susanne A (Hrsg) Überschreitungen. Das Wechselspiel von Wirtschaft und Kunst im 19. Jahrhundert. Droste Vlg, Düsseldorf, S 25–46

Flöter J, Ritzi C (Hrsg) (2007) Bildungsmäzenatentum. Privates Handeln, Bürgersinn und kulturelle Kompetenz seit der Frühen Neuzeit. Böhlau, Köln

Frey M (1999) Macht und Moral des Schenkens. Staat und bürgerliche Mäzene vom späten 18. Jahr-
     hundert bis zur Gegenwart. Bostelmann & Siebenhaar, Berlin
Friedman M (13 Sept 1970) The social responsibility of business is to increase its profits. NY Times
     Magazine
Frucht S, Schönhut F, Gudat A (2009) „ars viva". Lebendige Kunst braucht Förderung. In: Susanne
     A (Hrsg.) Überschreitungen. Das Wechselspiel von Wirtschaft und Kunst im 19. Jahrhundert.
     Droste Verlag, Düsseldorf, S 47–52.
Gaehtgens TW, Schieder M (Hrsg) (1998) Mäzenatisches Handeln. Studien zur Kultur des Bürger-
     sinns in der Gesellschaft. Bostelmann & Siebenhaar, Berlin
Galbraith, JK (2005) Die Ökonomie des unschuldigen Betruges. Vom Realitätsverlust der heutigen
     Wirtschaft. Pantheon, München
Grabow B (1995) Weiche Standortfaktoren. Kohlhammer, Stuttgart
Heidbrink L, Hirsch A (Hrsg) (2008) Verantwortung als marktwirtschaftliches Prinzip. Campus,
     Frankfurt a. M
Henning F-W (1981) Düsseldorf und seine Wirtschaft. Zur Geschichte einer Region, Bd 2: Von 1860
     bis zur Gegenwart. Droste, Düsseldorf
Hilger S, Landwehr A (2011) Zur Einführung. Wirtschaft – Kultur – Geschichte: Stationen einer
     Annäherung. In: Hilger S, Landwehr A (Hrsg) Wirtschaft – Kultur – Geschichte. Positionen und
     Perspektiven. Franz Steiner, Stuttgart, S. 7–26
Kocka J, Frey M (1998) Bürgerkultur und Mäzenatentum im 19. Jahrhundert. B & S Siebenhaar,
     Berlin
Muschick S Die Zukunft wird jetzt gestaltet. Gute unternehmerische Kulturförderung gestaltet mit.
     Instiftung und Sponsoring 4/2015, Unternehm für Kult, S. 4–5.
Pierenkemper T (2005) Wirtschaftsgeschichte: eine Einführung. Oldenbourg Wissenschaftsverlag,
     München
Strachwitz RG (2009) Von Abbé bis Mohn – Stiftungen in Deutschland im 20. Jahrhundert. In:
     Adam T, Lässig S, Lingelbach G (Hrsg) Stifter, Spender und Mäzene. USA und Deutschland
     im historischen Vergleich (= Transatlantische Historische Studien 38). Franz Steiner, Stuttgart,
     S 101–132
Thompson EP (1971) The making of the English working class. EA, London
Werner M (2011) Stiftungsstadt und Bürgertum. Hamburgs Stiftungskultur vom Kaiserreich bis in
     den Nationalsozialismus. Oldenbourg Wissenschaftsverlag, München
Weyer-von Schoultz M (1998) Düsseldorf – eine Industriestadt? Gedanken zur Verwendung des
     Terminus ‚Industriestadt' in der neuesten Stadtgeschichtsforschung. Düsseld Jahrb 69:159–191
Zimmermann C (1996) Die Zeit der Metropolen. Urbanisierung und Großstadtentwicklung. Fischer
     Taschenbuch, Frankfurt a. M

Prof. Dr. Susanne Hilger ist Leiterin der PwC-Stiftung Jugend – Bildung – Kultur und Professorin für Wirtschaftsgeschichte an der Universität Düsseldorf. In ihren Veröffentlichungen und Vorträgen befasst sie sich mit dem Zusammenhang von Wirtschaft, Geschichte und Kultur. Für die PwC-Stiftung entwickelt sie zur Zeit ein Programm zur wirtschaftskulturellen Bildung für Kinder und Jugendliche.

Nachhaltigkeit als kulturelle Herausforderung

Davide Brocchi

Zusammenfassung

Heute heißt Verantwortung vor allem *Nachhaltigkeit*. Dieses Leitbild erfordert ein anderes Verständnis von Kultur. In diesem Kapitel wird Kultur als Wertesystem, als mentale „Landkarte" (Alfred Korzybski) oder „software of the mind" (Geert Hofstede) betrachtet. Kultur dient der Orientierung in der umweltbedingten Komplexität. Kultur ist die Sprache, die uns es ermöglicht, sich zu verständigen und unser Handeln miteinander abzustimmen. Ohne Kultur gäbe es keine soziale Kommunikation, also keine Gesellschaft. Kultur ist die Art und Weise, wie wir die Natur und den Menschen sehen, also wie wir damit umgehen.

Bei Corporate Cultural Responsibility geht es nicht nur um den Austausch zwischen zwei getrennten Bereichen (Wirtschaft und Kultur), sondern zuerst um das Bewusstsein, dass die Wirtschaft, die Unternehmen, ihre Organisationsstruktur oder ihre Produkte selbst Kultur sind. Sie sollten als Ausdruck und Träger einer Kultur verstanden werden. Eine nachhaltige Wirtschaft setzt deshalb einen kulturellen Wandel voraus. Dies ist ein zentraler Aspekt der Corporate Cultural Responsibility im 21. Jahrhundert.

D. Brocchi (✉)
Nikolausstr 147, 50937 Köln, Deutschland
E-Mail: davide.brocchi@uni-duesseldorf.de

© Springer-Verlag Berlin Heidelberg 2015
V. Steinkellner (Hrsg.), *CSR und Kultur,* Management-Reihe Corporate
Social Responsibility, DOI 10.1007/978-3-662-47759-5_3

1 Einführung

Seit dem Brundtland-Bericht von 1987 und dem Erdgipfel von 1992 in Rio de Janeiro heißt Verantwortung vor allem *Nachhaltigkeit*.

Dieses Leitbild erfordert ein anderes Verständnis von Kultur, nämlich ein anthropologisches, soziologisches und semiotisches. In diesem Kapitel wird Kultur als Wertesystem, als mentale „Landkarte" (Korzybski 1933) oder „software of the mind" (Hofstede und Hofstede 2009) betrachtet. Kultur dient der Orientierung in der umweltbedingten Komplexität. Kultur ist die Sprache, die es uns ermöglicht, sich zu verständigen und unser Handeln miteinander abzustimmen.[1] Ohne Kultur gäbe es keine soziale Kommunikation, also keine Gesellschaft.[2] Kultur ist die Art und Weise, wie wir die Natur und den Menschen sehen, also wie wir damit umgehen. Während ein Kulturbegriff, der auf die Künste reduziert wird, keine wesentliche Rolle in Politik oder Wirtschaft spielen kann, macht ein erweitertes Verständnis von Kultur ihre enorme Relevanz deutlich. Wenn Politiker, Unternehmer oder Mitarbeiter nicht nachhaltig handeln, dann muss dies auch an ihrer Kultur liegen, laut dem niederländischen Kulturwissenschaftler Geert Hofstede an der Art und Weise wie sie mental „programmiert" worden sind.

Bei Corporate Cultural Responsibility geht es nicht nur um den Austausch zwischen zwei getrennten Bereichen (Wirtschaft und Kultur), sondern zuerst um das Bewusstsein, dass die Wirtschaft, die Unternehmen, ihre Organisationsstruktur oder ihre Produkte selbst Kultur sind. Sie sollten als Ausdruck und Träger einer Kultur verstanden werden. Eine nachhaltige Wirtschaft setzt deshalb einen kulturellen Wandel voraus. Dies ist ein zentraler Aspekt der Corporate Cultural Responsibility im 21. Jahrhundert.

Da die Sprache ein wesentlicher Bestandteil von Kultur ist, ist eine Auseinandersetzung bzw. eine ständige Verständigung über die Bedeutung der verwendeten Begriffe besonders wichtig. Im nächsten Abschnitt wird deshalb der Begriff Nachhaltigkeit näher erläutert. Obwohl die Nachhaltigkeitsdebatte seit einigen Jahrzehnten geführt wird, kommt der reale Nachhaltigkeitsprozess kaum voran. Schon eine Auseinandersetzung mit diesem offensichtlichen Widerspruch macht deutlich, warum es sich lohnt, gesellschaftliche Entwicklung aus einer kulturellen Perspektive zu betrachten. Im zweiten Abschnitt werden relevante Stationen im Diskurs über Kultur und Nachhaltigkeit kurz dargestellt. In den weiteren Abschnitten wird zuerst erläutert, worin die kulturelle Dimension der Nachhaltigkeit besteht, wie sich eine nachhaltige Kultur von der heute dominanten Kultur unterscheidet; welche Rolle Erziehung, Bildung, Medien, aber auch Künste in einem Kulturwandel in Richtung Nachhaltigkeit spielen und warum eigentlich Nachhaltigkeit *Lernfähigkeit* erfordert.

---

[1] Wenn Gesellschaft den Umstand bezeichnet, „daß soziales Handeln koordiniertes und koordinierbares Handeln ist", dann bezeichnet Kultur „das Wie der Koordination, wobei in dieses Wie der Umstand, daß Kultur in einer Gesellschaft stattfindet und somit kontingent ist, immer mit einfließt" (Baecker 2000, S. 118).

[2] Der Soziologe Antony Giddens (1989) schreibt: „No culture could exist without a society. But, equally, no society could exist without culture."

2 Nachhaltigkeit

Kultur setzt die Existenz eines Gedächtnisses voraus, das Informationen aufnehmen, codieren, speichern und wieder abrufen kann. Für den französischen Philosophen und Soziologen Maurice Halbwachs (1950) gibt es nicht nur ein individuelles Gedächtnis, sondern auch ein kollektives. Darin ist zum Beispiel die historische Lehre einer Gesellschaft im Umgang mit der eigenen Umwelt gespeichert. Durch die Übertragung dieses Wissens von Generation zu Generation müssen die Kinder die Fehler der Eltern nicht wiederholen oder das Kochen neu erfinden, um in ihrem Ökosystem überleben zu können (vgl. Junker 2011, S. 94ff).

Als Teil des *kollektiven Gedächtnisses* erinnert uns auch der Nachhaltigkeitsbegriff an eine historische Lehre. Sie entstand aus der Erfahrung der ersten großen Energie- und Rohstoffkrise, die Europa an der Schwelle zwischen dem 17. und 18. Jahrhundert traf. Damals war Holz der Hauptenergielieferant. Mit diesem Rohstoff wurden Schiffe, Häuser, Möbel und viele andere Produkte gebaut. Durch die jahrhundertelange Abholzung der Wälder war es jedoch zu einer dramatischen Holzknappheit gekommen, die die Existenz ganzer Staaten gefährdete. Die steigenden Holzpreise trieben viele Betriebe in den Ruin. In dieser Situation sahen sich einige Regierungen gezwungen, eine Strategie zu entwickeln, um die Versorgung des Bergbaus mit Holz dauerhaft zu garantieren. Mit diesem Auftrag beförderte der Kurfürst von Sachsen 1711 einen erfahrenen Forstwirt, Hans Carl von Carlowitz, zum Leiter des sächsischen Oberbergamts in Freiberg (vgl. Grober 2010, S. 111). Schon zwei Jahre später skizzierte Carlowitz in seiner Veröffentlichung „Sylvicultura oeconomica oder Anweisung zur wilden Baum-Zucht" die Grundzüge einer zukunftsfähigen Forstwirtschaft: Eine dauerhafte Nutzung der Waldbestände – so Carlowitz – könne nur erreicht werden, indem man „nicht mehr Holz fällt, als nachwächst" (Grober 2010, S. 21). Genau das ist die originäre Maxime der Nachhaltigkeit, die später auf den Umgang mit allen natürlichen Ressourcen übertragen wurde: Eine Wirtschaft kann nur dann dauerhaft bestehen, wenn sie ihr materielles Wachstum selbst begrenzt und die eigene ökologische Existenzgrundlage schützt statt zu zerstören. Nur wenn diese historische Lehre verdrängt oder vergessen wird, ist die Zukunft gefährdet.

Und sie wurde erstmal verdrängt und vergessen. Nicht die Lehre von Carlowitz setzte sich im 18. Jahrhundert durch, sondern jene von Johann Philipp Bünting. In seinem Buch „Sylva subterranea" von 1693 hatte er nämlich empfohlen, die Ausbeutung der knapp werdenden „oberirdischen Wälder" durch die Nutzung von Kohle (einer Art „unterirdischem Wald") zu ersetzen (Luhmann 2009, S. 78). Auch die Kolonisierung anderer Kontinente hatte sich als geschickte Strategie erwiesen, um die Ressourcenengpässe in Europa zu überwinden und die Ressourcenversorgung zu sichern. Anstelle eines „pfleglichen Umgangs" (vgl. Carlowitz 2013, S. 87) mit natürlichen Ressourcen kam es so zur Industriellen Revolution.

Für 300 Jahre trat die Idee der Nachhaltigkeit in den Hintergrund, bis 1973 die erste große Ölkrise für ihre Auferstehung sorgte. Sie machte deutlich, wie verletzlich die Industriegesellschaft durch ihre starke Abhängigkeit von endlichen Ressourcen ist. Obwohl der erste Bericht des Club of Rome unter dem Titel „die Grenzen des Wachstums" schon 1972 erschienen war, befeuerte erst die physische Erfahrung der Ölknappheit eine breite Diskussion darüber. In dem Bericht war ein Forschungsteam des Massachusetts Institute of Technology (MIT) zu einem beunruhigenden Schluss gekommen: „Wenn die gegenwärtige Zunahme der Weltbevölkerung, der Industrialisierung, der Umweltverschmutzung, der Nahrungsmittelproduktion und der Ausbeutung von natürlichen Rohstoffen unverändert anhält, werden die absoluten Wachstumsgrenzen auf der Erde im Laufe der nächsten hundert Jahre erreicht. Mit großer Wahrscheinlichkeit führt dies zu einem ziemlich raschen und nicht aufhaltbaren Absinken der Bevölkerungszahl und der industriellen Kapazität" (Meadows 1972, S. 17). Nach den Computersimulationen des MIT wäre die industrielle Produktion zuerst durch die Verknappung von nicht erneuerbaren Ressourcen wie Metallen und Erdöl ins Stocken geraten. Viele Experten sind heute der Meinung, dass das weltweite Ölfördermaximum (Peak Oil) bereits überschritten sein könnte.[3] Technologien wie Fracking oder der Abbau von Teersand verschieben den Peak Oil wahrscheinlich um wenige Jahre, nehmen jedoch große Umweltschäden in Kauf. Deshalb fordert Fatih Birol, Chefökonom der Internationalen Energieagentur (IEA), „das Öl zu verlassen, bevor es uns verlässt" (Schneider 2008).

Diese Geschichte zeigt, dass Nachhaltigkeit ein „Kind der Krise" ist (Bachmann 2013). Die Lehren, die in diesem Begriff gespeichert sind, kommen inzwischen nicht nur aus Ressourcenkrisen. Mit der Atombombe schaffte der Mensch zum ersten Mal in seiner Geschichte die technische Möglichkeit der Selbstauslöschung. Im Jahre 1962 machte die US-Meeresbiologin Rachel Carson in ihrem Buch „Silent Spring" auf die Gefahren der Massenanwendung chemischer Stoffe aufmerksam. Das Ruhrgebiet lag in den 1970er-Jahren unter einer dicken Smogkappe und der Rhein wurde die „Kloake Europas" genannt. Im Jahre 1986 kam es zur Atomkatastrophe in Tschernobyl. Ab den 1990er-Jahren stieg der Klimawandel zum bedrohlichsten Szenario auf: neue Klimakatastrophen und Temperaturrekorde verhärten diesen Eindruck jedes Jahr weiter. Heute befürchten die Wissenschaftler ein mögliches „sechstes Massenaussterben der Erdgeschichte" (u. a. Barnosky et al. 2011), dieses Mal vom Menschen verursacht. Nachhaltigkeit wird mehr und mehr zu einer globalen Notwendigkeit; zu einer existenziellen Frage, die jeden betrifft.

Aus dieser Perspektive könnte eine erste allgemeine Definition von Nachhaltigkeit so lauten: Nachhaltig ist eine Gesellschaft, die „evolutionäre Sackgassen" (vgl. Habermas 2005) in ihrer Entwicklung vorbeugt. Dabei spielt es keine wesentliche Rolle, ob der „Kollaps" (Diamond 2005) durch eine internationale Finanzkrise, das Ölfördermaximum (Peak Oil), einen Krieg oder eine Reihe von Klimakatastrophen ausgelöst wird. Die unterschiedlichen Krisen sind heute immer mehr miteinander verflochten, als ob sie „Teil einer einzigen Krise" wären (Hauff 1987, S. 4). Diese „Metakrise" (Leggewie und Welzer 2009)

---

[3] Das Dezernat für Zukunftsanalyse der Bundeswehr hat viele wissenschaftliche Peak Oil-Prognosen in einer Studie verglichen und ist zu dem Schluss gekommen, „dass der Peak Oil bereits um das Jahr 2010 zu verorten ist und sicherheitspolitische Auswirkungen je nach Entwicklung der hierbei global relevanten Faktoren mit einer Verzögerung von 15 bis 30 Jahren erwartet werden können" (2010, S. 5).

ist kein Zukunftsszenario mehr, sondern an immer mehr Orten der Welt bereits Realität. Durch die Globalisierung hat der Westen nicht nur das eigene Entwicklungsmodell exportiert, sondern auch die damit verbundenen „Risiken" (vgl. Beck 1987).

Nichtsdestotrotz können Krisen als Chance genutzt werden. Eine Krankheit muss nicht unbedingt zum Tod des Organismus führen: Sie kann auch sein Immunsystem stärken. Genauso kann man an Krisen wachsen; von einer Krise kann man lernen. In diesem Sinne ist Nachhaltigkeit ein Synonym für *Resilienz*: Sie zielt auf eine Stärkung der Krisenresistenz der Gesellschaft (vgl. Brocchi 2013, S. 60). Auch Unternehmen, die nachhaltig handeln, sind meistens widerstandsfähiger.

Während die erste Definition von Nachhaltigkeit aus der wiederholten Erfahrung der Krise hervorgegangen ist, stellt eine zweite Definition „die Frage nach dem guten Leben" (Nida-Rümelin 2001) in den Mittelpunkt. Die American Association for the Advancement of Science (AAAS) stellte 1971 diese Frage so: „How to live a good life *on a finite earth at peace and without destructive mismatches?*" (zitiert in Daly 1980, S. 6).

Die westlichen Länder pflegen ein monodimensionales Verständnis von Wohlstand. Er wird mit einem einzigen ökonomischen Indikator gemessen: dem Bruttonationalprodukt. Wirtschaftswachstum ist das oberste Staatsziel genauso wie sich eine gute Unternehmensführung vor allem durch Profimaximierung kennzeichnet. Im Modell der Modernisierung gilt die „Massenkonsumgesellschaft" als höchstes Stadium in der gesellschaftlichen Entwicklung und die USA deshalb als Vorbild.[4] Dieses Modell hat die internationale Entwicklungspolitik seit ihrer Entstehung im Jahr 1949 stark geprägt (vgl. Sachs 1998, S. 6). Auch in Deutschland wird die „Unterentwicklung" der Peripherie oft mit dem Bau eines neuen Einkaufszentrums behandelt.

Das Leitbild Nachhaltigkeit stellt den Versuch dar, das monodimensionale Verständnis von Wohlstand zu überwinden und durch ein multidimensionales zu ersetzen. Nicht nur die ökologischen Kosten des Wirtschaftswachstums sollten nämlich berücksichtigt werden, sondern auch die sozialen. Schon in der zweiten Hälfte der 1960er-Jahre geriet das Modell der Modernisierung in die Kritik, weil die Entwicklungspolitik, die sich an ihm orientierte, die Kluft zwischen Reichen und Armen dramatisch vergrößert hatte. Die Vertreter der Dependenztheorien (vgl. Menzel 1993, S. 27) und der Befreiungstheologie in Lateinamerika warfen den reichen Industrieländern vor, ihren eigenen Wohlstand auf der Ausbeutung des Südens zu stützen. Die Armutsbekämpfung brauche deshalb weder Entwicklungshilfe noch die Verordnung von „Strukturanpassungsmaßnahmen", sondern viel mehr Emanzipation und Selbstbestimmung. Mit dem Brundtland-Bericht von 1987 versuchten die Vereinten Nationen, eine Brücke zwischen Modernisierungsvertretern und -kritikern zu schlagen (vgl. Eblinghaus und Stickler 1996). So hebt die darin enthaltene Definition von „sustainable development" die Bedeutung der intra- und intergenerationalen Gerechtigkeit hervor:

---

[4] So die „fünf-Stadien-Theorie" des ehem. US-Präsidentenberaters Walt W. Rostow (1960).

Dauerhafte Entwicklung ist eine Entwicklung, die die Bedürfnisse der Gegenwart befriedigt, ohne zu riskieren, dass künftige Generationen ihre eigenen Bedürfnisse nicht befriedigen können. Zwei Schlüsselbegriffe sind wichtig:

- der Begriff ‚Bedürfnisse‘, insbesondere die Grundbedürfnisse der Ärmsten der Welt sollen Priorität haben;
- der Gedanke von Beschränkungen, die der Stand der Technologie und der sozialen Organisation auf die Fähigkeit der Umwelt ausübt, gegenwärtige und zukünftige Bedürfnisse zu befriedigen (Hauff 1987, S. 46).

Trotz Globalisierung und „Verwestlichung der Welt" (Latouche 1994) orientieren sich einige Länder heute an alternativen Wohlstandsmodellen, die sich von jenem der Modernisierung abgrenzen. Zum Beispiel Bhutan, wo Wohlstand durch das „Bruttonationalglück" gemessen wird (Brauer 2003). Nicht das Wirtschaftswachstum gilt hier als herausragende Kriterium des politischen Handelns, sondern die Förderung einer sozial gerechten Gesellschafts- und Wirtschaftsentwicklung, die Bewahrung kultureller Werte und die Pflege der Spiritualität, der Schutz der Umwelt sowie eine gute Regierung und Verwaltung. In Ecuador und Bolivien ist das indigene Prinzip des *Sumak kawsay* („gutes Leben", span. „buen vivir") 2008 und 2009 in den jeweiligen Verfassungen verankert worden (Poma 2011). Auch im Westen beziehen einige Autoren Nachhaltigkeit auf eine Aufwertung der immateriellen Bedürfnisse (u. a. soziale Beziehungen, Zeit für Muße) im Vergleich zu den materiellen (u. a. Einkommen, Konsum). So schreibt Tim Jackson in seinem Buch „Wohlstand ohne Wachstum":

Spätestens seit Aristoteles ist […] klar, dass Menschen mehr als nur materielle Sicherheit brauchen, um zu gedeihen und ein gutes Leben zu führen. Wohlstand besitzt eine bedeutsame gesellschaftliche und psychologische Dimension. Zum guten Leben gehört auch die Fähigkeit, zu lieben und geliebt zu werden, die Achtung der andern in der Gruppe zu erfahren, sinnvolle Arbeit beizusteuern und in der Gemeinschaft Zugehörigkeit und Vertrauen zu empfinden. Ein wichtiges Element von Wohlstand ist also die Fähigkeit und die Freiheit, am gesellschaftlichen Leben teilzunehmen. (Jackson 2011, S. 55)

So wie Wachstum zu immer mehr Stress und einer Verstopfung des Alltags führt, so kann eine Dematerialisierung der Lebensweisen Räume für Lebensqualität öffnen.

3 Von der Nachhaltigkeit zur Kultur

In den letzten vierzig Jahren haben eine Vielzahl von Konferenzen und Workshops zu Themen der Nachhaltigkeit stattgefunden. Sowohl die Probleme als auch die Lösungsansätze wurden durch zahlreiche Studien und Veröffentlichungen beleuchtet. Deshalb rückt mehr und mehr eine neue Frage in den Mittelpunkt der Nachhaltigkeitsdebatte: Wie kommen wir von den Problemen zu den Lösungen? Es ist die Frage der „Großen Transformation" (WBGU 2011).

Ausgangspunkt dieser Debatte ist die Feststellung, dass seit dem Erdgipfel von 1992 in Rio de Janeiro die deklarierten Nachhaltigkeitsziele und die reale gesellschaftliche Entwicklung immer weiter auseinander klaffen. Die großen Hoffnungen, die mit dem Ende des Kalten Kriegs entstanden sind, wurden bis heute nicht erfüllt. Obwohl der Nachhaltigkeitsbegriff in Politik, Wirtschaft, Medien oder Wissenschaft immer öfter verwendet wird (Henn-Memmesheimer et al. 2012), laufen „alle wesentlichen Entwicklungen in Bezug auf Nachhaltigkeit […] in allen Gesellschaften auf dem Globus in die falsche Richtung" (Welzer und Wiegandt 2012, S. 7). Wie ist das zu erklären?

Vier Lehren sollten aus der bisherigen Erfahrung gezogen werden:

1. In den letzten 20 Jahren wurde die Nachhaltigkeitsdebatte von strategischen Ausrichtungen zur Lösung von Umweltproblemen dominiert, die auf technologische Innovation (u. a. Sparlampen, Elektroautos, erneuerbare Energien, Recycling) und neue Marktinstrumenten (u. a. Klimazertifikate, Ökosteuer) setzen. Es herrscht der Glaube, dass Wirtschaftswachstum und Naturbelastung voneinander abgekoppelt werden können, wenn man effiziente Technologien einsetzt (Weizsäcker 1997), abbaubare Stoffe in der Produktion anwendet (Braungart und McDonough 2014) oder die „externen Kosten" in die Preise mit einberechnet (Pigou 1920). Strategische Ansätze, die Selbstbegrenzung und ein Verzicht auf den Überfluss predigen (Paech 2012), werden hingegen in Politik und Wirtschaft marginalisiert.

Auch im Fall des Diskurses über Nachhaltigkeit scheint sich die Theorie des französischen Philosophen Michel Foucault zu bestätigen:

> In jeder Gesellschaft [wird] die Produktion des Diskurses zugleich kontrolliert, selektiert, organisiert und kanalisiert – und zwar durch gewisse Prozeduren, deren Aufgabe es ist, die Kräfte und die Gefahren des Diskurses zu bändigen, sein unberechenbar Ereignishaftes zu bannen, seine schwere und bedrohliche Materialität zu umgehen. (Foucault 2012, S. 10 f.)

Einerseits assimiliert die Gesellschaft jene Positionen in der Nachhaltigkeitsdebatte, die das Potenzial haben, der dominanten gesellschaftlichen Ordnung neue Legitimation zu verleihen. In Dokumenten wie dem Brundtland-Bericht oder der Agenda 21 werden *Dogmen* wie „Wirtschaftswachstum" oder „freier Wettbewerb" sowie *Mythen* wie „Fortschritt", „Modernisierung" und „Innovation" neu begründet bzw. neu „verpackt" (Eblinghaus und Stickler 1996). Auch die Bundesregierung wirbt gerne für die eigene Politik mit „nachhaltigem Wachstum"[5], obwohl diese Begriffskombination ein Widerspruch an sich ist. Wenn Nachhaltigkeitspositionen dominante Denkmodelle in Frage stellen, werden

---

[5] In ihrer Regierungserklärung vom 10. September 2009 warb die Bundeskanzlerin Angela Merkel mit dem Nachhaltigkeitsbegriff für das neue Wachstumsbeschleunigungsgesetz: „Nur mit einem strikten Wachstumskurs können wir die Vorgaben der Schuldenbremse einhalten. Nur mit einem strikten Wachstumskurs schaffen wir in Zeiten wie diesen überhaupt die Voraussetzungen, unsere Ziele insgesamt zu erreichen. Es geht nicht um Wachstum um des Wachstums willen, sondern um nachhaltiges Wachstum, ein Wachstum, mit dem man an das Morgen und die nächste Generation denkt sowie unsere Lebensumwelt im Blick hat […] Genau vor diesem Hintergrund beginnt die neue Bundesregierung ihre Arbeit mit einem Wachstumsbeschleunigungsgesetz" (Bundeskanzleramt 2009).

sie hingegen als „irrealistisch" oder „unpopulär" abgewertet und dadurch marginalisiert. Auch eine Reduktion des Nachhaltigkeitsbegriffs auf seine ökologische Dimension bzw. auf einen Fachbegriff hemmt die systemische Wirksamkeit der Leitidee. Genauso haben die Kommerzialisierung der Nachhaltigkeit (die grün gefärbte Verpackung, die Qualität täuscht und den Aufpreis legitimiert) und die Verwendung der Nachhaltigkeit als Füllwort für PR-Maßnahmen zu einer zunehmenden Entleerung des Begriffs geführt.

Die „Große Transformation" benötigt eine Kulturkritik, die ideologische Mechanismen und Prozesse sichtbar macht und hinterfragt. Probleme kann man nicht mit derselben Denkweise lösen, durch die sie entstanden sind.[6] Deshalb stellt sich die Frage wie sich „Kulturen der Nachhaltigkeit" von der heute dominanten Kultur unterscheiden.

2. Bisher ist der Nachhaltigkeitsprozess wie jener der Globalisierung vorangetrieben worden: top-down, von oben nach unten. Dokumente wie der Brundtland-Bericht oder die Agenda 21 sind im Rahmen der Vereinten Nationen verabschiedet worden, als Ergebnis von Verhandlungen unter Regierungsvertretern aus der ganzen Welt. Internationale Klimaschutzverträge wie das Kyoto-Protokoll sollen nach und nach durch die verschiedenen Ebenen der institutionellen Hierarchie umgesetzt werden, von der europäischen über die nationale und regionale bis zur kommunalen Ebene. Diese Form von Regierung ist jedoch nicht nur ein Teil der Lösung, sondern auch ein Teil des Problems. So wie das Ergebnis der neoliberalen Globalisierung letztendlich eine verheerende Finanzkrise war, so ist der internationalen Nachhaltigkeitsprozess in eine Sackgasse geraten: Seit dem Scheitern der UN-Klimaschutzkonferenz 2009 in Kopenhagen gibt es keine nennenswerten Fortschritte mehr.

Nachhaltigkeit definiert sich nicht nur durch das Ziel, sondern auch oder vor allem durch den Weg dahin. Nachhaltigkeit erfordert neue Formen der Regierung, der Organisation und der Kommunikation.

3. Die moderne Gesellschaft wird von Sozialwissenschaftlern (u. a. Stehr 1994) immer wieder als „Wissens- und Informationsgesellschaft" beschrieben: Noch nie in der Geschichte der Menschheit hatte jeder Bürger Zugang zu so vielen Informationen und so viel Wissen wie heute. Ist die Gesellschaft deshalb nachhaltiger geworden? Handeln die Menschen klimabewusster, wenn sie erfahren, dass sich die durchschnittliche Temperatur in der Atmosphäre um vier Grad bis Ende des Jahrhunderts erhöhen wird?

Die Wirklichkeit zeigt, dass die Information keine ausreichende Voraussetzung für ein nachhaltiges Verhalten ist. Der Hinweis „Rauchen gefährdet die Gesundheit" bringt Raucher nicht unbedingt dazu, ihre Sucht zu überwinden. Die Theorie des „Homo oeconomicus", worauf einflussreiche ökonomische Modelle basieren, entspricht weder der Realität noch der Lehre der Psychologie. Denn das Verhalten der Menschen wird nur zum kleinen Teil durch rationale und bewusste Überlegungen gesteuert: Einen deutlich höheren Einfluss üben Emotionen, Gefühlen oder die „verinnerlichten Erzieher" aus. Gegen Ängste,

---

[6] Der Satz wird Albert Einstein zugesprochen.

Gewohnheiten oder sogenannte „Gruppeneffekte"[7] bleibt Nachhaltigkeit als moralischer Aufruf deshalb oft wirkungslos. In der Nachhaltigkeitsdebatte reicht die Beschreibung von Wunschverhalten nicht aus, sondern muss eine Auseinandersetzung mit der Menschlichkeit in ihrer Befassung und Begrenztheit stattfinden. Es geht darum zu verstehen, wie Menschen ihre Realität wahrnehmen, wie sie fühlen und gebildet werden.

4. In seiner Geschichte hat die westliche Gesellschaft oft *a posteriori* gelernt, das heißt, nach der empirischen Erfahrung der Krise und der Katastrophe. So waren im letzten Jahrhundert zwei verheerende Weltkriege notwendig, um die Bedeutung des Friedens bewusst zu machen und eine Friedensinstitution wie die Vereinten Nationen zu gründen und zu stärken. Erst zwei Umweltkatastrophen im Jahr 1986 (Tschernobyl und der Großbrand beim Chemiekonzern Sandoz bei Basel) führten zur Einrichtung des ersten Bundesumweltministeriums in Deutschland. Es war der Supergau von Fukushima, der den deutschen Abschied von der Atomenergie einleitete. Der Wandel hin zur Nachhaltigkeit ergab sich bisher als *Reaktion* auf empirische Erfahrungen und Missstände. Erst die Gefahr eines „nuclear overkills" durch einen Dritten Weltkrieg hat diese Form von Lernen sinnlos gemacht: Es gibt kein sinnvolles Lernen nach der Selbstauslöschung der Menschheit. Mit der Globalisierung der Risiken sind die ökologischen, ökonomischen und sozialen Kosten von Krisen derart gestiegen, dass sie durch ein Lernen a posteriori kaum zu rechtfertigen sind. Deshalb erfordert Nachhaltigkeit heute die Fähigkeit, *a priori* zu lernen: vor der Erfahrung, um sie vorzubeugen. Es geht hier um eine Form von Lernen, die nicht durch materielle Notwendigkeit erzwungen wird, sondern in den Köpfen beginnt. Dieser Gedanke hat ein Vorbild: die Perestroika und die Glasnost in der ehemaligen Sowjetunion. Mit diesem Kulturwandel ging nämlich der Kalte Krieg 1989 zu Ende.

Diese vier Lehren machen deutlich, warum Nachhaltigkeit und Kultur zusammengedacht werden müssen. Nachhaltigkeit bedeutet einen Paradigmenwechsel für die Kultur- und Sozialwissenschaften, genauso wie die kulturelle Perspektive zu einer völlig neuen Auffassung von Nachhaltigkeit führt (vgl. Brocchi 2013, S. 55).

Die starke Dominanz von naturwissenschaftlichen, technischen und ökonomischen Perspektiven in der Nachhaltigkeitsdebatte sowie ein Kulturterminus, der sich als Gegenbegriff von „Natur" versteht (Nünning und Nünning 2003, S. 19f.), haben dazu geführt, dass sich ein Bewusstsein für die Verbindung von Kultur und Nachhaltigkeit nur langsam entwickelt hat und auch heute nicht selbstverständlich ist. Noch im Jahr 2002 haben die Kulturwissenschaftler Hildegard Kurt und Bernd Wagner 2002 auf ein „kulturelles Defizit der Nachhaltigkeitsdebatte" hingewiesen, „das heißt, auf die im Kontext Nachhaltigkeit zu beobachtende Tendenz, die Bedeutung des Faktors Kultur zu übersehen und strukturell zu vernachlässigen" (Kurt und Wagner 2002, S. 15 f.). Trotzdem ist das Interesse für die *kulturelle Dimension der Nachhaltigkeit* (Brocchi 2007a) in den letzten 20 Jahren stetig gestiegen.

---

[7] Zum Beispiel Normbildung (die Bereitschaft, eigene Entscheidungen an denen der anderen Gruppenmitglieder zu orientieren, selbst wenn sie falsch sind) und Konformitätszwang (steigt die gegenseitige Abhängigkeit innerhalb der Gruppe, steigt die Bereitschaft zur Konformität, wodurch Individualität, Kreativität und Reflexionsbereitschaft verloren gehen) (Ternes 2008, S. 148).

Bereits die Agenda 21 lässt die Kultur nicht ganz außer Acht. Darin wird das Kap. 36 der „Förderung der Schulbildung, des öffentlichen Bewusstseins und der beruflichen Aus- und Fortbildung" gewidmet. Hier wird betont, dass „Bildung eine unerlässliche Voraussetzung für die Förderung einer nachhaltigen Entwicklung und die Verbesserung der Fähigkeit der Menschen [ist], sich mit Umwelt- und Entwicklungsfragen auseinanderzusetzen" (Bundesumweltministerium 1992, S. 261). Das Ziel ist eine weltweite „Bildungsinitiative zur Stärkung von Einstellungen, Wertvorstellungen und Handlungsweisen, die mit einer nachhaltigen Entwicklung vereinbar sind" (ebd., S. 264). Im Dezember 2002 beschloss die Vollversammlung der Vereinten Nationen (UN) eine UN-Dekade „Bildung für nachhaltige Entwicklung", um die Prinzipien der Nachhaltigkeit in den Bildungssystemen aller Staaten zu verankern. Sie hat zwischen 2005 und 2014 stattgefunden und wurde in Deutschland von der Deutschen UNESCO-Kommission (Bonn) umgesetzt.[8]

Wichtige Brücken zwischen Entwicklungs- und Kulturpolitik hat auch die UNESCO geschlagen. Die Organisation der Vereinten Nationen für Erziehung, Wissenschaft und Kultur hat in ihrer „Erklärung von Mexiko-City über Kulturpolitik" hervorgehoben,

> dass die Kultur in ihrem weitesten Sinne als die Gesamtheit der einzigartigen geistigen, materiellen, intellektuellen und emotionalen Aspekte angesehen werden kann, die eine Gesellschaft oder eine soziale Gruppe kennzeichnen. Dies schließt nicht nur Kunst und Literatur ein, sondern auch Lebensformen, die Grundrechte des Menschen, Wertsysteme, Traditionen und Glaubensrichtungen. (Unesco 1982)

In ihrem Aktionsprogramm „the Power of Culture – Kulturpolitik für Entwicklung", in Stockholm 1998 verabschiedet, erkennt die Unesco an, dass „Nachhaltige Entwicklung und kulturelle Entfaltung [...] wechselseitig voneinander abhängig" sind (Unesco 1998). Im „Übereinkommen über den Schutz und die Förderung der Vielfalt kultureller Ausdruckformen" von 2005 wird hingegen hervorgehoben,

> dass die kulturelle Vielfalt eine reiche und vielfältige Welt schafft, wodurch die Wahlmöglichkeiten erhöht und die menschlichen Fähigkeiten und Werte bereichert werden, und dass sie daher eine Hauptantriebskraft für die nachhaltige Entwicklung von Gemeinschaften, Völkern und Nationen ist. [...] Der Schutz, die Förderung und der Erhalt der kulturellen Vielfalt sind eine entscheidende Voraussetzung für nachhaltige Entwicklung zu Gunsten gegenwärtiger und künftiger Generationen. (Unesco 2005)

In dem Dokument wird zusätzlich die „Bedeutung des traditionellen Wissens als Quelle immateriellen und materiellen Reichtums, insbesondere der Wissenssysteme indigener Völker, und seines positiven Beitrags zur nachhaltigen Entwicklung" anerkannt (ebd.).

In Deutschland hat der Rat von Sachverständigen für Umweltfragen der Bundesregierung schon in seinem Umweltgutachten von 1996 das Leitbild nachhaltige Entwicklung als „Impulsgeber für eine neue Grundlagenreflexion über die Zukunft der Gesellschaft"

---

[8] Portal Bildung für Nachhaltige Entwicklung (BNE) der Deutschen UNESCO-Kommission unter http://www.bne-portal.de.

beschrieben (SRU 1996, S. 15). Für den Volkswirt Gerhard Voss vertrat damals der Rat die Position, dass

> die nachhaltige Entwicklung nicht allein ein Prozess technologischer Innovation [ist], sondern eine kulturelle Umorientierung, bei der auch Konsumverzicht eine Rolle spielen muss. In gewisser Weise bewegt sich der Rat in einem Vier-Säulen-Modell, das Nachhaltigkeit als einen diskursiven Prozess in dem Viereck Ökologie, Ökonomie, Soziales und Kulturelles versteht. (Voss 1997, S. 32)

Um die Politik dazu zu bewegen, sich „beim Weltgipfel für Nachhaltige Entwicklung 2002 in Johannesburg für eine strukturelle Einbeziehung der kulturell-ästhetischen Dimension in die Strategien zur Umsetzung Nachhaltiger Entwicklung einzusetzen", organisierten die Evangelische Akademie Tutzing und die Deutsche Gesellschaft für Ästhetik (u. a.) eine Tagung mit dem Titel „Ästhetik der Nachhaltigkeit" im April 2001, bei der das „Tutzinger Manifest" verfasst und von zahlreichen Multiplikatoren aus dem Kultur- und Nachhaltigkeitsbereich unterzeichnet wurde. Darin heißt es:

> Das Leitbild Nachhaltige Entwicklung beinhaltet eine kulturelle Herausforderung, da es grundlegende Revisionen überkommener Normen, Werte und Praktiken in allen Bereichen – von der Politik über die Wirtschaft bis zur Lebenswelt – erfordert. Nachhaltigkeit braucht und produziert Kultur: als formschaffenden Kommunikations- und Handlungsmodus, durch den Wertorientierungen entwickelt, reflektiert, verändert und ökonomische, ökologische und soziale Interessen austariert werden […] Vor diesem Hintergrund halten wir es für unbedingt erforderlich, die Ansätze in den Agenda 21-Prozessen und in der Kulturpolitik zusammenzuführen. Das Konzept Nachhaltige Entwicklung kann und muss in der Weise vertieft und weiterentwickelt werden, dass es gleichberechtigt mit Ökonomie, Ökologie und Sozialem auch Kultur als quer liegende Dimension umfasst. Es geht darum, die auf Vielfalt, Offenheit und wechselseitigem Austausch basierende Gestaltung der Dimensionen Ökonomie, Ökologie und Soziales als kulturell-ästhetische Ausformung von Nachhaltigkeit zu verstehen und zu verwirklichen. Eine Zukunftsperspektive kann in einer eng verflochtenen Welt nur gemeinsam gesichert werden. Globalisierung braucht interkulturelle Kompetenz im Dialog der Kulturen. (Kulturpolitische Gesellschaft 2001)

Im Januar 2002 fand in der Akademie der Künste in Berlin die Fachtagung „Kultur – Kunst – Nachhaltigkeit" des Umweltbundesamtes und des Bundesumweltministeriums mit über 100 Teilnehmern statt. Die wichtigsten Diskussionsbeiträge wurden in einem gleichnamigen Sammelband von Hildegard Kurt und Bernd Wagner veröffentlicht. „Auch wenn die Verbindung von Nachhaltigkeit und Kultur – oder gar von Nachhaltigkeit und Kunst – noch einiges Erstaunen auslösen mag: Es ist eine Verbindung mit Zukunft", schreiben sie in den ersten Zeilen (Kurt und Wagner 2002, S. 13). In den folgenden Jahren sind in Deutschland verschiedene Netzwerke, Foren und Projekte an der Schnittstelle zwischen Kultur und Nachhaltigkeit entstanden, zum Beispiel Kulturattac 2003 im Rahmen des globalisierungskritischen Netzwerks Attac Deutschland und das Internationale Netzwerk Cultura21 (www.cultura21.org) parallel zur Konferenz „New Frontiers in Arts Sociology – Creativity, Support and Sustainability" von März 2007 an der Universität Lüneburg

(Kagan und Kirchberg 2008). Neben dem Institut für Kunst, Kultur und Zukunftsfähigkeit e. V. von Hildegard Kurt (http://und-institut.de), dem Kulturwissenschaftlichen Institut in Essen (Leggewie und Welzer 2009) und der Universität Lüneburg (Michelsen und Godemann 2005; Kagan 2011; Stoltenberg 2013) zählen heute unter anderen der Philosoph Klaus M. Meyer-Abich (1990), die Kuratorin Adrienne Goehler (2006) und der Kulturhistoriker Ulrich Grober (2010) zu den wichtigsten Referenzen in der Debatte über Kultur und Nachhaltigkeit in Deutschland.

4   Die kulturelle Dimension der Nachhaltigkeit

Nachhaltigkeit und Kultur sind vereint durch die gleiche Herausforderung, die so ausgedrückt werden kann: „Wie kann ein begrenztes Wesen wie das menschliche Komplexität handhaben?" (Brocchi 2012, S. 130).

Komplexität ist überall: im Universum sowie auf atomarer Ebene; auf unserem Planeten, in seiner Atmosphäre und in Ökosystemen; in der Vielschichtigkeit unserer Gesellschaft, in ihrer Arbeitsteilung und in den Technologien. Komplexität steckt in jeder Gruppe, Beziehung und sogar in uns selbst. Als Sigmund Freud zu Beginn des 20. Jahrhunderts das Unterbewusste entdeckte, sagte er, dass das bewusst denkende Ich „nicht einmal Herr im eigenen Hause" sei (Freud 2001, S. 294–295). Wie sollte ein Wesen, das nicht einmal sich selbst kontrollieren könne, die Umwelt oder eine ganze Gesellschaft beherrschen?

Uns wird Komplexität vor allem bei Reizüberflutung und Hyperinformation bewusst; bei Überforderung oder Kontrollverlust. Wir können Dinge übersehen oder durch unerwartete Ereignisse überrascht werden. In der westlichen Kultur wird Komplexität oft mit „Chaos" verwechselt, das heißt mit einem unberechenbaren Zustand, in dem nichts ausgeschlossen ist. Vielfalt ist deshalb ein Zustand, der uns verunsichert oder gar verängstigen kann.

Gerade die Auseinandersetzung mit Komplexität macht uns unsere eigene kognitive und physische Begrenztheit bewusst: Wir können nicht überall gleichzeitig sein, sondern können die Wirklichkeit immer und nur aus einer bestimmten Perspektive betrachten. Unsere sinnlichen Fähigkeiten sind begrenzt, so ist zum Beispiel das Riechorgan des Hundes wesentlich empfindlicher als das des Menschen. Unsere Aufmerksamkeit und Aufnahmefähigkeit ist begrenzt: Nach einem Vortrag können wir als Zuhörer nur einen sehr kleinen Teil der empfangenen Informationen exakt wiedergeben. Die Speicherkapazität von unserem Gehirn ist begrenzt: Bei der Aufnahme von neuen Informationen müssen alte abweichen. Menschen sind eben vergesslich. Unsere biophysische und kognitive Begrenztheit zwingt uns ständig dazu, die Komplexität auf eine Form und Größe zu reduzieren, die wir begreifen und kontrollieren können. Diese Reduktion findet nicht zufällig statt, sondern wird durch die Kultur auf zwei interagierenden Ebenen maßgeblich geprägt:

a) Auf der Ebene der *gesellschaftlichen Konstruktion der Wirklichkeit* (Berger und Luckmann 2007). Menschen nehmen ihre Wirklichkeit *selektiv* wahr. Diese Selektion findet anhand von „Filtern" statt, wozu auch *Werte* gehören. Geert Hofstede definiert Werte als die allgemeine Neigung, bestimmte Umstände anderen vorzuziehen. Werte sind Gefühle mit einer Orientierung zum Plus- oder zum Minuspol hin. Sie betreffen: böse/gut; schmutzig/sauber; gefährlich/sicher; verboten/erlaubt; anständig/unanständig; moralisch/unmoralisch; hässlich/schön; unnatürlich/natürlich; anomal/normal; paradox/logisch; irrational/rational. (Hofstede und Hofstede 2009, S. 9)

Auch mentale Kategorien und Vorurteile stellen Vereinfachungen der Wirklichkeit dar. Menschen nehmen nicht die Gegenstände an sich wahr, sondern mentale Repräsentationen davon. Je höher die Komplexität eines Gegenstandes ist, desto höher ist die Reduktion von Komplexität, die durch die Repräsentation stattfindet. So ist die Kommunikation über die „Natur" in Wirklichkeit eine Kommunikation über „Naturbilder": Die Natur kann als nützlicher Untertan, Rohstofflager und Deponie gesehen werden; als komplexe Maschine, die wie ein Uhrwerk repariert werden kann; als vorsorgliche „Pachamama" (Mutter Natur) oder als romantische Landschaft. Egal welches Naturbild wir teilen: Durch die mentale Reduktion von Komplexität wird eine Mehrdeutigkeit durch die Eindeutigkeit eines kollektiven Glaubenssatzes ersetzt, an dem wir unsere Wahrnehmung und Gedanken orientieren. Wir tun das gleiche, wenn wir über „die Globalisierung", „die Gesellschaft", „die Wirtschaft", „den Menschen" oder „das Unternehmen" sprechen. Bereits mit dem Erlernen einer Sprache wird ein Weltbild in unser Gedächtnis installiert, das unsere Wahrnehmung enorm beeinflusst. Menschen, die verschiedene Sprachen (oder Fachsprachen) sprechen, denken und sehen die Welt anders (Boroditsky 2012; Athanasopoulo et al. 2014).

b) Auf der Ebene der *gesellschaftlichen Konstruktion der Umwelt*. Menschen reduzieren die Komplexität ihrer Umwelt durch Gestaltung, indem sie die Vielfalt zunehmend in Einfalt umwandeln, das „Chaos" in Ordnung. So wurde die Biodiversität der Wälder im Laufe der Jahrtausende in landwirtschaftliche Monokulturen und in Städte transformiert. In den menschlichen Beziehungen wurde die Freiheit stellenweise mit „Anarchie" gleichgesetzt und deshalb beschränkt, indem Regelwerke beschlossen und Institutionen eingerichtet wurden, die ein Gefühl der Sicherheit vermitteln. Auch der Bau eines geometrischen Hauses liefert Geborgenheit durch Abgrenzung von einer als unsicher empfundenen Umwelt.

Jede alltägliche Entscheidung wird auf der Basis derselben Werte und Bilder getroffen, die bei der o. g. Konstruktion der Wirklichkeit wirken. Das heißt, wir gestalten die Natur, so wie wir die Natur sehen:[9] zur Deponie oder zu der romantischen Landschaft eines Parks.

---

[9] In „Zeit des Weltbilds" schreibt der Philosoph Martin Heidegger (Heidegger 2003, S. 89 f.), dass nur die Moderne ein „Weltbild" (im Sinne einer komplexitätsreduzierten Repräsentation der Natur) habe: „Weltbild, wesentlich verstanden, meint daher nicht ein Bild von der Welt, sondern die Welt als Bild begriffen. Das Seiende im Ganzen wird jetzt so genommen, daß es erst und nur seiend ist, sofern es den vorstellend-herstellenden Menschen gestellt ist. Wo es zum Weltbild kommt, vollzieht sich eine wesentliche Entscheidung über das Seiende im Ganzen. Das Sein des Seienden wird in der Vorgestelltheit des Seienden gesucht und gefunden". Mit anderen Worten: Der Mensch nimmt die Natur nicht so wahr, wie sie ist; Er nimmt nur die eigene Vorstellung der Natur (das Weltbild) wahr. Die Natur hat keine eigene Existenzberechtigung, sondern Natur ist nur insofern Natur, als sie dem Menschen nutzt und sich von ihm bearbeiten lässt. Durch die technik-gestützte Gestaltung wird die

Durch die „technik-gestützte Gestaltung" (Heidegger 2003, S. 94) findet eine Selektion statt, wobei „Nutzpflanzen" angebaut und „Parasiten und Schädlinge" bekämpft werden. Auch auf sozialer Ebene gibt es eine Vielfalt von Mechanismen der Beförderung oder der Sanktionierung, die Menschen zur Karriere verhelfen oder in die Armut ausgrenzen.

Jede *Normalität* und jedes *Ritual* stellt eine Reduktion in der „Überfülle des Möglichen" (Luhmann 1971, S. 32) dar, die den modernen Menschen von einem „ständig bewusst Entscheiden müssen" entlastet. Die Gestaltung materialisiert die Kultur und macht die Unterschiede zwischen den Kulturen sichtbar: in der Architektur, in den Artefakten, in den Speisen, in den bevorzugten Organisationsformen oder in der Art und Weise wie gewirtschaftet wird. Wenn das Ergebnis der Gestaltung kein nachhaltiges ist, dann liegt die Ursache wahrscheinlich im mentalen „Bauplan", das heißt – laut Hofstede (2009, S. 2 f.) – in der Art und Weise wie der Mensch als Gestalter mental „programmiert" wird (Brocchi 2013). Vor allem darin unterscheiden sich Kulturen voneinander.

Diese doppelte Reduktion von Komplexität ist das Fundament der Bildung von *sozialen Systemen* und wird durch unzählige Operationen in diesen Systemen alltäglich ausgeübt (Luhmann 1970, S. 73; Luhmann und De Giorgi 1992). Ausgangpunkt der Systemtheorie ist die *Differenz* zwischen sozialem System und Umwelt. Nach ihrer Definition ist ein soziales System das, was wir als eigen, vertraut, kontrollierbar und geordnet empfinden – oder als solches gestalten. Die Umwelt ist hingegen das, was wir als fremd, unkontrollierbar, unsicher, unnützlich oder chaotisch erleben (Brocchi 2007b, S. 117). Wenn wir die „Umwelt" systemtheoretisch verstehen, dann gibt es nicht nur eine ökologische, sondern auch eine innere Umwelt (z. B. das „Unbewusste" in seiner tiefenpsychologischen Bedeutung), eine soziale Umwelt (die Dritte Welt, die Peripherie, die ausgegrenzten und ausgebeuteten Menschen) sowie eine multikulturelle Umwelt (die vielen Kulturen und Subkulturen, Denkweisen und Lebensstile, die uns fremd sind) (ebd.). Die Frage, wie wir Komplexität handhaben, ist deshalb gleichzeitig die Frage, wie wir die Gesamtheit dieser Umwelten wahrnehmen und mit ihnen umgehen.[10] Diese Frage ist nicht nur für die Umwelt relevant, sondern auch für das soziale System, denn es selbst ist ein Teil seiner Umwelt und kann nur im ständigen Austausch mit ihr überleben. Ein soziales System, das sich seiner Umwelt verschließt oder die seine Umwelt zerstört, kollabiert irgendwann selbst.

Die Differenz zwischen sozialem System und Umwelt ist immer relativ zu der *Perspektive des Beobachters*. Während der Tropenwald für uns „Umwelt" ist, stellt er für indigene Völker ein sicheres Zuhause dar. Wer in Papua-Neuguinea aufgewachsen ist, wird hingegen eine beliebige deutsche Stadt als unsicheres fremdes Terrain erleben (u. a. Kuegler 2005). Schon innerhalb eines großen Unternehmens können verschiedene Perspektiven

---

Welt zunehmend zum Bild: „Der Grundvorgang der Neuzeit ist die Eroberung der Welt als Bild. Das Wort Bild bedeutet jetzt: das Gebild des vorstellenden Herstellens. In diesem kämpft der Mensch um die Stellung, in der er dasjenige Seiende sein kann, das allem Seienden das Maß gibt und die Richtschnur zieht" (ebd. S. 94).

[10] In der Volkswirtschaft wird diese Frage unter der Überschrift „externe Kosten" oder „externe Effekte" gestellt, wobei das soziale System in diesem Fall die Volkswirtschaft oder der Betrieb ist.

entstehen: So ist die Chefetage oft für Mitarbeiter kein vertrauter Ort, während sich Vorstandsmitglieder selten in der Mitarbeiterkantine aufhalten. Dasselbe Unternehmen kann von den beteiligten Akteuren ganz unterschiedlich erlebt werden, gerade wenn zwischen ihnen sichtbare und unsichtbare Wände errichtet werden.

Hierarchien stellen eine wesentliche Strategie der Reduktion von Komplexität dar, wobei die Perspektive der Macht universalisiert wird und sich in der Gestaltung materialisiert. So spiegeln Entscheidungen im Unternehmen oft nur die begrenzte Perspektive der Chefetage wider. Genauso wird in der Globalisierung nur die Sichtweise der gesellschaftlichen Zentren universalisiert. Entsprechend gehen wir mit dem Tropenwald und seinen Bewohnern um (Brocchi 2007b, S. 117). Der Vorteil von Hierarchien ist, dass sie die Strukturen von der Entscheidungs- und Verantwortungslast entlasten, in der Komplexität eine Orientierung bieten und in Notsituationen schnelle Entscheidungen ermöglichen. Ihr Nachteil ist, dass ihre Reduktion von Komplexität mit einem enormen Informationsverlust verbunden ist, der zu Fehleinschätzungen führen kann. Wenn die Gestaltung von oben nach unten stattfindet, riskieren nicht nur die Tiere und Pflanzen als „seelenlose Sachen" ohne eigenes Existenzrecht behandelt zu werden: Auch der Mensch kann als bloßes „Objekt" behandelt werden.[11]

In den nächsten drei Abschnitten werde ich mich mit den wesentlichen Aspekten der kulturellen Dimension der Nachhaltigkeit befassen. Sie betreffen:

1. *Die Nachhaltigkeit als mentales Programm.* Hier geht es vor allem um die Frage, wie sich eine nachhaltige Kultur von der heute dominanten nicht-nachhaltigen Kultur unterscheidet.
2. *Die Nachhaltigkeit als mentale Programmierung.* Hier geht es um die Frage, wie eine kulturelle Strategie des Wandels in Richtung Nachhaltigkeit aussehen kann und welche Rolle dabei Massenmedien, Bildung und Künste spielen.
3. *Die Nachhaltigkeit als kulturelle Evolution.* In der Nachhaltigkeit geht es nicht nur um eine Bewegung von einem IST- zu einem SOLL-Zustand, sondern und vor allem um Beweglichkeit, sprich: um individuelle und kollektive Lernfähigkeit. Betroffen sind hier auch die Kommunikations- und Organisationsformen, weil sie die Fähigkeit des sozialen Systems hemmen oder fördern können, sich an neue Umweltbedingungen anzupassen.

---

[11] In „Zur Kritik der instrumentellen Vernunft" schreibt Max Horkheimer: „In der Herrschaft über die Natur [ist] die Herrschaft über den Menschen inbegriffen. Um die äußere Natur zu beherrschen, die menschliche und die nicht-menschliche, muss das Subjekt mit anderen Subjekten zusammenarbeiten und dabei seine eigene innere Natur bezwingen" (Horkheimer 1969, S. 84).

4.1   Nachhaltigkeit als mentales Programm

Heute ist nicht immer nachhaltig, was *Nachhaltigkeit* genannt wird. Und was zur Nachhaltigkeit beiträgt, wird nicht immer mit diesem Wort zum Ausdruck gebracht. Nicht die
Verwendung des Wortes ist entscheidend, sondern der kulturelle Referenzrahmen, in dem
dies geschieht. In seinem Buch „Lokales Denken, globales Handeln" hat Geert Hofstede
(2009, S. 2 f.) Kultur als „mentales Programm" definiert:

> Jeder Mensch trägt in seinem Innern Muster des Denkens, Fühlens und potentiellen Handels,
> die er ein Leben lang erlernt hat. Ein Großteil davon wurde in der frühen Kindheit erworben,
> denn in dieser Zeit ist der Mensch am empfänglichsten für Lern- und Assimilationsprozesse.
> Sobald sich bestimmte Denk-, Fühl- und Handlungsmuster im Kopf eines Menschen gefestigt
> haben, muss er diese erst ablegen, bevor er in der Lage ist, etwas anderes zu lernen; und etwas
> abzulegen ist schwieriger, als es zum ersten Mal zu lernen.

> Unter Verwendung einer Analogie zur Art und Weise, wie Computer programmiert sind,
> nennt dieses Buch solche Denk-, Fühl- und Handlungsmuster *mentale Programme* oder […]
> *Software of the mind* (mentale Software). Das bedeutet natürlich nicht, dass Menschen wie
> Computer programmiert sind. Das Verhalten eines Menschen ist nur zum Teil durch seine
> mentalen Programme vorbestimmt: er hat grundsätzlich die Möglichkeit, von ihnen abzu-
> weichen und auf eine neue, kreative, destruktive oder unerwartete Weise zu reagieren. Die
> *mentale Software* […] gibt lediglich an, welche Reaktionen angesichts der persönlichen Ver-
> gangenheit wahrscheinlich und verständlich sind […] Ein gängiger Begriff für eine solche
> mentale Software ist *Kultur*. (Hofstede und Hofstede 2009, S. 2 f.)

Wenn die Kultur eine Zwiebel wäre – so Hofstede (2009, S. 7 ff.; Abb. 1) – dann wären
die *Symbole* (Worte, Gesten, Kleidung, Statussymbole u. a.) ihre äußerste Schale und die
Werte ihr Kern (siehe Abb. 1). Dazwischen würden *Helden* (Verhaltensvorbilder), *Rituale*
(Zeremonien, geschäftliche und politische Zusammenkünfte etc.) und *Diskurse* („d. h. die

Abb. 1 Das „Zwiebeldia-
gramm": Manifestation von
Kultur auf verschiedenen
Tiefenebenen. (Hofstede und
Hofstede 2009, S. 8).

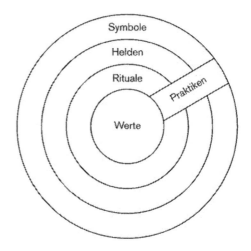

Art und Weise, wie Sprache in Text und Gesprächen eingesetzt wird, im täglichen Miteinander und bei der Weitergabe von Übersetzungen") liegen. Symbole, Helden, Rituale und Diskurse machen sich durch *Praktiken* zwar im Alltag sichtbar, „aber ihre kulturelle Bedeutung ist nicht sichtbar; sie liegt genau und ausschließlich in der Art und Weise, wie diese Praktiken von Insidern interpretiert werden".

Eine nachhaltige Kultur muss sich von einer nicht-nachhaltigen Kultur auf allen Tiefenebenen unterscheiden, wobei die entscheidendsten Unterschiede im Kern liegen, da wo die Grundeinstellungen, die Werte, das Natur- und Menschenbild sowie die Sprache angesiedelt sind. Sie werden sehr früh im Leben erworben, wirken später oft aus dem Unbewussten heraus und sind deshalb nicht immer greifbar.[12] Auf dieser Ebene trägt jede Generation ein altes Erbe in sich, das sich zum Teil im Laufe von Jahrtausenden entwickelt hat. Während Moden sehr schnelllebig sind, kann ein tief greifender Kulturwandel Generationen dauern.[13]

Es ist insbesondere das mentale Programm des Westens, das heute globalisiert wird. In dieser Kultur liegen die Wurzel der heutigen globalen ökologischen und sozialen Krise sowie der Finanzkrise. Sie sind Symptome einer „Krise der Kultur" (Brocchi 2007b, S. 120) und erfordern deshalb einen Kulturwandel. Welche Merkmale können eine „Kultur der Nachhaltigkeit" kennzeichnen? Hildegard Kurt und Bernd Wagner beantworten diese Frage wie folgt:

- Ein Verständnis von Nachhaltigkeit, das gleichberechtigt mit den „drei Säulen" [...] Ökonomie, Ökologie und Soziales auch Kultur als quer liegende Dimension umfasst; das die auf Vielfalt, Offenheit und wechselseitigem Austausch basierende Gestaltung der Bereiche Ökonomie, Ökologie und Soziales als kulturell-ästhetische Ausformung von Nachhaltigkeit versteht und verwirklicht.
- Ein Kulturbegriff, der von der Naturzugehörigkeit des Menschen ausgeht und grundsätzlich den Mensch und die Natur gleichermaßen umfassenden Lebenszusammenhang mitdenkt.
- Eine Verständigung auf Grundwerte, von denen Gesellschaften zusammengehalten werden. Hierzu zählen: Gerechtigkeit – zwischen den jetzt weltweit lebenden Menschen, im Blick auf die künftigen Generationen und im Blick auf die Natur; das Prinzip Verantwortung; Toleranz; der Schutz der Schwachen sowie die Wahrung kultureller und biologischer Vielfalt.
- Ein hohes Maß an Partizipation in allen gesellschaftspolitischen Entscheidungs- und Gestaltungsfragen einschließlich der Demokratisierung aller Aspekte des fortschreitenden Globalisierungsprozesses.
- Ein hoher politischer und philosophischer Stellenwert der Frage nach dem guten Leben und die Pflege einer zukunftsfähigen Lebenskunst.
- Eine Rückführung der Kunst aus ihrer Randposition in die Lebenswelt.
- Interkulturelle Kompetenz im Dialog der Kulturen (Kurt und Wagner 2002, S. 13 f.).

---

[12] Die wenigsten beantworten die Frage „Sind sie Rassist?" mit „ja" und doch kann Rassismus sehr verbreitet sein.

[13] Es ist heute zum Beispiel offensichtlich, dass auch die Perestroika in wenigen Jahren nicht geschafft hat, das tief verwurzelte Bedürfnis vieler Russen nach einer starken Autorität zu überwinden.

Diese Definition nennt wichtige Elemente einer „Kultur der Nachhaltigkeit". Der Kulturbegriff darf nicht auf die Künste reduziert werden: Sein Verständnis muss der hohen gesellschaftlichen Relevanz gerecht werden. Die Kultur ist selbst ein Produkt der natürlichen Evolution und dient als solches dem Überleben des Menschen (Tomasello 2006; Junker 2011). Die Aufhebung der mentalen Separation zwischen Natur und Kultur soll Natur- und Geisteswissenschaften zusammenrücken lassen und damit eine ganzheitlichere Auseinandersetzung mit den großen Fragen unserer Zeit ermöglichen. Eine „Kultur der Nachhaltigkeit" kann nicht von oben nach unten verschrieben werden, ist hingegen Produkt und gleichzeitig Träger von Partizipation und Demokratie.

Es gibt aber weitere wichtige Aspekte, die eine Kultur der Nachhaltigkeit von der heute dominanten nicht-nachhaltigen Kultur unterscheiden.

Die Entthronung des Menschen.

Eine Entwicklung ist nachhaltig, wenn sie nicht nur die biophysischen Grenzen des Planeten berücksichtigt (Meadows et al. 1972), sondern auch jene des Menschen. Nachhaltig kann nur eine Entwicklung nach *menschlichem Maß* sein (Schumacher 2013).

Eine wichtige Quelle von Fehleinschätzungen und Krisen ist die Selbstüberschätzung – und sie wird im Westen durch eine lange anthropozentrische Tradition gefördert. Bereits in der biblischen Schöpfungsgeschichte der Genesis bekommt der Mensch eine Sonderstellung zwischen Gott und Natur:

> Und Gott schuf den Menschen zu seinem Bilde, zum Bilde Gottes schuf er ihn; und schuf sie als Mann und Weib. (Genesis 1.27)

> Und Gott segnete sie und sprach zu ihnen: Seid fruchtbar und mehret euch und füllet die Erde und machet sie euch untertan und herrschet über die Fische im Meer und über die Vögel unter dem Himmel und über das Vieh und über alles Getier, das auf Erden kriecht. (Genesis 1.28)

Ausgerechnet die Begründer der modernen Naturwissenschaften (René Descartes, Francis Bacon, Isaac Newton u. a.) haben den biblischen Auftrag erfüllt und eine Methode entwickelt, um die Natur nach dem Prinzip „wisdom is power" (Bacon 1597) zu beherrschen. An diesem mentalen Programm, das mit der industriellen Revolution umgesetzt wurde, hat sich der technologische Fortschritt bis heute orientiert.

Die Kultur der Nachhaltigkeit orientiert sich hingegen an einer zweiten Tradition, die den Menschen nach und nach entthront hat. In dieser Tradition liegt die Kopernikanische Revolution, wobei das ptolomäische geozentrische Weltbild durch ein heliozentrische Weltbild ersetzt wurde: Die Erde und damit der Mensch waren nicht mehr der Mittelpunkt des Universums. Die Evolutionstheorie von Charles Darwin hat den Menschen auf der Zeitachse entthront: Er stammt nicht mehr von Adam und Eva, sondern aus Cyanobakterien und Chloroplasten – genauso wie alle Tiere und Pflanzen. Wenn sich die 4,5 Mrd. Jahre Erdgeschichte in einem einzigen Tag abgespielt hätten, dann wäre der Homo sapiens erst um 1 Sekunde vor Mitternacht erschienen (vgl. Wuketits 2009, S. 98). Der Mensch ist ein Staubkorn im Universum und lebt auf einer einsamen Insel in einer unendlichen Dunkelheit (s. Astronautenperspektive). Auch die Ökologie hat gezeigt, wie sehr unser

Schicksal von jenem der Biosphäre abhängig ist. Durch die Psychoanalyse wissen wir heute, dass auch das Subjekt keine Einheit ist, da die Moral (Über-Ich) eine innere Umwelt (Es, die inneren Triebe) zu beherrschen versucht und dies zu Perversion führen kann (Freud 1975). Die Kognitive Psychologie hat bewiesen, dass der Mensch die Wirklichkeit nicht als ganze, sondern als Konstruktion wahrnimmt.

Im Bewusstsein für diese Begrenztheit des Menschen steckt der Kern einer „Kultur der Nachhaltigkeit". Wenn der Mensch die Komplexität als Ganzes nicht begreifen kann, dann kann er auch keine allgemeingültigen Urteile darüber fallen. Während Platon (1991) seinen Idealstaat hierarchisch organisierte und die Philosophen als Hüter der Ideen an die Spitze setzte, sagte Sokrates „ich weiß, dass ich nichts weiß" (Platon 2005). Diese Demut ist die Voraussetzung der Bereitschaft zum Dialog. Der Dialog zwischen verschiedenen Perspektiven ist der beste Weg, um sich der Komplexität anzunähern, um den Informationsverlust der selektiven Wahrnehmung auszugleichen und dadurch um nachhaltigere Entscheidungen zu treffen. Eine Kultur der Nachhaltigkeit delegitimiert Hierarchien, fördert die Emanzipation unserer inneren Natur und dadurch die Möglichkeit der Selbstentfaltung.

Weil Menschen begrenzte Wesen sind, können sie nur in kleinen Räumen und Gemeinschaften Vertrauen entwickeln und sich verantwortungsvoll einbringen. Die Globalisierung hat nicht die Fähigkeit gesteigert, „Komplexität mit Komplexität zu regieren" (vgl. Prigogine 1997), sondern das Gegenteil: die Reduktion der Komplexität und dadurch der Vielfalt. Das Ergebnis der Globalisierung ist eine gesteigerte „Verantwortungsdiffusion" und „Anonymität", deshalb orientiert sich eine Kultur der Nachhaltigkeit an der Formel: „so regional und lokal wie möglich und so global wie dann immer noch nötig" (Niko Paech zitiert nach Köhler 2014). Der umweltbedingten Komplexität kann eine politische und ökonomische Dezentralisierung deutlich besser gerecht werden, als eine Zentralisierung. Die beste Form von Vertrauen ergibt sich in regionalen Wirtschaftskreisläufen, da wo sich Produzenten und Verbraucher persönlich kennen und die Produkte den Nischen angepasst sind. Dort wo das persönliche Vertrauen am Werk ist, sind keine Gesetze nötig, um die Qualität zu garantieren.

Technologie wie die Atomkraft, deren potenzielle Risiken von einem begrenzten Menschen nicht verantwortet werden können, dürfen nicht eingesetzt werden. Im Sinne der Nachhaltigkeit sollte es lieber heißen „Small is beautiful" (Schumacher 2013).

Vom Separationsdenken zum Beziehungsdenken.

Das Weltbild der Moderne zeichnet sich durch mentale Separationen und Asymmetrien aus, die ihre philosophischen Wurzeln u. a. bei dem altgriechischen Philosophen Platon haben.[14] Er unterscheidet zwischen einem „Reich der Ideen" und einem „Reich des Körperlichen" (vgl. Kunzmann et al. 1991, S. 39), wobei die Idee dem Körperlichen übergeordnet ist. Während die Idee bei Platon eine immaterielle, unsichtbare und ewige Weisheit ist, ist die Körperlichkeit materiell, sichtbar und vergänglich. Auch in der

---

[14] „Die sicherste allgemeine Charakterisierung der philosophischen Tradition Europas lautet, dass sie aus einer Reihe von Fußnoten zu Platon besteht" (Whitehead 1979, S. 91).

Philosophie von René Descartes wird das denkende Subjekt (res cogitans) vom Objekt (res extensa, das materielle Ding) getrennt und ihm übergeordnet. Die Wahrheit und die Perfektion werden nicht in der Realität gesucht, sondern im geistigen „Reich der Ideen", der Konzepte und der Denkmodelle. Übertragen auf die Gegenwart führt diese Auffassung dazu, dass Wirtschaftsmodelle oft mehr Berücksichtigung als die reale Wirtschaft finden. Die Herrschaft der „Vernunft" bringt eine Abwertung des Leiblichen und der Natur mit sich (ebd., S. 43). Künstliche Erzeugnisse werden deutlich mehr als natürliche Erzeugnisse („Rohstoffe") wertgeschätzt. Während die „Moderne" Fortschritt symbolisiert (das heißt: eine Emanzipation vom natürlichen Zustand), stehen die Traditionen für „Rückständigkeit". Durch die Wertungen „gebildet vs. ungebildet" oder „Experte vs. Laie" wird nur das Wissen der „Hochkultur" als solches anerkannt und eine paternalistische „Zivilisierung der Barbaren" legitimiert (Lanternari 1990).

Diese mentalen Separationen und Asymmetrien sind der Motor eines historischen Prozesses gewesen, der mit der Missionierung begonnen hat und über die Kolonisierung, Modernisierung und Globalisierung die kulturelle Vielfalt mehr und mehr in eine Monokultur umgewandelt hat. Diese „Monoculture of the Mind" (Shiva 1993) hat sich nicht nur in der Landwirtschaft materialisiert, sondern auch in der Gestaltung des Weltmarktes, in der architektonischen Uniformierung der Metropolen der Welt, wobei sich Menschen in den gleichen Fast-Food-Ketten ernähren.

Die „Kultur der Nachhaltigkeit" ersetzt das Separationsdenken durch ein Beziehungsdenken. Dem exklusiven „entweder…oder…" wird das integrative „und" vorgezogen (Kandinsky 1973). Es geht um die Erkenntnis, dass „jedes Ding mit jedem anderen in Beziehung [steht]" – so lautet nämlich das erste Gesetz der Ökologie (Commoner 1971, S. 38). Und wenn es so ist, dann ist die Ursache-Effekt-Kette keine lineare, sondern eine zirkuläre: Unser Handeln schlägt irgendwann auf uns selbst oder auf unsere Kinder zurück.

Ein verantwortliches Handeln setzt ein Bewusstsein für die Beziehung und die Gleichberechtigung von Subjekt und Objekt voraus. Wenn sich mentale Asymmetrien durch eine Reduktion der Biodiversität und der kulturellen Vielfalt materialisieren, dann kann nur ihre mentale Überwindung zu einer Wertschätzung der verschiedenen Perspektiven und des Wissens führen.

Komplexität ist nicht Chaos.

Die Gleichsetzung von Komplexität mit Chaos geht in der westlichen Kultur Hand in Hand mit der Verheerung von Zahlen und Maschinen. Durch die technologisch gestützte Transformation der natürlichen Umwelt in eine geordnete Welt werden die (aus einer bestimmten Sicht) unberechenbaren Prozesse in berechenbare umgewandelt. Soziale Prozesse werden durch ihre „Monetisierung" begreifbarer und kontrollierbarer gemacht. Was sich nicht durch Geometrie und Mathematik komplett erfassen lässt, gilt als unscharf und erscheint deshalb bei politischen und ökonomischen Entscheidungen nicht so wertvoll wie „schwarze Zahlen". Doch diese Ökonomisierung der Gesellschaft führt zu einem Verlust von Qualität und Kreativität. Nicht die Maschine dient dem Menschen, sondern der

Mensch wird mehr und mehr zum Rädchen einer „Megamaschine" (Mumford 1974), die durch Fortschritt und Effizienzsteigerung immer schneller und allmächtiger wird.

Die Komplexität ist jedoch nicht Chaos (Ostrom 2009) so wie die Freiheit nicht Anarchie ist. Die „Kulturen der Nachhaltigkeit" orientieren sich mehr an Qualität und weniger an Quantität. Dem Kontrollwahn ziehen sie die Lebendigkeit, der Beschleunigung die Entschleunigung vor.

Ein positives Menschenbild.

Im „Leviathan" des englischen Philosophen Thomas Hobbes (1991) verzichten die Menschen auf die Freiheit und übertragen durch die Unterzeichnung eines Gesellschaftsvertrags die Souveränität auf eine Autorität, die Frieden und Ordnung im Staat garantiert. Zu diesem Schritt bewegt sie der Glauben, dass in der Freiheit (zum Beispiel im gesetzlosen Zustand eines Kriegs) der Mensch sein inneres Wesen zum Ausdruck bringt und dies ein böses und egoistisches sei (*Homo homini lupus*). Verschiedene Phänomene deuten in unserer Gesellschaft darauf hin, dass dieses pessimistische Menschenbild immer noch sehr einflussreich ist:

- Natürliche und juristische Personen greifen sehr oft auf schriftliche Verträge zurück, um sich voreinander abzusichern. Es herrscht das Prinzip „Vertrauen ist gut, Misstrauen ist besser".
- Vor allem die westliche Lebensweise zeichnet sich durch Individualismus aus. In angelsächsischen Ländern wie den USA, Australien und Großbritannien ist er besonders ausgeprägt (Hofstede und Hofstede 2009, S. 99–158). Der Individualismus drückt eine Unfähigkeit zu teilen aus, weshalb das Privateigentum dem Gemeinwesen vorgezogen wird.
- Der Mythos des technologischen Fortschritts ist proportional zum Misstrauen gegenüber dem Menschen. Durch die Entwicklung, den Einsatz und die Verbreitung von Technologien sollen die Schwächen überwunden und die Fehlbarkeit gesenkt werden, die in der physischen Natur des Menschen liegen.
- Die Globalisierung zeichnet sich nicht nur durch eine weltweite Integration (s. social networks), sondern auch durch Exklusion und Ausgrenzung des „Anderen" aus. Die Angst vor Kontamination durch das Fremde führt zu Immunisierungsprozessen der Gesellschaft durch Errichtung von Barrieren. „Es wurden noch nie so viele Mauern gebaut, wie nach dem Fall der Berliner Mauer", sagt [der italienische Philosoph] Roberto Esposito. Seit dem 11. September 2001 ist die Sicherheitspolitik eine Priorität für viele westliche Regierungen (Brocchi 2011, S. 7).

So wie ein Grundmisstrauen der Menschen untereinander Wettbewerb und Individualismus stützt, so setzt eine nachhaltige Bewirtschaftung der Gemeingüter (Wasser, Biodiversität, Ressourcen) Kooperation voraus – also Grundvertrauen (Ostrom 1990). Für diese Lehre bekam die US-Politikwissenschaftlerin Elinor Ostrom 2009 als erste Frau den Wirtschaftsnobelpreis. Die evolutionäre Erfolgsstrategie des Menschen ist nicht das Wettbewerb, sondern die Kooperation, die durch Sprache und Kultur ermöglicht wird.

Da wo mehr Vertrauen unter den Menschen herrscht (in der Familie und in der Verwandtschaft) spielen Status und Besitz keine große Rolle: Viele Dinge werden geteilt statt besessen. In der *Sharing Economy* teilen sich mehrere Individuen das Auto (Car Sharing), wobei es genutzt statt geparkt wird. Vertrauen ist eine wesentliche Voraussetzung für die

Dematerialisierung der Lebensstile, für die Solidarität und die Gerechtigkeit, für den Dialog und eine funktionierende Demokratie.

4.2   Nachhaltigkeit als mentale Programmierung

Die beste Botschaft, die über keine Medien verfügt, entfaltet keine soziale Wirksamkeit. Eine falsche Botschaft, die über Massenmedien weit verbreitet wird, kann hingegen großen Schaden anrichten. Der Nationalsozialismus hat uns diese Macht der Medien bewusst gemacht. Je verbreiteter eine Botschaft ist, desto wahrer erscheint sie uns, sodass auch das Falsche selbstverständlich werden kann. Vor allem darauf basiert die Dominanz der globalisierten Kultur gegenüber der Nachhaltigkeit. Ihre Verbreitung findet nicht nur durch Marken und Werbung statt, sondern auch durch Hollywood-Filme, Soap Operas und die Popmusik. Ganze 99 % der Informationen, die wir über die Welt haben, stammt nicht aus erster Hand (persönlicher Erfahrung), sondern aus zweiter Hand: aus den Medien (Hamm 1996, S. 379f). Die größten Nachrichten- und Presseagenturen der Welt sind westliche Unternehmen und bestimmen unser Bild der Welt maßgeblich, ohne dass wir die Möglichkeit haben zu prüfen, ob dieses Bild der Wirklichkeit entspricht oder nicht.

Wenn die Menschen schon als Kind durch Spielzeuge lernen, dass das Auto einfach zum Leben dazu gehört (obwohl es erst seit 100 Jahren der Fall ist); wenn sie durch Sportsendungen und Autowerbung mental so programmiert werden, dass Geschwindigkeit und Autogröße (s. SUV, Sport Utility Vehicles) Erfolg und Status symbolisieren, dann wird bei ihnen ein autofreier Sonntag oder der Flyer über nachhaltige Mobilität wenig bewirken oder gar auf Ablehnung stoßen. Das Problem liegt nicht am Menschen selbst, sondern an der Art und Weise, wie seine mentale Einstellungen „programmiert" werden. Denn kein Kind darf selbst bestimmen, wie es gebildet wird: zum Muslimen oder Katholiken; zum Stellvertreter der Elite oder des „bildungsfernen Milieus"; zum profitorientierten oder sozial engagierten Wesen.

Obwohl die Generationen sterben und durch neue ersetzt werden, bleibt eine gesellschaftliche Ordnung bestehen – und zwar weil sich die Kultur selbst reproduziert. Zum Beispiel besteht „bei Eltern [...] – gewollt oder ungewollt – die Neigung zur Reproduktion ihrer eigenen Erziehung" (Hofstede 2009, S. 12). Die Kultur reproduziert sich auch durch die institutionalisierte Erziehung: in den Kindergärten, in den Kirchen, in den Schulen und in den Universitäten. Auch die Massenmedien und die „Kulturindustrie" (Horkheimer und Adorno 2006) spielen in der modernen Sozialisierung eine zentrale Rolle. Eine kulturelle Strategie der Nachhaltigkeit setzt auf die Möglichkeit, dass diese Instanzen nach und nach zu Trägern von „Kulturen der Nachhaltigkeit" werden und ihr Einfluss für einen Kulturwandel einsetzen.

Wohl gemerkt: Es geht dabei nicht darum, dass eine alte Ideologie in Bildung, Massenmedien und Künsten durch eine neue ersetzt wird. Der Weg zur Nachhaltigkeit führt hingegen durch eine freie Bildung, Presse und Kunst. Nur eine *Defunktionalisierung* dieser Institutionen (Abhängigkeit vom politischen und wirtschaftlichen Willen) kann einem offenen Dialog zwischen sozialem System und seinen Umwelten dienen.

Auch Jahre nach dem Beginn der Finanzkrise werden in den deutschen Universitäten die gleichen Wirtschaftsmodellen gelehrt – als ob es diese Krise nie gegeben hätte.[15] Nachhaltigkeit würde aber an dieser Stelle eine Auseinandersetzung mit der Realität der Wirtschaft bedeuten und eine Öffnung an alternative Denkansätze.

Der Bologna-Reformprozess hat eine Uniformierung der Bildungslandschaft gefördert, wobei die wirtschaftszentrierte Denkweise nun auch hier dominiert. Die Hochschulen müssen sich heute eher mit einem Wettbewerb um Status (s. Eliteuniversitäten) als mit den großen sozialen und ökologischen Herausforderungen dieses Jahrhunderts beschäftigen. Wenn die Bildungselite die Finanzkrise oder die Katastrophe von Fukushima verursacht hat, dann zeigt es, dass die Bildungsqualität mehr als der Bildungsgrad zählt. Die Universitäten könnten ideale „Nachhaltigkeitslabors" sein, in denen der Wandel auf lokaler Ebene erprobt, erforscht und weiter entwickelt wird. Sie können zum Kern neuartiger lokaler Allianzen für Nachhaltigkeit werden (zwischen Wissenschaft, regionaler Ökonomie, Zivilgesellschaft, Kulturinstitutionen…) und ihnen einen Raum bieten.

Auch die Künstler sind ideale „change agents in sustainability" – so der niederländische Soziologe Hans Dieleman (zitiert in Brocchi 2007b, S. 124). Einige Gründe: Künstler können Nachhaltigkeit zum Thema der eigenen Kunst machen. Künstler können den Perspektivenwechsel im sozialen System fördern. Die Künste haben die Fähigkeit, rationale Botschaften zu emotionalisieren und emotionale Bedürfnisse zu politisieren. Die Künste bergen eine höhere innovative und visionäre Kraft als Politik und Wissenschaft. Die Künstler können den Lernprozess fördern, der in der Integration von Theorie und Praxis benötigt wird.

Freie und unabhängige Massenmedien fördern eine Erweiterung des Wahrnehmungshorizonts und eine Auseinandersetzung mit fremden Realitäten. Ein investigativer Journalismus ist für eine funktionierende Demokratie und für eine Wirtschaftsweise, die Vertrauen verdient, unverzichtbar.

Für die Effektivität einer kulturellen Strategie der Nachhaltigkeit ist auch die Lehre von Marshall McLuhan (2011) von Bedeutung. Sein bekanntestes Zitat lautet: Das Medium selbst ist die Botschaft. Es ist nicht das Gleiche, ob Menschen Natur im Fernsehen erleben oder selbst in der Natur leben. Es ist nicht das Gleiche, ob Menschen per Email kommunizieren oder sich Face-to-Face begegnen. Bei Nachhaltigkeit geht es nicht nur darum, alte Inhalte durch neue Inhalte zu ersetzen, sondern auch um eine andere Form von Bildung, um eine andere Kunst, um andere Medien. In den Hochschulen lernen die Studierende heute, dass ein Wissen relevant ist, nur wenn es dafür eine Note gibt. Für die Nachhaltigkeit wäre aber die Förderung der Neugierde, der Reflexions- und Kritikfähigkeit wesentlich effektiver.

Menschen werden nicht nur durch Schulen oder durch Medien gebildet, sondern auch durch „Dinge", zum Beispiel durch Industrieprodukte: Auch sie sind Ausdruck und Träger

---

[15] „Im VWL-Studium kommt die Krise nicht vor. Die Finanzkrise erschüttert die Volkswirtschaftslehre in ihren Grundfesten. Aber in der Lehre machen viele Professoren weiter wie bisher – und enttäuschen ihre Studenten", berichtet Desiree Backhaus (2011).

von Werteinstellungen und bilden uns weiter. Deshalb hatte Winston Churchill recht, als er sagte: „Erst gestalten wir unsere Gebäude, danach gestalten sie uns.“[16] Wer nachhaltig gestaltet will, sollte sich dessen bewusst sein.

4.3 Nachhaltigkeit als kulturelle Evolution

Die Kultur ist einerseits der „Zement“, der ein soziales System (eine Gesellschaft wie ein Unternehmen) trotz interner Ausdifferenzierung und Arbeitsteilung zusammenhält. Eine Schwächung dieser Bindekraft führt – so der französische Soziologe Emile Durkheim (1897) – zu einem Zustand der „Anomie“, möglicherweise zu Konflikten und sozialer Devianz (z. B. Kriminalität), schlimmstenfalls zum Zerfall des sozialen Systems.

Andererseits definiert die Kultur die „Grenze“ zwischen sozialem System und Umwelt – und regelt den Austausch zwischen ihnen. Diese Funktion ist vergleichbar mit einer Membrane, die den Organismus schützt und gleichzeitig eine ständige Kommunikation mit der Umwelt ermöglicht. Jedes soziale System benötigt eine „Haut“, die es zusammenhält und vor Überforderung schützt. Doch eine ausgeprägte Angst vor dem unbekannten Fremden kann dazu führen, dass sich diese „Haut“ verhärtet und das soziale System an „Asphyxie“ stirbt. Ein lebendiges soziales System benötigt die Möglichkeit der „Transpiration“ an seinen Grenzen. Nachhaltigkeit erfordert nicht nur eine „ökologische Kommunikation“ (Luhmann 2008), sondern auch eine emotionale und interkulturelle Kommunikation. Sie benötigt Freiräume und kann auch innerhalb von Unternehmen gefördert werden.

Kulturen unterscheiden sich voneinander auch durch ihre Offenheit oder Verschlossenheit gegenüber der Umwelt – und diese Eigenschaft spiegelt sich intern in einer mehr oder weniger ausgeprägten Toleranz wider. Ohne Toleranz gibt es im sozialen System keinen Raum für jene Alternativen, die Nachhaltigkeit braucht.

Während die moderne Entwicklung die Umwelt nach einer dominanten Idee formt und die biologische und kulturelle Vielfalt im Extremfall auf eine Monokultur reduziert, zielt die *kulturelle Evolution* auf eine ständige Anpassung der Ideen an ihre äußere und innere Umwelt und an derer dynamischen Komplexität.

Der US-Evolutionsbiologe Jared Diamond hat in seinem Buch „Kollaps“ (2005) durch historische Beispiele gezeigt, dass alle Gesellschaften im Laufe ihrer Entwicklung auf ähnliche Probleme stoßen, doch sie unterscheiden sich durch die Art und Weise wie sie darauf reagieren. Während Kulturen, die an den eigenen Überzeugungen, Dogmen und Mythen festgehalten haben, irgendwann untergingen, haben Kulturen überlebt, die sich veränderten Umweltbedingungen angepasst haben. In der menschlichen Geschichte ist die biologische Evolution durch eine kulturelle Evolution „ersetzt“ worden. Die Evolutionsfähigkeit von sozialen Systemen setzt der Soziologe Jürgen Habermas mit der kollekti-

---

[16] Aus dem Englischen: „First we shape our buildings, then they shape us.„ Diesen Satz sagte Churchill 1943 in einer Rede vor dem "House of Commons".

ven und individuellen *Lernfähigkeit* gleich. „Habermas fasst ‚soziale Evolution' als einen Prozess der Erarbeitung von Lernmechanismen, die eine Gesellschaft befähigen, sich auf verschiedenen Ebenen weiter zu entwickeln, um auf diese Weise der drohenden ‚evolutionären Sachgasse' zu entgehen und eine ‚gute' […] Gesellschaft zu werden" (Jäger und Weinzierl 2007, S. 28).

Soziale Systeme geraten in eine Krise, wenn sich ihre Wahrnehmung von der Realität zunehmend entfernt (Brocchi 2012, S. 131).[17] Nicht die Begrenztheit des Öls oder der Klimawandel werden die Gesellschaft zu einer schweren Krise führen, sondern ihre systematische Verdrängung. Die Lernfähigkeit erfordert eine ständige Auseinandersetzung mit der Wirklichkeit – und dies heißt vor allem mit dem Fremden; mit dem, was wir nicht unmittelbar wahrnehmen *können*, *wollen* oder (in einem autoritären System) *dürfen* (ebd., S. 132 f.).

Eine Lernfähigkeit geht Hand in Hand mit dem Bewusstsein, dass unsere mentale „Landkarte nicht das Gebiet ist" (Korzybski 1933). Wenn wir an einer veralteten Landkarte festhalten, dann können wir in eine Sackgasse geraten. Deshalb dürfen die Wissenschaft, die Bildungsinstitutionen, die Medien und die Künste nicht auf eine Funktion des Systems reduziert werden und die vorgegebene mentale Landkarte einfach reproduzieren: Sie sollten hingegen diese Landkarte ständig mit dem Gebiet abgleichen und sie entsprechend anpassen. Nur eine wirklich freie Wissenschaft oder Kunst kann jene *kulturelle Mutationen* erzeugen, die eine kulturelle Evolution benötigt.

Vom gleichen Gebiet kann es verschiedene Landkarten geben, wobei jede Landkarte Informationen enthält, die in einer anderen fehlen. Der Dialog zwischen einer Vielfalt von Perspektiven und Sichtweisen ist eine ideale Strategie, um das Gebiet am besten zu erfassen und damit den besten Weg zum Ziel zu finden.

Für die Resilienz von sozialen Systemen ist deshalb eine kulturelle Vielfalt genauso entscheidend, wie es die Biodiversität für die Resilienz von Ökosystemen ist. Ein soziales System, das in seiner Entwicklung alles auf eine Karte setzt (z. B. Wirtschaftswachstum als Allheilmittel) lebt nämlich gefährlich. In diesem Sinne wäre eine globalisierte „Kultur

---

[17] Ein Beispiel ist die Finanzkrise: „Der Ausbruch der Finanzkrise im September 2008 überraschte die meisten Menschen. Sie hatten ein solches Ereignis nicht erwartet. Aber kam diese Krise wirklich so plötzlich?

Bereits 2003 erschien in den USA ein Buch mit dem Titel *The Coming Crash in the Housing Market* von John Talbott […] Im August 2006 veröffentlichte Max Otte ein Buch, das im Nachhinein immer wieder als prophetisch bezeichnet wurde: *Der Crash kommt: Die neue Weltwirtschaftskrise und was Sie jetzt tun können.*

Die Anzeichen der Krise sowie die Warnungen nahmen mit der Zeit an Häufigkeit und Intensität zu, trotzdem trafen weder Wirtschaft noch Politik nennenswerte Maßnahmen, um den Ernstfall zu vermeiden. Warum nicht? Der Finanzbetrieb ging wie gewohnt weiter. Im Juli 2007 feierten die Börsen sogar Rekordwerte und die Anleger träumten in dieser Zeit nur von höheren Verdienstmarken. Pessimistische Voraussagen verhallten indes ungehört. Doch es dauerte nur ein Jahr, bis die US-Investmentbank Lehmann Brother Inc. Insolvenz beantragte – und die längst angekündigte größte Weltfinanzkrise seit 1929 nahm ihren Lauf" (Brocchi 2012, S. 130 f.).

der Nachhaltigkeit" ein Widerspruch in sich: „Es kann nur Kultur*en* der Nachhaltigkeit geben" (Brocchi 2007b, S. 122).

Der Dialog zwischen den Perspektiven ist vor allem dann effektiv, wenn er herrschaftsfrei ist (Habermas 1981): In einer Hierarchie setzt sich nämlich nicht unbedingt das beste Argument durch, sondern oft nur das stärkste. Auch wenn „gleich und gleich sich gern gesellt" und die Menschen, die Tendenz haben, „unter sich zu bleiben", kann das Verlassen der „Komfortzone" und die Auseinandersetzung mit dem Fremden sehr bereichernd sein und unsere Denkhorizonten enorm erweitern.

Beim Thema Nachhaltigkeit ist der Weg das Ziel und das Ziel der Weg. Systemisch betrachtet, bedingen sich Entwicklungsergebnisse und Entwicklungsprozesse gegenseitig. Für einen Wandel der Unternehmen in Richtung Nachhaltigkeit ist genau dies wichtig: Wenn nicht nur die Inhalte, sondern auch die Typologie des Mediums eine Kultur bestimmen, dann braucht Nachhaltigkeit nicht nur „neue" Paradigmen, Weltbilder oder Werte, sondern auch „neue" Kommunikations- und Organisationsformen. Beides muss offen und lernfähig sein, um eine *kulturelle Evolution* zu befördern (Brocchi 2007b, S. 126).

Literatur

Athanasopoulo P, Bylund E et al (2014) Two languages, two minds. Flexible cognitive processing driven by language of operation. Psychol Sci 4(26):518–526

Bachmann G (2013) Die historischen Wurzeln des Leitbildes Nachhaltigkeit und das 21. Jahrhundert. Rede bei der Sächsischen Hans-Carl-von-Carlowitz-Gesellschaft, Burg Rabenstein, Juni 2012. http://tu-freiberg.de/sites/default/files/media/Presse/Carlowitz/bachmann_dan_carlowitz_rabenstein_01-06-2012.pdf. Zugegriffen: 27. Mai. 2014 (veröffentlicht in Sächsische Hans-Carl-von-Carlowitz-Gesellschaft (hrsg.): Hans Carl von Carlowitz – Leben, Werk und Wirkung des Begründers der Nachhaltigkeit. Oekom: München, 2013. S 29–38)

Bacon F (1597) Meditationes sacrae, 11th article „De Haeresibus." Excusum impensis Humfredi Hooper, London

Baecker D (2000) Wozu Kultur? Kadmos, Berlin

Barnosky AD, Matzke N et al (2011) Has the Earth's sixth mass extinction already arrived? Nature 471:51–57 (McMillian Publishers Ltd). http://rewilding.org/rewildit/images/Barnosky-6th-Great-Extinction-copy.pdf. Zugegriffen: 30. Mai 2013

Beck U (1987) Weltrisikogesellschaft: Auf der Suche nach der verlorenen Sicherheit. Suhrkamp, Frankfurt a. M.

Berger PL, Luckmann T (2007) Die gesellschaftliche Konstruktion der Wirklichkeit. Fischer, Frankfurt a. M.

Boroditsky L (2012) Wie die Sprache das Denken formt. Spektrum der Wissenschaft 04. http://www.spektrum.de/news/wie-die-sprache-das-denken-formt/1145804. Zugegriffen: 10. Mai 2015

Brauer D (2003) Gross national happiness as development goal. Dev Coop 30:288–292

Braungart M, McDonough W (2014) Cradle to Cradle: Einfach intelligent produzieren. Piper, München

Brocchi D (2007a) Die kulturelle Dimension der Nachhaltigkeit. Institut Cultura21 e. V, Köln. http://davidebrocchi.eu/wp-content/uploads/2013/08/2007_dimension_nachhaltigkeit.pdf. Zugegriffen: 9. Mai. 2015

Brocchi D (2007b) Die Umweltkrise – eine Krise der Kultur. In: Altner G et al. (Hrsg) Jahrbuch der Ökologie 2008. C.H. Beck, München

Brocchi D (2011) Negatives Menschenbild und Separationsdenken der modernen Gesellschaft. Cultura21, Berlin. http://magazin.cultura21.de/_data/magazin-cultura21-de_addwp/2011/12/Davide_Brocchi_c21_ebook_vol4.pdf. Zugegriffen: 11. Mai. 2015

Brocchi D (2012) Sackgassen der Evolution der Gesellschaft. In: Leitschuh H, Michelsen G et al (Hrsg) Wende überall? Hirzel, Stuttgart

Brocchi D (2013) Das (nicht) Nachhaltige Design. In: Fuhs S, Brocchi D et al (Hrsg) Die Geschichte des Nachhaltigen Designs. VAS, Bad Homburg, S 54–80

Bundeskanzleramt (2009) Regierungserklärung von Bundeskanzlerin Merkel im Wortlaut. Bundeskanzleramt, Berlin. http://m.bundeskanzlerin.de/ContentArchiv/DE/Archiv17/Regierungserklaerung/2009/2009-11-10-merkel-neue-Regierung.html?nn=819844. Zugegriffen: 18. Sept. 2014

Bundesumweltministerium (1992) Agenda 21. Konferenz der Vereinten Nationen für Umwelt und Entwicklung im Juni 1992 in Rio de Janeiro. Bundesministerium für Umwelt. Naturschutz und Reaktorsicherheit, Bonn

von Carlowitz HC (2013) Sylvicultura oeconomica oder Anweisung zur wilden Baum-Zucht. Johann Friedrich Braun, Leipzig (Reprint von Joachim H (Hrsg.) München, Oekom, S. 89–590)

Commoner B (1971) Wachstumswahn und Umweltkrise. C. Bertelsmann, München

Daly HE (1980) Economics, ecology, ethics. W. H. Freeman, San Francisco

Desiree Backhaus am 4.10.2011 auf Zeit-Online. http://www.zeit.de/wirtschaft/2011-10/vwl-studium-krise. Zugegriffen: 15. Mai. 2015

Dezernat für Zukunftsanalyse der Bundeswehr (Hrsg) (2010) Peak Oil. Sicherheitspolitische Implikationen knapper Ressourcen. Strausberg: Zentrum für Transformation der Bundeswehr – Dezernat für Zukunftsanalysen. http://www.peak-oil.com/wp-content/uploads/2011/01/bundeswehr_studie_peak_oil.pdf. Zugegriffen: 1. Juli. 2014

Diamond J (2005) Kollaps. Warum Gesellschaften überleben oder untergehen. Fischer, Frankfurt a. M.

Durkheim E (1897) Le suicide. Etude de sociologie. Alcan, Paris

Eblinghaus H Stickler A (1996) Nachhaltigkeit und Macht – Zur Kritik von Sustainable Development. IKO – Verlag für interkulturelle Kommunikation, Frankfurt a. M.

Foucault M (2012) Die Ordnung des Diskurses. Fischer, Frankfurt a. M.

Freud S (1975) Psychologie des Unbewußten. Fischer, Frankfurt a. M.

Freud S (2001) Gesammelte Werke. Band 11: Vorlesungen zur Einführung in die Psychoanalyse. Fischer, Frankfurt a. M.

Giddens A (1989) Sociology. Polity Press, Cambridge

Goehler A (2006) Verflüssigungen: Wege und Umwege vom Sozialstaat zur Kulturgesellschaft. Campus, Frankfurt a. M.

Grober U (2010) Die Entdeckung der Nachhaltigkeit. Kunstmann, München

Habermas J (1981) Theorie des kommunikativen Handelns. Suhrkamp, Frankfurt a. M.

Habermas J (2005) Kommentar zu Ulrich Beck: Modernität und der gesellschaftliche Umgang mit Andersheit. In: Beck U, Mulsow M (Hrsg) Diskontinuität und Kontinuität der Moderne im historischen Vergleich. Frankfurt a. M.

Halbwachs M (1950) La mémoire collective. Presses Universitaires de France, Paris

Hamm B (1996) Struktur moderner Gesellschaften. Leske + Budrich, Opladen

Hauff V (Hrsg) (1987) Unsere gemeinsame Zukunft. Der Brundtland-Bericht der Weltkommission für Umwelt und Entwicklung. Eggenkamp, Greven

Heidegger M (2003) Die Zeit des Weltbildes. In: von Friedrich-Wilhelm H (Hrsg) Holzwege. Klostermann, Frankfurt a. M., S 75–113

Henn-Memmesheimer B, Bahlo C et al (2012) Zur Dynamik eines Sprachbildes: Nachhaltig. In: Hansen-Kokorus R, Henn-Memmesheimer B, Seybert G (Hrsg) Sprachbilder und kulturelle Kontexte, Bd. 50. Mannheimer Studien zur Literatur- und Kulturwissenschaft, St. Ingbert

Hobbes T (1991) Leviathan, oder Stoff, Form und Gewalt eines kirchlichen und bürgerlichen Staates. S. Fischer, Frankfurt a. M.

Hofstede G, Hofstede GJ (2009) Lokales Denken, globales Handeln. Interkulturelle Zusammenarbeit und globales Management. Dtv, München

Horkheimer M (1969) Eclisse della ragione (dt.: Zur Kritik der instrumentellen Vernunft). Einaudi, Torino

Horkheimer M, Adorno TW (2006) Dialektik der Aufklärung. Philosophische Fragmente. Fischer, Frankfurt a. M.

Jackson T (2011) Wohlstand ohne Wachstum. Oekom, München

Jäger W, Weinzierl U (2007) Moderne soziologische Theorien und sozialer Wandel. VS-Verlag für Sozialwissenschaften, Wiesbaden

Junker T (2011) Evolution. C.H. Beck, München

Kagan S (2011) Art and sustainability: connecting patterns for a culture of complexity. Transcript, Bielefeld

Kagan S, Kirchberg V (Hrsg) (2008) Sustainability: a new frontier for the arts and cultures. VAS, Bad Homburg

Kandinsky W (1973) Essay über Kunst und Künstler. Bern: Benteli

Köhler C (2014) Wie fair ist fair gehandelt? Bayern 2-Online, 16.10.2014. http://www.br.de/radio/bayern2/gesellschaft/notizbuch/fairer-handel-hinterfragt-100.html. Zugegriffen: 13. Mai 2015

Korzybski A (1933) Science and sanity. an introduction to non-aristotelian systems and general semantics. Institut of General Semantics: Lakeville

Kuegler S (2005) Dschungelkind. Droemer Knaur, München

Kulturpolitische Gesellschaft (Hrsg) (2001) Tutzinger Manifest für die Stärkung der kulturell-ästhetischen Dimension Nachhaltiger Entwicklung. Tagung „Ästhetik der Nachhaltigkeit", April 2001, Ev. Akademie Tutzing. http://www.kupoge.de/ifk/tutzinger-manifest/pdf/tuma-d.pdf. Zugegriffen: 8. Mai 2015

Kunzmann P, Burkard F-P et al (1991) dtv-Atlas zur Philosophie. Deutscher Taschenbuch, München

Kurt H, Wagner B (Hrsg) (2002) Kultur – Kunst – Nachhaltigkeit. Klartext, Essen

Lanternari V (1990) L'„incivilimento dei barbari". Dedalo, Bari

Latouche S (1994) Die Verwestlichung der Welt. Dipa, Frankfurt a. M.

Leggewie C, Welzer H (2009) Das Ende der Welt, wie wir sie kannten: Klima, Zukunft und die Chancen der Demokratie. Fischer, Frankfurt a. M.

Luhmann N (1970) Soziologische Aufklärung, Bd. 1. Westdeutscher, Opladen

Luhmann N (1971) Sinn als Grundbegriff der Soziologie. In: Habermas J, Luhmann N (Hrsg) Theorie der Gesellschaft oder Sozialtechnologie – Was leistet die Systemforschung? Suhrkamp, Frankfurt a. M.

Luhmann N (2008) Ökologische Kommunikation: Kann die moderne Gesellschaft sich auf ökologische Gefährdungen einstellen? VS Verlag für Sozialwissenschaften, Wiesbaden

Luhmann H-J (2009) Eine kleine Geschichte der schubweisen Aufhebung der Verdrängung des menschgemachten Klimawandels. In: V.A. (Hrsg) Existenz am Limit. Kunstforum International, Bd. 199, S 78–91

Luhmann N, De Giorgi R (1992) Teoria della società. Franco Angeli, Milano

McLuhan M (2011) Das Medium ist die Massage: ein Inventar medialer Effekte. Tropen bei Klett-Cotta, Stuttgart

Meadows D et al (1972) Die Grenzen des Wachstums. Deutsche Verlags-Anstalt, Stuttgart

Menzel Ul (1993) Geschichte der Entwicklungstheorie. Einführung und systematische Bibliographie. Deutsches Übersee-Institut, Hamburg

Meyer-Abich KM (1990) Aufstand für die Natur: Von der Umwelt zur Mitwelt. Hanser, München

Michelsen G, Godemann J (Hrsg) (2005) Handbuch Nachhaltigkeitskommunikation: Grundlagen und Praxis. Oekom, München

Mumford L (1974) Mythos der Maschine. Kultur, Technik und Macht. Europa-Verlag, Wien

Nida-Rümelin J (2001) Partizipation im Kulturbetrieb. In: Jerman, T (Hrsg) ZukunftsFormen – Kultur und Agenda 21. Klartext, Essen

Nünning A, Nünning V (Hrsg) (2003) Konzepte der Kulturwissenschaften. Metzler, Stuttgart

Ostrom E (1990) Governing the commons. University Press, Cambridge

Ostrom E (2009) Beyond markets and states: polycentric governance of complex economic systems. nobelprize-lecture at the stockholm university. http://www.nobelprize.org/nobel_prizes/economic-sciences/laureates/2009/ostrom-lecture.html. Zugegriffen: 12. Mai 2015

Paech N (2012) Befreiung vom Überfluss: Auf dem Weg in die Postwachstumsökonomie. Oekom, München

Pigou AC (1920) The Economics of welfare. Macmillan and Co., London

Platon (1991) Der Staat. Dtv, München

Platon (2005) Apologie. WBG, Darmstadt

Poma M (2011) Vivir Bien („Gut leben"): Zur Entstehung und Inhalt des „Guten Lebens", in: Portal Amerika21.de, 25.11.2011. http://amerika21.de/analyse/42318/vivir-bien. Zugegriffen: 29. März. 2013

Prigogine I (1997) La fine delle certezze. Bollati Boringhieri, Torino

Rostow WW (1960) The stages of economic growth: a non-communist manifesto, 3. Aufl. Cambridge University Press, Cambridge

Sachs W (Hrsg) (1998) Dizionario dello sviluppo. Gruppo Abele, Torino

Schneider A (2008) „Die Sirenen schrillen". Der Chefökonom der Internationalen Energieagentur (IEA) im Gespräch. Internationale Politik 4:34–45. https://zeitschrift-ip.dgap.org/de/ip-die-zeitschrift/archiv/jahrgang-2008/april/%C2%BBdie-sirenen-schrillen%C2%AB. Zugegriffen: 1. Juli 2014

Schumacher EF (2013) Small is beautiful. Rückkehr zum menschlichen Maß. Oekom, München

Shiva V (1993) Monocultures of the Mind. Zed Books, London

SRU (Rat von Sachverständigen für Umweltfragen) (1996) Umweltgutachten 1996, Zur Umsetzung einer dauerhaft-umweltgerechten Entwicklung. Bundestags-Drucksache 13/4108. Bundestag, Bonn

Stehr N (1994) Knowledge societies. Sage, New York

Stoltenberg U (Hrsg) (2013) Weltorientierung durch Bildung für eine nachhaltige Entwicklung. VAS, Bad Homburg

Ternes D (2008) Kommunikation – eine Schlüsselqualifikation. Jufermann, Paderborn

Tomasello M (2006) Die kulturelle Entwicklung des menschlichen Denkens. Suhrkamp, Frankfurt a. M.

Unesco (1982) Erklärung von Mexiko-City über Kulturpolitik. Weltkonferenz über Kulturpolitik, 26. Juli bis 6. August 1982, Mexiko-City. http://www.unesco.de/infothek/dokumente/konferenz-beschluesse/erklaerung-von-mexiko.html. Zugegriffen: 8. Mai 2015

Unesco (1998) The Power of Culture – Aktionsplan Kulturpolitik für Entwicklung. Unesco-Weltkonferenz „Kulturpolitik für Entwicklung", 30. März – 2. April 1998, Stockholm. https://www.unesco.de/infothek/dokumente/konferenzbeschluesse/power-of-culture.html. Zugegriffen: 8. Mai 2015

Unesco (2005) Übereinkommen über den Schutz und die Förderung der Vielfalt kultureller Ausdrucksformen. Generalkonferenz der Unesco, 3–21. Oktober 2005, Paris. http://unesco.de/infothek/dokumente/uebereinkommen/konvention-kulturelle-vielfalt.html. Zugegriffen: 8. Mai 2015

Voss G (1997) Das Leitbild der nachhaltigen Entwicklung. Beiträge zur Wirtschafts- und Sozialpolitik des Instituts der Deutschen Wirtschaft. Deutscher Instituts-Verlag, Köln

WBGU – Wissenschaftlicher Beirat der Bundesregierung Globale Umweltveränderungen (2011) Welt im Wandel. Gesellschaftsvertrag für eine Große Transformation. WBGU, Berlin

Weizsäcker U von et al (1997) Faktor 4. Doppelter Wohlstand-halbierter Naturverbrauch. Th. Knaur, München

Welzer H, Wiegandt K (Hrsg) (2012) Perspektiven einer nachhaltigen Entwicklung: Wie sieht die Welt im Jahr 2050 aus?. Fischer Taschenbuch, Frankfurt a. M.

Whitehead AN (1979) Prozeß und Realität. Entwurf einer Kosmologie. Suhrkamp, Frankfurt a. M.

Wuketits FM (2009) Evolution. Die Entwicklung des Lebens. C.H. Beck, München

Dipl. Soz. Wiss. Davide Brocchi (1969, Rimini) ist Experte für Kultur und Nachhaltigkeit, Publizist und lehrt an der ecosign/Akademie für Gestaltung, Köln, sowie an der Universität Lüneburg. Er promoviert am Institut der Medien- und Kulturwissenschaft der Universität Düsseldorf. Neben Sozialwissenschaften studierte er Philosophie, unter anderem bei Prof. Umberto Eco an der Universität Bologna. Brocchi fördert den Wandel in Richtung Nachhaltigkeit durch Kulturprojekte und die Bildung von neuartigen Allianzen zwischen Akteuren aus Umwelt, Ökonomie, Soziales und Kultur. Unter anderem initiierte er das Festival der Kulturen für eine andere Welt (2003, Düsseldorf) und den jährlich stattfindenden Tag des guten Lebens:Kölner Sonntag der Nachhaltigkeit (ab 2013, Köln).

Praxis: Kritisches, ästhetisches Arbeiten im Kontext von Wirtschaft und Wissenschaft

Kunst als Intervention und Reflexion, Kritik und Politik in Unternehmen und Institutionen. Kriterien für erfolgreiche Partnerschaften – Chancen, Möglichkeiten und Potenziale

Ruediger John

Zusammenfassung

Vereinfacht kann man sich ein Unternehmen als Mikrogesellschaft vorstellen – eine Organisation (ein System), die in wesentlichen Elementen selbstreferenziell Kontingenz erzeugt, das heißt, sich als strukturiert (effizient), kompatibel (interaktionsfähig) und notwendig (effektiv), und damit gesellschaftlich kongruent erachtet. Wie in der Gesellschaft als Ganzes, sind wesentliche Handlungen ritualisiert und Kriterien der Wahrnehmung und Wertung kollektiviert.

Da die meisten Unternehmen existenziell Obsoletes leisten (Bedürfnisorientierung), benötigen sie eine hohe Erkenntnis- und Kommunikationsfähigkeit. Diese entsteht in der Bezugnahme der unternehmerischen Tätigkeit zu kulturellen Wertebildungsprozessen, gesellschaftlicher Kommunikation und Interaktion – bedarf also einer (bewussten) Kontextualisierung des Unternehmens mit Gesellschaft. Entscheidend dabei ist, dass Reflexionsarbeit nur in der Unterscheidung von Kontexten stattfinden kann, also in der differenzierenden Bewertung von Beschreibungen (Konstruktionen) von Wirklichkeit.

Trotz dieser Erkenntnis setzen Innovationsprozesse und wertebasierte Fragestellungen in Unternehmen häufig erst innerhalb der Hierarchien und Organisationsstrukturen des Unternehmens an – tatsächlich sind Werte soziale Konstruktionen, gleich ob

---

Dies ist, ausgehend vom griechischen *krínein*, als „reflektierte Unterscheidung" zu verstehen, nicht als eine, im Alltagsgebrauch häufig verstandene, „Beanstandung".

R. John (✉)
Cambridge, MA, USA
E-Mail: ruediger.john@artrelated.net

© Springer-Verlag Berlin Heidelberg 2015
V. Steinkellner (Hrsg.), *CSR und Kultur,* Management-Reihe Corporate
Social Responsibility, DOI 10.1007/978-3-662-47759-5_4

in einer Gesellschaft als Ganzes oder im Subsystem Unternehmen; können also nicht unter Ausschluss von kulturellen Kategorien schlüssig thematisiert werden.

Systemisches künstlerisches Arbeiten bzw. *kritische Ästhetik* können in Unternehmen und Organisationen zur ästhetisch-reflexiven Erzeugung und Vermittlung von Erkenntnissen und Bedeutungen beitragen. Kunst wirkt dabei, anders als Erklärungsmodelle und Formalisierungen aus Wirtschaft und Wissenschaft, nicht vereinfachend (definitorisch) und damit einschränkend in Wahrnehmung und Reflexion, sondern ermöglicht einen indirekten Eindruck von Komplexität.

1 Einleitung

The question is not what you look at, but what you see. (Henry David Thoreau)

1.1 Kunst und Kultur als qualitative und normative Begriffe

Kunst ist wohl einer der besonderen Sammelbegriffe in modernen Gesellschaften, funktioniert er doch als diffuser Platzhalter so unterschiedlicher Themen wie kultureller Verortung, individueller Fertigkeiten, allgemeiner Lebensqualität, qualitativer Bewertungen und gesellschaftlicher Verantwortung – um nur eine kleine Auswahl zu nennen – und ist zugleich, trotz dieser definitorischen Variabilität[1], als ein ausdifferenziertes, autarkes gesellschaftliches Subsystem (vgl. Luhmann 1997) existent, dessen Spezialisierung – oder, besser: Funktion – jedoch für einen Gutteil der Bevölkerung unverständlich (vgl. Latour 1998) und nur bedingt alltagsrelevant erscheint[2]. So sind nicht einfach nur sprachtraditionelle Gründe ursächlich, sondern es bestimmen, wie in anderen Lebenssituationen auch[3], Wissens- und Erfahrungsbasis, habituelle/rituelle Normen und situative, kommunikative Anschlussfähigkeit den Gebrauch und damit die Wahrnehmung und das Verständnis von Kunst als Phänomen[4].

Ähnlich der populäre Umgang mit dem Begriff *Kultur* – er wird ebenso qualitativ und normativ, oftmals mit der Implikation des Institutionellen, verwendet, sodass ein systemi-

---

[1] Interessant ist, dass diese so unterschiedlichen Verwendungen mindestens eine Gemeinsamkeit haben: den Ausdruck der Wertschätzung und eine Enthebung aus dem Profanen. Er dient also der qualitativen Bewertung in Diskursen verschiedener gesellschaftlicher Bereiche.

[2] Dies könnte man als interessanten Ausgangspunkt für einen Diskurs der klandestinen oder gar subversiven Wirkung von Kunst nehmen.

[3] Der Mensch sieht und bewertet im Allgemeinen die Dinge um ihn herum auf der Basis dessen, was er bereits kennt, seine Annahmen bestätigt und die Zugehörigkeit zu seiner *Peer Group* (seinesgleichen in der Gesellschaft) stärkt.

[4] Dies sollte man nicht als Entstehung der Kunst „im Auge des Betrachters" missverstehen, sondern als die normative Kraft der Masse. Dabei formt Sprache die Wahrnehmung und vice versa.

sches und prozesslogisches Verständnis[5] im Alltäglichen nicht reflektiert wird. Kultur ist jedoch ein werte- und sinnstiftender Prozess (zu) einer Gemeinschaft und ihres sozialen, intellektuellen und emotionalen Vermögens[6].

Wir sollten also versuchen, wenn wir an Kunst denken, uns nicht einfach nur Objekte, Bilder, Körper und Töne[7] vorzustellen, sondern initiierte Prozesse und (menschliche) Interaktionen (Begegnungen) mit spezifischen Eigenschaften; und wenn wir von Kultur sprechen, an Interaktionen unterschiedlicher gesellschaftlicher Prozesse denken. Auch wenn das längst nicht so „schön" ist, wie das Schwelgen in der Erinnerung an einen Rundgang in einem Kunstmuseum oder die letzte „Kulturreise".

1.2   Kultur hat immer mit Wirtschaft zu tun

Es ist offensichtlich, dass es ein funktionierendes Gemeinwesen mit seinen Gesetzen und Normen nur geben kann, wenn soziale Kontrakte (also allgemeine Übereinkünfte, die eine Basis für den Prozess der Ausformulierung in Gesetze bilden) existieren – welche durch die verbindende Kultur (also den gemeinsamen Kontext der Lebenswirklichkeit) entstehen. Das heißt auch, dass ein geordnetes Wirtschaftsleben mit verbindlichen Verträgen, Sicherheiten und Zahlungsmitteln, dass Eigentum und Unternehmen mit Inhabern, Teilhabern, Mitarbeitern und Angestellten, dass Märkte nur existieren, weil eine Basis gesellschaftlich gültiger Absprachen zugrunde liegt[8]. Das mag selbstverständlich oder gar banal klingen – bis man sich einige der, gar nicht so weit entfernten, instabilen Regionen anschaut oder geschichtlich einfach etwas zurückgeht[9].

Und auch wenn es manchen Akteuren inklusive Betrachtern[10] in den Künsten nicht gefällt oder deren insularem Weltverständnis widersprechen mag: Künstler stehen nicht

---

[5] Wie es beispielsweise die Empirischen Kulturwissenschaften vertreten und hierzu, der Unterscheidung halber, dann von „Kultur mit kleinem K" sprechen.

[6] Das heißt: Gemeinschaft entsteht erst durch Kultur.

[7] Denn das sind Kunstwerke, als beispielhafte Repräsentationen von Kunst (vgl. Eco 1972).

[8] Wenn beispielsweise ein am World Economic Forum teilnehmender Investmentbanker sagt: „Wenn du vier gute Freunde hast und magst was du tust, spielt es keine Rolle wo du lebst", zeigt dies vor allem sein neoliberal verkürztes Verständnis von Gemeinschaft und Kultur, obgleich er selbst von intakten Gesellschaften mit sowohl kollektivem Gedächtnis und Traditionen als auch Rechts- und Bildungssystem in seiner Identitätsfindung geprägt wurde und davon profitiert hat. Wenn sich jeder nur auf seinen Freundeskreis beziehen und keine dauerhafte Verantwortung für sein Lebensumfeld eingehen würde und bereits mit dem persönlichen, momentanen geschäftlichen Erfolg zufrieden wäre, gäbe es keine moderne, arbeitsteilige, innovative, risikonivellierende Gesellschaft als kulturelle Gemeinschaft, sondern bestenfalls Stammesstrukturen mit wechselnden Loyalitäten.

[9] Dies ist nicht als ein Vergleich oder eine Wertung von unterschiedlichen Kulturen misszuverstehen, sondern als ein Hinweis darauf, welche Auswirkungen der Verlust von normativen Sicherheiten haben kann.

[10] Auch Kunstbetrachter sind Akteure.

außerhalb der Gesellschaft, und *Wirtschaft* hat immer mit *Kultur* zu tun[11], so wie alle anderen gesellschaftlichen Subsysteme[12] ebenfalls untereinander verbunden sind und eben dieses Gefüge bilden, welches wir – als Summe von Kommunikationsritualen – *Gesellschaft* nennen.

1.3   Akteure mit (kultureller/sozialer) Verantwortung

Das bedeutet, dass ein kulturell und sozial verantwortliches Handeln aller Akteure und Institutionen kein optionaler Luxus ist, den man sich leistet, nachdem für alles andere gesorgt ist, sondern schlichtweg eine überlebensnotwendige Implikation aller Entscheidungen – denkt man über den nächsten Quartalsabschluss, Forschungsetat oder Gehaltsscheck hinaus.

Wenn nun Kunst und Wirtschaft oder Kunst und die Wissenschaften erklärtermaßen oder ungeplant interagieren, werden unterschiedliche Auffassungen, Erwartungen und Rituale besonders deutlich sichtbar – da es sich um unterschiedliche Kommunikationssysteme handelt, welche Kommunikationsformen ausbilden müssen, um sich über ihre eigenen Definitionsgrenzen hinaus austauschen zu können, um anschlussfähig zu sein. Zugleich finden in diesem Prozess Bewertungen und Entscheidungen auf der Basis unterschiedlicher Werte und Interessensabwägungen statt, welche den Sinn, Nutzen und die Ergebnisse der Zusammenarbeiten essenziell beeinflussen.

Ich möchte im Folgenden eine Auswahl grundlegender Hinweise als Denkanstöße geben, welche sich in meiner praktischen Tätigkeit als Künstler im Wissenschafts- und Wirtschaftsumfeld als hilfreich erwiesen haben. Diese Ausführung ist – dem Publikationsformat geschuldet – bei weitem nicht umfassend oder gar vollständig, soll aber einen Einblick in die Komplexität der Praxis geben und versuchen, einigen der gängigen Missverständnisse und (Selbst-)Beschränkungen konstruktiv zu begegnen.

2   Zielorientierung ist Denken und Handeln in Konventionen

2.1   Alltag und Effizienz oder Erkenntnis und Effektivität

Die alltägliche Form strukturierten unternehmerischen Handelns orientiert sich an diversen Managementansätzen, um in Prozessen erkannte Probleme zu beschreiben und ein oder mehrere Ziele zu definieren, um dann effiziente Wege zur Erreichung dieser ein-

---

[11] Solche Aussagen hört man immer wieder, sowohl von Künstlern als auch von Kulturmanagern, Kunstkritikern und Konsumenten. Sie sind Ausdruck eines eskapistischen Wunsches und basieren auf einem simplifizierten Kunstverständnis, welches eigentlich erst mit der klassischen Kunstgeschichtsschreibung, die die Künstler unter anderem als weltabgewandte Genies darstellte und sozialwissenschaftliche und philosophische Erkenntnisse ignorierte, entstanden ist und heutzutage oftmals für die Belange des Kunstmarktes und dessen Hierarchien fortgeführt wird.

[12] Beispielsweise Sport, Wissenschaft, Politik.

zuschlagen. Dies ist in vielen Fällen durchaus sinnvoll – insbesondere, wenn es sich um kurzfristige, wenig komplexe und sich wiederholende Aufgaben handelt – weil sich so Erlerntes und Erfahrung als alltagspraktisches Know-how anwenden lässt und die Koordinierung zwischen den Handelnden zur Effizienzsteigerung vereinfacht wird.

Bei Prozessen und visionären Ideen, welche eine Institution als Erkenntnis (Kompetenz) über den momentanen Alltagsgebrauch hinaus entwickeln will – selbst bei so naheliegenden Themen wie Corporate Development, interdisziplinärer Forschung, strategischen Maßnahmen oder Fragen der Nachhaltigkeit – wirkt eine Zielorientierung in dieser Ausprägung jedoch oftmals kontraproduktiv: Sie beschränkt wesentlich mögliche Erfahrungen und Erkenntnisse, welche sich aus einer freieren, das heißt multiperspektivischen und multidisziplinären Herangehensweise, ergeben können. So kann man aus dem im Unternehmen ritualisierten Umgang in solchen Fällen ausbrechen, um an einem erweiterten Lösungshorizont zu arbeiten indem man beispielsweise unterscheidet zwischen dem formulierten, das heißt offiziellen Problem, und der individuellen beziehungsweise subjektiven Perspektive, darüber hinaus soziodynamische Implikationen zwischen den Beteiligten, eine informierte und uninformierte Wahrnehmung einbezieht und Wirkungen nach innen und außen (Bedeutungen) und die Betrachtung unterschiedlicher Zeithorizonte berücksichtigt – um nur einige zu nennen[13] – welche Priorisierungen und Lösungsansätze und mitunter die ursprüngliche Zielsetzung wesentlich beeinflussen.

Das heißt: Eine frühe Zielorientierung stellt eine auferlegte Selbstbeschränkung dar, welche Ergebnisse in bestehenden Denkmustern provoziert und einschränkende Gewohnheiten in Prozessen und Hierarchien fortschreibt (vgl. Canetti 1960).

Dies ist umso mehr der Fall, wenn es über die eingangs genannten unternehmensalltagsnahen Prozesse hinaus um kulturelle und gesellschaftliche Fragen geht, also um Themen, welche eine höhere Komplexität der Interaktionen und eine Sicht über die aktuellen Grenzen des Unternehmens hinaus bedingen. Denn prinzipiell wirkt jede Entscheidung (gleich ob als Unternehmen oder als Person) auf den gesellschaftlichen und kulturellen Kontext zurück. Lässt sich dies bei Alltagsfragen (scheinbar) geringer Komplexität meist noch (ad interim) ignorieren, bleibt die Summe einzelner Entscheidungen dennoch wirkmächtig und kann zu überraschenden Wechselwirkungen führen, wenn man nicht kulturelle und gesellschaftliche Implikationen bei der Entscheidungsfindung mitberücksichtigt.

2.2 Multiperspektivität und Grundlagenforschung

In Kunst- und Kulturprojekten gilt es also insbesondere den Erwartungshorizont möglicher Ergebnisse und Erkenntnisse weiter zu öffnen, verfolgt man nicht triviale Absichten, wie spezifische Marketingmaßnahmen, Mitarbeiter-Motivationstrainings, Verschönerungsmaßnahmen, persönliche Selbstbestätigung oder soziale Abgrenzung. Da es sich bei

---

[13] Zugunsten der Lesbarkeit verzichte ich hier auf eine umfangreiche Systematisierung von Einflussfaktoren.

der Interaktion zwischen Kunst, Wirtschaft und den Wissenschaften um Systeme mit kate-
gorialen Unterschieden handelt (vgl. Luhmann 1994), haben Fragen und Themen auch das
Potenzial weitreichender und grundsätzlicher zu sein, eine multiperspektivische Praxis
und den Umgang mit Komplexität einzuführen und die Auseinandersetzung mit Sinn- und
Bedeutungsfragen sowohl des Individuums als auch der Organisation anzubieten.

Der erfolgreiche Umgang mit Kunst ist also eher vergleichbar mit einer Grundlagen-
forschung, als mit einer Produktentwicklung; das bedeutet, dass der direkte oder geplante
Nutzen[14] zugunsten des indirekten oder prozessualen Nutzens[15] zurücktritt. Dabei bezieht
der Kunstprozess das Umfeld in die Bearbeitung mit ein (Rekursion) – das heißt, das
Unternehmen selbst wird Gegenstand einer teilnehmenden Betrachtung (Untersuchung).

Wer also Kunst und kulturelle Projekte zur Ornamentierung, Illustration[16] oder als sozialen Marker – also in spezifischer Zielorientierung – einsetzt, nutzt nicht das tatsächliche Potenzial der bewussten kulturellen Auseinandersetzung und künstlerischen, ästhetischen Fähigkeiten und Prozesse. Erst der Ausbruch aus den gewohnten Problem-Lö-
sung-Mustern und selbstbeschränkenden Prozessstrategien und ein exploratives Handeln
ermöglichen den ungeplanten und unerwarteten Erkenntnisgewinn als persönliches und
institutionelles Erleben und Horizonterweiterung.

2.3   Wissenschaften und transdisziplinäre Forschung und Lehre

Eine besondere Rolle nehmen ästhetische und kulturelle Kriterien in der Lehre ein, denn
der Prozess des Lernens ist intrinsisch wahrnehmungsbasierend; Lehre ist – als (an-) ge-
leitetes Lernen – dessen Verdichtung und Abwägung zwischen Primär- und Sekundärer-
fahrungen, das heißt zwischen Erlebtem und Vermitteltem. So stellen sich im Bildungssektor und in den Wissenschaften Fragen, zusätzlich zu denen als Organisationen an sich,
der Neubewertung ästhetischer Kriterien in Prozessen des *Begreifens* und *Verstehens*[17]
im Hinblick auf Kultur und Gesellschaft – wie man unter anderem an den aktuelleren
Forschungen und Debatten über Online/Distance-Learning und MOOCs und den damit
verbundenen Überlegungen zur Präsenzlehre[18], aber auch in der Aufwertung von Quer-
schnittsdisziplinen/Kompetenzen und der Organisation von *Think-Tanks* erkennen kann.

---

[14] Mit dem man sich oftmals lieber beschäftigt, weil er eher begreifbar ist, aber sich dadurch von
Wesentlichem ablenken lässt.

[15] Ich spreche hier bewusst auch von einem Nutzen der Kunst – im Sinne ihrer gesellschaftlichen
Funktionen.

[16] Gleichwohl können natürlich scheinbar nur ornamentierende künstlerische Arbeiten ebenfalls ein
Wirkungspotenzial darüber hinaus mit sich führen. Eine wichtige Frage, die sich der Künstler und
die Künstlerin stellen müssen, ist zu welchem Punkt im Rezeptions- und Wirkungsprozess sie (beziehungsweise ihr Werk) die Kontrolle an andere Subsysteme und deren Kriterien übergeben.

[17] Die Etymologie dieser Begriffe gibt einen klaren Hinweis auf den Prozess der Erkenntnis.

[18] Im Rahmen meiner Beschäftigung mit Instructional Design – als einer der jüngeren Disziplinen,
welche sich (idealerweise) über Ideen der (technischen) Gestaltung von Vermittlungsstrategien hi-

Abstraktions- und Assoziationsfähigkeiten sind als Schlüsselqualifikationen erkannt, *Lateral Thinking* und Generalisten werden als notwendige Ergänzungen zu spezialisiertem Fachwissen für funktionierende Kommunikations- und Interaktionsstrukturen verstanden.

In diesem Feld des transdisziplinären, das heißt, des <u>fachdisziplinenübergreifenden</u>, Forschens und Lehrens, stellen kulturelle Perspektiven und künstlerisch-ästhetische Fähigkeiten ein Potenzial der Reflexion und der Öffnung von Handlungshorizonten dar. <u>Dabei steuert Kunst – um wirklich von Bedeutung zu sein – einen wesentlichen, transformativen Prozess bei und nicht einfach einen darstellenden</u>[19]. Beispiele hierzu sind die Einbeziehung künstlerischer Elemente in eigentlich fachfremde Grund- und Aufbaustudiengänge, ästhetische Prozessbegleitungen und Verbindungen zu *qualitative research, action research* und *künstlerischer Forschung.*[20] Insbesondere die wissenschaftliche Forschung kann von der kritischen Integration der Künste profitieren, indem mit Hilfe kompetenter Künstlerinnen und Künstler beispielsweise neben dem fachspezifischen, utilitaristischen Blick auf Details eine mitunter subjektivierte Wahrnehmung der kulturellen Relevanz eingeführt wird.

3   Das größte Risiko geht ein, wer versucht Risiken zu vermeiden

3.1   Wahrnehmen und Werten

Wie bei allen Unternehmungen stellt sich auch beim Umgang mit Kunst die Frage nach der Sinnhaftigkeit der Beschäftigung mit dieser und einer Bewertbarkeit des Nutzens. Diese Fragen sind berechtigt – und eigentlich auch recht einfach beantwortbar.

Hierzu gilt, dass die einer Bewertung zugrundeliegenden Kriterien über deren Ergebnis entscheiden – eine eigentlich triviale Feststellung und dennoch einer der häufigsten Denkfehler sowohl auf Seiten der Unternehmen als auch der Kulturschaffenden, und damit Auslöser vieler Missverständnisse und Kommunikationsprobleme.

Also ist entscheidend, dass man sich über den Betrachtungszeitraum, quantitative und qualitative Aspekte, personenbezogene und institutionelle Sichtweisen und Erwartungen, Wirkungshorizont, soziodynamische sowie inkludierende, exkludierende und (nicht zuletzt) unbestimmte Faktoren (vgl. Wittgenstein 1963) klar wird, um eine sinnvolle Bewertung zu ermöglichen. Das heißt, dass nur <u>die Betrachtung aus den Perspektiven aller</u>

---

naus mit Fragen der Lehre beschäftigt – an der Harvard University, konnte ich einige dieser Implikationen gut beobachten.

[19] Um dies zu ermöglichen, ist die richtige Auswahl der Beteiligten wichtig, aber vor allem auch eine adäquate Qualifikation der Künstlerinnen und Künstler – welche das Kunststudium leider nicht immer fördert.

[20] Vorgehensweisen und Module, die ich in Kooperationen mit Forschungsprojekten und der Lehrtätigkeit an Hochschulen verschiedener Fachbereiche entwickelt und praktiziert habe, zielen auf experimentelle Explorationen und die Gleichzeitigkeit unterschiedlicher Systeme und deren Kriterien – als kritischen Umgang mit Komplexität.

beteiligten gesellschaftlichen Subsysteme eine adäquate Wahrnehmung (Wertung) und Erkenntnis (Verstehen) ermöglicht – diese, mit der gesellschaftlichen Ausdifferenzierung entstandene Multiperspektivität ist ein wesentliches Handlungsfeld einer systemischen künstlerischen Arbeitsweise und für eine werthafte (kritische) Einbeziehung der Künste in unterschiedliche Lebensbereiche unumgänglich.

3.2 Scheitern durch falsche Kriterien

Einige einfache Beispiele, wie es nicht geht[21]: Die aktive Auseinandersetzung mit Kunst als Element von gesellschaftsorientiertem kulturellem Handeln schlägt sich nicht einfach positiv betriebswirtschaftlich nieder, denn nicht nur erfasst die klassische betriebswirtschaftliche Abrechnung keine Kriterien der ästhetischen Erkenntnisarbeit[22], sie überschaut auch einen viel zu kurzen Zeitraum, um Wirkungen sichtbar zu machen.

Würde man die Zielsetzung eines Kulturprojektes auf die Evaluation durch ein klassisches Controlling anpassen, endete man beispielsweise mit einer profanen Marketingmaßnahme, welche kurzzeitig erhöhte Ausgaben in diesem Bereich möglicherweise höheren Verkaufszahlen gegenüberstellte.

Lüde eine wissenschaftliche Forschungsgruppe Künstlerinnen und Künstler ein, Forschungsergebnisse in Bilder umzusetzen und in einer Publikation darstellbar zu machen, oder in einer Kunstausstellung das Interesse eines breiteren Publikums zu wecken, wäre das im Hinblick auf eine illustrative Qualität möglicherweise interessant, jedoch wird durch die Hierarchie zwischen Inhalt und Darstellung Kunst auf ein Medium reduziert[23].

Ersuchte ein Unternehmen, welches mit spezifischen Materialien oder Halbzeugen arbeitet, einen Künstler/eine Künstlerin, die Werke aus den gleichen Materialien anzufertigen oder deren Halbzeuge zu verwenden, um eine Verbindung zum Unternehmensinhalt herzustellen, würden durch diese simplifizierte Auswahl über ein recht unwichtiges Kriterium wie das des Mediums für das Umfeld des Unternehmens eventuell viel wichtigere Fragen der kulturellen Beschäftigung vernachlässigt. Ein bereits dominierendes Element im Unternehmensalltag würde nochmals verstärkt und eine Fixierung auf ein Medium fände statt, anstatt einer Öffnung der Wahrnehmung auf Anderes und Neues und der Frage nach Bedeutungen.

---

[21] Auch wenn sie etwas stereotyp klingen mögen: Diese und andere Geschichten haben mir über die Jahre meiner Tätigkeit enttäuschte Unternehmen und Kulturschaffende in verschiedenen Variationen immer wieder erzählt.

[22] Gleiches gilt für den Ansatz der Triple-Bottom-Line.

[23] Leider übernehmen oft Künstler wissenschaftliche Zitate zur rationalen Unterfütterung ihrer Arbeiten oder missverstehen die dargestellte Form der Kooperation als künstlerische Forschung. Richtig wäre es, eine interdisziplinäre Zusammenarbeit, welche Know-how mit ästhetischen Fähigkeiten des Know-what und Know-why verbindet, zu initiieren.

Eine subjektive, persönlich wichtige Erfahrung eines Mitarbeiters/einer Mitarbeiterin des Unternehmens durch die Teilhabe an einem Kulturprojekt hat unter Umständen keinen direkten Bezug zu dessen/deren Einstellung und Verhalten am Arbeitsplatz, möglicherweise aber im privaten Umgang. Der Einfluss ist nicht durch eine Evaluation oder im Mitarbeitergespräch erfahrbar, könnte aber über den Umweg des persönlichen Umfeldes auf das Gesellschaftsgefüge in Stadt und Region wirken. Ginge man von der irrigen Annahme aus, dass eine Veränderung direkt am Arbeitsplatz und möglicherweise sogar kurzfristig erkennbar sein muss, käme man hier zu einem enttäuschenden[24] Ergebnis.

In der Tat liegt eine der Besonderheiten im Umgang mit Kunst darin, dass er ein individueller und damit nur bedingt steuerbarer ist, der seine Wirkung über einen längeren Zeitraum entfaltet und so nicht einfach im Sinne und gemäß den Anforderungen einer Gemeinschaft oder Vorgaben einer Institution erfolgt[25].

Das heißt, der Versuch einer Instrumentalisierung von Kunst verhindert eben die Nutzung ihrer intrinsischen Eigenschaften. Der Einsatz von Kulturprojekten, um Angestellte zu besseren Mitarbeitern[26] zu machen, wäre nichts anderes als eine Erziehungsmaßnahme, und Kunst als bildgebendes Medium zur Vermittlung fremder Inhalte einzusetzen schlichtweg Propaganda (vgl. Agamben 2004); beides widerspräche der Fähigkeit ästhetischen Arbeitens zu Multiperspektivität und Komplexität in Sinn- und Bedeutungsfragen.

3.3 Verantwortung übernehmen

Es ist eine wesentliche Eigenschaft gesellschaftlicher, kultureller Prozesse, dass sich deren Wirkungen erst mittel- oder langfristig als grundlegende Veränderung bemerkbar machen, obgleich Spuren ihrer Einflüsse oftmals bereits unmittelbar zu erkennen sind. Das heißt, um beispielhaft im CCR und CSR gerne genutzte Schlagworte zu verwenden, der *Standortfaktor* einer Region in 5–15 Jahren wird durch das Handeln heute bestimmt und der veränderte Umgang mit Theater und Literatur, die Neubewertung von Privatem und Öffentlichem und die Verschiebung der Gewichtung von vermitteltem und direktem Erfahren wirken sich direkt auf die *Soft-Skills* der künftigen Generation aus.

Wenn also Unternehmen fallweise einen längeren Betrachtungszeitraum und erweiterte Kriterien annehmen, um eine Bewertung der Sinnhaftigkeit vornehmen zu können, bedeutet dies, dass sie sich von kurzfristigen Zielsetzungen eines Return-On-Investments zu Gunsten des Verständnisses, Teil eines gesellschaftlichen Gesamtgefüges zu sein verabschieden und mit ihrem kulturellen Engagement tatsächliche Verantwortung überneh-

---

[24] Möglicherweise – und das wäre eine tatsächliche Erkenntnis – auch im Sinne der Aufhebung einer Selbsttäuschung.

[25] Dies könnte man als eine der Freiheiten der Kunst verstehen.

[26] Bspw. zu motivierteren oder sich stärker mit dem Unternehmen identifizierenden.

men[27]. Die Entscheidung hierzu – als Unternehmen die Perspektive eines zoon politikon einzunehmen – ist der erste Schritt aus der Falle eines reduktionistisch-kapitalistischen Denkens und utilitaristischen Handelns.

3.4 Erfolgreiches Experimentieren im Jetzt

Selbstverständlich sind aber Wirkungen und Erkenntnisse erfolgreichen, kulturellen Engagements direkt erlebbar – denn (multisensuelle) unmittelbare Erlebbarkeit ist eines der Wesensmerkmale ästhetischer[28] Prozesse.

Entscheidend dabei ist, dass im Interagieren mit Kunst auch deren Prämissen einbezogen werden und so ein *Diskurs* zwischen den Bezugssystemen *Kunst, Wirtschaft* und *Wissenschaft* entsteht. Dieser Vorgang hat die Eigenschaften eines Explorierens und Experimentierens – in der Offenheit des Ausgangs, der inkrementellen Erkenntnisarbeit, der prozesshaften Logik, der Rekursion auf Bestehendes, der Abwägung zwischen Planung und Intuition, der argumentativen Kommunikation, der Transformationen zwischen Subjektivität und Objektivierung und der kritischen Reflexion und trägt die Möglichkeit der Krise, jedoch als willkommene Transparenz der Kommunikation, und die Möglichkeit des Scheiterns, jedoch als Klarheit der Erkenntnis verstanden, in sich. Dabei finden simultane Prozesse und deren Interdependenzen, die Relationierung zwischen Wertesystemen im Sinne einer Beobachtung zweiter Ordnung, und eine Auseinandersetzung zwischen Eindeutigkeit und Komplexität Betrachtung[29] statt.

Erst durch das Eingehen dieser Risiken – der Indeterminiertheit des Ausgangs, der Relativierung der Rituale und Regeln[30] des gewohnten Umfeldes und der Offenheit, Unerwartetes und Ungeplantes (vgl. Rancière 2005) als Erfolg zu definieren – werden die Bedingungen zur ästhetischen Erkenntnis und der kulturellen Entdeckung geschaffen.

---

[27] Gleiches gilt aber auch für Künstlerinnen und Künstler, denn diese übernehmen nicht qua ihres Berufes gesellschaftliche Verantwortung, sondern durch ihr Handeln.

[28] Der Begriff der Ästhetik bezeichnet genau dies – Wahrnehmung als multisensuelles Erleben und Agieren.

[29] Dies bedeutet einen bewussten Umgang mit Wirtschaft und Wissenschaft und alles andere als ein „Ausliefern" der Kunst oder der Künstlerinnen und Künstler an diese. Man erlebt es jedoch immer wieder in den Künsten und in der Kunstkritik, im Sinne eines pseudoradikalen Verständnisses von Kunst, dass man Künstlerinnen und Künstler, die in prozessualer Form arbeiten, der Häresie beschuldigt, aber solchen, die beispielsweise im Empfangsraum eines Unternehmens ausstellen oder deren Arbeiten an dieses verkaufen, ohne Fragen zu stellen, Unabhängigkeit attestiert. Hinter diesen Beurteilungen verbergen sich unter Umständen handfeste politische Interessen, denn oftmals bilden Kuratoren und Kritiker eine mächtige Schnittstelle zwischen den künstlerisch Tätigen und relevanten Multiplikatoren (vgl. auch Sloterdijk 2000).

[30] *Das heißt*: die Geschlossenheit bzw. Autonomie.

4 Kultur ist der Umgang mit Komplexität ohne umfassende Antwort

Die Wirklichkeit ist in Wahrheit eine Wirklichkeit. (Granosalis, vgl. auch Watzlawick 2002)

4.1 Prozessuale künstlerische Tätigkeit

Kunst hat also gesellschaftlich gesehen eine wesentliche Relevanz: Sie ist ein Mittel, um kulturellen Fragestellungen nach Zusammenhängen, Wahrnehmungen von Wirklichkeiten und Bedeutungen (Kritik und Wertebildung) in ästhetischer Weise nachzugehen. Sie ist eine multivalente Kommunikation (Kommunikationssystem), die sich durch eine variierende Kontextualisierung einer spezifischen Übersetzung (Interpretation) entzieht und dadurch eine Ressource zur Reflexion – im Persönlichen durch den Betrachter, und als System in der Gesellschaft – bildet.

Damit geht einher, dass – im Hinblick auf die voranschreitende Differenzierung des Kunstsystems (horizontale Differenzierung) – nicht (mehr) die Produktion von Objekten und insbesondere deren Präsentation im – als solchen ausgewiesenen – Kunstkontext, sondern vielmehr die Gestaltung von Prozessen als Beeinflussung von Entwicklungen und die Integration verschiedener Disziplinen im Vordergrund stehen; der Künstler oder die Künstlerin ist nicht mehr als Experte für Gestaltungsfragen, sondern als Experte für Wahrnehmungsfragen und deren Relationierungen gefordert. Das bedeutet, dass wahrnehmungsbezogene (ästhetische) Kompetenzen und deren künstlerische Anwendung in gesellschaftlichen Kontexten (Relationierung) eine wesentliche Fähigkeit darstellen und das Medium beziehungsweise der Medienkanon zweitrangig ist (vgl. John 2004).

4.2 Unternehmen und Unterdenken[31]

Um einige Beispiele zu nennen, welche sich spezifisch mit Fragestellungen aus der Situation (Milieu), dem Ort und externer Elemente ergeben und sowohl individuelle künstlerische Positionen repräsentieren als auch andere Fachbereiche beziehungsweise einen erweiterten Kontext einbeziehen:[32]

Ein Präsentations- und Ausstellungsraum eines Unternehmens wird umgenutzt, um Fragestellungen zu dessen Bedeutung der Repräsentation, den Hierarchien der Ressourcenverteilung im Konzern und der Einbeziehung beziehungsweise Unterscheidung zwischen öffentlicher und privater Nutzung zu untersuchen.

---

[31] Seit geraumer Zeit benutze ich dieses Begriffspaar unter anderem zur Erläuterung und Klärung von Kriterien der Kooperation mit Unternehmen und Institutionen. So lässt sich, ausgehend von der Etymologie des Begriffes „Unternehmen" kritische Ästhetik als gestaltendes Denken und dessen Kontextualisierung verständlich machen.

[32] Ich erwähne hier kurz einige Beispiele ohne dabei auf Details einzugehen; eine umfassende Beschreibung der Prozesse, Überlegungen und Maßnahmen würde den Rahmen dieses Artikels sprengen.

Eine Unternehmenspublikation beschäftigt sich, anstatt mit der Darstellung des bereits Erreichten und unternehmerischer Erfolge, mit der Öffnung des Diskurses zur Bedeutung gesellschaftlicher Teilhabe und Nachhaltigkeit, dem Versuch einer kontextualisierten Bewertung des eigenen Handelns und der Einbeziehung abweichender Positionen.

Die Kommunikation zwischen Abteilungen einer Organisation ist Basis der Zuspitzung (Transparenz) und Politisierung der vorhandenen Prozesse und des verwendeten Vokabulars sowie der Erfahrbarmachung in der künstlerischen Bearbeitung.

Räumliche Umbauten und die Installation eines neuen Bodens werden zur Hervorhebung von Einbeziehungen und Abgrenzungen sowie zur Verdeutlichung möglicher Veränderungen genutzt. Die Darstellung unterscheidet dabei zwischen subjektiver Wahrnehmung und empirischen Daten.

Ein Orientierungssystem in den Gebäuden einer Forschungseinrichtung stellt Fragen der Bildfindung und -verwendung und setzt der Zielgerichtetheit des Erledigens das *inspirierende Umherschweifen* und *kritische Aufzeigen* entgegen.

Hierbei handelt es sich um Projekte mit unterschiedlichen Formen der Partizipation[33] und prozessual angelegten Entscheidungen zu Ort, Medien, Zeitraum und Wirkungen. Sowohl als künstlerische Interventionen als auch als (semi-)permanente Installationen und performative Elemente mit unterschiedlichen Beteiligten, ermöglichen sie, Fragen des Handelns und der Haltung (individuell, institutionell, gesellschaftlich) (vgl. Horkheimer und Adorno 2002) zu stellen, beziehungsweise infragezustellen (Problem oder Krise)[34] und als Momente der Klarheit (Einsicht)[35] zu Erkenntnissen (und somit impliziten Forderungen) (vgl. Kant 2000) zu führen. Dabei ist es aber nicht Aufgabe von Kunst, in erster Linie Ergebnisse im Sinne von Lösungen zu erarbeiten oder Unversöhnliches miteinander zu versöhnen, sondern zur kritischen Wahrnehmung und Kontextualisierung gleichzeitiger Gültigkeiten beizutragen – diese verändern oder bestimmen Ergebnisse mit.

4.3   Kunst ist Reflexion von Gesellschaft

Im Unterschied zu Beratungsprojekten und persönlichen Coachings (diese sind, anders als Kunst, schon aufgrund ihrer standesethischen Regeln auf das Wohlergehen des Klienten und die Unversehrtheit der Person festgelegt) oder gesteuerten Kreativitätsprozessen, wie beispielsweise des *Design Thinking*, ist Kunst – als *conditio sine qua non* und als systemische künstlerische Arbeit und kritische Ästhetik (und, in spezifischer Weise, künstleri-

---

[33] Dabei werden allerdings Mitarbeiterinnen und Mitarbeiter nicht zu Amateurkünstlern – wie dies leider oftmals bei „Kunst im Unternehmen"-Projekten der Fall ist – oder als Erfüllungsgehilfen missbraucht, sondern mit ihren Wünschen, Fähigkeiten und Potenzialen eingebunden.

[34] Es ist jedoch zu einfach, wenn man Kunst nur als Mittel für symbolische Regelbrüche, als Protest oder zu simplen Provokationen gebraucht. Denn der Regelbruch ist erst einer der Auslöser der Reflexion und noch nicht die Reflexion selbst – und diese gilt es aus künstlerischer Sicht zu begleiten.

[35] Beispielsweise indem man der Frage nach dem „Was tun" ein „Wie man es tut" zur Seite stellt.

sche Forschung) – nicht auf die Lösungsfindung im Rahmen einer Aufgaben- oder Problemstellung und nicht auf den Auftraggeber und dessen Handlungsspielraum fokussiert, sondern agiert mit einer selbstbeanspruchten Freiheit von diesen Einschränkungen und bezieht die Situation vor Ort und das eigene Agieren in dieser in die Reflexion mit ein. Dies bedeutet auch, dass dem künstlerischen Handeln in diesem Kontext eine Notwendigkeit der kritischen Haltung und Widerständigkeit innewohnt, indem es Prämissen (Wertekanon) und Rituale unterschiedlicher gesellschaftlicher Subsysteme assoziiert und damit kulturell kontextualisiert. In der Relativierung von moralischen und ethischen Imperativen und im bewussten Ritual-/(Regel-) und Gesetzesübertritt durch Kunst ist eine Infragestellung des STATUS QUO der Grenzziehungen (Tabus) initiierbar und in der künstlerischen (zusammen mit anderen Disziplinen) Prozesseinwirkung reflektierbar und veränderbar. Wer Kunst unter die Prämisse eines Handelns innerhalb geltender ethischer und moralischer Standards stellt, nimmt ihr die Möglichkeit des Verweisens auf das Andere (Sicht auf persönliche Freiheit) und damit ihren Nutzen als (schonungslose) Erkenntnisquelle und transformative Kraft. Der Künstler und die Künstlerin als handelnde Personen sind jedoch – gleich aller anderen Akteure – dem geltenden ethischen und moralischen Wertekanon verpflichtet (Unterscheidung zwischen Werk und Person) (vgl. John 1999).

Kunst beziehungsweise eine kritische Ästhetik[36] stellt somit einen Prozess der kritischen Relationierung durch eine gleichzeitige Gültigkeit von Werten und (gesellschaftlichen) Systemen dar; man könnte auch, etwas poetischer formuliert, sagen, dass sie zu Fragen als Antworten auf Fragen animiert.

5   Fazit

5.1   Erweiterte Erkenntnisfähigkeit durch kulturelle Kontextualisierung

Vereinfacht kann man sich ein Unternehmen als Mikrogesellschaft vorstellen – eine Organisation (ein System), die in wesentlichen Elementen selbstreferenziell Kontingenz erzeugt, das heißt, sich als strukturiert (effizient), kompatibel (interaktionsfähig) und notwendig (effektiv), und damit gesellschaftlich kongruent erachtet. Wie in der Gesellschaft als Ganzem sind wesentliche Handlungen ritualisiert und Kriterien der Wahrnehmung und Wertung kollektiviert.

Da die meisten Unternehmen existenziell Obsoletes leisten (Bedürfnisorientierung), benötigen sie eine hohe Erkenntnis- und Kommunikationsfähigkeit. Diese entsteht in der Bezugnahme der unternehmerischen Tätigkeit zu kulturellen Wertebildungsprozessen, gesellschaftlicher Kommunikation und Interaktion – bedarf also einer (bewussten) Kontextualisierung des Unternehmens mit Gesellschaft. Entscheidend dabei ist, dass Reflexions-

---

[36] Dies ist, ausgehend vom griechischen *krínein*, als „reflektierte Unterscheidung" zu verstehen, nicht als eine, im Alltagsgebrauch häufig verstandenen, „Beanstandung".

arbeit nur in der Unterscheidung von Kontexten stattfinden kann, also in der differenzierenden Bewertung von Beschreibungen (Konstruktionen) von Wirklichkeit.

Trotz dieser Erkenntnis setzen Innovationsprozesse und wertebasierte Fragestellungen in Unternehmen häufig erst innerhalb der Hierarchien und Organisationsstrukturen des Unternehmens an – tatsächlich sind *Werte* soziale Konstruktionen, gleich ob in einer Gesellschaft oder im Subsystem Unternehmen; können also nicht unter Ausschluss von kulturellen Kategorien schlüssig thematisiert werden.

Systemisches künstlerisches Arbeiten beziehungsweise *kritische Ästhetik* können in Unternehmen und Organisationen zur ästhetisch-reflexiven Erzeugung und Vermittlung von Erkenntnissen und Bedeutungen beitragen. Kunst wirkt dabei, anders als Erklärungsmodelle und Formalisierungen aus Wirtschaft und Wissenschaft, nicht vereinfachend (definitorisch) und damit einschränkend in Wahrnehmung und Reflexion, sondern ermöglicht einen indirekten Eindruck von Komplexität (vgl. John 2005).

Literatur

Agamben G (2004) Ausnahmezustand. Suhrkamp, Frankfurt a. M.

Canetti E (1960) Masse und Macht. Fischer, Frankfurt a. M.

Eco U (1972) Einführung in die Semiotik. Wilhelm Fink, München

Horkheimer M, Adorno TW (2002) Dialektik der Aufklärung. Fischer, Frankfurt a. M.

Kant I (2000) Kritik der praktischen Vernunft. Grundlegung zur Metaphysik der Sitten. Suhrkamp, Frankfurt a. M.

John R (1999) Systemic art as an approach for the aesthetic worker. In: John R (Hrsg) Scrapbook 1995–1998. New York City. (limited edition) [sic!]

John R (2004) Objekt Subjekt Prädikat. Ein Exkurs über systemische Kunst und kritische Ästhetik. In: Kettel J (Hrsg) Künstlerische Bildung nach Pisa – Neue Wege zwischen Kunst und Bildung. Museum für neue Kunst, Zentrum für Kunst und Medientechnologie Karlsruhe und Landesakademie Schloss Rotenfels. Athena-Verlag, Oberhausen

John R (2005) Erweiterte Erkenntnisfähigkeit durch kulturelle Kontextualisierung. Der Künstler als Coach und Consultant in Unternehmen – Kriterien und Ansätze einer kritisch-ästhetischen Praxis. In: Mari B, Henrik S (Hrsg) Raffinierter Überleben – Strategien in Kunst und Wirtschaft. Kadmos Kulturverlag, Berlin

Luhmann N (1994) Die Ausdifferenzierung des Kunstsystems. Benteli, Zürich

Luhmann N (1997) Die Kunst der Gesellschaft. Suhrkamp, Frankfurt a. M.

Latour B (1998) Wir sind nie modern gewesen. Fischer, Frankfurt a. M.

Rancière J (2005) Das ästhetische Unbewußte. Diaphanes, Zürich

Sloterdijk P (2000) Die Verachtung der Massen. Suhrkamp, Frankfurt a. M.

Watzlawick P (2002) Die erfundene Wirklichkeit. Piper, München

Wittgenstein L (1963) Tractatus logico-philosophicus. Edition Suhrkamp, Frankfurt a. M.

Ruediger John   Der österreichische Künstler Ruediger John arbeitet seit Mitte der 90er-Jahre forschend und in der Praxis zu kritischer Ästhetik, künstlerischer Forschung und systemischer Kunst in zahlreichen Projekten, Ausstellungen und Publikationen und ist bekannt durch seine prozessorientierten, interventionistischen und installativen Arbeiten und seinen transdisziplinären Forschungsansatz.

Er hat langjährige Erfahrung in der Beratung und Arbeit mit Wirtschaftsunternehmen, Organisationen und Forschungsinstitutionen in künstlerischen Prozessen und Projekten. Seine künstlerischen Arbeiten sind häufig Eingriffe an zentralen Stellen der alltäglichen Lebenspraxis in gesellschaftlichen Subsystemen, um bspw. auf wissenschaftliche oder unternehmerische soziale Dynamiken, Kommunikation und Wertesysteme kritisch zu wirken – als Methode der Wahrnehmungsschärfung, Kontexterweiterung und Reflexion.

Ruediger John lebt und arbeitet in Boston (USA) und Baden-Baden (D) und hat unter anderem an der Kunstakademie Stuttgart, Universität der Künste Berlin, Alanus Hochschule für Kunst und Gesellschaft, Hochschule Pforzheim sowie am Karlsruher Institut für Technologie und eingeladen an das Massachusetts Institute of Technology und das California Institute of the Arts gelehrt http://artrelated.net/ruediger_john.

Kunstförderung durch Unternehmen im Kontext des Value-based Managements

Christian Neßler, Arne Eimuth und Alina Friedrichs

Zusammenfassung

Kunstförderung durch Unternehmen ist kein neues Phänomen. Während den kunstsinnigen Unternehmern anfänglich altruistische Motive unterstellt wurden, gilt ihr Engagement seit langem auch als Instrument zur Erzielung von Imagevorteilen und Sympathien von Seiten der Kunden und Mitarbeiter. Motive und Ziele der unternehmerischen Kunstförderung wurden vielfach definiert, Wettbewerbsvorteile und Nutzenversprechen analysiert. Welchen konkreten Beitrag die unternehmerische Kunstförderung jedoch zum wirtschaftlichen Erfolg eines Unternehmens im Sinne der wertorientierten Unternehmensführung leisten kann, wurde nach Kenntnis der Autoren bisher weitgehend ausgespart. Der vorliegende Beitrag geht der Frage nach, ob und inwieweit sich die unternehmerische Kunstförderung auch vor dem Hintergrund der Shareholder-Value-Orientierung legitimieren lässt. Zu diesem Zweck werden auf Basis theoretischer Untersuchungen Zusammenhänge aufgezeigt, wie die unternehmerische Kunstförderung auf die Shareholder-Value-Maximierung wirken kann, wobei die Kunstförderung dabei als immaterieller Vermögenswert im Unternehmen angesehen wird. Aus dieser Betrachtung werden Erkenntnisse abgeleitet, wie das Kunstengagement zur Zielset-

C. Neßler (✉)

A. Eimuth

A. Friedrichs

© Springer-Verlag Berlin Heidelberg 2015
V. Steinkellner (Hrsg.), *CSR und Kultur*, Management-Reihe Corporate
Social Responsibility, DOI 10.1007/978-3-662-47759-5_5

zung der Wertsteigerung beiträgt. Unternehmerische Kunstförderung wird zum nicht-finanziellen Werttreiber, der die monetären Treiber des Unternehmenswertes positiv beeinflussen kann.

1 Einleitung

„Kunstbesitz ist so ziemlich die einzige anständige und von gutem Geschmack erlaubte Art, Reichtum zu präsentieren. Den Anschein plumper Protzigkeit verjagt, verbreitet er einen Hauch ererbter Kultur" (Hermsen 1997, S. 43). Kunst ist ein Statussymbol, das die durch eigene Finanzkraft gewonnene, gesellschaftliche Stellung untermauert. Die unternehmerische Kunstförderung ist kein neues Phänomen. Was anfangs als Grenzüberschreitung galt, war Ende des 20. Jahrhunderts Trend und wird seitdem als Symbiose zweier gegensätzlicher Welten gesehen, von der Wirtschaft und Kunst gleichermaßen profitieren können. Seit Beginn des 19. Jahrhunderts umgeben sich Unternehmer mit Kunst, um als aufstrebendes, souveränes Bürgertum den Platz einzunehmen, der bis dahin Adel und Kirche vorbehalten war (vgl. Hermsen 1997, S. 52). Die 1980er-/1990er-Jahre gelten als Höhepunkt im Kunstengagement der Wirtschaft (vgl. Wu 2003, S. 222–223). Immer mehr Unternehmen begannen zu sammeln, zu fördern und in Kunst zu investieren. Neue Formen der Kooperation entstanden und eine Diskussion über Motive und Ziele entfachte (vgl. Hermsen 1997, S. 147 f.). Jürgen Ponto skizzierte die geistigen Gemeinsamkeiten von Unternehmern und Künstlern folgendermaßen:

> Beide unterliegen in ihrer Arbeit durchaus vergleichbaren Prinzipien insofern, als sie berufen sind, die Dinge zu gestalten. […] Wer in unser weithin abgeleitetes Leben hinein neue Formen bringt, neue Wege aufzeigt, veränderte Verbindungen herstellt, der unterliegt unentrinnbar dem Zwang zur Entscheidung. […] am Ende steht das Handeln, das Bekennen, das Verantworten; Kunst und Wirtschaft müssen abschließen können. […] Dem Zwang zur Tat entspricht das Risiko, […] des Widerstandes, […] der Nichtanerkennung, […] des Versagens. […] Und von der Sache her vereint sie beide Argwohn und Distanz gegenüber allem Dilettantischen. (Ponto 1973)

Bei allen Gemeinsamkeiten wird sich der Zwiespalt zwischen Kunst- und Kommerz und den entsprechenden Ressentiments wohl nie vollumfänglich ausräumen lassen, allerdings finden sich auch Äußerungen von Künstlern wie bspw. von Andy Warhol, der seinerseits das kommerzielle Potenzial hervorhebt:

> Business art is the step that comes after art. I started as a commercial artist, and I want to finish as a business artist. Being good in business is the most fascinating kind of art. During the hippie era people put down the idea of business. They'd say ‚money is bad' and ‚working is bad'. But making money is art, and working is art – and good business is the best art.

Demnach ist es möglicherweise zu kurzsichtig, lediglich der Unternehmensseite ein gesteigertes kommerzielles Interesse an Kunst zu unterstellen.

Im Lichte der Forderung nach mehr gesellschaftlicher Verantwortung der Unternehmen steht die Förderung von Kunst und Kultur im Zeichen von Corporate-Citizenship-Initiativen. Dies äußerte sich nicht zuletzt im Mäzenatentum, das z. B. in Deutschland nach 1945 einen wesentlichen Beitrag zur Revitalisierung des Kultur- und Museumsangebots, und auch der Förderung junger Künstler beigetragen hat (vgl. Hansert 2005; Ponto 1973). Unternehmen erkennen zunehmend, dass die Auseinandersetzung mit Kunst kreatives und damit wirtschaftliches Potenzial bietet. In zahlreichen Publikationen wird gezeigt, dass durch unternehmerische Kunstförderung Wettbewerbsvorteile in Form von Imagesteigerung, Kundenbindung und Mitarbeiterloyalität entstehen können (vgl. Blanke 2002, S. 53–54; Borchard 2009, S. 61–66; Hermsen 1997, S. 149–158; Witt 2000, S. 91–97). Dadurch erlangt die Kunstförderung den Status eines immateriellen Vermögenswerts. Was bedeutet dies für die Kunstförderung? Gerade vor dem Hintergrund der Finanzkrise und der eingeleiteten Sparkurse der Unternehmen stellt sich die Frage, ob sich Mäzenatentum auch vor dem Hintergrund des Shareholder Value legitimieren lässt (vgl. Heusser et al. 2004, S. 3; Ulmer 2009). Meffert et al. stellen die Verbindung zwischen den „social assets", zu denen die Autoren auch die Kulturförderung zählen, und der Shareholder-Value-Orientierung her. Sie verzichten jedoch auf eine detaillierte Analyse und Beschreibung der Zusammenhänge. Vielmehr betonen sie, dass die Forschung auf diesem Gebiet noch ganz am Anfang stehe und regen zu einer intensiveren Auseinandersetzung mit der Thematik an (vgl. Meffert et al. 2012, S. 844–847). Der vorliegende Beitrag knüpft daran an, um eine Verbindung zwischen der Kunstförderung als immateriellem Vermögenswert und dem Ziel der Shareholder-Value-Maximierung herzustellen. In diesem Sinn gilt es zu diskutieren, welche Rolle die Kunst und deren Förderung als Vermögenswert im Kontext einer wertorientierten Unternehmensführung einnehmen kann. Kunstförderung wird hierbei hinsichtlich verschiedener Arten immateriellen Vermögens (Organisations-, Human-, Kundenkapital) betrachtet.

2 Wertorientierte Unternehmensführung

Wertorientierte Unternehmensführung ist ein Instrument, um eine aus Sicht der Eigentümer angemessene Rendite für das eingesetzte Kapital zu erwirtschaften, wobei die in der Zielsetzung verankerte Steigerung des Unternehmenswertes der langfristigen Existenzsicherung des Unternehmens dient. Seit jeher stellt sich die Frage nach den maßgebenden Erfolgsfaktoren eines Unternehmens. Weitgehende Einigkeit besteht in Forschung und Praxis darüber, dass die alleinige Orientierung am Umsatzwachstum oder der Eigenkapitalrendite nicht ausreicht, um das langfristige Bestehen eines Unternehmens zu sichern. Vielmehr gelangen der Unternehmenswert und dessen Maximierung in den Fokus der Betrachtung (vgl. Dillerup und Stoi 2011, S. 148; Copeland et al. 1998, S. 35, 54; Rappaport 1999, S. 39; Stiefl und Westerholt 2008, S. 4–8).

Das betriebswirtschaftliche Konzept des Shareholder-Value-Ansatzes geht zurück auf Rappaport, der 1986 das Standardwerk „Creating Shareholder Value. The New Standard of Business Performance" publizierte. Konkretisiert und erweitert wurden diese Überlegungen von Copeland et al. sowie Stewart und Stern. Im Fokus der wertorientierten Unternehmensführung stehen die Steigerung des Unternehmenswertes sowie die Beurteilung von Investitionen hinsichtlich Wertschaffung und Wertvernichtung. Wertsteigernde Strategien oder Investitionen aus Sicht der Anteilseigner sind demnach solche, deren Rückflüsse neben dem eingesetzten Kapital auch zusätzlich die Kapitalkosten übersteigen. Sowohl im Hinblick auf das gesamte Unternehmen als auch auf Teilbereiche oder Projekte dienen wertorientierte Konzepte der Planung, Bewertung, Performancemessung und -kontrolle von Maßnahmen sowie der Implementierung geeigneter Anreizsysteme. Wertorientierte Kennzahlen, die im Kontext der genannten Bereiche der wertorientierten Unternehmensführung zur Anwendung kommen, dienen dazu, Wertbeiträge zu erfassen (vgl. Coenenberg und Salfeld 2003, S. 3; Rappaport 1995; Copeland et al. 1998; Stewart und Stern 1991; Dillerup und Stoi 2011, S. 147; Young und O'Byrne 2001, S. 161; Velthuis et al. 2005, S. 12–14, 16 f.). Nach Meinung vieler Kritiker des Shareholder-Value-Ansatzes entstehen durch eine wertorientierte Unternehmensführung nur Vorteile für die Anspruchsgruppe der Anteilseigner. Sie fordern, dass neben den Zielvorstellungen der Anteilseigner auch die Belange anderer Anspruchsgruppen berücksichtigt werden müssen (vgl. Speckbacher 1997).

Als Gegenposition zum Shareholder-Value-Ansatz hat sich der Stakeholder-Value-Ansatz etabliert. „A stakeholder in an organization is (by definition) any group or individual who can affect or is affected by the achievement of the organization's objectives" (Freeman 1984, S. 46). Neben den Interessen der Anteilseigner, sollen die Interessen aller relevanten Anspruchsgruppen Beachtung finden. Dabei ist die Identifikation der Anspruchsgruppen und derer Interessen eine zentrale Aufgabe des Stakeholder-Ansatzes (vgl. Freeman 1984, S. 8–22, 24 f.). Der resultierende Interessenpluralismus bedingt den Zielkonflikt, allen Anspruchsgruppen, vor dem Hintergrund sich gegenseitig beeinflussender/bedingender Interessen, hinreichende Beachtung zu schenken. Shareholder- und Stakeholder-Orientierungen stehen einander zumeist kontrovers gegenüber. Dennoch erfährt die Idee einer Vereinbarkeit der Ansätze zunehmend Zuspruch. Young und O'Byrne stellen fest, dass „value creation is made possible only by satisfying all the company's other important constituencies – for example, customers, employees, and suppliers" (Young und O'Byrne 2001, S. 291).

Im Rahmen der wertorientierten Unternehmensführung werden zur Steigerung des Unternehmenswertes sogenannte Werttreiber identifiziert, die in finanzielle und nicht-finanzielle Werttreiber unterteilt werden können (vgl. Kaplan und Norton 1996). Die Identifizierung individueller Werttreiber für das jeweilige Unternehmen spielt dabei in der wertorientierten Unternehmensführung eine entscheidende Rolle. Nach Rappaport sind die wichtigsten finanziellen Werttreiber Umsatzwachstum, Gewinnmarge, Investitionen in das Anlage- und Umlaufvermögen, Cash-Steuersatz und die Dauer des Wachstums (vgl. Rappaport 1999). Immaterielle, beziehungsweise nicht-finanzielle Werttreiber, nehmen im Rahmen der Erschließung von Wertschöpfungspotenzialen jedoch einen immer größeren Stellenwert ein (vgl. Möller 2004, S. 485; Young und O'Byrne 2001, S. 291). Ein Ansatz zur Identifikation entsprechender nicht finanzieller Werttreiber liefert die von Kaplan und Norton entwickelte Balanced Scorecard, welche die finanzielle Perspektive um drei weitere nicht-finanzielle Perspektiven (Kunden, interne Prozesse und Mitarbeiter) erweitert. Dabei stellt die Balanced Scorecard keineswegs nur ein Kennzahlensystem dar, sondern ist als strategisches Managementsystem zu begreifen. Neben dem Einbeziehen von finanziellen und nicht-finanziellen Kennzahlen, verwendet das namensgebende Prinzip der Balance ebenfalls Größen, die sowohl die externe Perspektive (z. B. Kapitalgeber und Kunden) als auch die interne Perspektive (z. B. kritische Prozesse, Mitarbeiter) abbilden. Weiterhin geht es darum, die Balance zwischen objektiven Kennzahlen, die Ergebnisse der Vergangenheit deskriptiv wiedergeben (lagging indicators), und zukunftsweisenden, meist sehr unternehmensspezifischen Leistungstreibern (leading indicators) zu finden. Die formulierte Strategie des Unternehmens wird in allen vier Perspektiven in Form von Zielen, Kennzahlen und Maßnahmen umgesetzt und verknüpft. Dabei wirken auch nicht-finanzielle auf finanzielle Werttreiber und können dadurch die Wertkomponenten Cash-flow und Kapitalkosten beeinflussen. Die finanziellen Ziele und deren Maßnahmen behalten jedoch oberste Priorität. Die Kennzahlen der finanzwirtschaftlichen Perspektive bilden somit den Endpunkt der perspektivenübergreifenden kausalen Beziehungen innerhalb der Balanced Scorecard. Ziel der Hervorhebung der finanziellen Perspektive ist es, alle für die Umsetzung der Unternehmensstrategie notwendigen Maßnahmen und Programme mit dem letztendlichen Ziel der künftigen Erfolgssteigerung des Unternehmens zu verbinden, um die Ausführung als Selbstzweck zu vermeiden (vgl. Kaplan und Norton 1996; Kaplan und Norton 1997a, S. 7–10, 23, b, S. 328 f.). Im Zusammenhang des Zusammenwirkens nicht-finanzieller und finanzieller Faktoren wird im Folgenden der Frage nachgegangen, ob die Förderung von Kunst als immateriellem Vermögenswert und Werttreiber Einfluss auf den Unternehmenserfolg nehmen kann.

3 Kunstförderung vor dem Hintergrund der wertorientierten Unternehmensführung

3.1 Kunstförderung als immaterieller Vermögenswert

> Ein potenzieller Erwerber, ein Kreditgeber oder ein Investor wird sich […] nicht allein durch Jahresabschlüsse und Planrechnungen ein Bild [über die Lage des Unternehmens (Anm. d. Verf.)] machen können, sondern darauf achten, wie sich das Unternehmen aufstellt und wie es verfasst ist, welche Reputation es beim Kunden hat. […] Diese ‚weichen Faktoren' sind letztlich mitentscheidend, ob ein Unternehmen langfristig erfolgreich ist. (Niehues 2004)

Neben finanziellen Werttreibern stellen nicht-finanzielle Faktoren, wie beispielsweise Kundenzufriedenheit und -loyalität, Mitarbeiterzufriedenheit und -fluktuation sowie gesellschaftliches Engagement wichtige Werttreiber dar, um den Shareholder Value eines

Unternehmens zu steigern (vgl. Servatius 2004, S. 93; Strack und Villis 2004, S. 205). In diesem Zusammenhang bestimmen neben dem finanziellen Kapital Image-, Organisations-, Human- sowie Kundenkapital die Produktivität und Rentabilität des Unternehmens, (vgl. Heidemann und Hofmann 2009, S. 73 ff.) für das nicht allein die Positionierung am Markt, sondern vor allem die Ressourcenausstattung erfolgskritisch ist. In diesem Sinn sollten die innerbetrieblichen Ressourcen wertvoll, rar und schwer imitierbar sein, um dem Unternehmen zu langfristigem Erfolg zu verhelfen (vgl. Barney 1991, S. 106–112). Welchen Beitrag Kunst und die unternehmerische Kunstförderung hierzu leisten können, gilt es im Folgenden zu diskutieren. Unter Hinzuziehung grundlegender Modelle der Managementliteratur soll im Folgenden qualitativ untersucht werden, inwieweit Kunstförderung als intellektuelles Kapital eine positive Wirkung auf finanzielle Werttreiber haben kann. Gleichzeitig soll hiermit, zu weiterer, v. a. empirischer, Forschung angeregt werden.

3.2 Kunstförderung als Organisationskapital

Grundsätzlich nutzt jedes Unternehmen ähnliche Ressourcenausstattungen. Die Effizienz der Nutzung ist jedoch unterschiedlich und abhängig davon, welche Möglichkeiten durch das Organisationskapital gegeben sind. Das Organisationskapital beschreibt die, durch unternehmensspezifische Kultur beeinflusste, Organisations- und Prozessstruktur und gestaltet die Fähigkeit, die Ressourcen des Unternehmens in Outputs zu transformieren. Wenn das Organisationskapital diese Aufgabe erfüllt, dann sollte sich dies auch im zukünftigen finanziellen Erfolg des Unternehmens widerspiegeln. Lev et al. kommen zu dem Ergebnis, dass sich das unternehmensspezifische Organisationskapital langfristig auf finanzielle Werttreiber, wie zukünftiges Umsatzwachstum und Kostensenkungspotenziale, auswirkt (vgl. Lev et al. 2009, S. 276–296; Stoi 2004, S. 189 f.).

Baetge vergleicht verschiedene Studien, die darauf abzielen, den Einfluss der Unternehmenskultur auf den finanziellen Unternehmenserfolg zu quantifizieren. Grundsätzlich bestätigen die Untersuchungen einen positiven Zusammenhang. Zu vielschichtig ist allerdings das Wirkungsgefüge und zu unterschiedlich sind die Definitionen von Unternehmenskultur und wirtschaftlichem Erfolg, um eine eindeutige Kausalität nachzuweisen. Jedoch wird schlussgefolgert, dass die Unternehmenskultur unterschiedliche Ausprägungen annimmt und dadurch über verschiedene Kanäle auf den Unternehmenserfolg wirken kann (vgl. Baetge 2006, S. 26–28, 32). Zu dem gleichen Ergebnis kommt auch Barney, der insbesondere drei Bedingungen für eine erfolgreiche Unternehmenskultur herausstellt: Sie sollte wertvoll, selten und schwer imitierbar sein. Als wertvoll kann die Unternehmenskultur bezeichnet werden, wenn sie die finanziellen Werttreiber positiv beeinflusst. Zusätzlich muss die Unternehmenskultur im Vergleich zu Kulturen anderer Unternehmen selten, und von anderen Unternehmen nur schwer oder gar nicht, imitierbar sein. Wenn diese drei Bedingungen erfüllt werden, ist, nach Barney, die Unternehmenskultur der Ursprung langfristiger Wettbewerbsvorteile (vgl. Barney 1986, S. 658, 663 f.).

Kunstförderung kann dahingehend als Organisationskapital verstanden werden, als dass sie die grundlegenden Wertevorstellungen des Unternehmens prägen und aufgrund ihrer Distinktionsfunktion als Alleinstellungsmerkmal fungieren kann. Kunstförderung kann demnach einen Beitrag zur Entwicklung einer einzigartigen Unternehmenskultur leisten. Die Unternehmenskultur soll gewährleisten, dass sich Mitarbeiter mit den Werten und Normen des Unternehmens identifizieren. Sie soll ein Gemeinschaftsgefühl initiieren, das Mitarbeiter als Einheit an das Unternehmen bindet. Von Kunst bzw. Kunstförderung wird ebenfalls erwartet, diese Funktionen zu erfüllen und die Unternehmenskultur dadurch zu unterstützen. Unterstellt man, dass Mitarbeiter, die über Wertvorstellungen eine emotionale Bindung mit dem Unternehmen eingehen, zufriedener mit der Arbeitssituation sind und dadurch motivierter ihrer Arbeit nachgehen, kann sich die Unternehmenskultur auch auf eine Steigerung der Leistung auswirken. Dies kann einen positiven Effekt auf die Zufriedenheit der Kunden und somit auf finanzielle Werttreiber haben. Letztendlich spiegelt sich auch die Unternehmenskultur im wirtschaftlichen Erfolg des Unternehmens wider (vgl. Baetge 2006, S. 3 f.). Kunstförderung könnte also in diesem Zusammenhang unter anderem eine Managementmaßnahme sein, die der Stärkung der Kultur, und damit der Identität des Unternehmens, dient. Als Kern des organisatorischen Kapitals kann die Unternehmenskultur über die Kanäle – Integration und Identifikation, Zufriedenheit und Motivation sowie Kundenzufriedenheit – auf Image-, Human- und Kundenkapital wirken.

3.3   Kunstförderung als Imagekapital

Wie eingangs beschrieben, behandeln viele Unternehmen Kunstförderung als Marketinginstrument, um ihr Ansehen bei Gesellschaft, Kunden und Mitarbeitern zu steigern. Ob diese Maßnahme auch vor dem Hintergrund der Shareholder-Value-Orientierung gerechtfertigt ist, wird folgend betrachtet. In diesem Kontext gibt es zahlreiche Versuche, Image und Reputation messbar zu machen und einen Zusammenhang mit dem ökonomischen Erfolg eines Unternehmens aufzuzeigen (vgl. Eberl und Schwaiger 2005; Fombrun und Shanley 1990; Roberts und Dowling 2002; Fombrun und van Riel 2003). Die Studien kommen zu dem Ergebnis, dass Reputation eine abfedernde Wirkung auf die Krisenanfälligkeit von Unternehmen hat (vgl. Raithel et al. 2010, S. 395 ff.). Außerdem weisen Unternehmen mit einer hohen Reputation eine „signifikant höhere Profitabilität gemessen an Eigenkapital- und Umsatzrendite, ein niedrigeres Kapitalrisiko, gemessen als Verhältnis von Fremd- zu Eigenkapital, eine höhere Produktivität sowie höhere Wachstumsraten bei der Mitarbeiterzahl, beim bilanzierten Gewinn und bei den Umsätzen" auf (Fombrun und van Riel 2003, S. 296). Image und Reputation stellen zwar intangible Güter dar, sind aber häufig maßgeblich für den ökonomischen Erfolg eines Unternehmens. Nichtsdestotrotz ist es schwer, den konkreten „value of a corporate image" bzw. den „value of being seen as a good guy" festzulegen (Marketing Science Institute 1992, S. 6 f.). Es besteht dennoch Einigkeit darüber, dass das gesellschaftliche Ansehen ein wichtiger Vermögenswert im Unternehmen ist: „Corporate reputation is regarded as an intangile asset, which is scarce, valuable and sustainable" (Schwaiger et al. 2010, S. 79). Reputation ist besonders

dann entscheidend für die Wettbewerbsstärke von Unternehmen, wenn sie schwer imitierbar und einzigartig ist (vgl. Barney 1991, S. 106 f.). Eine solche Differenzierung ist
ein entscheidender Faktor, wenn es um Markteintrittsbarrieren und den Schutz vor neuen
Konkurrenten geht. Ziel der Differenzierung ist es aber auch, sich von bestehenden Konkurrenten abzuheben und eine erhöhte Kundenloyalität zu erzielen (vgl. Porter 1980, S. 9,
35 ff.). In diesem Zusammenhang stellt die Kunstförderung durch ihren Distinktionswert
ein Instrument dar, das Unternehmen und deren Reputation in dieser Hinsicht unterstützen kann (vgl. Hamm 1994, S. 84; Hermsen 1997, S. 157). Rappaport erweitert die Erkenntnisse Porters, indem er eine Verbindung zwischen der Differenzierung und den Werttreibern, Umsatzwachstum und betrieblicher Gewinnmarge, zieht (vgl. Rappaport 1995,
S. 83–87). Eine gelungene, durch Kunstförderung unterstützte Differenzierungsstrategie
könnte sich somit positiv auf den Unternehmenswert auswirken.

Im Verhältnis zwischen einem Unternehmen und dessen Kunden spielt Vertrauen,
Image und Reputation eine besondere Rolle, und stellt einen wichtigen Erfolgsfaktor dar,
der Geschäftsbeziehungen begründet und bestehen lässt (vgl. Fombrun und Shanley 1990,
S. 240). Unter Berücksichtigung des Reputationsrisikos wird die Wahrnehmung bei Ge-
schäftspartnern und Öffentlichkeit zur strategischen und damit auch erfolgswirtschaftli-
chen Kenngröße. Beispielhaft lässt sich hier die Finanz- und Bankenbranche anführen, in
der die Reputation von besonderer Relevanz ist und Vertrauen eine wichtige Geschäfts-
grundlage darstellt. In diesem Zusammenhang stellten Steiner-Kogrina und Schwaiger
fest, dass Bankkunden, die um das kulturelle Engagement ihres Instituts wissen, eine
höhere emotionale Bindung und größeres Vertrauen zu ihrem Kreditinstitut zeigen (vgl.
Steiner-Kogrina und Schwaiger 2003, S. 22). Vertrauen wiederum spielt auch hinsichtlich
der Risikobewertung von Unternehmen eine zentrale Rolle. Deutlich wichtiger als andere
finanzielle und nicht-finanzielle Anlagen ist es, gegenüber Investoren die Fähigkeit zu
suggerieren, zukünftige Herausforderungen sicher zu meistern. Daum schätzt den Anteil
des „Vertrauensfaktors" am Unternehmenswert in bestimmten Branchen auf bis zu 50 %
(vgl. Daum 2005, S. 5 f.). Ferner kann ein gesellschaftlich verantwortungsvoll geführtes
Unternehmen Zukunftsorientierung und Qualität signalisieren (vgl. Schäfer 2006, S. 35;
Waddock und Graves 1997, S. 313 f.). Ein Grund hierfür könnte sein, dass der damit verbundene Imagegewinn mit geringerem Risiko assoziiert wird, denn starke Marken werden
beispielsweise häufig mit geringem Risiko in Verbindung gebracht (vgl. Reinecke 2010,
S. 24). Die Kunstförderung kann dem Aufbau von Reputation dienen, indem sie vertrau-
ensbildende Eigenschaften signalisiert. Eine Erhöhung der Unternehmensreputation kann
über das gewonnene Vertrauen die Risikobewertung des Unternehmens positiv beeinflussen.

Das Imagekapital dient als Basis für Human- und Kundenkapital. Eine gesteigerte
Reputation beeinflusst aktuelle und potenzielle Arbeitnehmer (vgl. Eberl und Schwaiger
2005, S. 841; Turban und Cable 2003, S. 742, 745). Wenn durch die Kunstförderung das
gesellschaftliche Ansehen, also die Reputation, des Arbeitgebers steigt, kann dadurch die
Bindung zum Unternehmen erhöht werden. Es ist anzunehmen, dass dies in einer höheren
Mitarbeiterzufriedenheit resultiert (vgl. Schwaiger 2002, S. 4). Ein ähnlicher Mechanis-
mus ist auf der Kundenseite vorzufinden und erwünscht. Das gesteigerte Image kann die

Kunden hinsichtlich der Zufriedenheit und Loyalität positiv beeinflussen (vgl. Reinecke 2010, S. 22). Auch Kaplan und Norton sehen die Firmenreputation als einen wichtigen Faktor für die Beeinflussung von Kundenzufriedenheit (vgl. Kaplan und Norton 1996, S. 62).

3.4 Kunstförderung als Humankapital

Mitarbeiter stellen neben dem Faktor Kapital einen der wichtigsten Produktionsfaktoren im Unternehmen dar und nehmen als Humankapital maßgebenden Einfluss auf den ökonomischen Erfolg des Unternehmens (vgl. Herp 1997, S. 191; Berman et al. 1999, S. 499). Zur Werbung potenzieller und Bindung aktueller Mitarbeiter im Unternehmen stellt die Qualität der Arbeitssituation einen ausschlaggeben Faktor dar. Sie gilt als langfristige Investition und leistet einen entscheidenden Beitrag zur Steigerung des Shareholder Value. Edmans untersucht den Einfluss von Mitarbeiterzufriedenheit auf zukünftige Aktienkursgewinne anhand einer Analyse der „100 best companies to work for" des Fortune Magazines und stellt unter anderem fest, dass gesellschaftliches Engagement der Unternehmen einen unterstützenden Einfluss auf die Arbeitssituation ausübt. Der gesellschaftlichen Verantwortung untergeordnet, weist die Kunstförderung ähnliche Ziele im Hinblick auf die Zufriedenheit und die Bindung der Mitarbeiter auf. So dienen die Kunstförderung und das gesellschaftliche Engagement im Unternehmen der Identifikation von Mitarbeitern und der Aufwertung des Arbeitsumfeldes. Eine Erklärung für Edmans Ergebnisse ist, dass sich die Arbeitszufriedenheit in einer höheren Leistungsbereitschaft widerspiegelt, um damit beispielsweise über eine niedrige Fluktuation und Krankenrate die personalbezogenen Kosten (Gewinnung, Einarbeitung etc.) zu mindern und dadurch einen positiven Beitrag zum Shareholder Value zu leisten (vgl. Edmans 2012, S. 2–16; Turban und Greening 1997, S. 660 ff.; Sen et al. 2006, S. 163 f.).

Kunst bzw. Kunstförderung im Unternehmen kann diesen Erfolgsbeitrag des Humankapitals unterstützen. Die Kunstförderung ist ein Instrument, das in den Bereichen der Mitarbeiterwerbung und -entwicklung eingesetzt werden kann. Dabei kann die Kunstförderung dazu beitragen, Unternehmen als Arbeitgeber ein attraktiveres Image zu verleihen und die Zufriedenheit, Motivation und die Unternehmensbindung von Mitarbeitern zu erhöhen (vgl. Kottasz et al. 2007; Schwaiger 2002). Ferner kann durch die Kunstförderung die Kultur des Unternehmens eine Aufwertung erfahren, was wiederum zu einer erleichterten Identifikation und somit zu einer stärkeren Unternehmensbindung führen kann (vgl. Schwaiger 2002, S. 4, 25). Zusätzlich kann Kunst bzw. die Kunstförderung dazu beitragen, dass Mitarbeiter Stolz und Loyalität gegenüber dem Unternehmen empfinden. „Employees like to think they are working with the big guys [...]. The art collection reinforced this self-image" (Kottasz et al. 2007, S. 28). Schwaiger zufolge ist Stolz auf das Unternehmen der wichtigste Effekt, den Kulturförderung (als übergeordnete Dimension der Kunstförderung) auf die Mitarbeiterzufriedenheit haben kann (vgl. Schwaiger 2002, S. 25). Er ist wichtig für die Unternehmensbindung von Mitarbeitern sowie für deren Leistungsbereitschaft (vgl. Birri 2011, S. 94).

Zusätzlich soll Kunst durch ihre Inspirations- und Kreativitätsfunktion gewohnte Denk- und Wahrnehmungsstrukturen aufbrechen (vgl. Heusser et al. 2004, S. 10; Blanke 2002, S. 53 f.). Dul und Ceylan heben die Bedeutung einer kreativitätsfördernden Arbeitsumgebung hervor und zeigen in ihrer Studie, dass Unternehmen mit entsprechenden Arbeitsumgebungen mehr neue Produkte auf den Markt bringen und mehr Erfolg haben. Kreativität spielt im Produktinnovationsprozess, und damit für die Wettbewerbsfähigkeit eines Unternehmens, eine entscheidende Rolle (vgl. Dul und Ceylan 2014). Schließlich ist Innovation eine entscheidende Quelle der Wertgenerierung (vgl. Rappaport 1999, S. 12). Deshalb sollte es ein Hauptanliegen von Unternehmen sein, die Kreativität der Mitarbeiter zu fördern und dieses Potenzial für das Unternehmen nutzbar zu machen (vgl. Meffert et al. 2012, S. 408; Kästner 2009, S. 235). Wenn es durch den Einsatz von Kunst gelingt, dass sich neue Sichtweisen entwickeln, die zu einem flexibleren Umgang mit neuen und ungewohnten Aufgaben führen, dann hat Kunstförderung auch über diese Ausprägung einen Einfluss auf die Leistungserbringung (vgl. Blanke 2002, S. 14). Zudem zeigt eine Untersuchung von Kästner, dass sich Kreativität und Arbeitszufriedenheit wechselseitig positiv beeinflussen (vgl. Kästner 2009, S. 208).

Im Kontext des Unternehmensziels der Generierung von Shareholder Value und finanzieller Werte ist die Aussage von Hilmar Kopper bemerkenswert: „Was im Kreis der Mitarbeiter anregt, kommt der Kundschaft zugute und damit dem Geschäft" (Kopper 1997, S. 57. Zitiert nach Ullrich 2000; Heusser et al. 2004, S. 13). Kopper stellt hier den Nutzen eines mitarbeitermotivierten Kulturengagements für das Kerngeschäft heraus (vgl. Heusser et al. 2004, S. 13). Untersuchungen belegen dies und zeigen, dass Zufriedenheit der Mitarbeiter über eine erhöhte Leistungsbereitschaft Einfluss auf das Kundenkapital und dadurch auf die finanziellen Werttreiber des Unternehmens hat. Heskett et al. haben diese kausale Beziehung von Mitarbeiterzufriedenheit und Mitarbeiterproduktivität auf Kundenzufriedenheit und -bindung in der Service-Profit-Chain zusammengefasst und zeigen, dass ein verbesserter Kundenservice die Kundenzufriedenheit und dadurch die Wahrscheinlichkeit eines Wiederkaufs erhöht (vgl. Heskett et al. 1994). Im Umkehrschluss ergibt sich, dass sich der mitarbeitermotivierende Effekt der unternehmerischen Kunstförderung auf die Kundenbeziehung übersetzen und dadurch einen (finanziell) wertschaffenden Beitrag leisten könnte.

3.5   Kunstförderung als Kundenkapital

Das Kundenkapital wird durch das Image- und das Humankapital beeinflusst. Das Image, die Serviceleistung der Mitarbeiter und die Beziehung zwischen Unternehmen und Kunden prägen das Kundenverhalten maßgeblich. Als nicht-finanzieller Werttreiber ist das Kundenkapital deshalb so entscheidend, weil es über die Umsatzsteigerung direkt auf die finanziellen Werttreiber, und somit auf den Shareholder Value, wirkt (vgl. Kaplan und Norton 1996, S. 61–66; Young und O'Byrne 2001, S. 294 f.). „Zufriedene Kunden sind die Quelle langfristiger Cashflows eines Unternehmens. Wo kein Wert für den Kunden dort auch kein Wert für den Eigentümer" (Rappaport 1999, S. 9; vgl. Young und O'Byrne 2001, S. 13). Kundenzufriedenheit ist im Hinblick auf die wertorientierte Unternehmensführung deshalb so bedeutsam, weil sie einen wichtigen Beitrag zur Umsatzsicherung und -steigerung leistet und damit als finanzieller Werttreiber fungiert. Dabei entsteht Zufriedenheit beispielsweise durch überzeugende Produkte oder guten Service (vgl. Heskett et al. 1994, S. 165–166; Kaplan und Norton 1996, S. 60; Young und O'Byrne 2001, S. 294). Ferner können neben Qualität und Service auch subtilere Faktoren wie Vertrauen und emotionale Bindung zum Unternehmen genannt werden (vgl. Garbarino und Johnson 1999, S. 82). Vertrauen entsteht, wenn eine Partei von der Zuverlässigkeit und Integrität der anderen Partei überzeugt ist. Dies gilt als wichtiger Treiber für Loyalität und damit auch für Kundenbindung (vgl. Morgan und Hunt 1994, S. 23). Die Beständigkeit einer Kundenbeziehung ist mindestens genauso wichtig wie eine große Kundenzahl. Ein Anstieg der Kundenloyalität um 5 % kann eine Umsatzsteigerung von 25–85 % zur Folge haben (vgl. Reichheld und Sasser 1990, S. 107; Garbarino und Johnson 1999, S. 71 f.). Zusätzlich geht man davon aus, dass zufriedene und loyale Kunden neue Kunden anwerben und somit auch die Quantität des Marktanteils steigt (vgl. Kaplan und Norton 1996, S. 59 f.). Begründet werden kann dies laut Fombrun und van Riel unter anderem durch eine hohe Unternehmensreputation, die dazu führt, dass die Weiterempfehlungsrate steigt (vgl. Fombrun und van Riel 2003, S. 295). Positive Mundpropaganda kann sowohl das Unternehmens- und Produktimage verbessern als auch durch das Wegfallen von (Kunden-)Akquisitionskosten erfolgsunterstützend auf die finanziellen Erfolgsfaktoren, also Werttreiber, wirken (vgl. Matzler et al. 2006, S. 13; Lis 2013).

Kulturelles Engagement kann bei potenziellen Kunden den Eindruck der Aufrichtigkeit und Rechtschaffenheit erzeugen und damit zu einer stärkeren emotionalen Unternehmensbindung führen. Ein Ziel der Kunstförderung als eine Ausprägung des kulturellen Engagements ist, über die Imagewirkungen, aber auch mittels Kundenveranstaltungen, eine Beziehung zwischen Kunden und Unternehmen aufzubauen und zu festigen (vgl. Kottasz et al. 2007, S. 29). Kunstförderung kann als Instrument der Imagepflege, bspw. in Form von Veranstaltungen zur Kundenpflege, die Bildung von Kundenkapital unterstützen. Wenn Unternehmen eine Differenzierungsstrategie verfolgen und die Kunstförderung zur Distinktion des Unternehmens beiträgt, kann dies die Kundenbindung und -loyalität erhöhen. Ein loyaler Kundenstamm weist eine sinkende Preissensibilität auf, was wiederum über eine potenzielle Umsatzsteigerung zu höheren erzielbaren Cashflows führt (vgl. Reichheld und Sasser 1990, S. 107 f.; Palmatier et al. 2007, S. 191). Demgegenüber stehen Bindungskosten, die durch kundenbindende Maßnahmen, wie Kunstveranstaltungen, anfallen. Diese sollen jedoch durch eine, durch die Veranstaltungen erreichte, Wiederkaufsrate mehr als ausgeglichen werden. Diese Ausgaben sollten allerdings nicht als bloße Kosten, sondern vielmehr als Investition bewertet werden (vgl. Matzler et al. 2006, S. 9, 432 f.).

4   Fazit und Ausblick

Die unternehmerische Kunstförderung birgt Potenzial hinsichtlich der Unterstützung von Organisations-, Human- und Kundenkapital. Als immaterieller Vermögenswert kann sie einen starken Einfluss auf finanzielle Werttreiber und auf die Wertsteigerung als originärem Ziel der wertorientierten Unternehmensführung ausüben. Es muss jedoch eingeräumt werden, dass an dieser Stelle nur einzelne Aspekte beleuchtet wurden. Die Möglichkeiten und die Beeinflussung von Zufriedenheit, Motivation und Bindung von Mitarbeitern und Kunden durch die unternehmerische Kunstförderung sind sehr vielschichtig und bedürfen eingehender empirischer Untersuchungen. Aufgrund des ausgesprochenen Potenzial-Charakters bestehen Unsicherheiten über die Wirkung immaterieller Vermögenswerte auf den Unternehmenswert. Sie besitzen selten einen Wert für sich, sondern sind meist an andere immaterielle und materielle Werte gekoppelt. Die unternehmenseigene Kunst stellt zwar einen materiellen Wert im Unternehmen dar, die Förderung der Kunst ist jedoch nicht losgelöst von ihrer Wirkung auf Unternehmenskultur, Image, Mitarbeiter und Kunden zu bewerten. Diese Abhängigkeiten erschweren grundsätzlich die Messung und damit die Abbildung des konkret quantifizierbaren Wertbeitrags immaterieller Vermögenswerte.

Eine klare Formulierung der Ursache-Wirkungs-Beziehungen zwischen nicht-finanziellen und finanziellen Werttreibern ist allerdings eine wichtige Bedingung für die erfolgreiche Umsetzung einer Strategie zur Wertsteigerung. Durch die Erarbeitung einer Balanced Scorecard oder Intangible-Value-Map können Werttreiber und deren Ursache-Wirkungs-Beziehungen transparent gemacht werden und damit der Formulierung von Strategien dienen. Neben den *klassischen* Arten immateriellen Kapitals könnten sich *neue* Formen immateriellen Kapitals etablieren, in denen die Kunstförderung von Bedeutung sein kann.

Nach Kenntnis der Autoren hat bisher keine Studie den Zusammenhang zwischen der unternehmerischen Kunstförderung und der Shareholder-Value-Maximierung untersucht. Als Teil des kulturellen und gesellschaftlichen Engagements wurden in einigen Fällen Forschungsergebnisse zur Bedeutung von Corporate Social Responsibility für die Shareholder-Value-Maximierung herangezogen. Gerechtfertigt ist dieses Vorgehen insofern, als dass die Motive und Wirkungsweisen der Kunstförderung im Unternehmen in einigen Aspekten denen des kulturellen und gesellschaftlichen Engagements gleichen. Diese Forschungslücke hat jedoch zur Folge, dass es der unternehmerischen Kunstförderung an einer wissenschaftlichen Grundlage für die strategische Nutzung mangelt. Die hohe Anwendung in der Praxis spiegelt aber deutlich die Anerkennung der Entscheider wider. Vor dem Hintergrund rational agierender Investoren ist es unwahrscheinlich, dass diese eine rein philanthropisch oder altruistisch motivierte Kunstförderungen befürworten würden ohne einen (im)materiellen Mehrwert zu erwarten.

Literatur

Baetge J (2006) Messung der Korrelation von Unternehmenskultur und Unternehmenserfolg, Gütersloh. http://www.bertelsmannstiftung.de/bst/de/media/xcms_bst_dms_18942__2.pdf. Zugegriffen: 25. März 2014

Barney J (1986) Organizational culture: can it be a source of sustained competitive advantage? Acad Manage Rev 11(3):656–665

Barney J (1991) Firm resources and sustained competitive advantage. J Manage 17(1):99–120

Berman SL, Wicks AC, Kotha S, Jones TM (1999) Does stakeholder orientation matter? Acad Manage J 42(5):488–506

Birri R (2011) Human capital management. Wiesbaden

Blanke T (2002) Unternehmen nutzen Kunst. Stuttgart

Borchard P (2009) Unternehmerisches Kulturengagement. Leipzig

Coenenberg AG, Salfeld R (2003) Wertorientierte Unternehmensführung. Stuttgart

Copeland T, Koller T, Murrin J (1998) Unternehmenswert, 2. aktualisierte und erweiterte Aufl. Frankfurt a. M.

Daum JH (2005) Intangible Asset Management: Wettbewerbskraft stärken und den Unternehmenswert nachhaltig steigern. Z Controll Manage 3(Sonderheft):4–18

Dillerup R, Stoi R (2011) Unternehmensführung, 3. überarbeitete Aufl. München

Dul J, Ceylan C (2014) The impact of a creativity-supporting work environment on a firm's product innovation performance. J Prod Innov Manage 31(6) (early view)

Eberl M, Schwaiger M (2005) Corporate reputation: disentangling the effects on financial performance. Eur J Market 39(7):838–854

Edmans A (2012) The link between job satisfaction and firm value. Acad Manage Perspect 26(4):1–19

Fombrun C, Shanley M (1990) What's in a name? Reputation building and corporate strategy. Acad Manage J 33(5):233–258

Fombrun CJ, van Riel CBM (2003) Reputation und Unternehmensergebnis. In: Wiedmann K-P, Heckemüller C (Hrsg) Ganzheitliches Corporate Finance Management. Wiesbaden, S 291–298

Freeman RE (1984) Strategic management: a stakeholder approach. Boston

Garbarino E, Johnson MS (1999) The different roles of satisfaction, trust and commitment in customer relationships. J Market 63(2):70–87

Hamm J-P (1994) Kunst in der Unternehmung: Grundlagen, Strategien und Instrumente der innerbetrieblichen Kunstförderung. Hallstadt

Hansert A (2005) Kenner, Bürger, Förderer – Tendenzen im Stiften für Kultur nach 1945, Vortrag für Tagung Bürgerkultur und Bürgerlichkeit im 20. Hamburg

Heidemann J, Hofmann M (2009) Wertorientierte Berichterstattung zum Kundenkapital. Z Plan Unternehm 20:69–88

Hermsen T (1997) Kunstförderung zwischen Passion und Kommerz: vom bürgerlichen Mäzen zum Sponsor der Moderne. Frankfurt a. M.

Herp T (1997) Erfolgsfaktor Mensch. In: Siegwart H (Hrsg) Human resource management. Stuttgart, S 181–191

Heskett JL, Jones TO, Loveman GW, Sasser WE Jr, Schlesinger LA (1994) Putting the service-profit-chain to work. Harv Bus Rev 72(2):164–170

Heusser H-J, Wittig M, Stahl B (2004) Kulturengagement von Unternehmen – integrierter Teil der Strategie? München

Kaplan RS, Norton DP (1996) Linking the balanced scorecard to strategy. Calif Manage Rev 39(1):53–79

Kaplan R, Norton D (1997a) Balanced scorecard. Suttgart

Kaplan R, Norton D (1997b) Strategieumsetzung mit Hilfe der Balanced Scorecard. In: Gleich R, Seidenschwarz W (Hrsg) Die Kunst des Controllings. München, S 313–342

Kästner E (2009) Kreativität als Bestandteil der Markenidentität: Ein verhaltenstheoretischer Ansatz zur Analyse der Mitarbeiterkreativität. Wiesbaden

Kopper H (1997) Die Bank lebt nicht vom Geld allein. München

Kottasz R, Bennett R, Savani S, Mousley W, Ali-Choudhury R (2007) The role of the corporate art collection in corporate identity management: the case of deutsche bank. Int J Arts Manage 10(1):19–31

Lev B, Radhakrishnan S, Zhang W (2009) Organization capital. J Acc Financ Bus Stud 45(3):275–298

Lis B (2013) In eWOM we trust. Wirtschaftsinformatik 3:121–134

Marketing Science Institute (1992) Research priorities 1992–1994. Cambridge

Matzler K, Stahl HK, Hinterhuber HH (2006) Die Customer-based View der Unternehmung. In: Hinterhuber HH, Matzler K (Hrsg) Kundenorientierte Unternehmensführung, 5. überarbeitete und erweiterte Aufl. Wiesbaden, S 3–31

Meffert H, Burmann C, Kirchgeorg M (2012) Marketing, 11. überarbeitete und erweiterte Aufl. Wiesbaden

Möller K (2004) Intangibles als Werttreiber. In: Horváth P, Möller K (Hrsg) Intangibles in der Unternehmenssteuerung: Strategien und Instrumente zur Wertsteigerung des immateriellen Kapitals. München, S 483–495

Morgan RM, Hunt SD (1994) The commitment-trust theory of relationship marketing. J Market 58(3):20–38

Niehues R (2004) Belegschaft als Wettbewerbsvorteil. www.handelsblatt.com/unternehmen/mittelstand/motivierte-mitarbeiter-steigern-den-wert-von-unternehmen-belegschaft-als-wettbewerbsvorteil/2326700.html. Zugegriffen: 25. März 2013

Palmatier RW, Scheer LK, Steenkamp J-B (2007) Customer loyalty to whom? Managing the benefits and risks of salesperson-owned loyalty. J Market Res 44(2):185–199

Ponto J (1973) Begegnung von Kunst und Wirtschaft in unserer Zeit, Vortrag für Jahrestagung des Kulturkreises im Bundesverband der Deutschen Industrie e. V. Hannover

Porter ME (1980) Competitive strategy. New York

Raithel S, Wilczynski P, Schloderer MP, Schwaiger M (2010) The value-relevance of corporate reputation during the financial crisis. J Prod Brand Manage 19(6):389–400

Rappaport A (1995) Shareholder value. Stuttgart

Rappaport A (1999) Shareholder Value: Ein Handbuch für Manager und Investoren, 2. vollständig überarbeitete und aktualisierte Aufl. Stuttgart

Reichheld FF, Sasser WE Jr (1990) Zero defections: quality comes to services. Harv Bus Rev 68(5):105–111

Reinecke S (2010) Return on marketing? In: Reinecke S, Tomczsk T (Hrsg) Handbuch Marketingcontrolling, 2. Aufl. Wiesbaden

Roberts PW, Dowling GR (2002) Corporate reputation and sustained superior financial performance. Strateg Manage J 23(12):1077–1094

Schäfer H (2006) Corporate Social Responsibility in der wertorientierten Unternehmensführung. Ökol Wirtsch 3:34–38

Schwaiger M (2002) Die Wirkung von Kultursponsoring auf die Mitarbeitermotivation. 2. Zwischenbericht über ein Projekt im Auftrag des Arbeitskreises Kultursponsoring. München

Schwaiger M, Sarstedt M, Taylor CR (2010) Art for the sake of the corporation Audi, BMW group, DaimlerChrysler, Montblanc, Siemens and Volkswagen help explore the effect of sponsorship on corporate reputations. J Advert Res 50(1):77–90

Sen S, Bhattacharya CB, Korschun D (2006) The role of corporate social responsibility in strengthening multiple stakeholder relationships: a field experiment. J Acad Market Sci 34(2):158–166

Servatius H-G (2004) Nachhaltige Wertsteigerung mit immateriellem Vermögen. In: Horváth P, Möller K (Hrsg) Intangibles in der Unternehmenssteuerung: Strategien und Instrumente zur Wertsteigerung des immateriellen Kapitals. Klaus, München, S 83–95

Speckbacher G (1997) Shareholder Value und Stakeholder Ansatz. Betriebetr 57(5):630–639

Steiner-Kogrina A, Schwaiger M (2003) Eine empirische Untersuchung der Wirkung des Kultursponsorings auf die Bindung von Bankkunden. 3. Zwischenbericht über ein Projekt i. A. des AK Kultursponsoring, Schriften zur Empirischen Forschung und Quantitativen Unternehmensplanung. München

Stewart GB, Stern JM (1991) The quest for value. New York

Stiefl J, von Westerholt K (2008) Wertorientiertes Management: Wie der Unternehmenswert gesteigert werden. München

Stoi R (2004) Management und Controlling von Intangibles auf Basis der immateriellen Werttreiber des Unternehmens. In: Horváth P, Möller K (Hrsg) Intangibles in der Unternehmenssteuerung. München, S 187–201

Strack R, Villis U (2004) Integriertes Wertmanagement: Steuerung des Mitarbeiter-, Kunden- und Lieferantenkapitals. In: Horváth P, Möller K (Hrsg) Intangibles in der Unternehmenssteuerung. München, S 203–218

Turban DB, Cable DM (2003) Firm reputation and applicant pool characteristics. J Organ Behav 24(6):733–751

Turban DB, Greening DW (1997) Corporate social performance and organizational attractiveness to prospective employees. Acad Manage J 40(3):658–672

Ullrich W (2000) Mit dem Rücken zur Kunst. Berlin

Ulmer B (2009) Hans-Jörg Heusser über Corporate Art: „Das ist mentales Training". www.bilanz.ch/gespraech/hans-joerg-heusser-ueber-corporate-art-das-ist-mentales-training. Zugegriffen: 9. Mai 2014

Velthuis LJ, Wesner P, Hebertinger M (2005) Value Based Management: Bewertung, Performancemessung und Managemententlohnung mit ERIC®. Stuttgart

Waddock SA, Graves SB (1997) The corporate social performance – financial performance link. Strateg Manage J 18(4):303–319

Witt M (2000) Kunstsponsoring. Berlin

Wu C-T (2003) Privatising culture: corporate art intervention since the 1980s. London

Young SD, O'Byrne S (2001) EVA and value-based-management. New York

Dr. Christian Neßler Nach dem Studium der Betriebswirtschaftslehre an der Johannes Gutenberg-Universität Mainz (Schwerpunkte Controlling und Rechnungslegung/Wirtschaftsprüfung) und der Ecole Supérieure de Commerce et de Management Poitiers (Frankreich) folgte die Promotion an der Johannes Gutenberg-Universität Mainz. Herr Neßler ist in der Finanzbranche tätig.

Dr. Arne Eimuth studierte von 2004 bis 2009 Betriebswirtschaftslehre an der Johannes Gutenberg-Universität Mainz sowie an der
University of Vaasa, Finnland mit den Schwerpunkten Controlling
und industrielle Produktionswirtschaft. Im Anschluss arbeitete er als
wissenschaftlicher Mitarbeiter und Doktorand am Lehrstuhl für Controlling sowie als Dozent im In- und Ausland. Derzeit ist Herr Eimuth
in der Lebensmittel- und Getränkeindustrie tätig.

Alina Friedrichs An der Johannes Gutenberg-Universität Mainz
absolvierte Frau Friedrichs ein Doppelstudium der Betriebswirtschaftslehre (Schwerpunkte Controlling, Organisation und Medien-
management) und der Kunstgeschichte. Frau Friedrichs ist an der
Schnittstelle von Kunst und Wirtschaft tätig.

CSR und Kultur-Kommunikation
Kulturelles Engagement überzeugend vermitteln

Peter Heinrich und Evi Weichenrieder

> *„Kultur ist kein Ornament. Sie ist das Fundament, auf dem unsere Gesellschaft steht und auf das sie baut." (Auszug aus der Enquete-Kommission, Bundestagsdrucksache 16/7000)*

1 Einleitung

Es wird heute von Unternehmen erwartet, dass sie neben profitablen Geschäften einen aktiven, gesellschaftlichen Beitrag in ökonomischer, ökologischer und sozialer Hinsicht leisten. Mit dem Oberbegriff Corporate Social Responsibility (CSR) werden diese Aktivitäten zusammengefasst. Da Anspruchsgruppen zunehmend kritischer werden und aktiv am Dialog teilnehmen wollen, erwarten sie effiziente, nachvollziehbare, transparente und glaubwürdige Informationen über die CSR-Aktivitäten. Die Unternehmen sollten die Erfüllung dieser Forderungen nicht als lästige Pflicht sehen, sondern als Chance, um zielgerichtet mit den verschiedenen Anspruchsgruppen zu kommunizieren. So können sie Vertrauen gewinnen und ihr unternehmerisches Handeln legitimieren. Allerdings muss dieses Vorgehen mit der Unternehmensstrategie und -kommunikation abgestimmt und mit den bestehenden Kommunikationsinstrumenten harmonisiert werden. Nur so kann eine hohe Glaubwürdigkeit der Aktivitäten bei den Anspruchsgruppen gewährleistet werden. Die Kommunikation muss also fundiert, professionell gesteuert und langfristig angelegt

P. Heinrich (✉) · E. Weichenrieder
HEINRICH Kommunikation, Gerolfingerstr. 106, 85049 Ingolstadt, Deutschland
E-Mail: peter.heinrich@heinrich-kommunikation.de

E. Weichenrieder
E-Mail: evi.weichenrieder@heinrich-kommunikation.de

© Springer-Verlag Berlin Heidelberg 2015
V. Steinkellner (Hrsg.), *CSR und Kultur,* Management-Reihe Corporate
Social Responsibility, DOI 10.1007/978-3-662-47759-5_6

sein, um die Engagements wirksam den Anspruchsgruppen zu vermitteln. Dann kann CSR unter anderem zu einem besseren Image des Unternehmens, zur Positionierung im Wettbewerb, zum Erschließen neuer Kundengruppen und zur langfristigen Kundenbindung beitragen.

2 Kulturengagement und CSR

Viele Unternehmen engagieren sich für Kunst und Kultur, obwohl die Kulturförderung nicht zu den Kernaufgaben gehört. Das gilt nicht nur für große Unternehmen, auch mittelständische Unternehmen haben Kultursponsoring für sich entdeckt. Damit nehmen die zur Verfügung gestellten Mittel stetig zu (CSR-Germany 2014). Die Unternehmen handeln aus Tradition und Überzeugung, sehen aber Kulturengagement verstärkt auch als Investition in ihr gesellschaftliches Umfeld. Das belegt auch eine Studie des Kulturkreises der deutschen Wirtschaft aus dem Jahr 2008. So wurde von 92 % der Antwortenden die Übernahme von gesellschaftlicher Verantwortung als Grund für die Kulturförderung genannt. An zweiter Stelle liegt die Imagepflege, die 79 % der Unternehmen als Motivation angeben. Auch bei der Imagepflege kann ein Zusammenhang zur Verantwortungsübernahme hergestellt werden, da diese auch ein positives Image fördert. Beide Gründe sind unabhängig von der Unternehmensgröße relevant. Diese Tatsachen belegen, dass eine deutliche Mehrheit der Unternehmen Kunst und Kultur fördern, um gesellschaftliche Verantwortung im Sinne von CSR zu übernehmen (Kulturkreis der deutschen Wirtschaft 2009). Auch ist die Einbindung des Kulturengagements in gesamtunternehmerische CSR-Strategien bei großen Unternehmen bereits selbstverständlich (CSR-Germany 2014). Auf der anderen Seite stehen die Kulturbetriebe als Sponsoringnehmer. Aus deren Sicht wird insbesondere das Kultursponsoring auch weiterhin an Bedeutung gewinnen und im Finanzierungsportfolio eine immer wichtigere Rolle spielen. So beträgt der Anteil an Sponsoringmitteln an den Gesamteinnahmen von Kulturbetrieben bereits 16,5 %. Immer mehr Kulturanbieter sind an Sponsoringpartnerschaften interessiert (Causales GmbH 2013). Zusammenfassend kann also festgestellt werden, dass Kulturengagement sowohl für Unternehmen als auch für Kulturbetriebe zunehmend an Bedeutung gewinnt und auf Unternehmensseite in die CSR-Strategie eingebunden wird.

3 Kulturbereiche

Es gibt eine Vielzahl an Definitionen des Begriffs Kultur. Weiter gefasste Definitionen beziehen Verhaltensweisen und Strukturen von sozialen Systemen mit ein, enger gefasste Definitionen rechnen zur Kultur nur, was in den Bereich der kulturellen Produktion und des kulturellen Vertriebs fällt (siehe Abb. 1).

Kulturbereich	Ausprägung
Bildende Kunst	Malerei, Bildhauerei, Plastik, Fotografie, Architektur, Grafik/Design/Mode
Darstellende Kunst	Oper, Operette, Musical, Kabarett, Ballett, Varieté, Schauspiel etc.
Musik	Klassische Musik, Pop/Rock/Alternative, House/Techno, Jazz/Blues, Hip Hop/R&B, Volksmusik, Weltmusik, Country etc.
Literatur	Bücher, Printmedien, Onlinemedien etc.
Film/Funk/Fernsehen	Kinofilme, Fernsehproduktionen, Videoproduktionen, Drehbücher, Hörspiele, Radiosendungen etc.
Kulturpflege	Denkmalpflege, Heimatpflege, Brauchtumspflege, Volksfeste, Erlebnisparks etc.
Kulturwirtschaft	Verlage, Museen/Galerien, Konzerthäuser, Bühnen, Festivals, Bibliotheken, Musikwirtschaft, Literaturhäuser etc.

© HEINRICH Agentur für Kommunikation

Abb. 1 Kulturbereiche (Eigene Darstellung)

Wir geben an dieser Stelle einen Überblick über die wesentlichen Bereiche, in denen aus unserer Sicht in der Praxis kulturelles Engagement erfolgt (Bekmeier-Feuerhahn 2014, S. 1–2).

4 Kulturelles Engagement und Kommunikation

Im Rahmen des kulturellen Engagements fällt der Kommunikation eine entscheidende Rolle zu. „Denn Spenden- und Sponsoring-Aktivitäten werden von den Stakeholdern nur dann als relevant wahrgenommen, wenn sie konsistent und fokussiert sind und durch wirksame kommunikative Maßnahmen begleitet werden" (actori 2014). Dann kommt auch der imagefördernde Aspekt des kulturellen Engagements zum Tragen (Schwaiger 2014, S. 23). Es kommt darauf an, dass das Kulturengagement zum Unternehmen passt, dort langfristig integriert und auch gleichzeitig entsprechend kommuniziert wird. Wer also Kulturförderung nicht als altruistisches Mäzenatentum, sondern als relevanten Teil eines nachhaltigen CSR-Engagements betreibt, sollte auch keine Sorge haben, dieses Engagement breit zu kommunizieren. Eine passive Kommunikation nach innen und außen im Sinne von „tue Gutes und schweige darüber" zahlt weder auf die Marke ein noch fördert sie das Image. Sie bringt also keinen rechten Nutzen, aber sie schadet auch nicht, könnte man meinen. Allein das Gegenteil wird erreicht: Wenn die Frage nach dem „Warum" und „Wie" von den relevanten internen und externen Zielgruppen nicht prägnant beantwortet werden kann und auch dort fest verankert ist, hat es die Kulturförderung gerade in wirtschaftlich schlechten Zeiten schwer. In vielen Fällen überlebt sie nicht und wird ein Opfer von Kostensenkungsprogrammen. In dieser Hinsicht kann professionelle und langfristig

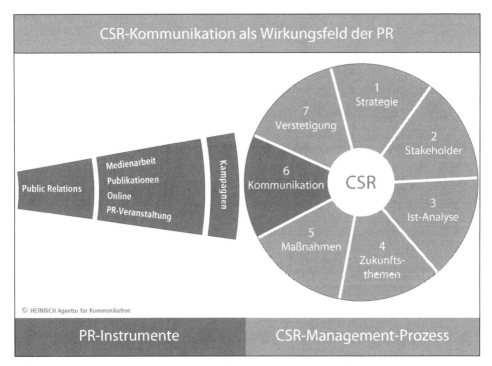

Abb. 2 CSR-Kommunikation als Wirkungsfeld der PR (Eigene Darstellung)

angelegte Kommunikation auch als wichtige Bewahrerin von nachhaltiger Kulturförderung gesehen werden. Auch ist die Kommunikation ein zentraler Schritt im gesamten CSR-Management-Prozess, wie ihn die Abb. 2 zeigt.

Es geht darum, das kulturelle Engagement als CSR-Engagement nach innen und außen glaubwürdig zu kommunizieren. Dazu gehören neben der entsprechenden Kommunikationsvermittlung vor allem der Aufbau und die Pflege von Image und Vertrauen bei allen relevanten Stakeholdern. Das ist aus kommunikationswissenschaftlicher Sicht eine Hauptaufgabe der Public Relations (PR). Denn die PR analysiert das Umfeld des Unternehmens und identifiziert alle relevanten Stakeholder mit ihren Wertvorstellungen, Erwartungen und Konfliktpotenzialen gegenüber dem Unternehmen. Auf dieser Basis werden die Kommunikationsmaßnahmen entwickelt. Von daher ist die PR, basierend auf dem Stakeholder-Ansatz von zentraler Bedeutung für die CSR- und die Kultur-Kommunikation. Der Stakeholder-Ansatz ist darüber hinaus in den Definitionen der EU explizit als eines der CSR-Merkmale genannt. Insofern sind der Stakeholder-Ansatz und die dafür nötige Stakeholder-Relevanzanalyse ein Eckpfeiler im Fundament der Kultur-Kommunikation. Folgerichtig werden somit auch die klassischen PR-Instrumente eingesetzt, um das kulturelle Engagement nachhaltig zu kommunizieren (Heinrich und Schmidpeter 2013, S. 10–11). Es gibt aus dieser Sicht fünf typische PR-Instrumente, die dafür genutzt werden können. Diese werden im nächsten Kapitel gezeigt.

5 Kommunikationsinstrumente – Aus der Vielzahl die Richtigen auswählen

Wenn es darum geht, das Kulturengagement eines Unternehmens glaubwürdig und transparent darzustellen, kann aus einer Vielzahl an Kommunikationsinstrumenten ausgewählt werden. Bei der Planung und Auswahl kommt es darauf an festzulegen, wie die zentralen CSR-Kommunikationsziele erreicht werden können und welche Maßnahmen sich für die entsprechenden Dialoggruppen am besten eignen. Die richtige Kombination spielt dabei eine wichtige Rolle. Sie sorgt für Synergieeffekte und ist ein entscheidender kommunikativer Erfolgsfaktor.

Um mit der Kultur-Kommunikation einen wesentlichen Beitrag zur Erreichung der CSR-Ziele zu leisten, sollten die eingesetzten Kommunikationsinstrumente folgenden Kriterien entsprechen (Lühmann 2003):

- Dialogorientierung
- ganzheitliche Leistungsdarstellung
- Aktualität
- Zielgruppenorientierung

Glaubhafte Kultur-Kommunikation ermöglicht den Dialog mit den verschiedenen Anspruchsgruppen. Deshalb müssen dialogorientierte, rekursive Maßnahmen eingesetzt werden, um Rückmeldungen über die ausgesendeten Informationen und Botschaften zu erhalten. Diese Maßnahmen sollten so angelegt sein, dass das kulturelle Engagement ganzheitlich im Sinne der CSR und entsprechend den Ansprüchen der Stakeholder dargestellt wird. Das heißt insbesondere in Hinsicht auf die Auswirkungen im CSR-Handlungsfeld Gemeinwesen. Darüber hinaus dienen sie dazu, neue Informationen aktuell und gegebenenfalls in Echtzeit an die Dialoggruppen zu bringen. Außerdem muss sichergestellt werden, dass alle relevanten Anspruchsgruppen zielgruppenorientiert erreichbar sind (Lühmann 2003). Aus dieser Sicht eignen sich dazu die fünf typischen PR-Instrumente sehr gut (siehe Abb. 3). Bei der Auswahl und Gestaltung der passenden Instrumente ist eine hohe Kreativität gefragt, denn nicht immer wird sich eine gewisse Nähe zur klassischen Werbung vermeiden lassen.

Im Folgenden sind die wichtigsten Instrumente der Kultur-Kommunikation aufgeführt und beschrieben. Ziel ist es, an dieser Stelle einen umfassenden Überblick über mögliche taktische Maßnahmen zu bieten.

Es müssen nicht immer alle Maßnahmen gleichzeitig eingesetzt werden, denn je nach Kulturengagement und Kommunikationszielen kommt es darauf an, die richtige Kombination zu wählen. In diesem Zusammenhang werden wir auch viele Instrumente der klassischen Public Relations wieder finden, da sie auch für die Kultur-Kommunikation eines Unternehmens zum Tragen kommen. Die Gliederung erfolgt in diesem Beitrag nach Sachlichkeit und Mediengattungen (siehe Abb. 3). Es ist auch möglich, die Instrumente

Abb. 3 Instrumente der Kultur-Kommunikation (Eigene Darstellung)

beispielsweise nach internen und externen Kriterien zu gliedern. Je nach Relevanz bietet sich eine dieser Varianten der Kategorisierung an.

5.1 Professionelle Medienarbeit

CSR und somit auch die Kultur-Kommunikation gehen davon aus, dass die Stakeholder ein Recht darauf haben, über die Aktivitäten des Unternehmens informiert zu werden. Das muss nicht immer sofort im Rahmen eines großen CSR-Berichts sein. In der Praxis beginnen viele Unternehmen damit, ihre Kulturaktivitäten zunächst strategisch in ihre Medienarbeit einzubauen. Sorgfältig geplant und durchgeführt, kann sie ein nützlicher erster Schritt in der Kultur-Kommunikation sein. Denn der gute Ruf eines Unternehmens wird auch heute noch größtenteils durch die Massenmedien, also Presse, Radio und Fernsehen, gebildet, wobei das Internet inklusive Social Media schnell aufholen. Daher ist die

Medienarbeit – ein klassisches PR-Instrument – auch ein sehr wirksames Aktionsfeld der Kultur-Kommunikation. Sie wirkt sowohl nach außen, aber auch nach innen, da auch die Mitarbeiter des Unternehmens zu den Rezipienten der Massenmedien gehören. Deshalb wird die Medienarbeit auch an den Anfang der Kommunikationsinstrumente gestellt.

In der Medien- oder auch Pressearbeit geht es vorrangig darum, seriöse, vertrauensvolle und partnerschaftliche Beziehungen zu Redakteuren, Journalisten und beispielsweise Bloggern aufzubauen. Die regelmäßige Vermittlung sachlicher und wahrheitsgemäßer, journalistisch aufbereiteter Informationen steht dabei im Mittelpunkt. Wenn sich Kultur-Kommunikation nämlich auf reine Effekthascherei beschränkt, läuft das kommunizierende Unternehmen Gefahr, als unglaubwürdig und/oder unseriös wahrgenommen zu werden. Der offene Dialog und das persönliche, intensive Gespräch können hier helfen, Vertrauen aufzubauen.

Hier kommt es auf eine interessante und vollständige Beschreibung der Maßnahmen und ihres Erfolges aus der Stakeholder-Perspektive an. Je mehr sich die Stakeholder hier wiederfinden, desto besser kommen die in diesem Kontext vermittelten Botschaften auch an. Medienarbeit kann sowohl inhouse als auch durch eine externe PR-Agentur erfolgen. Im Folgenden finden sich nun wichtige Maßnahmen, die zu einer professionellen Medienarbeit gehören.

Presseverteiler – Journalistendatenbank
Alles beginnt mit den richtigen Kontakten. Ein treffsicherer, auf die relevanten Stakeholder zugeschnittener Presseverteiler ist das Herzstück der Kultur-Medienarbeit. Er enthält jeweils die Ansprechpartner in den Redaktionen, die Auflagen, alle relevanten Kontaktdaten sowie weitere mögliche Details. In manchen Fällen reicht es, den vorhandenen Journalistenverteiler zu überarbeiten und regelmäßig zu pflegen. Es empfiehlt sich, diesen nach verschiedenen Zielgruppen und Mediengattungen zu ordnen. Je nach Datenmenge kann es hilfreich sein, eine Datenbank einzurichten, in der auch Kontakthistorien und andere Informationen festgehalten werden können.

Presseinformationen
Presseinformationen dienen der Information aller relevanten Bezugsgruppen. Sie werden regelmäßig oder aus aktuellem Anlass an die verschiedenen Redaktionen (Print, Funk und Online) gesendet, mit dem Ziel, Berichterstattung zu generieren. Wichtig ist dabei die Relevanz der Themen und Kontinuität, damit die Redakteure immer wieder auf neue Textideen gebracht und an das Unternehmen erinnert werden. Die richtige Aufbereitung der Texte spielt ebenfalls eine große Rolle. Denn es ist ein Unterschied, ob man für Printmedien, Rundfunk oder Online-Medien schreibt. Generell gilt die Faustregel: Pressetexte bringen das Wichtigste sachlich gleich zu Beginn auf den Punkt. Der Text sollte so aufgebaut sein, dass er vom Ende her jederzeit vom Redakteur gekürzt werden kann, ohne wichtige Informationen zu verlieren. Der Stil einer Presseinformation sollte dem Medium und den Rezipienten, also Lesern, Hörern, Zuschauern, angepasst sein.

Fachartikel/Autorenbeiträge zum kulturellen Engagement

Fachartikel sind Autorenbeiträge, die unter dem Namen eines Unternehmenssprechers veröffentlicht werden. In der Regel geschieht dies in Print- und Online-Medien oder Fachblogs. Für die Kultur-Kommunikation sind diese Beiträge von großer Bedeutung. Zum einen werden die Autoren als Experten anerkannt, denn ihre Kompetenz lässt sich auch auf das Unternehmen zurückführen. Zum anderen lassen sich für das Unternehmen wichtige Kultur-Themen auf diese Weise verbreiten. Da es sich bei dieser Art von Artikeln um eine anspruchsvolle Leserschaft handelt, ist es wichtig, dass die Beiträge exakt, neutral und journalistisch aufbereitet sind.

Pressefotos

Foto ist nicht gleich Foto. Jedes Bild vermittelt eine Botschaft, die wirksamer sein kann als jeder Text. Daher sind aussagekräftige Bilder gerade für Kultur-Themen ein wirksames Mittel der Kommunikation. Auch die Pressefotos eines Unternehmens sollten den Kriterien der PR folgen: Pressefotos sind keine Hochglanz- oder Werbefotos, sondern sollten die Realität zeigen. Dennoch empfiehlt es sich, für die Erstellung der Fotos professionelle Fotografen hinzuzuziehen und vorab genau mit ihnen zu erarbeiten, welche Botschaft im Bild bzw. in der Bilderwelt einer Kampagne vermittelt werden soll.

Pressekonferenzen

Pressekonferenzen sind ein bewährtes Mittel, um eine große Zahl von Journalisten zeitgleich und persönlich zu erreichen sowie in regelmäßigen Abständen aus erster Hand zu informieren. Sinn einer Pressekonferenz ist es, möglichst viele Informationen in möglichst kurzer Zeit bereitzustellen. Denn Journalisten haben einen straffen Zeitplan. Daher gilt: Nur wichtige Themen brauchen eine Pressekonferenz. Schon alleine aus dem Grund, da sie sehr aufwändig zu organisieren ist (Cornelsen 2002).

Interview

Kultur-Themen können gut über Interviews transportiert werden. Die Unternehmen gehen entweder aktiv auf die Medien zu oder sie werden von den Medien angefragt. Man unterscheidet drei Arten von Interviews: Rechercheinterview, Berichtsform und Live-Interview. Beim Rechercheinterview stellen die Journalisten Fragen, um Informationen für ihren Beitrag zu erhalten. Bei der Berichtsform ist die Recherche bereits abgeschlossen und aus diesen Informationen heraus werden die Fragen gestellt. Das Gespräch wird als Beitrag abgedruckt. Live-Interviews werden für Radio, TV oder das Internet geführt. Sie werden entweder live ausgestrahlt oder aufgezeichnet, geschnitten und dann gesendet (Cornelsen 2002). Der Kontakt zu wichtigen Medien wird durch das Anbieten exklusiver Interviews vertieft (Laumer 2003, S. 68).

Redaktionsbesuche/Pressegespräche

Bei einer Redaktionsreise besuchen meist das Management oder der Pressesprecher eines Unternehmens die wichtigsten Journalisten in den Redaktionen oder die Journalisten kommen in das Unternehmen. Redaktionsreisen oder -besuche sind geeignete Instrumente, um ausgesuchte Medien und Journalisten vor Ort in einem persönlichen Rahmen über Entwicklungen des kulturellen Engagements des Unternehmens sowie aktuelle CSR-Themen zu informieren und den Kontakt zu halten. Für beide Seiten soll der Besuch von Nutzen sein, daher ist im Vorfeld zu klären, welche Informationen man dem Journalisten anbietet und welche Themen in welcher Form weitergegeben werden können.

Basispressemappe

Die Basispressemappe enthält alle grundlegenden Informationen, die der Journalist über das Unternehmen und die Ansprechpartner wissen muss. Analog dazu finden sich in einer thematisch fokussierten Kultur-Pressemappe alle wichtigen Eckdaten zu diesem Thema. Sie wird zu einem aktuellen Anlass ausgegeben oder versendet. In der Regel wird die Basispressemappe zum Download im Online-Presseportal zur Verfügung gestellt. Hier spielt auch die Verpackung der Botschaften eine wichtige Rolle. Die Journalisten sollen das Unternehmen klar (wieder)erkennen können. Eine individuelle Pressemappe und entsprechend gestaltete Pressepapiere im Corporate Design gehören deshalb zur Grundausstattung. Zudem ist es wichtig, dass die Journalisten das Verantwortungsbewusstsein des Unternehmens aus dieser Pressemappe entnehmen können.

Themenentwicklung und Agenda-Setting

Bei diesem Punkt geht es darum, Themen gezielt in der Öffentlichkeit zu positionieren. Dabei spielt auch der richtige Zeitpunkt eine Rolle. Wenn Unternehmen, Verbände und Institutionen gezielt und mediengerecht kommunizieren, können sie sich damit bei den Dialoggruppen als glaubwürdige und relevante Ansprechpartner positionieren und Vertrauen aufbauen. Um die richtigen Themen zu setzen, empfiehlt es sich, zu Beginn eines Jahres einen Themenkalender aufzustellen. Er dient dazu, zum passenden Zeitpunkt mit Fachartikeln oder Presseinformationen in den relevanten Medien präsent zu sein.

Medienmonitoring und Evaluation

Um festzustellen, ob die Kommunikationsmaßnahmen auch den gewünschten Erfolg bringen, sind eine laufende Medienbeobachtung (Monitoring) und die kontinuierliche Evaluation der Berichterstattung notwendig. Monitoring und Evaluation helfen auch dabei, Krisen und kritische Themenentwicklungen frühzeitig zu erkennen und darauf zu reagieren.

Für die Medienbeobachtung gibt es Dienstleistungsunternehmen, die individuelle Monitoring- und Analysetechnologien anbieten. Sie scannen Medienquellen – Print, Online, Weblogs, TV und Radio – und stellen Pressespiegel sowie Medienresonanzanalysen zur Verfügung. So kann das Unternehmen ständig mit hochaktuellen Informationen zu den relevanten CSR- und Kultur-Themen versorgt werden. Die Evaluation wird in der Regel mit einer Medienresonanzanalyse durchgeführt. Dabei werden im Vorfeld die Kriterien festgelegt, nach denen die Berichterstattung untersucht werden soll. Die Analyse muss für jedes Unternehmen individuell aufgebaut werden, denn sie hängt von den jeweiligen Zielen und der Art des kulturellen Engagements ab.

5.2 Publikationen

Für Unternehmen spielt die Information von Öffentlichkeit, Politik, Kunden, Lieferanten, Behörden, Medien, Verbrauchern u. v. m. eine wichtige Rolle. Bereits in den Geschäftsberichten bzw. in Jahresabschlüssen und Lageberichten werden die wichtigsten Informationen über das jeweilige Unternehmen strukturiert und systematisch aufbereitet in Berichtsform dargestellt. Im Bereich der CSR- oder Nachhaltigkeitsberichterstattung geht es nun auch darum, gezielt zu kommunizieren, welchen Wert ein Unternehmen innerhalb der Gesellschaft stiftet, sowohl durch unternehmerisches Handeln, verantwortungsvollen Umgang mit Ressourcen als auch durch soziales, kulturelles und karitatives Engagement. Daneben nutzen Unternehmen derzeit eine breite Palette an eigenen Publikationen, um die Stakeholder entsprechend zu informieren – so fließen Kultur-Themen in Geschäftsberichte, Kundenmagazine, Broschüren und weitere Unternehmensmedien ein.

CSR Reports allgemein

„Tue Gutes und rede darüber". Dies ist der allgegenwärtige Leitsatz einer nachhaltigen Unternehmensführung. Viele Organisationen beherzigen diesen Gedanken und engagieren sich sowohl in ökologischen und ökonomischen Bereichen als auch in sozialen Belangen. Das Interesse der Stakeholder gegenüber Unternehmen und deren nachhaltigen Tätigkeiten nimmt stetig zu. Auf diese Erwartungshaltung entwickelt sich bei den Unternehmen das Verlangen, ihre Leistungen und ihr Engagement dementsprechend bekannt zu machen. Dabei stehen die Glaubwürdigkeit und die Ehrlichkeit der transportierten Botschaften an erster Stelle. Das Instrument des CSR-Reports wird immer häufiger genutzt. Im Rahmen dieses Mediums muss das kulturelle Engagement als Teil des Gemeinwesens entsprechend dargestellt und an die relevanten Stakeholder transportiert werden.

Newsletter

Man muss nicht gleich mit einem großen Bericht starten. Auch Unternehmens-Newsletter in gedruckter oder elektronischer Form können für den Anfang ein wirksames Mittel zur Kommunikation von Kultur-Themen sein. Hierbei eignen sich sowohl interne Newsletter für die Mitarbeiter als auch externe, die sich an Kunden, Partner oder andere Stakeholder richten. Sie geben aktuelle, kurze und prägnante Informationen über Entwicklungen und Aktivitäten des Unternehmens. Durch die regelmäßige Information kann die Vertrauensbildung weiter verstärkt werden, da verschiedene Stakeholdergruppen regelmäßig mit dem Unternehmen in Kontakt kommen. Zu beachten ist, dass die Inhalte je nach Zielgruppe adäquat aufbereitet werden müssen. Auch die Form der Präsentation, also ob Print und Online, wirkt sich auf die Inhaltszusammenstellung aus.

Kundenmagazin

Je nachdem welche Zielgruppen angesprochen werden, kann es nützlich sein, Kultur-Themen in unternehmenseigenen Kundenzeitschriften zu platzieren. In den vergangenen Jahren hat sich Corporate Publishing äußerst dynamisch entwickelt: Derzeit existiert eine Vielzahl von Kundenzeitschriften in Deutschland, darunter sowohl kleine, unscheinbare

Hefte oder aufwändig gestaltete, anspruchsvolle Zeitschriften. Allerdings ist das Leseverhalten und Anspruchsniveau der Kunden oft von Kaufzeitschriften am Kiosk bestimmt. Deshalb muss sich jedes Unternehmen, das Erfolg haben will, diesem Vergleich stellen. Das bedeutet, dass die Kultur-Inhalte zwar emotional, aber dennoch sachlich und journalistisch aufbereitet sein sollten, um das nötige Vertrauen und die Glaubwürdigkeit bei den Lesern zu wecken. Werbung hat an dieser Stelle keinen Platz (Szameitat 2003, S. 177 f.). Zusammenfassend lässt sich sagen, dass Beiträge in Kundenzeitschriften sich besonders eignen, um eine bestimmte Zielgruppe zu erreichen. Sie erscheint in regelmäßigen Abständen und nimmt konkreten Bezug auf die Bedürfnisse und Wünsche der Stakeholder. In den Beiträgen wird Bezug auf Unternehmensthemen genommen und der Leser wird über Firmenspezifisches und Aktuelles informiert. Die Inhalte sollen sich an den Bedürfnissen und Wünschen der Leser orientieren. Je anspruchsvoller und ausführlicher die Zeitschrift ist, umso glaubwürdiger kommen die Themen beim Leser an und umso mehr Vertrauen schenken die Leser dem Unternehmen und interessieren sich auch dafür, was *hinter den Kulissen* geschieht.

Mitarbeiterzeitung

Mitarbeiter und ihre Familien gehören zu den wichtigsten Stakeholdern eines Unternehmens mit einem ganz konkreten Informationsanspruch. Die umfassende Information und Einbindung der Mitarbeiter ins Unternehmensgeschehen gehört zu den zentralen Aufgaben der nachhaltigen Kultur-Kommunikation. Die Mitarbeiterzeitung ist besonders geeignet, um Mitarbeiter und deren direkte Kontaktpersonen, wie Familienangehörige, zu erreichen. Zudem ist es eines der ältesten und wichtigsten Instrumente der internen Kommunikation eines Arbeitgebers. Sie hilft, die Mitarbeiter eines Unternehmens miteinander bekannt zu machen, baut Vorurteile gegenüber dem Unternehmen ab, bietet Anregung und Unterstützung zur persönlichen Weiterbildung und täglichen Arbeit. Außerdem vermittelt sie einen Blick über den Tellerrand und verhindert somit Falschinformationen und erleichtert es Mitarbeitern, Entscheidungen zu treffen. Als Mittel der Kultur-Kommunikation erfüllt sie zwei Funktionen: Zum einen erfüllt sie das Gebot der transparenten Information und Einbindung der Mitarbeiter, zum anderen ist sie ein ideales Mittel, um auch innerhalb der Belegschaft für das Thema CSR und Kultur um Verständnis zu werben. Ist die Mitarbeiterzeitung gut aufbereitet, kann sie auch an ehemalige Mitarbeiter, Geschäftspartner oder an Journalisten für die weitere Informationsverwertung verschickt werden (Herbst 2007, S. 216 ff.).

Kultur-Themen im Geschäftsbericht

Alle größeren Kapitalgesellschaften sind verpflichtet, neben dem Jahresabschluss auch einen Geschäftsbericht zu verfassen. Er dient der zusätzlichen Berichterstattung zum Jahresabschluss eines Unternehmens und gibt sowohl Auskunft über den Geschäftsverlauf des vergangenen Jahres als auch über Vorgänge, die von besonderer Bedeutung waren. Zusätzlich gibt er Erläuterungen zu einzelnen Jahresabschlusspositionen und zu Bewertungs- und Abschreibungsverfahren. Um unnötige Informationswiederholungen zu vermeiden, wird der Geschäftsbericht meist nur eingeschränkt publiziert. Ziel eines Geschäftsberichtes ist es, besondere Stärken und aktive Handlungsfelder des Unternehmens zu verdeutlichen sowie die Ertragskraft und das zukünftige Wachstum zu protokollieren. Es bietet sich an, relevante Kultur-Themen in Geschäftsberichte einzubauen. Denn der Geschäftsbericht wird auch in Zukunft ein zentrales und unverzichtbares Mittel der Unternehmenskommunikation bleiben.

Image- und Infobroschüre

Im etwas kleineren Rahmen können auch Image- oder Informationsbroschüren genutzt werden, um Kultur-Themen zu verbreiten, insbesondere wenn die Inhalte in einer Image- oder Informationsbroschüre im journalistischen Stil verfasst sind. Diese beiden Arten von Broschüren sind nämlich keine reinen Werbemedien. Ihr Ziel ist es, mit sachlichen Informationen Vertrauen und Sympathie bei den Lesern zu wecken und einen guten Eindruck bei den Stakeholdern zu hinterlassen. Deshalb bietet es sich an, ein besonderes Engagement des Unternehmens zu betonen und in die Image- oder Informationsbroschüre mit aufzunehmen. Die Imagebroschüre vermittelt einen schnellen Überblick zur Struktur und Entwicklung eines Unternehmens sowie zu seinen Werten und seiner Philosophie. Darüber hinaus werden in der Regel die Geschäfts- bzw. Produktbereiche dargestellt. In ihr findet sich Platz, um kurz und prägnant über das Kultur-Engagement des Unternehmens zu informieren. Da sich das Umfeld, der Markt und das Unternehmen in stetigem Wandel befinden, ist es wichtig zu berücksichtigen, dass Imagebroschüren nicht von ewiger Gültigkeit sind. Somit ist es ratsam, die Imagebroschüre alle zwei Jahre zu aktualisieren. Informationsbroschüren werden vor allem bei konkreten aktuellen Anlässen oder zu spezifischen Kampagnen und Aktionen eingesetzt. Wenn sie prägnant, sachlich und transparent informieren, können Informationsbroschüren mögliche Ängste beseitigen oder Widerstände auflösen. Sie sind wie Visitenkarten ein Aushängeschild für das Unternehmen. Zudem ist der Leser nicht an Computer oder Internetzugang gebunden und kann die Informationsbroschüre jederzeit an Dritte weitergeben.

Schwarzes Brett

Kleine Dinge können eine große Wirkung erzielen. So eignet sich beispielsweise ein Schwarzes Brett besonders für Mitarbeiter, die keinen direkten oder geeigneten Zugang zum Internet haben oder die über Printmedien nicht erreicht werden können. Hinzu kommt, dass sich Mitarbeiter beispielsweise über die dort veröffentlichten Informationen oftmals zusammen mit Kollegen austauschen können. So entstehen Gespräche, Austausch und neue Ideen. Voraussetzung: Pflege und Aktualisierung des Schwarzen Bretts.

Anzeigen

Kultur-Themen können auch gut mit Fach-, Image- und PR-Anzeigen transportiert werden. Insbesondere die klassische Medienarbeit wird damit unterstützt. Bei der Gestaltung und Formulierung kommt es wegen der Nähe zur klassischen Werbung besonders auf Transparenz und Glaubwürdigkeit an. Denn keinesfalls darf beim Leser der Eindruck von Inszenierung oder gar Manipulation entstehen. Redaktionelle beziehungsweise PR-Anzeigen sind meist im redaktionellen Teil von Zeitungen, Zeitschriften oder Publikationen untergebracht: Sie sind als „Anzeige" zu kennzeichnen und unterscheiden sich in ihren Gestaltungsmerkmalen wie Aufmachung und Schrift kaum vom redaktionellen Umfeld. Sie eignen sich gut für die Darstellung von Kultur-Themen, wenn sie sachlich und objektiv getextet und gestaltet sind.

5.3   Online Kommunikation

Das Internet ist ein unverzichtbares Instrument zur Durchführung nachhaltiger Kommunikation. Nirgendwo sonst ist es möglich, innerhalb kürzester Zeit in einen Dialog mit einer großen Anzahl an Personen zu treten und Informationen auszutauschen und das weltweit.

Gerade für die Kultur-Kommunikation bietet das Internet Herausforderungen und Möglichkeiten in einem: Zum einen können die Stakeholder jederzeit öffentlich ihre Ansprüche an das Unternehmen diskutieren und so auch Druck aufbauen, zum anderen können die Unternehmen das Internet als Kommunikationskanal verwenden. Diese Nutzung kann passiv oder aktiv erfolgen. Bei passiver Nutzung werden die Möglichkeiten des Internets gebraucht, um Anforderungen und Erwartungen der Stakeholder in Bezug auf das gesellschaftliche Engagement des Unternehmens zu beobachten, zu erkennen und auszuwerten. Aktiv kann das Internet genutzt werden, um zum einen die relevanten Stakeholder zu informieren und zum anderen mit ihnen in einen Dialog zu treten und so die Beziehungen zu gestalten. Darüber hinaus können Kultur-Themen transportiert und beeinflusst werden.

Social Media bieten hier eine besondere Plattform, denn hier dreht sich alles um den Dialog und direkten Austausch. Stakeholder haben dadurch einen direkten Einfluss auf die Reputation des Unternehmens.

Unternehmens- und Aktions-Website/Landing-Page
Für die Online-Kommunikation ist ein zentraler Ausgangspunkt im Internet wichtig: Sei es als eigener Bereich für das kulturelle Engagement auf der Unternehmens-Website oder auf einer eigenen Aktions-Website für CSR.

Auf der Unternehmens-Website sollte das gesamte CSR- und Kultur-Engagement des Unternehmens prägnant dargestellt sein und auch erklärt werden, warum sich das Unternehmen in diesem Bereich engagiert. Die User sollten die Möglichkeit haben, auf die relevanten Materialien und Informationen schnell und einfach zugreifen zu können. Von der Firmenwebsite bzw. Aktions-Website aus sollten dann alle weiteren Kanäle erreichbar sein, beispielsweise:

- Abonnementmöglichkeit zum Kultur-Newsletter (wenn vorhanden)
- Verbindung zum Unternehmens- /Kultur-Blog
- Verbindung zu Facebook, XING, Twitter oder YouTube-Kanal
- Verbindung zu einer spezifischen Aktions-Website/Kampagnen-Seite, wo der User eine gewünschte Aktion ausführen kann (z. B. abstimmen, spenden, diskutieren, Inhalte teilen)

Seitens der Kultur-Kommunikation ist die Aktions-Website eine einfache Methode des Informationstransfers sowohl für Webseitenbesucher als auch für das Unternehmen. Der Besucher kann so bequem und ohne Verzögerung auf die von ihm gewollten Informationen zugreifen. Gleichzeitig dient es dem Unternehmen, seine Zielgruppe zu informieren und Streuverluste zu vermeiden.

Internet-Redaktion

Grundsätzlich kommt es beim Texten darauf an kurz, einfach sowie bildhaft zu schreiben und auf präzise und objektive Fakten zu achten. Bei der Redaktion für die Internet-Repräsentation spielen darüber hinaus das Nutzerverhalten und die technischen Möglichkeiten eine besondere Rolle. So schätzen Experten, dass am Monitor ein Drittel langsamer gelesen wird als in Printmedien und dass der Webleser surft. Das bedeutet, er entscheidet in Sekundenschnelle nach Nutzwert, springt zwischen Texten hin und her, nimmt wichtige Infos auf, ist zwischendurch selbst aktiv, schreibt Kommentare, markiert Lesezeichen, erledigt Downloads und klickt nach wenigen Sekunde wieder weiter. Darüber hinaus hat er die Wahl zwischen Buttons, Links, Fotos, Videos oder Animationen. Auf diese Herausforderungen müssen Unternehmen achten, wenn sie ihre CSR-Botschaften im Web publizieren. Die Texte sollten den Nutzer in den Bann ziehen sowie anschaulich, aktiv und einfach sein. Die zentrale Botschaft steht am Beginn, Absätze und Zwischentitel sollten den Leser führen. Die Inhalte müssen präzise, objektiv, fair und auf die CSR- und Kultur-Themen zugeschnitten sein. Sinnvoll ist es, Bilder, Videos und Links in die Texte zu integrieren. Um im Internet auch gefunden zu werden, müssen die Texte suchmaschinenoptimiert werden. Darunter versteht man die Integration von so genannten Keywords, mit denen die Suchmaschinen die Website bzw. den Beitrag finden. Generell sollten alle Inhalte vom CSR-Kommunikationsteam betreut werden, um transparente, korrekte und qualitativ hochwertige Informationen sicherzustellen.

Online-Presseportal

Das Online-Presseportal ist ein wichtiger Bestandteil der gesamten Unternehmenskommunikation. Somit sollten auch CSR-Inhalte darüber verfügbar gemacht werden. Das Ziel eines Presseportals ist, allen internen und externen Bezugsgruppen einen einheitlichen Informationsstand über die erfolgten Veröffentlichungen zu gewährleisten. Auch das gehört zum Gebot der Transparenz innerhalb der Kultur-Kommunikation. Es empfiehlt sich daher, speziell die Informationen, die an die Medien gehen, tagesaktuell in einem unternehmenseigenen Webportal einzupflegen. Dazu gehören insbesondere Presseinformationen und Foto-Angebote ebenso wie alle veröffentlichten Berichte. Das hat den Vorteil, dass sich Journalisten, Investoren und andere Stakeholder zeitnah über den aktuellen Stand informieren können. Darüber hinaus entfällt das aufwändige Zusammenstellen und Verschicken von CDs oder Pressemappen. Auch für die Mitarbeiter ist das Presseportal sehr hilfreich: Es hilft sicherzustellen, dass nur freigegebene und aktuelle Textversionen verwendet werden. Ergänzend dazu kann im Rahmen eines Presseinfodienstes die Medienberichterstattung über ein Unternehmen periodisch zusammengestellt, kommentiert und per E-Mail an einen festgelegten Verteiler ausgesendet werden. So bleiben Mitarbeiter, Kunden und andere Stakeholder direkt und unmittelbar über relevante Veröffentlichungen in den Medien informiert.

Social Media

Als Social Media werden alle Medien zusammengefasst, in denen Internet-User Meinungen, Eindrücke, Erfahrungen und Informationen austauschen oder Wissen sammeln. Internetplattformen wie Facebook, Twitter, Wikipedia und Co. sind dabei prominente Beispiele (WhatIs 2013). Social Media ist ein Instrument, mit dem Unternehmen Zielgruppen ansprechen können, die sie mit den traditionellen Informationskanälen nur schwer bzw. gar nicht erreichen. CSR-Themen eignen sich äußerst gut für die Verbreitung via Social Media oder Blogs. Es können Projekte vorgestellt werden, Erfolge gemeldet und Bilder gezeigt werden. Außerdem kann die interessierte Öffentlichkeit an der Nachhaltigkeitsarbeit direkt teilnehmen. Darüber hinaus finden sich die typischen Charakteristika von Social Media wie Transparenz, offener Dialog, Gleichheit und direkte Ansprache von Stakeholdergruppen in der CSR wieder. Dadurch entstehen wiederum neue Chancen und Herausforderungen für eine verantwortungsvolle Unternehmensführung. Heutzutage ermöglicht das Internet unterschiedlichen Interessengruppen, Beziehungen zum Unternehmen aufzubauen und bestimmte Themen auf die Unternehmensagenda zu setzen. Die Entwicklung ist von den Unternehmen unbedingt als Chance zur Interaktion zu sehen und als direktes Feedback der Stakeholder zu nutzen (Centrum für Corporate Citizenship Deutschland 2013). Kaum ein Unternehmen kommt am Einsatz von Social Media vorbei. Aufgrund der Vielzahl der Kanäle sollte die Social Media Kommunikation sorgfältig in die gesamte Kommunikationsstrategie eingebettet werden.

Intranet

Das Intranet dient als internes Kommunikationsinstrument der Zusammenfassung von betriebsinternen Inhalten. Es ist also eine Informations- und Kommunikationsplattform für Mitarbeiter. Zu diesen Plattformen gehören Foren und Chats sowie Dateiserver und Websites. Alle Mitarbeiter haben somit Zugriff auf relevante Informationen, was sowohl den Informationsfluss als auch den Arbeitsalltag im Unternehmen vereinfacht (Rend 2013).

Podcast/Video

Podcasts und Videos haben großes Potenzial, Unternehmensbotschaften schnell, persönlich und mit geringem Streuverlust an Stakeholder zu übermitteln. Podcasts sind Audiobeiträge im Internet, die sich herunterladen lassen. Ähnlich wie Radioshows können Podcasts von beliebigen Personen zu beliebigen Themen produziert werden. Dabei dienen sie entweder dem Zweck der Unterhaltung oder der Information (Itwissen 2013). Analog arbeiten Videocasts zusätzlich mit Bildern.

5.4   Persönliche Kommunikation/Veranstaltungen

Bei allen technischen Möglichkeiten bleibt die persönliche Kommunikation der Schlüssel
für ein funktionierendes Unternehmen. Denn sie macht es für Kommunikationspartner
möglich, im direkten Gespräch auf Fragen, Kritik oder Anreize einzugehen und einen
gemeinsamen Ansatz zur Problemlösung zu finden. Neben Sachinhalten vermittelt die
persönliche Kommunikation auch Emotionalität und Glaubwürdigkeit, die das Wesen des
Unternehmens erlebbar machen. Deshalb gilt es, das kulturelle Engagement als solches
selbst zu nutzen, um mit verschiedenen Stakeholdern persönlich in Kontakt zu kommen.
Der Dialog zwischen Unternehmen und einem oder mehreren interessierten Stakeholdern
dient der Vermittlung von Informationen, der Transparenz, der Erhöhung von Glaubwürdigkeit und Akzeptanz des Unternehmens.

Ein Vorteil von Events bzw. Veranstaltungen gegenüber klassischer Medienarbeit ist
es, Inhalte erlebbar zu machen und somit eine emotionale Beziehung zu den Inhalten der
Veranstaltung herzustellen.

Stakeholder-Dialog

Die Erwartungen und Ansprüche der Stakeholder sind im CSR-Prozess die härteste Wäh-
rung. Um diese in Erfahrung zu bringen und so die wichtigen Themen herauszuarbeiten,
muss ein langfristig angelegter und permanenter, vertrauensvoller Dialog zu allen relevanten Stakeholdergruppen aufgebaut werden. So können Ideen ausgetauscht, kritische
Themen identifiziert und auch solche Themen diskutiert werden, die möglicherweise in
Zukunft für die Unternehmensstrategie entscheidend sind.

Bilateraler Stakeholder-Dialog

Der persönliche Austausch unter vier Augen oder auch in kleineren Gruppen darf nicht
unterschätzt werden. Gerade in vertraulicher Atmosphäre besteht die Möglichkeit, sehr
offen zu sein und Ideen auszutauschen. In der internen Kommunikation sollten CSR- und
Kultur-Themen in Team-Besprechungen, Mitarbeitergespräche aber auch in Bewerbungs-
gespräche einfließen.

Dialogforum

Ein Stakeholder-Dialogforum ist eine Unternehmensveranstaltung, die alle Anspruchsgruppen sozusagen an einen Tisch bringt, um über CSR- und Kultur-Themen des Unternehmens zu diskutieren. Dabei bringen die Stakeholder sowohl ihren „Blick von außen"
auf das System des Unternehmens als auch ihre eigenen Interessen und Ansprüche der
eigenen Netzwerke mit ein. Der Zugewinn aus diesem Dialog kann für die Unternehmen
das frühzeitige Erkennen des Handlungsbedarfs sowie der Chancen und Risiken sein. Darüber hinaus sollen die Stakeholder als Multiplikatoren für die eigene Kommunikation der
CSR-Aktivitäten gewonnen werden, sozusagen als CSR-Botschafter. Bei der Auswahl der
relevanten Stakeholder sollte das gesamte Unternehmensumfeld im Sinne einer 360-Grad-
Perspektive in Betracht gezogen werden (siehe Abb. 4).

Abb. 4 360°-Stakeholder-Perspektive (Eigene Darstellung)

Roadshows

Wenn der Stakeholder nicht zum Unternehmen kommt, muss das Unternehmen auf den Stakeholder zugehen. Aus diesem Anlass machen es sich Unternehmen zu Nutze, mit Roadshows von Ort zu Ort oder Land zu Land zu reisen, um das Unternehmen, Dienstleistungen, Produkte oder Projekte zu präsentieren. Im Grunde genommen sind Roadshows mobile Messen, die für jedermann zugänglich und erreichbar sind. In diesem Rahmen kann auch das kulturelle Engagement kommuniziert werden. Roadshows sind besonders effektiv, denn die verschiedenen Stakeholder können direkt angesteuert werden. Durch den persönlichen und engen Kontakt bietet sich für Unternehmen die Möglichkeit eines Informationsaustausches und die Stakeholder bekommen die gewünschten Informationen aus erster Hand (Wissenswertes 2013).

Events

Auch Events und Veranstaltungen, die nicht vom Unternehmen selbst initiiert und organisiert werden, eignen sich als Kommunikationsplattformen für kulturelle Themen. Durch die Teilnahme an Messen, Podiumsdiskussionen, Konferenzen oder Expertengesprächen zu Kultur-Themen können Unternehmen den Dialog fördern und Vertrauen bilden. Imageverbesserung und Kontaktpflege sind weitere positive Effekte. Allerdings kommt es auf die richtige Auswahl der Veranstaltungen an. Dabei sollte jeweils die Zielgruppe genau erfasst werden.

Inhouse-Schulungen/Mitarbeiterworkshops

Mithilfe von Inhouse-Schulungen und Mitarbeiterworkshops können Mitarbeiter und Führungskräfte aller Abteilungen eines Unternehmens interne Arbeitskreise zu unterschiedlichen Themen bilden. Dazu können auch kulturelle Themen gehören. Durch Bildung von
(informellen) Gruppen können z. B. Vorschläge zum Kultur-Engagement erarbeitet und
diskutiert werden.

Tag der offenen Tür – Blick hinter die Kulissen

Ein Tag der offenen Tür ist sinnvoll, um in ungezwungener Atmosphäre Kontakte zu verschiedenen Stakeholdergruppen herzustellen, Beziehungen zu stärken und CSR- und Kultur-Themen zu vermitteln. So können z. B. Anwohner oder Familien der Mitarbeiter das
Unternehmen aus erster Hand kennenlernen und einen Blick hinter die Kulissen werfen.
Durch den persönlichen Kontakt bieten diese Veranstaltungen Chancen für das Unternehmen, Missverständnisse, Unsicherheiten und Ängste der Besucher zu erfahren und abzubauen sowie Vertrauen durch Seriosität aufzubauen. Wenn dies gelingt, leistet der Tag der
offenen Tür einen positiven Beitrag zur Imageverbesserung (Herbst 2007).

Event-Kalender

Um zielgerichtet CSR- und Kultur-Themen kommunizieren zu können, empfiehlt es
sich einen Event-Kalender zu erstellen, der die wichtigsten Veranstaltungen des Jahres
beinhaltet, auch die internen Veranstaltungen bzw. Dialogforen. Die Erstellung des Kalen-
ders muss ebenso sorgfältig erfolgen wie die eines Themenkalenders oder Presseverteilers.

5.5 Weitere Möglichkeiten der Kultur-Kommunikation

Neben den oben beschriebenen Standardinstrumenten gibt es noch eine Vielzahl von weiteren Möglichkeiten der CSR-Kommunikation, die je nach Kreativität und Branche umgesetzt werden können. Insbesondere in der Entwicklung dieser Instrumente und Maßnahmen liegt die hohe Kunst der Kommunikation. Es kommt auf die zündende Idee an,
um die Dialoggruppen nachhaltig zu erreichen.

6 Fazit

Dieser Beitrag zeigt, dass es eine Fülle von Maßnahmen und Instrumenten gibt, die für
eine wirkungsvolle Kommunikation der Kulturaktivitäten eingesetzt werden können. Es
liegt also am „Tun" und nicht an den Möglichkeiten, dass Unternehmen ihr Engagement
entsprechend nach innen und außen tragen. Die Verantwortlichen sollten keine Scheu
haben, das gesamte Instrumentarium der Kommunikation auch zu spielen und auf allen
Kanälen über ihr kulturelles Engagement zu berichten. Im Mittelpunkt stehen dabei die
Erwartungen der Anspruchsgruppen. Sie sollten wissen, warum das Unternehmen sich

kulturell engagiert und das auch in Zukunft tun möchte. Hier spielt der Dialog eine große Rolle. Denn aus dem Dialog mit den Anspruchsgruppen können wertvolle Schlüsse über die Akzeptanz der kulturellen Aktivitäten als Teil des CSR-Engagements gezogen werden. Darüber hinaus schafft der Dialog die Basis für Glaubwürdigkeit und Transparenz. Die Kommunikation ist auch entscheidend für das Schaffen eines breiten öffentlichen Bewusstseins. Denn nur, wenn viele sich kulturell engagieren und das auch kommunizieren, bleibt die Kultur das Fundament, auf dem unsere Gesellschaft basiert.

Literatur

actori (2014) http://www.actori.de/uploads/tx_f03actori/110405_CSR_und_Kultur-Vortrag_actori. pdf. Zugegriffen: 03. Juni 2014

Bekmeier-Feuerhahn S, Ober-Heilig N (2014) Kulturmarketing: Theorien, Strategien und Gestaltungsinstrumente. Schäffer-Poeschel, Stuttgart

Causales GmbH (2013) Der Kultursponsoringmarkt 2013, 4. Studie. http://www.kulturmarken.de/fachwissen/causales-studien/2111-der-kultursponsoringmarkt-2013?start=1. Zugegriffen: 12. Juni 2014

Centrum für Corporate Citizenship Deutschland (2013) http://www.cccdeutschland.org/de/blog/social-media/corporate-social-responsibility-social-media-csr-20. Zugegriffen: 15. Mai 2013

Cornelsen C (2002) Das 1 × 1 der PR: So haben Sie mit Public Relations die Nase vorn, 4. Aufl. Haufe, München

CSR-Germany (2014) http://www.csrgermany.de/www/csr_cms_relaunch.nsf/id/kunst-und-kultur-de. Zugegriffen: 12. Juni 2014

Heinrich P, Schmidpeter R (2013) In: Heinrich P (Hrsg) CSR und Kommunikation: Unternehmerische Verantwortung überzeugend vermitteln, Wirkungsvolle CSR-Kommunikation – Grundlagen. Springer, Berlin, S 10–11

Herbst D (2007) Public Relations: Konzeption und Organisation, Instrumente, Kommunikation mit wichtigen Bezugsgruppen, 3. Aufl. Cornelsen, Berlin

Itwissen (2013) http://www.itwissen.info/definition/lexikon/Podcasting-podcasting.html. Zugegriffen: 03. Mai 2013

Kulturkreis der deutschen Wirtschaft im BDI e. V. (2009) Unternehmerische Kulturförderung in Deutschland. Druckteam, Berlin

Laumer R (2003) Verlags-PR: Ein Praxisleitfaden, 1. Aufl. transcript Verlag, Bielefeld

Lühmann B (2003): http://www2.leuphana.de/umanagement/csm/content/nama/downloads/download_publikationen/35-1downloadversion.pdf. Zugegriffen: 24. April 2013

Rend (2013) http://www.rend.de/das-intranet-mitarbeiterportal-%E2%80%93-ein-internes-kommunikationsinstrument-und-zentrale-arbeitsplattform-von-unternehmen/ Zugegriffen: 02. Mai 2013

Schwaiger M (2014) Messung der Wirkung von Sponsoringaktivitäten im Kulturbereich in Schriftenreihe zur Empirischen Forschung und Quantitativen Unternehmensplanung der LMU München, Heft 3/2001. http://www.imm.bwl.uni-muenchen.de/forschung/schriftenefo/ap_efoplan_03.pdf. Zugegriffen: 12. Juni 2014

Szameitat D (2003) Public Relations in Unternehmen: Ein Praxisleitfaden für die Öffentlichkeitsarbeit. Springer, Heidelberg

WhatIs (2013) http://whatis.techtarget.com/definition/social-media. Zugegriffen: 15. Mai 2013

Wissenswertes (2013) http://www.wissenswertes.at/index.php?id=roadshow. Zugegriffen: 15. Mai 2013

Peter Heinrich ist geschäftsführender Gesellschafter von HEINRICH GmbH Agentur für Kommunikation in Ingolstadt. Seit über zehn Jahren berät und begleitet der Kommunikationsfachmann und zertifizierte CSR-Manager (IHK) mittelständische und große Unternehmen in Fragen der Public Relations und CSR. Im Bereich CSR liegt sein Schwerpunkt auf der Strategieberatung, Stakeholder-Dialogen, Kommunikation und Nachhaltigkeitsberichten. Vor seiner Selbstständigkeit war der studierte Betriebswirt 20 Jahre als Geschäftsführer in einem mittelständischen, marktführenden Unternehmen mit über 500 Mitarbeitern tätig. Er verfügt damit über langjährige Expertise auf Agentur- und Unternehmensseite. Heinrich ist Herausgeber des Buches „CSR und Kommunikation. Unternehmerische Verantwortung überzeugend vermitteln", das 2013 beim Verlag SpringerGabler erschienen ist.

Evi Weichenrieder ist Diplom-Kauffrau univ. und Diplom-Musikerin. Sie schloss nach ihrem Konzertfach-Studium an der Hochschule für Musik und Theater München ein Studium der Betriebswirtschaftslehre an der Katholischen Universität Eichstätt-Ingolstadt mit den Schwerpunkten Internationales Management, Führungsinformationssysteme und Wirtschaftspsychologie ab. Noch während dieses Studiums nahm sie ihre Tätigkeit als Orchestermanagerin mit einem umfangreichen Aufgabenspektrum bei einem professionellen Kammerorchester auf. Nach 13 Jahren Erfahrung in diesem Kulturbetrieb ist sie seit 2013 als PR-Beraterin bei HEINRICH GmbH Agentur für Kommunikation unter anderem für Kultur-Kommunikation zuständig.

Mitarbeiterinnen und Mitarbeiter – Zielgruppe und Träger von Corporate Cultural Responsibility in der Region

Gereon Schmitz

Zusammenfassung

Im Europa der Regionen findet kulturelles Engagement und der Austausch zwischen Unternehmen und Kulturprojekten und -einrichtungen vor allem regional statt. Der Artikel pointiert aufgrund dieses regionalen Austauschs die Möglichkeit der Verständigung und des gegenseitigen Verständnisses die Chance für konkrete Ansätze der *Personalentwicklung*, des *Kompetenzerwerbs* und des nachhaltigen Aufbaus von Zukunftschancen sowohl für die beteiligten Unternehmen und ihre Mitarbeiterinnen und Mitarbeiter als auch für die Kulturinitiativen der Regionen. Mögliche Kompetenzfelder und damit verbundene Ansätze zu individueller Persönlichkeitsentwicklung sind vielfältig und hängen von den spezifischen Möglichkeiten der Zusammenarbeit ab. Gleichzeitig wird das Engagement der Unternehmen durch den regionalen Fokus und die Integration der verschiedenen Personen und deren individuellen Fokus umso glaubwürdiger.

1 Corporate Cultural Responsibility – unternehmerisches Engagement in der Region, Fokussierung auf individuelle Verantwortung

Die Perspektivenentwicklung von der global erlebten Krise zur überschaubareren Region und zu kleinteiligeren Austauschbeziehungen mit Unternehmen und Individuen, die eine bewusste regionale Identität auch zur Basis für diesen Vertrauensaufbau nutzen, ist der Hintergrund für die Frage nach den Möglichkeiten einer durch Wirtschaftsunternehmen geförderten Regionalentwicklung. Die Integration von Mitarbeiterinnen und Mitarbeitern

G. Schmitz (✉)
SKVM, FH KufsteinTirol, Andreas Hofer Straße 7, 6330 Kufstein, Österreich
E-Mail: gereon.schmitz.@fh-kufstein.ac.at

© Springer-Verlag Berlin Heidelberg 2015
V. Steinkellner (Hrsg.), *CSR und Kultur,* Management-Reihe Corporate
Social Responsibility, DOI 10.1007/978-3-662-47759-5_7

123

als Stakeholder, die bei einem Unternehmen arbeiten, in der Region wohnen und sich natürlich auch kulturell interessieren und engagieren, kann ein Weg für Wirtschaftsunternehmen sein, ihr Engagement zielgerichtet und wirksam einzusetzen und damit effektiv Globalisierung und Regionalentwicklung zu kombinieren. Sowohl die Vielfalt von Regionen (*Europa der Regionen*) als auch die Vielfalt und Kreativität von Mitarbeiterinnen und Mitarbeitern kann so fruchtbringend mit der wirtschaftlichen Prosperität von Unternehmen eine sinnstiftende Kombination eingehen.

Überlegungen zur nachhaltigen Wertschöpfung im Sinne eines Wert- und Vermögensaufbaus für die Erreichung langfristiger Überlebensziele (Gastinger K, Gaggl P 2012) bzw. für die Erhaltung von Vermögen für spätere Generationen sind allerdings immer Teil verantwortlicher Unternehmensführung, vor allem bei familiengeführten, mittelständischen Unternehmen gewesen. Dies schloss immer auch eine besondere Verantwortung für die bei diesen Unternehmen arbeitenden Menschen ein. Corporate Cultural Responsibility ist hierzu ein Konzept, das sowohl Aspekte der Nachhaltigkeit (im Sinne von ökonomischen, ökologischen und sozialen Zielsetzungen) als auch allgemeiner die Wahrnehmung gesellschaftlicher, kultureller Verantwortung durch Wirtschaftsunternehmen zum Gegenstand hat (Arbeitskreis Nachhaltigkeit 2012, S. 43).

Die Unternehmen, die sich hier als *Corporate Citizens* kulturell-gesellschaftlich engagieren, können dies auf ganz verschiedene Weise tun, durch Einsatz von:

- **Finanzmitteln**: Geldspenden, Sponsoring Förderpreise, Partnerschaften, Förderfonds, Stiftungen
- **Dienstleistungen, Produkten und Logistik**: kostenlose oder vergünstigte Dienstleistungen, Produkte oder Sachmittel, Nutzung von Räumen und Gelände, Werbeflächen, Bereitstellung von Qualifizierungsmöglichkeiten
- **Zeit, Know-how und Wissen der Mitarbeiter**: Unterstützung des Engagements von Mitarbeitern in deren Freizeit, Freistellung in der Arbeitszeit, Engagement-Einsätze von Teams, Entsenden von Führungskräften in NGO-Vorstände, Beratungen, Schulungen etc.
- **Kontakten und Einfluss**: Vermittlung von Kontakten, z. B. zu Lieferanten oder Experten, Lobbyarbeit in Anliegen des Gemeinwesens, Fundraising für Organisationen etc. (Blanke und Lang 2010, S. 250)

Die **Intensität** des Kulturengagements ist je nach Art unterschiedlich und zeitlich aufwändig. Daher muss dieses Engagement branchen- und unternehmensspezifisch betrachtet werden (Kleinfeld und Schnurr 2010, S. 288) und kann nach Formen mit eher **finanziellem** Schwerpunkt bzw. mit eher **personellem** Schwerpunkt unterschieden werden. Wenige Fälle, etwa Stiftungen oder Public Private Partnerschaften, entfalten beide Schwerpunkte des Engagements (siehe Abb. 1):

Die *Richtung* des auf die Region bezogenen Engagements ist besonders für KMU interessant, wird aber auch von großen Unternehmen wie Eon, RWE, oder BMW betrieben, um die kulturelle Entwicklung einer Region wie des Ruhrgebietes mitzugestalten. Die

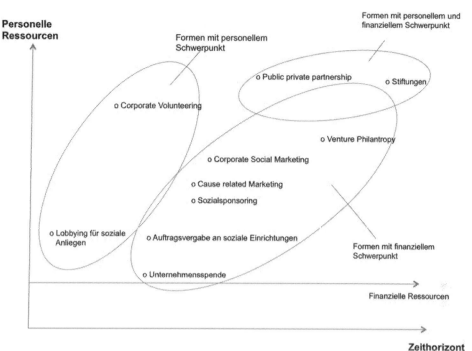

Abb. 1 Notwendigkeit personeller und finanzieller Ressourcen für verschiedene Formen gesellschaftlichen Engagements im Zeithorizont. (Fifka 2011, S. 66)

Identität und Verbindung des Unternehmens mit der Region ist ein starker Imagefaktor und muss daher sehr unternehmensspezifisch betrachtet werden.[1]

Ein weiterer Grund für eine unternehmensspezifische Betrachtungsweise ist auch der notwendige und langfristige *Verankerungsprozess* einer ganzheitlichen Umsetzung des Engagements, der nach einem Modell von Kleinfeld/Schnurr 6 Stufen (Verstehen und Orientieren, Verankern, CSR-Verständnis, CSR-Engagement, Integration und Umsetzung, Evaluation) umfasst. Diese prozessorientierte Verankerung trägt vor allem der erfolgskritischen Rolle der spezifischen Unternehmenskultur und Geschichte der Unternehmung Rechnung und geht damit weit über philanthropisches Verhalten als Kultursponsoring hinaus. Es ist ein Prozess, dessen Controlling, aber auch Kommunikation das Unternehmen, seine Werte, aber vor allem auch seine Individuen erfasst (Kleinfeld und Schnurr 2010, S. 287). Aus unternehmensethischer Perspektive kann ein Unternehmen die Übernahme gesellschaftlicher Verantwortung nämlich nur indirekt, das heißt durch seine Unternehmensangehörigen wahrnehmen, weil Verantwortung ein personenbezogener Begriff ist und eine personale Handlungsinstanz benötigt (Kleinfeld und Schnurr 2010, S. 289).

---

[1] So fördert das Bankhaus Oppenheim traditionell auch kirchliche Projekte aus Heimatverbundenheit und Tradition (Dinter 2014, S. 56, 67).

Diese persönlich oder individuell wahrgenommene Verantwortung macht einen Bezug zu den Mitarbeiterinnen und Mitarbeitern als Individuen zwingend notwendig und drückt sich in einer großen Vielfalt möglicher Partnerschaften aus, wobei inzwischen grundsätzlich eine Tendenz zur Professionalisierung auf beiden Seiten, der Wirtschaft und der geförderten Kultureinrichtungen festgestellt werden kann (Nieuweboer 2013).

2 Verankerung im Unternehmen – Wer steuert im Unternehmen die Aktivitäten zum Kultur-Engagement?

Da es nicht nur um die Wahrnehmung einer ethischen Verantwortung des Unternehmens, sondern natürlich immer auch um die Finanzierung geht, steht der Unternehmer als Eigentümer oder auch die Geschäftsführung als Vertreter an vorderster Stelle bei den Entscheidungen für CCR (Schwerk 2012. S. 331 ff). Die Durchführung der konkreten Aktivitäten, mit denen Personen im Unternehmen befasst sind, lassen sich entsprechend einer gewünschten Öffentlichkeitswirkung oft in Abteilungen der Unternehmenskommunikation, manchmal auch in juristischen Abteilungen, oder ganz ausgelagerten Einheiten wie einer Stiftung lokalisieren.

Eine solche Stiftung hat den Vorteil, dass sich der Fokus des unternehmerischen Engagements unabhängig entwickeln (z. B. Krupp Stiftung), die Finanzierung unabhängig von der wirtschaftlichen Entwicklung des Unternehmens sichergestellt werden und die Durchführung dann auch eher bei spezialisierten Fachleuten als Ansprechpartner für die Kulturträger liegen kann.

Die effektive Verankerung im Unternehmen, auf deren möglicherweise langwierigen Prozess schon hingewiesen wurde, ist eine der wichtigsten Grundvoraussetzungen für kulturelles Engagement von Unternehmen. Die *Denkhaltung*, dass Kunst und Kultur eine Schlüsselrolle für die Vielfalt, Kreativität und Leistungsqualität einer Gesellschaft spielt, drückt sich im gegenseitigen Vertrauen des Unternehmens mit der jeweiligen Kultureinrichtung oder dem Kulturprojekt und in der Gewährleistung von Qualität und Freiheit des kulturellen Schaffens aus (Muschick 2014, S. 5).

Die mit dem kulturellen Engagement verbundenen Grundsatzentscheidungen liegen also natürlicherweise bei den *Eigentümern, bzw. der Geschäftsleitung*. Die damit verbundene strategische Ausrichtung des Engagements basiert auf unterschiedlichen Motivationen z. B. zum Produktprogramm passende öffentlichkeitswirksame Aussagen oder auch ethisch-philanthropische Beweggründe gesellschaftlicher Verantwortungsübernahme. Die Verankerung an dieser Stelle schlägt sich in der Aussage des Unternehmensleitbildes nieder und hat Auswirkungen auf strategische Überlegungen.

Mittelständische Unternehmen richten, wenn sie CCR-Aktivitäten intensiver ins Auge fassen, als Hilfe zur Steuerung oft eine *Stabsstelle* ein, die hier als Bindeglied und organisatorischer Knoten fungiert. Der Vorteil ist, dass auch hier die Mission in Ergänzung zum Eigentümer oder Geschäftsführer durch eine geeignete Person des Unternehmens vertreten wird. Es sind allerdings auch *Koordinationsgremien* und -regeln denkbar.

Die Steuerung der CCR-Aktivitäten kann weiterhin in der *Marketingabteilung* verankert sein, die vor allem auf die Öffentlichkeitswirkung der Aktivitäten achtet, wobei die Beispiele von BMW und EON zeigen, dass es hier vor allem deshalb auf Glaubwürdigkeit ankommt, weil das Engagement der Unternehmen ja erst in der Rezeption der Öffentlichkeit bewertet wird (Girst und von Posadowsky 2014, S. 28). Die Marketingabteilung hat hier die Aufgabe, die Außenwirkung dieser Aktivitäten auf die interessierte Fachwelt, aber auch konkret die Wahrnehmung in der gesellschaftlichen Öffentlichkeit der Region nachhaltig zu unterstützen und zu steuern.

Das gilt aber auch für die Kommunikation nach innen, bei der die Marketingabteilung Überzeugungsarbeit leistet. Dazu muss die verantwortliche Person im Marketingbereich einerseits sprachmächtig sein, um die gewünschte Diktion zu erreichen, andererseits aber auch überzeugt von diesem CCR-Engagement sein, um andere nachhaltig überzeugen zu können.

Ziel nach außen ist die Glaubwürdigkeit und der Imagetransfer, Ziel nach innen, Mitarbeiter in ihrer gesellschaftlichen Verantwortung zu unterstützen und Bewusstseinsbildung und Wertediskussionen möglich zu machen (zur CSR aus Corporate Governance-Perspective Coni-Zimmer, Rieth 2012).

Die *Human Resources-Abteilung* wäre für die Integration verschiedener eigener Engagements der Mitarbeiterinnen und Mitarbeiter geeignet, die die *Belegschaftsvertretung* vielleicht nicht wahrnimmt, weil sie eine andere Zielrichtung hat. Engagierten Mitarbeitern, die sich zum Beispiel um Aufbau von Bildungs- und Kultureinrichtungen in der Region kümmern, eine Hilfe zu sein und dabei gleichzeitig den Kompetenzaufbau der Betroffenen bewusst im Auge zu haben, wäre damit eine essenzielle HR-Aufgabe (Sutter 2012, S. 399 ff.).

Interessanterweise ist jedoch immer noch ein begrenzter Einbezug der Mitarbeiter und auch der Mitarbeitervertretungen festzustellen, wenn es um CCR geht. Die Gründe für diese Zurückhaltung der Arbeitnehmervertretungen sind unterschiedlich. Einerseits ist dies aus dem Gegensatz zwischen geldgebenden Eigentümern (Shareholdern) und Mitarbeitervertretungen zu verstehen, die eher Arbeitsplätze und Sicherheit für die durch sie vertretene Klientel sehen, es ist also noch kaum ein thematischer Ansatz entstanden (Vitols 2011, S. 17 ff.). Andererseits will man den Eigentümern bei der Verwendung von Geldern nicht dreinreden. Aber gerade die Perspektive der Mitarbeiter selbst wird hierbei außer Acht gelassen, weil deren Engagement, einzeln und aus Interessengruppen heraus Innovations- und Kreativitätspotenzial vor allem in gesellschaftlichen, und hier speziell in kulturellen Fragen eröffnen könnte.

Die Human Resources-Abteilung ist jedoch selten durch eigene Zielformulierung beteiligt. Abgesehen von der Frage der Fachzuständigkeit für die interne Unternehmenskultur wäre diese Abteilung aber für die Kompetenzen der Mitarbeiter verantwortlich, deren Wollen (Einsatzbereitschaft), Können (Fachkenntnis und soziale Fähigkeiten) und Dürfen im Sinne einer organisatorischen Zuordnung entscheidend gefragt sind, wenn Manpower und Know-how beim kulturellen Engagement der Unternehmen zum Einsatz kommt.

Vor allem unter dem Aspekt eines gewollten Kompetenzaufbaus für Mitarbeiterinnen und Mitarbeiter, aber auch für Führungskräfte, was Qualifikationen angeht, die nicht durch andere Personalentwicklungsmaßnahmen gewährleistet werden können, ist hier eine neue Zielstellung denkbar.

3 Motivation für CCR – ein möglicher Aspekt: Personalentwicklung

3.1 Mitarbeiter als betroffene Stakeholder und engagierte Kulturhelfer

Die Motivation der Mitarbeiter, eine Initiative ihres Unternehmens zu begleiten, sich aktiv einzusetzen, ist ein Potenzial, das bisher noch zu wenig genutzt wird, vor allem aber noch zu wenig unter Personalentwicklungs-Gesichtspunkten gesehen wird.

Obwohl für die Leistung der Mitarbeiter und ihren Kompetenzerwerb einerseits genügend wissenschaftliche Modelle z. B. der Psychologie und Lernpsychologie zur Verfügung stehen und auch praktisch genügend Geld in Personalentwicklung investiert wird, ist diese Komponente kaum beleuchtet. Gerade in jüngster Zeit wird jedoch auf die Wichtigkeit der emotionalen Komponente beim Kompetenzerwerb und gleichzeitig auf die Wichtigkeit der Persönlichkeit hingewiesen, die gerade im Bereich der Führung, Stichwort soziale Empathie, als wichtiger angesehen wird, als lediglich die erworbenen Fach- und Sozialkompetenzen. Wie also können Mitarbeiter durch Auseinandersetzung mit kulturellen Themen und Projekten Kompetenzen entwickeln, die ihre Persönlichkeit erweitern und wachsen lassen? Dies geschieht am besten in konkreten Lernsituationen und zwar gerade nicht nur im Unternehmen.

Kompetenzen sind „bewusst wiederholbare Verhaltensweisen, die in einem bestimmten Kulturraum als erfolgsförderlich wahrgenommen werden" (Paschen 2014, S. 3) und damit mehr als nur Fähigkeit oder Qualifikation, die erst durch das aktive Verhalten in bestimmten Situationen zur Kompetenz wird. Interessant ist also der Kontext des Kulturraums, um bestimmte Kompetenzen zu erwerben. Paschen definiert drei Bestandteile von Kompetenzen: die Fähigkeiten und das Handwerkszeug im Sinne einer Ausführungskompetenz, das Wissen und die Erfahrung über die Realisierungsmöglichkeit sowie die Orientierung und Motivation, also innere Strukturen, die Menschen dazu bringen, sich in bestimmten Situationen entsprechend zu verhalten (Paschen 2014, S. 10).

Das Unternehmen investiert in Kulturprojekte und vermittelt dadurch den Mitarbeiterinnen und Mitarbeitern ein Engagement in ihrer Region, das stolz macht für ein solches Unternehmen zu arbeiten, und es gleichzeitig möglich macht, auch als Person in diesen Kulturprojekten aktiv zu sein. Hierfür gibt es verschiedene Möglichkeiten:

- Mitarbeiter als Besucher einer durch das Unternehmen geförderten Veranstaltung (Ausstellung, Konzert)
- Mitarbeiter als Konsumenten (z. B. Kunst im Büro)
- Mitarbeiter als Freiwillige (Volunteers)

- Mitarbeiter als Know-how-Geber (Berater)
- Mitarbeiter als Initiatoren
- Mitarbeiter als Mentoren und Paten
- Mitarbeiter als Mitspieler (Theater, Lesungen) oder Kreative (Künstler) (Frucht und v. Reden 2014)

Wenn Mitarbeiter in diesen Rollen ernst genommen werden, ist damit:

a. eine individuelle Wertschätzung und Anerkennung durch den Vorgesetzten und/oder die Geschäftsführung verbunden und
b. eine adäquate Kommunikation mit der HR-Abteilung wegen individueller Personalentwicklungsziele möglich.

Das Unternehmen engagiert sich für gesellschaftlich-kulturelle Projekte in der Region, wird dadurch attraktiver für aktuelle Mitarbeiter, gleichzeitig aber auch für potenzielle, die sich für dessen Werte und Kultur interessieren.

Demnach steht die Glaubwürdigkeit des Unternehmens sowohl extern wie intern auf dem Prüfstand, weil das kulturelle Engagement von der jeweiligen Stelle – Geschäftsführung, Stabsbereich Marketingabteilung, Human Resources Abteilung – stringent kommuniziert werden muss, damit die Mitarbeiter keine Diskrepanz zu strategischen Ziellinien oder Aussagen der Geschäftsführung an anderer Stelle (z. B. Betriebsversammlung) feststellen. Auch Aussagen des Unternehmens in der Presse oder personalpolitische Entscheidungen wie z. B. Stellenabbau können einen Imageschaden nach innen dann nicht verhindern.

Das gleiche gilt für die Fristigkeit des kulturellen Engagements. Die Partnerorganisationen und -projekte, mit denen ja in der Regel auch Verträge bestehen, müssen sich auf eine langjährige Kontinuität verlassen können, wie das im Sponsoring auch üblich ist, sowohl aus Budgetgründen als auch aus Imagegründen. Ein Image, ein öffentliches Bild entsteht langsam, sowohl nach innen als auch nach außen zu den Partnern und der Öffentlichkeit. Auf diese Faktoren muss die Kommunikation zugeschnitten sein. Speziell wenn Mitarbeiter direkt betroffen und eingebunden sind, kann die Human Ressource Abteilung diese Kommunikation persönlich führen, um sowohl die Glaubwürdigkeit zu erhalten als auch die Mitarbeiter „abzuholen" und ihre Persönlichkeitsentwicklung bewusst zu verfolgen.

3.2 Die Region als konkreter Platz von Kulturprojekten

Region als Begriff ist nicht eindeutig. Regionen haben unterschiedliche geografische Ausmaße, aber auch unterschiedliche klimatische, wirtschaftliche oder politische Bedingungen. Vor allem aber haben sie auch unterschiedliche ethnische und kulturelle Konnotationen. Im vorliegenden Zusammenhang soll Region als eingrenzbarer Raum für kulturelle Veranstaltungen verstanden werden, der eine größere als nur lokale Bedeutung hat für einen Standort z. B. eine Stadt, allerdings diese Bedeutung auch lediglich regional, also im Umland dieses Standorts und nicht über-regional (landesweit) ist (Kleine-König und Schmidpeter 2012, S. 681 ff.). Dieses Verständnis von Region als Kulturregion beleuchtet Projekte, die überschaubar, konkret und damit auch personal transparent sind. Kultur-schaffende, wie -beteiligte sind sichtbar. Diese Transparenz richtet sich auch auf die För-dergeber, deren eingesetzte finanzielle Mittel sowie auf deren beteiligte Mitarbeiter und Eigentümer, die in der Region durchaus sichtbar werden (Habisch und Schwarz 2012, S. 115 ff., 124 ff.).

Diese konkrete Beteiligung, mit Fokus auf Aktivität und persönlicher Identifikation, führt zu intensiver Zusammenarbeit, zielgerichteter Überwindung von Hindernissen, Überzeugung anderer, noch nicht Beteiligter, auch der Politik oder anderer Stakeholder, die vor allem im Wiederholungsfall bei den involvierten Mitarbeiterinnen und Mitarbei-tern neue Kompetenzen wachsen lassen.

Die emotionale Beteiligung und die Bildung von Netzwerken entsteht dabei aus dem konkreten inhaltlichen Fokus der jeweiligen Kulturinitiative, aber auch aus der Tatsache, dass die Mitarbeiter ja in der Region wohnen und leben, ihre Arbeit, und ihre Freizeit verbringen und daher Netzwerke und Lebenssituationen viele Schnittflächen und Über-schneidungen entwickeln (Walter, Nieuwevoer 2013).

Die regionale Kulturarbeit lebt von Einzelinitiativen, (vgl. zu aktuellen Beispielen BMWfW 2014) kleineren Projekten und Verbindungen von Personen, um Hindernisse zu überwinden und besondere Ideen tragfähig werden zu lassen. Besonders bei Initiativen von und für Jugendliche, die als besondere Zielgruppe sowohl von einer aktivierenden Kulturpolitik, die sich für die Gestaltung der Regionalentwicklung stark machen und mit dieser Einstellung auch auf Unternehmen der Region zugehen, als auch von Unternehmen, die ihre Zukunft und die Zukunft der Region im Auge haben, ist eine langfristige Zusam-menarbeit gefragt.

Das Engagement von Unternehmen beträgt hier tatsächlich überwiegend drei Jahre und länger (Hütter 2008, S. 10), sodass mit den Initiativen auch die beteiligten Menschen und die Region sich entwickeln, also eine Win-win-win-Situation entstehen kann. Für eine nachhaltige Standortentwicklung ist dieser längere Zeitraum wichtig, punktuelle Aktivi-täten würden untergehen. Die Entwicklung regionaler Cluster als Beweggrund für Unter-nehmen, ihre Identität zu verankern und gleichzeitig CCR sichtbar zu machen, kann also als zusätzliche Dimension die Entwicklung der eigenen Mitarbeiter einschließen (Porter und Kramer 2012, S. 143 ff.). Die Entwicklung kann man sehr gut an der Anzahl der 385 österreichischen KMU, sowie der 148 Großunternehmen ablesen, die derzeit angeben, einen CSR Schwerpunkt zu besitzen. Inzwischen gibt es Wettbewerbe, Gütesiegel und Berater in diesem Feld (CSR-Jahrbuch 2014, zu theoretischen Konzepten Breuer 2011, Buchholz, Carrol 2014).

3.3 Kulturprojekte als Teil der Personalentwicklung – neue Kompetenzen

Personalentwicklung wird in Unternehmen schon sehr lange als Teil der Personalarbeit wahrgenommen. Durch vielfältige Maßnahmen werden Mitarbeiter gefordert und gefördert, um einerseits Fach- und Methodenkompetenzen aufzubauen, vor allem aber auch um Persönlichkeit und Sozialkompetenzen (weiter) zu entwickeln (Berthel und Becker 2010, S. 387 ff.). Die Frage, also, nicht nur die Leistungsfähigkeiten der Mitarbeiter, sondern vor allem ihre Leistungsbereitschaft und Motivation zu fördern sei, hat schon immer Fachleute der Personalentwicklung beschäftigt (Berthel und Becker 2010, S. 43 ff., 75 ff.). Die dazu gängigen Vorgangsweisen sind Seminare, bzw. Trainings zum Verhalten im Job, Veränderung der Gestaltung von Aufgaben (Job Enrichment und Job Enlargement) u. ä., aber bisher können nur wenige Möglichkeiten genutzt werden, den Betroffenen ein Erfahrungslernen durch eigene Auseinandersetzung, also die Einbeziehung der Person und ihrer Potenziale in die Lernerfahrung zu vermitteln.[2] Alle Aktivitäten, die Eigen-Engagement der Mitarbeiter erfordern, und die Auseinandersetzung mit inhaltlichen Themen sind daher gefragt und können durch Coaching unterstützt werden.[3] Die Begründung der Unternehmen, Kunst unter dem Aspekt der Personalentwicklung einzusetzen (Haltern 2014, S. 89 ff.) liegt nach einer Befragung daher vor allem bei Zielaspekten der Persönlichkeitsentwicklung und der sozialen Fähigkeiten (51 %), dem Umgang mit Komplexität und Unsicherheit (20 %) sowie natürlich dem Aufbau von Kreativität (18 %) (Haltern 2014, S. 93).

Die unterschiedlichen Kultursparten und Kunstformen (z. B. Projekte, Kultursponsoring, Netzwerke mit Kulturträgern, -projekten und -initiativen, Zusammenarbeit mit Bildungs- und Forschungsinstituten mit konkreten Kulturschaffenden (Personen) und NGO- bzw. Non Profit Organisationen des Kulturfeldes) führen dabei bei den betroffenen Mitarbeitern je nach Einbezug und Engagement der Individuen zu ganz neuen Kompetenzen und Netzwerken, die in ihrer Zielrichtung allerdings einer Reflexion bedürfen (Kohl 2007; Hütter 2008). Die Engagements der Unternehmen sind auch durchaus unterschiedlich im Verständnis der jeweiligen Kultur und Kulturpolitik (Fifka 2011; Nieuweboer 2013) und damit auch in den jeweiligen regionalen Ausprägungen.

Die Zielrichtung, Begründung und Motivation[4] der Unternehmen zu kulturellem Engagement ist dabei nach wie vor an Eigentümerinteressen geknüpft und muss zum strategi-

---

[2] Ein positives Beispiel sind Auslandsaufenthalte, die zu einer sehr umfassenden Lernerfahrung und Persönlichkeitsentwicklung führen.

[3] Hierfür sind verschiedene Vorgehensweisen denkbar, z. B. Begleitung durch die personalverantwortliche Führungskraft, die HR-Abteilung oder einen externen Coach.

[4] Basis der Motivation sind neben den oben bereits angesprochenen gesellschaftlichen Veränderungen wie der Globalisierung der Wertschöpfungskette auch der demografische Wandel oder die zunehmenden Desintegrationsprobleme und soziale Exklusion bestimmter Gruppen wie z. B. Alleinerziehende, Migrationsfamilien oder Erwerbslose (Blanke und Lang 2010, S. 242).

schen Ansatz und zum Wertekanon des Unternehmens passen. Der Aufbau von Kompetenzen etwa beteiligter oder engagierter Einzelpersonen ist damit nicht immer zu vereinbaren.

Das Engagement von Mitarbeitern zu unterstützen (Blanke und Lang 2010, S. 253 ff.)
und damit auch das Vertrauen zu haben, dass sich Persönlichkeiten entwickeln, die nicht
notwendigerweise immer nur nach Zielen der Personalentwicklung, aber immer eigenständig und eigenverantwortlich handeln, sollte dabei gedankenleitend sein. Helldorf und
Kahle beschreiben in ihrem neueren Ansatz über die Netzwirkung dieser Kompetenzentwicklung, dass mit der systematischen Kompetenzerfassung der Dimensionen Können
und Wollen auch das *Dürfen* eine hohe Bedeutung hat und damit auch die Gestaltung und
Messung von Organisationsentwicklung einhergeht (Helldorff und Kahle 2014, S. 153 ff.).

Für das gegenseitige, vor allem sektorenübergreifende Lernen, bei dem sehr erfolgreich der Seitenwechsel in die jeweilig andere Sphäre eines Kulturumfeldes erfolgt,
entsteht ein für dieses Lernen notwendiges, gegenseitiges Irritationspotenzial, (Haltern
2014, S. 181, 185) das für das Verlassen alter Wege und Verhaltensweisen notwendig
ist. Haltern beschreibt mit „Seitenwechsel" und „Common purpose" zwei konkrete Beispiele von gleichzeitiger Managemententwicklung und sozialpolitischer Intervention, das
Erleben unterschiedlicher Führungskontexte von Unternehmen zu Kulturträgern und die
gleichzeitige Stärkung der regionalen Entwicklung in verschiedenen Projekten des BMW
Werkes Leipzig.[5]

Besondere Wirksamkeit entsteht hierbei auf 3 Ebenen des Profitierens: Transfer von
Know-how und Dienstleistungen, Überspannung struktureller Löcher, aber auch durch die
Chance zur gegenseitigen Irritation. Die Überspannung struktureller Löcher (Kleine-König und Schmidpeter 2012, S. 694), das heißt der Ausgleich von Defiziten in der Region,
wo Märkte und öffentliche Hand versagen und vorhandene Strukturen blinde Flecken aufweisen, hat hierbei eine besondere Bedeutung.[6] Die Möglichkeiten zum Beobachtungslernen mittels Kunst (Haltern 2014, S. 328 ff.) und dabei vorhandenes soziales Kapital
zu nutzen durch persönliche Kontakte der Mitarbeiter hat für das Unternehmen und das
Individuum ein hohes Wirksamkeitspotenzial. Mit der Erfahrung gegenseitiger Irritationen wächst auch wieder Vertrauen.

> Hierin liegen die Möglichkeiten für eine Gestaltung der Beziehung zwischen System und Umwelt,
> Wirtschaft und Kunst, zwischen Unternehmen und Kulturorganisationen. (Haltern 2014, S. 339)

Die Möglichkeiten, die sich daraus für Mitarbeiter ergeben, eigene Stärken zu verstehen,
neu zu erleben, sich selbst als in neuem Umfeld handelnde Person neu wahrzunehmen,
kann sich auf völlig unterschiedlichen Gebieten manifestieren. Paschen und Fritz unterscheiden Führungskompetenzen, Sozialkompetenzen, unternehmerische Kompetenzen,
Problemlösungs- und Selbststeuerungskompetenzen, die es jeweils zu diagnostizieren und

---

[5] Vgl auch zur Wechselwirkung zwischen der BMW Group und der Gesellschaft auch Schöberl
2012, S. 515 ff. zu CSR als integralem Bestandteil der Managerausbildung Haase, Lilge 2012.

[6] Vgl. zu Brücken über strukturelle Löcher auch Haltern 2014, S. 152.

zu entwickeln gilt (Paschen und Fritz 2014, S. 3 ff.). Insbesondere kann davon ausgegangen werden, dass in einer kulturgeprägten Lernumgebung Potenziale zu entwickeln sind, die sich auf die Sozialkompetenzen und die Selbststeuerungskompetenzen beziehen. Im Einzelnen wären das der Aufbau von Kontaktfähigkeit, Teamfähigkeit und interkultureller Kompetenz (Paschen und Fritz 2014, S. 133 ff.) auf dem Gebiet der Sozialkompetenzen, sowie Selbstreflexion, Empathie und Initiative auf dem Feld der Selbststeuerungskompetenz (Paschen und Fritz 2014, S. 403 ff.). Außerdem werden durch den thematischen Zusammenhang in Kulturprojekten neue Kunden-Zielgruppen und durch geänderte Denk-Prioritäten und Prozesse Konfliktfähigkeit, Überzeugungskraft, Analyse und Innovationsfähigkeit (Kreativität) gefördert, sodass ein Großteil aller Kompetenzfelder betroffen sind. Interessant für die Personalentwicklung sind vor allem die Felder, die im Unternehmenszusammenhang nicht so häufig gelernt werden, bzw. eine andere Priorität genießen.

4 Erkenntnisse und Handlungsempfehlungen

Die Kombination von unternehmerischer Perspektive und der strategischen Bedeutung von CCR mit der Perspektive einer Entwicklung von Mitarbeitern kann in der kulturellen Zusammenarbeit mit Projekten und Institutionen der Region eine hohe Wirksamkeit entfalten. Hier findet unternehmerische Verantwortung und kulturelles Engagement ihren konkreten Ausdruck, hier wohnen die Mitarbeiter und engagieren sich privat als Teil der Region, aber auch als Mitarbeiter eines nachhaltig und verantwortlich handelnden Unternehmens. Der Beitrag für die Entwicklung dieser Region wird zwar immer nur ein Teil der vorhandenen Kulturpolitik sein, aber die betroffene Region erfährt auch in den jeweiligen Diskursen eine Bereicherung:

Es gilt für die angestrebte Win-win-win-Situation jedoch einige Voraussetzungen zu schaffen.

1. Entscheidend ist der Reifegrad des Unternehmens (Schneider 2012, S. 17 ff.) und die Passung seiner Branche, Produkte und Geschichte mit der Verankerung in der Region.
2. Es müssen Anknüpfungsmöglichkeiten an konkrete Kulturprojekte, bzw. an die Kulturpolitik in der Region geschaffen werden.
3. Die Bereitschaft zu professioneller Zusammenarbeit der verschiedenen Akteure in der Region muss gefördert werden.
4. Es wird keine Ablösung der staatlichen Förderung, sondern ein „sowohl als auch" und damit eine zusätzliche Bereicherung der Diskurse angestrebt.
5. Es geht um die Erarbeitung vielfältiger Nutzen, und damit einer Win-win-win-Situation der Entwicklung von Unternehmen, Kultur und Region.

Auf diesem Feld der konkreten regionalen CCR, in der es damit ein vielfältiges Zusammenwirken der verschiedenen Stakeholder geben wird, kann auch der Aspekt der integralen Personalentwicklung gesehen werden. Hier können unter Einbeziehung von Erfahrungslernaspekten von Personen, also verschiedener Stakeholder als Individuen in ihren jeweiligen Tätigkeiten im kulturellen Umfeld, im Aufbau von Netzwerken und sozialen Konstrukten neue Kompetenzen und Aspekte der eigenen Persönlichkeit entwickelt werden. Beispielhaft seien aufgeführt:

1. Sensibilität für langfristige, nachhaltige, gesellschaftliche Themen – Bereitschaft zu lernen und sich weiterzuentwickeln
2. Entwicklung und Einsatz eigenen Kreativitätspotenzials
3. Wertebewusstsein und Auseinandersetzung mit Werten anderer – Ernstnehmen von Unternehmenswerten und -philosophie
4. Durchsetzungsfähigkeit, Überwindung von Hindernissen
5. Selbst-Wahrnehmung (sich selbst in anderem Zusammenhang wahrnehmen (z. B. als Vorbild bei der Jugendarbeit oder in einer anderen Art der Zusammenarbeit mit Vorgesetzten)
6. Entwicklung von Empathie
7. Fehlertoleranz, Lernfähigkeit, Umgang mit Scheitern (eigenem Scheitern z. B. aus Unvermögen oder auch dem Scheitern des Projekts)
8. Teamfähigkeit mit Personen aus teils völlig fremden/anderen Erfahrungs- und Erlebnishintergründen
9. Kommunikations- und Überzeugungsfähigkeit (Eintreten für eigenes Engagement bzw. für das kulturelle Engagement des Unternehmens)

Die Liste dieser möglichen Kompetenzen und Ansätze für Persönlichkeitsentwicklung ließe sich sicher erweitern und ist nicht verallgemeinerbar, erscheint aber vor dem Hintergrund einer sich schnell entwickelnden, globalen Vernetzung von Unternehmen, Kulturen und Individuen als eine wichtige Grundlage, um Unternehmen in der Region zu verankern und durch den Einbezug des Engagements ihrer Mitarbeiter zukunfts- und wettbewerbsfähig zu erhalten.

Um die dazu notwendigen Denk- und Handlungskompetenzen zu entwickeln, können sich Mitarbeiter durch Kulturprojekte in Kunst, Theater, Musik oder Bildung mit neuen Themen auseinandersetzen, ihre Persönlichkeit weiterentwickeln und damit gleichzeitig das Engagement ihres Unternehmens in der Region glaubwürdig sichtbar und erlebbar machen.

Allerdings lernen auch die Mitarbeiter und Künstler der Kulturprojekte und Organisationen in der Zusammenarbeit mit ihren wirtschaftlich orientierten Partnern und ihrer anderen Strategie- und Prozessorientierung. Das Feld ist noch vielseitig nutzbar.

Literatur

Arbeitskreis Nachhaltige Unternehmensführung der Schmalenbach- Gesellschaft für Betriebswirtschaft e. V. (Arbeitskreis Nachhaltigkeit) (2012) „Verantwortung" eine phänemonologische Annäherung. In: Schneider A, Schmidpeter R (Hrsg) Corporate social responsibility. Springer, Berlin, S 39–54

Berthel J, Becker F (2010) Personalmanagement. Grundzüge für Konzeptionen betrieblicher Personalarbeit, 9. vollst. überarb. Aufl. Stuttgart

Blanke M, Lang R (2010) Soziales Engagement von Unternehmen als strategische Investition in das Gemeinwesen. In: Hardtke A, Kleinfeld A (Hrsg) Gesellschaftliche Verantwortung von Unternehmen. Von der Idee der Corporate Social Responsiblitiy zur erfolgreichen Umsetzung. Gabler, Wiesbaden, S 242–272

BMWfW (Hrsg) (2014) Sustainability Award, Die eingereichten Projekte. Editorial Office Forum Umweltbildung im Umweltverband Hrsg. vom BMWFW, Wien

Breuer MS (2011) CSR Corporate Social Responsibility, Theoretische Konzepte und strategische Relevanz. Trauner, Linz

Buchholtz A, Carroll A (2014) Business and society; ethics, sustainability and stakeholder management. 9th Ed. South-Western College, USA

Coni-Zimmer M, Rieth L (2012) CSR aus der Perspektive der Governance Forschung. In: Schneider A, Schmidpeter R (Hrsg) Corporate social responsibility. Springer, Berlin, S 709–730

CSR (2014) Jahrbuch für unternehmerische Verantwortung, Bd. 5. (Hrsg Michael Fembeck). CSR@medianet.at

Dinter BH (2014) Symbiose oder Widerspruch? Unternehmerische Kulturförderung im kirchlichen Raum. Stiftung und Sponsoring. Das Magazin für Nonprofit-Management und-Marketing. Unternehm Kult (Sonderausgabe) S 56, 57

Fifka M (2011) Corporate Citizenship in Deutschland und den USA:Gemeinsamkeiten und Unterschiede im gesellschaftlichen Engagement von Unternehmen und das Potenzial eines transatlantischen Transfers Gabler. Springer, Wiesbaden

Frucht S, von Reden F (2014) Unternehmen für Kultur. Sonderausgabe 2014 von Stiftung & Sponsoring. Das Magazin für Nonprofit-Management und-Marketing März 2014. Stiftung und Sponsoring Verlag, Arbeitskreis Kultursponsoring im BDI, Gütersloh

Gastinger K, Gaggl P (2012) CSR als strategischer Managementansatz. In: Schneider A, Schmidpeter R (Hrsg) Corporate social responsibility. Springer, Berlin, S 243–258

Girst T, von Posadowsky D (2014) „Tue Gutes und lasse andere darüber reden" Die Kommunikation kulturellen Engagements In: Stiftung und Sponsoring. Das Magazin für Nonprofit-Management und-Marketing. Unternehm Kult (Sonderausgabe) S 29

Haase M, Lilge H-G (2012) CSR – ein integraler Bestandteil der Management – und Managerausbildung. In: Schneider A, Schmidpeter R (Hrsg) Corporate social responsibility. Springer, Berlin, S 417–434

Habisch A, Schwarz C (2012) CSR als Investition in Human- und Sozialkapital. In: Schneider A, Schmidpeter R (Hrsg) Corporate social responsibility. Springer, Berlin, S 113–136

Haltern NJ (2014) Jenseits des konventionellen Kultursponsorings. Chancen alternativer Kooperationen zwischen Unternehmen und Kulturorganisationen

Hardtke A, Kleinfeld A (Hrsg) (2010) Gesellschaftliche Verantwortung von Unternehmen, Von der Idee der Corporate Social Responsibility zur erfolgreichen Umsetzung. Springer, Wiesbaden

Helldorff S, Kahle E (2014) Mehr Können – mehr Wollen – mehr Dürfen. Die Anwendung des Kompetenznetzes auf die Kompetenzentwicklung in Unternehmen. Z Führ Organ 83(03):153–161

Hütter M (Hrsg) (2008) NPO-Akademie, MC Management Consulting: Kultursponsoring in Österreich, Umfrage unter den Top-500 Unternehmen Österreichs, Wien 2008

Kleine-König C, Schmidpeter R (2012) Gesellschaftliches Engagement von Unternehmen als Beitrag zur Regionalentwicklung. In: Schneider A, Schmidpeter R (Hrsg) Corporate social responsibility. Springer, Berlin, S 681–700

Kleinfeld A, Schnurr J (2010) CSR erfolgreich umsetzen. In Hardtke A, Kleinfeld A (Hrsg) Gesellschaftliche Verantwortung von Unternehmen. Gabler, Wiesbaden, S 286–359

Kohl M (2007) Corporate Culture Responibiltiy – das kulturelle Engagement österreichischer Unternehmen. SWS-Rundschau 47(3):343–362

Muschick S (2014) Die Zukunft wird jetzt gestaltet. Gute unternehmerische Kulturförderung gestaltet mit. in: Stiftung und Sponsoring. Das Magazin für Nonprofit-Management und-Marketing. Unternehm Kult (Sonderausgabe) S 4, 5

Nieuweboer W (2013) aktuelle Studie zum Kultursponsoringmarkt in Deutschland, Österreich, Schweiz und Luxemburg 2013 der CAUSALES. Gesellschaft für Kulturmarketing und Kultursponsoring GmbH, Deutschland

Oberholzer K (2012) Konkrete Ansätze zur Förderung einer regionalen CSR. In: Schneider A, Schmidpeter R (Hrsg) Corporate social responsibility. Springer, Berlin, S 701–708

Paschen M (2014) Potenziale und Kompetenzen beurteilen und entwickeln: Fundamentale Einsichten zu einem Dauerthema der Personalarbeit. Paschen, Fritz, S 1–26

Paschen M, Fritz A (Hrsg) (2014) Die Psychologie von Potenzial und Kompetenz. Individuelle Stärken verstehen, beurteilen und entwickeln. Schmidt, Neustadt

Porter M, Kramer M (2012) Die Brücke von Corporate Social Responsibility zu Corporate Strategy. In: Schneider A, Schmidpeter R (Hrsg) Corporate social responsibility. Springer, Berlin, S 137–154

Schneider A (2012) Reifegradmodell CSR – eine Begriffsklärung und -abgrenzung. In: Schneider A, Schmidpeter R (Hrsg) Corporate social responsibility. Springer, Berlin, S 17–38

Schneider A, Schmidpeter R (Hrsg) (2012) Corporate Social Responsibility; Verantwortungsvolle Unternehmensführung in Theorie und Praxis. Springer, Berlin

Schöberl M (2012) CSR-Unternehmen und Gesellschaft im Wechselspiel am Beispiel der BMW-Group. In: Schneider A, Schmidpeter R (Hrsg) Corporate social responsibility. Springer, Berlin, S 515–526

Schwerk A (2012) Strategische Einbettung von CSR in das Unternehmen. In: Schneider A, Schmidpeter R (Hrsg) Corporate social responsibility. Springer, Berlin, S 331–356

Sutter GS (2012) CSR und Human Resource Management. In: Schneider A, Schmidpeter R (Hrsg) Corporate social responsibility. Springer, Berlin, S 399–416

Vitols K (2011) Nachhaltigkeit- Unternehmensverantwortung Mitbestimmung, ein Literaturbericht zur Debatte über CSR. Edition sigma, Berlin

Walter H-C, Nieuwevoer E (2013) Studie Kultursponsoringmarkt in Deutschland, Österreich, Schweiz und Luxemburg 2013. Causales, Gesellschaft für Kulturmarketing und Kultursponsoring mbH, Berlin

Prof. (FH) Dr. Gereon Schmitz Nach dem Studium der Betriebswirtschaftslehre an der Universität zu Köln, einem Forschungsprojekt für die VW-Stiftung und der Promotion zum Thema einer strategisch orientierten Personalentwicklung war Dr. Schmitz in Personalfunktionen für verschiedene deutsche Konzerne tätig, zuletzt verantwortete er den Konzernbereich Human Ressources für einen großen Familienkonzern. Seit 2006 ist er im Studiengang Sport- Kultur und Veranstaltungsmanagement als Professor für allgemeine Betriebswirtschaft, Personal und Organisation an der Fachhochschule Kufstein Tirol für verschiedene Studiengänge tätig.

Schnittstellenmanagement von Corporate Cultural Responsibility-Projekten

Lorenz Pöllmann

Zusammenfassung

Corporate Cultural Responsibility-Projekte sind oft interdisziplinäre Vorhaben zwischen Unternehmen und Kulturbetrieben, die von zahlreichen Schnittstellen geprägt werden. Schnittstellen sind Verbindungspunkte in einem Prozess, an denen Informationen und Leistungen ausgetauscht werden und Verantwortung übergeben wird. Sie stellen daher sensible Punkte in einem Projekt dar, die eine besondere Aufmerksamkeit verlangen.

Der Artikel zeigt Techniken und Instrumente, die der Analyse und Planung von Funktionsbereichen innerhalb von Corporate-Cultural-Responsibility-Projekten dienen und damit das Management von Schnittstellen ermöglichen. Es wird erläutert, welche Phasen CCR-Projekte durchlaufen und wie beispielsweise mithilfe von Projektstrukturplänen, Netzplänen und Cloud Computing die Komplexität der Prozesse eines Projektes reduziert und Schnittstellen effizient gestaltet werden können.

1 Einleitung

Sobald sich Unternehmen dazu entschließen als Sponsoren, Spender oder in Form eigeninitiierter Projekte kulturelle Verantwortung wahrzunehmen, gehen sie oftmals Kooperationen mit Kulturinstitutionen ein. Projekte, die zur Realisierung der Corporate Cultural Responsibility (CCR) durchgeführt werden, sind daher oftmals interdisziplinär angelegt. Dies hat den Vorteil, dass Experten der Unternehmen und der Kulturbetriebe zusammen-

L. Pöllmann (✉)
HMKW – Hochschule für Medien, Kommunikation und Wirtschaft,
Ackerstr. 76, 13355 Berlin, Deutschland
E-Mail: L.poellmann@hmkw.de

© Springer-Verlag Berlin Heidelberg 2015
V. Steinkellner (Hrsg.), *CSR und Kultur,* Management-Reihe Corporate
Social Responsibility, DOI 10.1007/978-3-662-47759-5_8

arbeiten und ein gegenseitiger Wissenstransfer ermöglicht wird. Durch die betriebsübergreifende Zusammenarbeit entstehen aber auch Schnittstellen, die eine besondere Herausforderung für das Management der Kooperationen darstellen. Der Erfolg der Projekte ist davon abhängig, wie gut es den Beteiligten gelingt, die einzelnen Prozesse institutionenübergreifend zu koordinieren und die Akteure zu einer effizienten Zusammenarbeit zu motivieren.

Im Idealfall verfolgen alle Beteiligten eines Corporate Cultural Responsibility-Projekts das gleiche Ziel. Diese Situation ist in der Praxis jedoch nicht immer gegeben, wie am Beispiel des Kultursponsorings gezeigt werden kann: Während Kultursponsoring aus Perspektive der Unternehmen als Kommunikationsinstrument zu definieren ist, stellt es aus Sicht der Kulturinstitutionen ein Finanzierungsinstrument dar (vgl. Hausmann 2011; Gerlach-March 2010; Haltern 2014). Es ist also für Unternehmen Teil des Absatzmarketings und für Kulturbetriebe Teil des Beschaffungsmarketings. Damit verbunden ist die unterschiedliche Zielsetzung der Akteure: Unternehmen verfolgen als Sponsor in der Regel Ziele wie beispielsweise die Steigerung des Bekanntheitsgrades, ein Imagetransfer zwischen Kulturinstitution und Unternehmen, die Motivation der eigenen Mitarbeiter und letztlich (und langfristig) die Absatzsteigerung der eigenen Produkte (vgl. Bruhn 2013, S. 431 ff.; Mast 2013, S. 435). Für Kulturinstitutionen geht es bei der Kooperation mit Unternehmen vor allem um das Generieren von Ressourcen zur Verwirklichung ihrer künstlerischen Aufgaben.

Während sich die verschiedenen Ziele der Sponsoren und Kulturinstitutionen vertraglich vorab klären lassen, kommt im klassischen Sponsoring-Prozess eine weitere Gruppe von Akteuren hinzu, die sich nur selten verbindlich integrieren lässt: Multiplikatoren, die das Engagement eines Unternehmens medial verbreitet. Diese Rolle wird traditionell von den Medien übernommen (vgl. Bruhn 2010, S. 16 f.). Während der Sponsor ein großes Interesse an der Berichterstattung über sein Engagement hat, zielen Medienbetriebe darauf ab, die Unternehmen als Werbekunden zu gewinnen und sind nur sehr begrenzt bereit, für diese (kostenfrei) Öffentlichkeitsarbeit zu betreiben.

Insbesondere diese teilweise konfligierenden Ziele der Kooperationspartner verdeutlichen die Notwendigkeit, dass bei einem CCR-Projekt nicht parallel, sondern koordiniert miteinander gearbeitet wird. Dies kann nur gelingen, wenn die Schnittstellen zwischen Unternehmen, Kulturbetrieb und weiteren Stakeholdern definiert, analysiert und gestaltet werden.

Dieser Aufgabe widmet sich der vorliegende Beitrag. In den folgenden Abschnitten soll gezeigt werden, welche Schnittstellen bei CCR-Projekten auftreten können, welche Ziele und Herausforderungen mit dem Management der Schnittstellen verbunden sind und welche Maßnahmen sich für die Praxis anbieten. Dazu wird zunächst im nachfolgendem Kapitel ein theoretischer Blick auf das Schnittstellenmanagement geworfen. Dem schließt sich in Kapitel „Akteure im Schnittstellenmanagement von CCR-Projekten" die Betrachtung verschiedener Akteure im Schnittstellenmanagement an. In Kapitel „Instrumente und Techniken des Schnittstellenmanagements" werden konkrete praxisrelevante Ansätze vorgestellt und besprochen, bevor der Beitrag mit einem abschließenden Fazit endet.

2 Grundlagen des Schnittstellenmanagements

2.1 Begriff und Definition des Schnittstellenmanagements

Definition Schnittstellen Schnittstellen sind Verbindungspunkte in einem Prozess, an denen Informationen, Material oder Leistungen ausgetauscht werden (vgl. Greiling und Dudek 2009, S. 68). Schnittstellen sind die Konsequenz aus arbeitsteiligen Prozessen. An ihnen wird Verantwortung übergeben, weshalb sie sensible Punkte im Prozessmanagement darstellen.

Bei Corporate Cultural-Responsibility-Projekten können zwei Arten von Schnittstellen unterschieden werden: Zum einen interne Schnittstellen, die Verbindungen zwischen verschiedenen Abteilungen eines Unternehmens (z. B. Marketingabteilung und Buchhaltung) darstellen. Durch die Kooperation mit Kulturinstitutionen und weiteren Dienstleistern (z. B. Werbeagentur) sind zudem Schnittstellen zu externen Partnern zu berücksichtigen.

Definition Schnittstellenmanagement Unter dem Begriff Schnittstellenmanagement werden Maßnahmen zusammengefasst, die einer Verbesserung betrieblicher Funktionsbereiche dienen (vgl. Salomo et al. 2003). Für Projektleiter von CCR-Vorhaben umfasst das Schnittstellenmanagement die Analyse, Gestaltung und Koordination von Verbindungsstellen des CCR-Projektes, an dem Informationen übertragen werden. Die zwei wesentlichen Ansätze sind hierbei entweder die Reduktion der Komplexität von Schnittstellen oder deren Vermeidung (vgl. Salomo et al. 2003). Strategien im Schnittstellenmanagement zur Vereinfachung von Prozessen sind beispielsweise die Zentralisierung, d. h. Zusammenfassung von Teilaufgaben oder auch die Formalisierung von Aufgaben, um einheitliche Standards zu schaffen und den Bedarf an Kontrolle zu senken (vgl. Silber 2007, S. 217).

2.2 Herausforderungen und Zielsetzung des Schnittstellenmanagements

Wie in den vorangegangenen Abschnitten bereits gezeigt, ist das Schnittstellenmanagement mit zahlreichen Herausforderungen konfrontiert, die nachfolgend vertieft werden sollen. An Schnittstellen kann es zu Informationsverlusten und Zeitverzögerungen kommen, die u. U. das gesamte Projekt gefährden. Das gegenseitige Verständnis von Arbeitsweisen, Abläufen und der Gestaltung von Aufgaben von Unternehmen und Kulturinstitutionen ist daher eine zentrale Anforderung, damit Schnittstellenmanagement gelingt. Dies setzt auf beiden Seiten das Interesse und auch die Offenheit für die Praxis der Kooperationspartner voraus.

Darüber hinaus muss die Relevanz des Schnittstellenmanagements und die daraus resultierende Verantwortung des Schnittstellenmanagers (i. d. R. der Projektleitung) anerkannt werden. Die Relevanz soll zunächst an einem einfachen Beispiel aus der Praxis erläutert werden: Angenommen ein Unternehmen sponsert eine Kulturinstitution; als

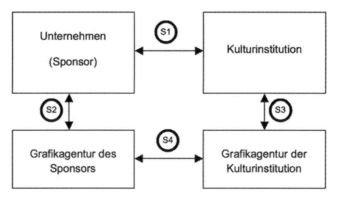

Abb. 1 Beispiel für das Entstehen von Schnittstellen

Gegenleistung wurde die Integration des Sponsoren-Logos bei der Plakatgestaltung ver-
einbart. Bei der praktischen Umsetzung verhält es sich nun oftmals so, dass das Logo
des Sponsors (in der richtigen Auflösung) von einer externen Grafikagentur bereitgestellt
wird, die den Sponsor betreut. Auch das Plakat selbst wird nicht von der Kulturinstitution
erstellt, sondern ebenfalls von einer externen Agentur gestaltet. Dies kann dazu führen,
dass bei diesem zunächst einfachen Vorgang vier Betriebe eingebunden sind und der entscheidende Informationstransfer (das Senden des Logos) zwischen zwei externen Zulieferern geschieht. Es bilden sich also mehrere Schnittstellen, die zu koordinieren sind, wie
Abb. 1 zeigt.

Mit der Anzahl der Schnittstellen steigt auch die Komplexität eines CCR-Projektes und
damit die Notwendigkeit, die Informationsflüsse zu regeln. Das Ziel ist eine reibungsfreie
Zusammenarbeit aller Beteiligten insbesondere zwischen Unternehmen und Kulturinstitution. Grundlage hierfür sollte eine „echte" Kooperation sein und keine Zusammenarbeit,
bei der beispielsweise das Unternehmen den Kulturbetrieb nur als Erfüllungsgehilfen von
Marketing-Zwecken interpretiert oder der Kulturbetrieb ein Unternehmen auf die Funktion einer Geldquelle reduziert.

Die Architektur des Schnittstellenmanagements ist oftmals von der Institution abhängig, die den Impuls für eine Kooperation gibt. Darüber hinaus können Dritte als koordinie-
rende Dienstleister hinzugezogen werden. Das folgende Kapitel zeigt die verschiedenen
Akteure, die in der Regel maßgeblich an der Struktur eines CCR-Projektes beteiligt sind.

3   Akteure im Schnittstellenmanagement von CCR-Projekten

Unternehmen sowie Kulturbetriebe haben meist klare, aber mitunter abweichende Vorstellungen von der operativen Gestaltung einer Kooperation. Somit ist für das Schnittstellenmanagement zu Beginn entscheidend, wer die Aufgabe der Koordination eines Projektes
übernimmt. Grundsätzlich gibt es für die Übernahme der Steuerung drei Möglichkeiten:

1. Das Unternehmen leitet das Projekt.
2. Die Kulturinstitution leitet das Projekt.
3. Ein externer Dienstleister (Agentur) übernimmt die Koordination.

Diese drei Varianten sollten nachfolgend besprochen werden.

3.1   Unternehmen

Für ein Unternehmen ist die Koordination des CCR-Projektes von Vorteil, da somit die Kontrolle über die Prozesse beim Unternehmen bleibt. Die umfassendste Kontrolle wird ermöglicht, wenn die Schnittstellen internalisiert werden und auf die Kooperation mit externen Partnern weitgehend verzichtet wird. Dies ist beispielsweise der Fall, wenn ein Unternehmen seine kulturelle Verantwortung durch eine eigene Stiftung realisiert (vgl. z. B. Deutsche Bank Stiftung 2014). Eine andere Möglichkeit besteht in der Organisation eigener Events: Beispielsweise veranstaltet Audi mit den „Audi Sommerkonzerten" seit 1990 ein eigenes Klassikfestival in Ingoldstadt (vgl. Audi 2014). Der Nachteil dieses Vorgehens besteht in den hohen Kosten, die gegenüber einer Kooperation entstehen. Auch muss das Unternehmen in diesem Fall eine eigene Kompetenz im Kulturmanagement entwickeln, was in der Regel von den Kernkompetenzen abweicht.

Darüber hinaus besteht für Unternehmen die Möglichkeit, die Projektleitung einer CCR-Kooperation mit einer Kulturinstitution zu übernehmen. In diesem Fall arbeitet das Unternehmen mit Kulturbetrieben und weiteren Partnern zusammen, koordiniert wird der Prozess jedoch vom Unternehmen. Für das Unternehmen muss in diesem Fall entschieden werden, wer die Koordinationsfunktion ausüben soll. Idealerweise gibt es ein eigenes Ressort für diese Aufgabe: Beispielsweise hat die BMW Group eine Abteilung für „Cultural Engagement" (vgl. BMW Group 2012). Sofern keine eigene Stelle für kulturelles Engagement geschaffen wurde, bietet es sich an, dass die Koordination von einer Abteilung der Unternehmenskommunikation übernommen wird. Abhängig von der konkreten Ausgestaltung der Kooperation können dies Fachkräfte beispielsweise aus dem Bereich Event-Marketing oder Public Relations sein – entscheidend bei der Zuweisung einer Abteilung ist, wie sehr die Kompetenz der Mitarbeiter bei der Realisierung des Projektes benötig wird, um unnötige Schnittstellen zu reduzieren. Die wesentliche Herausforderung besteht für ein Unternehmen bei diesem Modell in der Gestaltung der Zusammenarbeit mit einer Kulturinstitution. Wenn sich ein Unternehmen dazu entschließt, die Projektleitung im eigenen Haus anzusiedeln, muss damit auch die Bereitschaft einhergehen, sich auf die Besonderheiten des Kooperationspartners einzustellen, diese vorab zu analysieren und anschließend die Organisationsstruktur darauf abzustimmen. So sind beispielsweise bei der Zusammenarbeit mit Theatern und Konzerthäusern die unterschiedlichen Prozesse zwischen Spielzeit und Spielzeitpause zu beachten. Im Kulturfestivalbereich wiederum

arbeitet die meiste Zeit ein Kernteam, das erst zur operativen Umsetzung deutlich aufge-
stockt wird, wodurch plötzlich zahlreiche neue Schnittstellen entstehen können.

3.2 Kulturinstitution

Auch Kulturinstitutionen bieten sich als Leitungsinstanzen für die Kooperationsprozesse
an, da viele organisatorische Details ohnehin von den Kulturbetrieben realisiert werden.
Treten Kulturinstitutionen auf Unternehmen mit dem Angebot zu, ein Corporate-Cultu-
ral-Responsibility-Projekt durchzuführen, wird meist auch davon ausgegangen, dass die
praktische Arbeit vor Ort (und die damit verbundene Planung) von den Kulturbetrieben
übernommen wird. Neben den besseren Fachkenntnissen zu den Gegebenheiten und Möglichkeiten vor Ort, die genutzt werden, ist diese Variante für kooperierende Unternehmen
zudem finanziell interessant, da weniger eigenes Personal eingesetzt werden muss.

An Kulturbetriebe wird für die Leitung des Schnittstellenmanagements die Anforderung gestellt, dass die Ausgestaltung des Projektes präzise durch z. B. Stage-Pläne und Vi-
sualisierungen vorab mit den Unternehmen geklärt ist und damit die Kontrolle abgegeben
werden kann. Sowie es auf Unternehmensseite idealerweise Stellen für CCR-Engagements
gibt, sollten auch Kulturbetriebe die Kooperationen in ihrem Stellenplan berücksichtigen.
So hat beispielsweise das Rheingau Musik Festival zwei Stellen geschaffen, die explizit
für Sponsoring-Kooperationen zuständig sind und sich um die Akquisition und Betreuung
der Partner kümmern (vgl. Rheingau Musik Festival 2014).

3.3 Agentur (externer Dienstleister)

Eine Alternative zu den beiden Modellen bietet der Einsatz einer Agentur als Vermittler
zwischen Kulturinstitution und Unternehmen. Die Aufgabe einer Agentur ist zunächst das
Zusammenführen von Kooperationspartnern und eine beratende Begleitung bis zum Ver-
tragsschluss. Darüber hinaus kann eine Agentur auch bei der operativen Ausgestaltung
einer Kooperation mitwirken. Dies ist zwar mit zusätzlichen Kosten verbunden, hat aber
den Vorteil, dass Agenturen in der Regel über eine hohe Kompetenz im Projektmanagement und Erfahrungen bei der Vermittlung zwischen Kulturbetrieben und Unternehmen
verfügen. *Beispielsweise* hat die Agentur Causales im Auftrag des Berliner Kindermu-
seums Labyrinth das Konzept für eine Sponsoring-Kooperation entwickelt, den Baukonzern Hochtief als Partner gewinnen können und moderiert die Zusammenarbeit zwischen
dem Museum und dem Unternehmen (vgl. Causales 2014).

Nach diesen grundsätzlichen Überlegungen sollen im nächsten Abschnitt konkrete Instrumente und Techniken vorgestellt werden, die zur Analyse und Planung des Schnittstellenmanagements bei CCR-Projekten eingesetzt werden können.

4 Instrumente und Techniken des Schnittstellenmanagements

4.1 Strategische Planung

Das Schnittstellenmanagement von CCR-Projekten lässt sich in zwei Bereiche unterteilen: Bei der strategischen Planung steht die übergeordnete, ganzheitliche Betrachtung des Projektes und seiner Schnittstellen im Vordergrund. Dem entgegen widmet sich die operative Umsetzung konkreter Instrumente, die der Koordination von Schnittstellen dienen.

Bei der strategischen Planung gilt es, zunächst einen Überblick über das anstehende Projekt zu gewinnen, um die auftretenden Schnittstellen erfassen und analysieren zu können. Hierbei hilft die Unterteilung des Projektes in verschiedene Phasen. In der Regel lassen sich CCR-Projekte in die folgenden vier Phasen untergliedern (vgl. zu Projektphasen Klein 2004, S. 45; Nausner 2006, S. 115):

Konzeptphase
Aus Perspektive eines Unternehmens beginnt ein CCR-Projekt mit einer Situationsanalyse, in der die Ausgangslage für das Projekt verdeutlicht wird und damit die vorhandenen Ressourcen, insbesondere der beteiligten Personen und Partner festgelegt werden. Der Analyse schließt sich die Zielsetzung des Projektes und die Zielgruppendefinition an. Die Schritte der Analyse und Zielsetzung stellen damit die Konzeptionsphase eines Projektes dar. In dieser Phase ist es Aufgabe des Schnittstellenmanagements, zunächst in der internen Kommunikation ein gemeinsames Verständnis für das Projekt zu entwickeln. Anschließend wird die Zielsetzung mit externen Partnern abgeglichen und ggf. an die spezifischen Bedingungen und Möglichkeiten der Kooperationspartner angepasst.

Definitionsphase
Wenn die Rahmendaten definiert sind, kann in einem weiteren Schritt die strategische Planung erfolgen, in der die Projektstruktur und Meilensteine definiert werden. Damit wird in dieser Phase auch eine Architektur der Schnittstellen entworfen, wie nachfolgend anhand des Beispiels eines Organigramms zu sehen ist (vgl. Abb. 3).

Realisierungsphase
Die Entscheidungen der Definitionsphase bilden die Grundlage für die anschließende Realisierungsphase, in der alle geplanten Schritte operativ umgesetzt werden. In dieser Phase zeigt sich, ob das Schnittstellenmanagement effizient gestaltet wurde oder ob Kommunikationsprozesse verändert werden müssen. Die Einhaltung von vereinbarten Meilensteinen und die Abwicklung kritischer Pfade in der Ablauforganisation bilden wichtige Indikatoren für die Evaluation der Projektprozesse und verdeutlichen den Erfolg oder Misserfolg bei der Kooperation zwischen den Schnittstellen.

Abschlussphase

Die letzte Phase bildet den Abschluss des Projektes. Da bei CCR-Projekten insbesondere die Dokumentation der Aktivitäten für die Verwertung in der Kommunikationspolitik bedeutend ist, gilt es in dieser Phase, alle Daten und Informationen zu bündeln, bevor die Schnittstellen abschließend aufgelöst werden können. Folgende Abb. 2 fasst die vier Phasen zusammen.

Anhand der Projektphasenplanung lassen sich die wesentlichen Aufgabenfelder festlegen, die anschließend verantwortlichen Personen in der Personalplanung zugeordnet werden. Da bei CCR-Projekten unternehmensfremde Personen in den Prozess integriert werden, bietet sich in einem nächsten Schritt eine Übersicht der Personalorganisation an, um die Schnittstellen auch unter Berücksichtigung der Kommunikation innerhalb des Unternehmens sowie zwischen verschiedenen Institutionen erkennen und steuern zu können. Diese Überlegung verdeutlicht die folgende Abb. 3 anhand eines Beispiels: Skizziert ist hier das CCR-Projekt (beispielsweise die Ausschreibung und Durchführung eines Kunstpreises in Kooperation mit einem Museum), das als temporäres Projekt eine Stabstelle zum Marketing des Unternehmens bildet. Zu sehen ist, dass an dem Projekt Mitarbeiter aus den Abteilungen Presse- und Öffentlichkeitsarbeit, Eventmarketing und Online-Kommunikation beteiligt sind. Darüber hinaus gibt es eine Schnittstelle zu einer kooperierenden Kulturinstitution (hier ein Museum), bei der neben der Museumsdirektion auch Personen aus den Bereichen Marketing (Leitung), Presse- und Öffentlichkeitsarbeit, Sponsoring und Technik involviert sind. Da das Projekt vom Unternehmen initiiert wird, ist die Projektleitung auch auf dieser Seite angesiedelt. Die zu koordinierenden Schnittstellen sind in diesem Fall intern (Marketingabteilung des Unternehmens) und extern (Museum) anhand des Organigramms deutlich und durch die Projektleitung zu koordinieren.

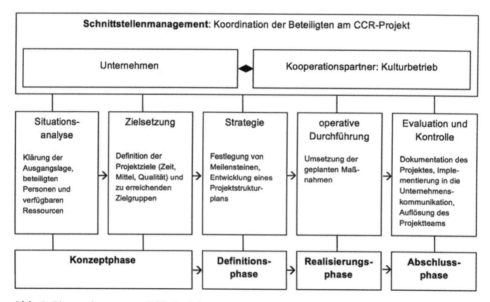

Abb. 2 Phasenplanung von CCR-Projekten

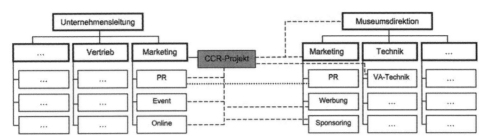

Abb. 3 Schnittstellenplanung anhand eines Organigramms

Wie Abb. 3 zeigt, lassen sich anhand der Organigramme alle Schnittstellen einzeich-
nen, die in diesem Fall an einem Verbindungsbüro zusammenlaufen, das der Marketingabteilung des Unternehmens unterstellt ist. Von dort aus wird die Zusammenarbeit der
mitwirkenden Personen koordiniert. Für die operative Umsetzung muss in einem weiteren
Schritt geklärt werden, welche Projektbeteiligten miteinander im direkten Kontakt stehen müssen, um einen reibungsfreien Ablauf zu ermöglichen. Dies ist im vorliegenden
Beispiel etwa bei den beiden Abteilungen für Presse- und Öffentlichkeitsarbeit der Fall,
um eine gemeinsame PR-Strategie zu erarbeiten. Zu beachten ist, dass Schnittstellen zu
Zulieferern wie beispielsweise einem externen Cateringpartner oder einer Werbeagentur
in diesem Plan nicht deutlich werden, weshalb die Schnittstellenplanung durch einen Projektstrukturplan zu ergänzen ist, wie nachfolgend dargestellt wird.

Schnittstellenmanagement durch einen Projektstrukturplan für CCR-Projekte
Nicht zu verwechseln mit dem Organigramm, das der Planung personeller Schnittstellen
dient, ist der Projektstrukturplan. Mit dessen Hilfe lassen sich die Schnittstellen anhand
von einzelnen Aufgabenbereichen analysieren und planen. Ein Projektstrukturplan unterteilt das CCR-Projekt zunächst in einzelne Teilprojekte und definiert für jedes Teilprojekt
Arbeitspakete, die wiederum bestimmte Tätigkeiten zusammenfassen (vgl. Bernecker und
Eckrich 2003, S. 62; Klein 2004, S. 87 ff.; Bemmé 2011, S. 69 ff.). Das Ziel des Projektstrukturplans ist eine Projektarchitektur mit möglichst wenigen und einfachen Schnittstellen sowie einer fachlichen Zuteilung aller Aufgabenträger, die eine eindeutige Zuordnung
der Verantwortlichkeiten ermöglichen (vgl. Kuster et al. 2008, S. 119 ff.). Abbildung 4
zeigt beispielhaft die Skizze eines Projektstrukturplans, indem erste Schnittstellen ein-
gezeichnet sind. Diese lassen sich unterteilen in projektinterne Schnittstellen (S*int.*), die
sich aus Interdependenzen verschiedener Teilbereiche ergeben, und externe Schnittstellen
(S*ext.*), die verdeutlichen, wo mit Zulieferern und Dritten kooperiert wird.

4.2   Operative Umsetzung

Sobald die strategische Planung der Schnittstellen abgeschlossen ist, kann die operative Umsetzung organisiert werden. Hierfür eignet sich als Instrument die Netzplantechnik und für die Gestaltung einer Kommunikationsstruktur das Cloud Computing, wie nachfolgend gezeigt wird.

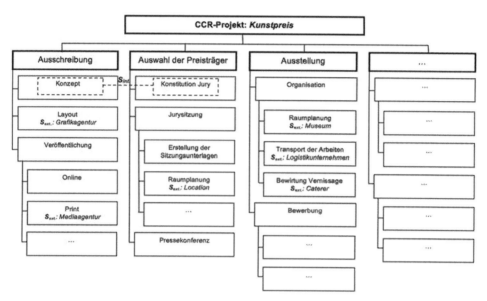

Abb. 4 Beispiel eines Projektstrukturplans

Planung der Schnittstellen durch Netzplantechnik

Bei dem oben beschriebenen Projektstrukturplan ist zu beachten, dass er zwar eine gute
Übersicht der Schnittstellen in Bezug auf die einzelnen Arbeitsbereiche bietet, jedoch für
die Realisierungsphase keine Informationen über die Zeitpunkte liefert, an denen es zum
Informationsaustausch an den Schnittstellen kommt. Die zeitliche Dimension kann durch
die Erstellung eines Netzplans abgebildet werden, der alle Tätigkeiten chronologisch
abbildet (vgl. Noosten 2013). Ein Netzplan basiert auf der „Critical Path Method" (vgl.
Kuster et al. 2008, S. 327 ff.; Nausner 2006, S. 119 ff.), bei dem die Abhängigkeit verschiedener Vorgänge voneinander aufgezeigt wird: Jeder Tätigkeit eines Projektes wird
ein frühester sowie spätester Anfangstermin zugeordnet. Diese Termine sind abhängig von
Arbeitsschritten, die abgeschlossen sein müssen, bevor die Tätigkeit durchgeführt werden
kann. Basierend auf dem Arbeitsaufwand der Tätigkeit und den anschließenden Schritten
wird ebenso ein frühester sowie spätester Endtermin definiert. Ein wesentlicher Nachteil
der Netzplantechnik ist der erhebliche Aufwand, der mit der Erstellung verbunden ist.
Dennoch macht kein anderer Plan die Schnittstellen und damit die kritischen Momente
in einem Projekt so deutlich wie der Netzplan. Die folgende Abb. 5 zeigt beispielhaft den
Ausschnitt eines Netzplans.

Der Einsatz von Cloud Computing im Schnittstellenmanagement

In der operativen Umsetzung der Projekte stellt sich die Frage, wie Kommunikation an
den Schnittstellen möglichst unkompliziert realisiert werden kann. Eine neuere Möglichkeit zur Gestaltung von effizienten Kommunikationsstrukturen bietet der Einsatz von
Cloud Computing. Unter Cloud Computing wird die Bereitstellung von IT-Infrastruktur

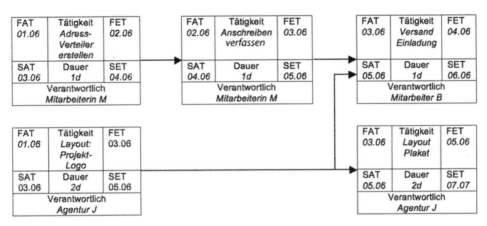

Abb. 5 Schnittstellenplanung mit Netzplantechnik. FAT *(frühester Anfangstermin)*, SAT *(spatester Anfangstermin)*, FET *(frühester Endtermin)*, SET *(spätester Endtermin)*

und Applikationen über das Internet verstanden. Cloud Computing zeichnet sich dadurch aus, dass auf online verfügbare Ressourcen zurückgegriffen wird, die dem aktuellen Bedarf schnell und selbstständig angepasst werden können (vgl. Baun et al. 2013). Dies bedeutet die Verlagerung von Kommunikationsstrukturen in den virtuellen Raum (vgl. Metzger et al. 2011; Vossen et al. 2012). Konkret bedeutet das für CCR-Projekte, dass die Projektbeteiligten gemeinsam auf Anwendungen und Dokumente zurückgreifen können, die auf einer Onlineplattform („Cloud") hinterlegt sind. Abhängig von den Aufgaben und der Verantwortung der einzelnen Mitarbeiter können verschiedene Personen gemeinsam in Dokumenten arbeiten und sich Informationen beschaffen. Die Clouds können über das Unternehmen oder die Kulturinstitution eingerichtet werden, sodass die Daten auf den jeweiligen Servern (der Betriebe) gespeichert werden und allen Projektbeteiligten ein Onlinezugang ermöglicht wird. Darüber hinaus können Cloud-Computing-Dienstleister genutzt werden, wie beispielsweise der Cloud-Storage-Dienst Dropbox oder Google Drive.

Der Einsatz von Cloud Computing fördert die Standardisierung der Kommunikationsprozesse und damit, wie die Informationsvermittlung an den Schnittstellen erfolgt. Ein besonderer Vorteil ergibt sich bei einer für CCR-Projekte typischen dezentralen Struktur, da Informationen nicht zwischen verschiedenen Abteilungen und Institutionen versendet werden müssen, sondern ein autonomer und individueller Zugriff der Beteiligten erfolgen kann. Dies beugt zudem Missverständnissen vor, die schnell aus der Zirkulation veralteter Dokumente entstehen. Zentrale Pläne wie der Projektstrukturplan, Ablaufpläne oder der oben skizzierte Netzplan existieren immer nur in der jeweils aktuellen Version in der Cloud und können von allen eingesehen werden. Auch für die Abschlussphase unterstützt das Cloud Computing das Schnittstellenmanagement, da bei einer konsequenten Verwendung der Cloud-Struktur automatisch alle Dokumente zentral gespeichert sind und ein aufwendiges Zusammentragen der Abschlussdokumentation nicht nötig ist.

Neben diesen Vorteilen sind jedoch auch einige Schwächen des Cloud Computings zu nennen: Ein zentrales Risiko liegt bei der Frage nach der Datensicherheit. Dies ist insbesondere dann relevant, wenn externe Cloud-Dienstleister genutzt werden und dadurch sämtliche Informationen auf einem ausgelagerten Server gespeichert werden. Zudem muss bei einem Einsatz von Cloud Computing beachtet werden, dass dies auf der Einigung zu einer Cloud-basierenden Kommunikationskultur im Projektteam geschieht. Dieser Konsens ist dringende Voraussetzung für das Cloud Computing. Brechen einzelne Projektmitglieder aus dem System aus (z. B. durch andere Services oder das Versenden von Dokumenten auf anderem Weg) kann schnell ein projektgefährdendes Chaos entstehen. Aufgabe des Schnittstellenmanagements ist es in diesem Fall, wie auch grundsätzlich bei der Gestaltung der Projektkommunikation, Parallelstrukturen zu verhindern und damit einheitliche Kommunikationswege zu entwickeln.

5   Fazit

In den vorangegangen Ausführungen wurde gezeigt, dass das Management von Schnittstellen von CCR-Projekten von hoher Relevanz für das Gelingen der Vorhaben ist. Für diese Aufgabe stehen verschiedene Instrumente und Techniken zur Verfügung, entscheidend ist es jedoch, alle wichtigen Schnittstellen zu identifizieren und anschließend die richtigen Entscheidungen hinsichtlich deren Gestaltung zu treffen. Standardlösungen gibt es hierfür nicht, da sich jedes Projekt in Abhängigkeit des Ziels und der beteiligten Akteure unterscheidet und sehr verschiedene Konstellationen von Schnittstellen hervorbringen kann.

Auch wenn alle Verbindungen erkannt und deren Gestaltung geplant ist, kommt spätestens in der Realisierungsphase der „Faktor Mensch" hinzu, der sich beispielsweise aufgrund von Sympathie oder Antipathie gegenüber anderen Mitarbeitern nicht im Sinne des Schnittstellenkonzeptes verhält. Dies macht das Schnittstellenmanagement zu einem dynamischen Prozess, der auch nach der Definitionsphase nicht abgeschlossen ist. Es darf aber auch daran erinnert werden, dass es oftmals die Schnittstellen sind, die eine Projektarbeit besonders interessant und spannend machen. An diesen Verbindungspunkten entstehen Kontakte, die einen Austausch und damit gegenseitiges Lernen ermöglichen. Dies kann zu neuen Erfahrungen und einer Bereicherung für Unternehmen und Kultur führen, was schließlich das Ziel von Corporate-Cultural-Responsibility-Projekten ist.

Literatur

Audi (2014) Audi Sommerkonzerte. http://www.audi.de/de/brand/de/audi-artexperience/audi-sommerkonzerte.html. Zugegriffen: 1. Juni 2014
Baun C, Kunze M, Nimis J, Tai S (2013) Cloud Computing. Web-basierte dynamische IT-Services, 2. Aufl. Springer, Wiesbaden
Bemmé SO (2011) Kultur-Projektmanagement. Verlag für Sozialwissenschaften, Wiesbaden
Bernecker M, Eckrich K (2003) Handbuch Projektmanagement. Oldenbourg, München
BMW Group (2012) BMW Group Cultural Engagement. München, o. V.

Bruhn M (2010) Sponsoring: Systematische Planung und integrativer Einsatz, 5. Aufl. Gabler, Wiesbaden

Bruhn M (2013) Kommunikationspolitik. Systematischer Einsatz der Kommunikation für Unternehmen, 7. Aufl. Vahlen, München

Causales (2014) HOCHTIEF unterstützt junge Stadtplaner im Labyrinth Kindermuseum. http://www.kulturmarken.de/kultursponsoring-news/newsletter/87/2315-newsletter-mai-2014. Zugegriffen: 28. Juni 2014

Deutsche Bank Stiftung (2014) Deutsche Bank Stiftung. http://www.deutsche-bank-stiftung.de/. Zugegriffen: 1. Juni 2014

Gerlach-March R (2010) Kulturfinanzierung. Verlag für Sozialwissenschaften, Wiesbaden

Greiling M, Dudek M (2009) Schnittstellenmanagement in der Integrierten Versorgung. Eine Analyse der Informations- und Dokumentationsabläufe. Kohlhammer, Stuttgart

Haltern NJ (2014) Jenseits des konventionellen Kultursponsorings. Chancen alternativer Kooperationen zwischen Unternehmen und Kulturorganisationen. Transcript, Bielefeld

Hausmann A (2011) Kunst- und Kulturmanagement. Verlag für Sozialwissenschaften, Wiesbaden

Klein A (2004) Projektmanagement für Kulturmanager. Verlag für Sozialwissenschaften, Wiesbaden

Kuster J, Huber E, Lippmann R, Schmid A, Schneider E, Witschi U, Wüst R (2008) Handbuch Projektmanagement. Springer, Berlin

Mast C (2013) Unternehmenskommunikation 5. Aufl. UTB, Konstanz

Metzger C, Reitz T, Villa J (2011) Cloud Computing. Chancen und Risiken aus technischer und unternehmerischer Sicht. Hanser, München

Nausner P (2006):Projektmanagement. UTB, Bern

Noosten D (2013) Netzplantechnik – Grundlagen und Anwendungen im Bauprojektmanagement. Springer Vieweg, Wiesbaden

Rheingau Musik Festival (2014) Förderer. http://www.rheingau-musik-festival.de/rmf,de,18,sponsoren,sponsors.html. Zugegriffen: 1. Juni 2014

Salomo S, Gemünden HG, Billing F (2007) Dynamisches Schnittstellenmanagement radikaler Innovationsvorhaben. In: Herstatt C, Verworn B (Hrsg) Management der frühen Innovationsphasen, 2. Aufl. Gabler, Wiesbaden, S 215–249

Silber A (2007) Schnittstellenmanagement im CRM-Prozess des Industriegütervertriebs. DUV, Gabler, Wiesbaden

Vossen G, Haselmann T, Hoerer T (2012) Cloud Computing für Unternehmen. Technische, wirtschaftliche, rechtliche und organisatorische Aspekte. dpunkt. verlag, Heidelberg

Prof. Dr. Lorenz Pöllmann ist Professor für Medien- und Eventmanagement an der HMKW – Hochschule für Medien, Kommunikation und Wirtschaft, Berlin. Er studierte in Freiburg und Frankfurt (Oder) Internationales Kulturmanagement und Kulturtourismus und promovierte über den Einsatz von Social Media im Theatermarketing. In den Jahren 2005 und 2006 leitete er den Kulturkongress in Freiburg und war von 2007 bis 2009 Projektleiter bei einer Agentur für Kulturmarketing. In den Jahren 2009 bis 2013 arbeitete er als wissenschaftlicher Mitarbeiter an der Professur für Kulturmanagement an der Europa-Universität Viadrina, Frankfurt (Oder). Lorenz Pöllmann ist seit mehreren Jahren als Berater für Kulturmanagement tätig und regelmäßig als Dozent Gast an der Otto-von-Guericke Universität Magdeburg sowie an der Europa-Universität Viadrina, Frankfurt (Oder).

Teil II
Forschung und Bildung

Unternehmen Kultur. Auf dem Weg zu neuen Partnerschaften zwischen Industrieunternehmen, Bildung und Kultur

Tanja Nagel und Michael Wimmer

Zusammenfassung

Der Beitrag möchte zur Kooperation zwischen Wirtschaft und Kultur einen dritten Sektor hinzufügen: den Bildungsbereich. Im Auftrag der Industriellenvereinigung Österreich und der Industriellenvereinigung Wien sich hat EDUCULT im Rahmen einer Studie mit der Frage beschäftigt, welche Potentiale Allianzen zwischen Wirtschaft, Bildungssektor und dem Kunst- und Kulturbereich für die Förderung von Lernen in und mit Kunst und Kultur haben. Angesichts veränderter Arbeitsbedingungen, die zunehmend Kompetenzen wie Problemlösefähigkeit sowie Flexibilität und Kreativität erfordern, wird der Ruf von Expertinnen und Experten aus Wirtschaft, Kultur und Bildung immer lauter, Lernen in und mit Kunst und Kultur in die (Aus-)Bildung zu integrieren. Der hier vorliegende Text geht nicht nur auf die Veränderungen am Arbeitsmarkt sowie die damit verbundenen Auswirkungen auf den Bildungsbereich und die Rolle von Künstlerinnen und Künstlern ein, sondern beschreibt auch, auf welche Weise sektorenübergreifende Partnerschaften gestaltet werden können, welche Rahmenbedingungen dafür erforderlich und welche Potentiale damit verbunden sind.

T. Nagel (✉) · M. Wimmer
EDUCULT – Denken und Handeln im Kulturbereich, Museumsplatz, 1/e-1.6, 1070 Wien, Österreich
E-Mail: tanja.nagel@educult.at

M. Wimmer
E-Mail: michael.wimmer@educult.at

© Springer-Verlag Berlin Heidelberg 2015
V. Steinkellner (Hrsg.), *CSR und Kultur*, Management-Reihe Corporate Social Responsibility, DOI 10.1007/978-3-662-47759-5_9

Die Beiträge in diesem Sammelband zeigen auf eindrückliche Weise, dass die Kooperation zwischen Wirtschaft und Kultur auf vielfältige Art stattfindet – und das ist keineswegs eine junge Entwicklung. Der hier vorliegende Text möchte nun zu dieser Kooperation noch einen dritten Sektor hinzufügen: den Bildungsbereich. Lernen in und mit Kunst und Kultur – im Sinne eines lebenslangen Lernens – steht im Mittelpunkt dieses Beitrages.

Warum aber sollten sich Unternehmerinnen und Unternehmen Gedanken zum Lernen in und mit Kunst und Kultur machen? Mit dieser Frage hat sich EDUCULT – Denken und Handeln im Kulturbereich im Auftrag der Industriellenvereinigung Österreich und der Industriellenvereinigung Wien im Rahmen einer explorativen Studie beschäftigt.[1] Mittels partizipativer und dialogorientierter Methoden wurde der Frage nachgegangen, welche Voraussetzungen und Potenziale Allianzen zwischen Wirtschaft, Bildungssektor und dem Kunst- und Kulturbereich für die Förderung von Lernen in und mit Kunst und Kultur haben. Neben einem Literatur- und Dokumentenstudium wurden zwei Round-Table-Gespräche sowie 25 Interviews mit Expertinnen und Experten aus Wirtschaft und Industrie, Kunst und Kultur, Bildung und Gesellschaft, Wissenschaft und Lehre sowie Politik geführt. Vier Programme bzw. Aktivitäten wurden im Rahmen von Fallstudien näher betrachtet.

1   Die Arbeitswelt in Veränderung

Um besser zu verstehen, welche Anforderungen die heutige Arbeitswelt an die Menschen stellt, lohnt ein kurzer Rückblick auf die Formen der Arbeitsorganisation und der Güterproduktion, die das 20. Jahrhundert (und damit auch unser Verhältnis zur Kunst) wesentlich bestimmt haben. Sie lassen sich auf das Prinzip des Fordismus zurückführen, dessen Erfolg darin bestand, möglichst alle Formen der betrieblichen Arbeit in einfache, genau planbare und wiederholbare menschliche und maschinelle Bewegungen zu zergliedern, um so Zeit-, Material- und Energieressourcen optimal ausschöpfen zu können. Das Ergebnis zeigte sich in einer weitgehenden Standardisierung der Produktionskomponenten sowie der Mechanisierung und Automatisierung der Produktion. Unabdingbar war dafür auch eine weitgehende Trennung der Bereiche Führung und Ausführung. Diese Trennung von einigen wenigen *White Collar Workers* und den vielen *Blue Collar Workers* sollte ihre Entsprechung in einem gegliederten Schulsystem finden, in dem junge Menschen, mit wenigen Ausnahmen je nach Herkunft, auf ihre künftigen Aufgaben vorbereitet werden sollten.

Es ist augenscheinlich, dass in dieser Form der hoch arbeitsteiligen Industrialisierung der Beschäftigung mit nicht automatisierbaren sinnlich-ästhetischen und damit künstlerischen Aspekten des Lebens kein Platz eingeräumt werden konnte. Diesbezügliche Re-

---

[1] Der hier vorliegende Text stellt eine gekürzte und adaptierte Version des Abschlussberichtes zur Studie „Unternehmen Kultur" von EDUCULT im Auftrag der Industriellenvereinigung Österreich und der Industriellenvereinigung Wien dar (Nagel und Wimmer 2015).

alisierungsformen waren bestenfalls auf den Freizeitbereich beschränkt und sollten möglichst keinen Einfluss auf den betrieblichen Alltag nehmen. Diese Trennung machte sich auch die Schule zu eigen, wenn sie das Angebot, sich mit Kunst und Kultur zu beschäftigen, im Wesentlichen auf die künftigen Führungskräfte beschränkte, während sich alle anderen mit der Einübung repetitiver Fähigkeiten begnügen sollten.

Die Dysfunktionalität des fordistischen Systems zeigt sich dort, wo es auf langfristige Planung angewiesen ist und eine nur geringe Reaktivität auf plötzliche und unerwartete Umweltveränderungen aufweist. Es sind die zunehmenden Beschleunigungstendenzen zusammen mit der Steigerung der Komplexität betrieblicher Abläufe, die spätestens seit den 1970er-Jahren bis dahin gültige mechanisch-rationale Vorstellungen ihrer umfassenden Beherrschbarkeit in Frage stellten. Dies betraf – und betrifft bis heute – auch den Umgang mit *menschlichen Ressourcen*, die sich bislang in tendenziell unfähige, widerspenstige und daher umfassend zu kontrollierende Ausführende und intelligente, ja geniale Steuerungskräfte unterteilt sahen. Diese Struktur erwies sich zunehmend als kontraproduktiv, wenn sich vor allem erstere Gruppe in ihrer gesamten Persönlichkeit nur sehr ungenügend wahrgenommen fühlte und als Reaktion mit Gleichgültigkeit, Engagementlosigkeit und Vernachlässigung der zugewiesenen Aufgaben reagierte.

Die Antwort darauf findet sich in Konzepten des „Postfordismus", die sich – in der aufstrebenden IT-Branche zuerst erprobt –von den bisherigen Hoffnungen auf rigide Arbeitsteilung verabschieden. Diesbezügliche Überlegungen betreffen aber nicht nur die Organisation künftiger Arbeitsweisen; sie bringen eine grundlegende Neudefinition der Arbeit und damit auch des Profils von Arbeitnehmerinnen und Arbeitnehmern mit sich. Diese – so unsere These – könnte auch durch eine Neubestimmung des Verhältnisses von Wirtschaft und Kultur, etwa in seinen Aspekten Individualisierung oder Ästhetisierung aller Lebensformen, bestimmt sein. Es geht um neue Antworten auf eine zunehmende Flexibilität der Produktion, möglichst präzise Anpassungen an die Wünsche von Kundinnen und Kunden, ständige Innovation und, damit verbunden, um den wachsenden Bedarf an Weiterqualifizierung der Arbeitnehmerinnen und Arbeitnehmer nicht nur im Bereich der Führung, sondern zunehmend auf allen betrieblichen Ebenen.

Der Bedeutungszuwachs von Dienstleistungen, der nicht-materielle Produkte zum Inhalt hat, zielt im weitesten Sinn auf die Befriedigung menschlicher Bedürfnisse ab (z. B. Weiterbildung, Unterhaltung, Beratung, …), deren Erfüllung den Erwerb bislang vernachlässigter (auch kultureller) Kompetenzen unerlässlich macht, die es ebenso zu erwerben wie zu pflegen gilt.

Emmanuel Mir (2014) kommt in „Kunst Unternehmen Kunst" zum Schluss, dass in einer postfordistischen Arbeitsgesellschaft die reine Arbeitskraft nicht mehr der alleinige Produzent von Wert ist: Stattdessen sind es in erster Linie „Planungs- und Programmierungsfähigkeiten sowie die systematische Einbeziehung von sozialen, kulturellen und psychologischen Informationen", die bei der Wertschöpfung den Ausschlag geben. Sich daraus ergebende Wettbewerbsvorteile seien nicht mehr ausschließlich dem Einsatz avancierter Technik, sondern auch dem logistischen, strategischen, sozialen und kulturellen

Wissen geschuldet, über das die Mitarbeiterinnen und Mitarbeiter verfügen oder eben nicht verfügen.

Diese Entwicklungen machen unmittelbar einsichtig, dass es zunehmend der „menschliche Faktor" ist, der über den Erfolg eines Unternehmens bestimmt. Es ist die Anerkennung als ganzheitliches Individuum (das sich nicht mehr mit der Abspaltung seiner kulturellen Bedürfnisse in die Freizeit abspeisen lassen möchte), die ins Zentrum unternehmerischen Handelns rückt: „Die Einstellung des Individuums zu seiner Arbeit ändert sich gegenwärtig grundlegend. Sein Ziel ist nicht mehr die bloße Absicherung der Existenz, sondern deren Sinnsuche und -erfüllung sowie die quantitative und qualitative Steigerung seiner Erfahrungen" (Mir 2014, S. 280). „Vielseitigkeit ist ein Wert, den der Arbeitsmarkt anders als früher erkennt", formuliert es eine Interviewpartnerin im Rahmen der Studie.

Auch Brater et al. (2011) konstatieren in „Kunst als Handeln – Handeln als Kunst" einen fundamentalen Wandel der Arbeitswelt, der dabei ist, unser Verständnis überkommener Arbeitsteilung in Frage zu stellen. Sie sprechen von zunehmenden „Entgrenzungsphänomenen in der betrieblichen Arbeit", die die bisherigen starren Strukturen betrieblicher Organisation zerbrechen lassen. Gleichzeitig konstatiert er eine zunehmende „Subjektivierung" der Arbeit, für die sich die Beschäftigten „als Ganzes" einbringen wollen und auch müssen. Dies sei notwendig, um das Unplanbare zu bewältigen, permanenten Wandel zu antizipieren und Mitdenken zu ermöglichen: So bekommt Arbeit den Charakter der *Problemlösung*. Sie beschränkt sich nicht mehr auf den Vollzug vordefinierter technischer Verrichtungen, sondern ist verbunden mit sozialen Gestaltungsaufgaben, Übernahme von Verantwortlichkeiten, Kommunikationsleistungen und dem Herstellen von Vereinbarungen, die von den Zusammenarbeitenden selbst auf immer neue Weise getroffen werden müssen. Dazu gehört auch die Identifikation mit dem jeweiligen unternehmerischen Leitbild (dessen Inhalte zunehmend ästhetisch vermittelt werden) sowie die Fähigkeit, das eigene Handeln an selbst gewählten ideellen Zielen auszurichten und es auch selbständig an ihnen zu überprüfen.

2 Künstlerisches Handeln

Um diesen Herausforderungen gewachsen zu sein, empfehlen Brater et al. (2011), sich bei der künftigen Arbeitsorganisation an „künstlerischem Handeln" zu orientieren, das sich durch die Dimensionen Kreativität, Originalität und Zieloffenheit auszeichnet. Er bedient sich dabei des Begriffs des „Künstlerischen" in einer sehr offenen Weise, demzufolge damit jedes Handeln gemeint sein kann, das sich einer Haltung verpflichtet weiß, die auf Neues, Ungewöhnliches und Individuelles abstellt: „Künstlerisch wäre demnach eine Art des Vorgehens, eine Modalität des Handelns, die weder auf bestimmte Materialien noch auf bestimmte Themen oder Kulturbereiche beschränkt ist, sondern prinzipiell jedes menschliche Handlungsfeld erfassen und damit zur Kunst werden lassen kann – wenn es beginnt, mit dem Vorhandenen etwas Neues auszuprobieren, um etwas Individuelles, Innovatives, noch nie darin Gesehenes oder für möglich Gehaltenes daraus hervorzuholen"

(Brater et al. 2011, S. 91). Voraussetzung dafür ist freilich die Ergänzung unserer rationalen Weltsicht um ihre intuitiv-emotionalen Anteile.

Diese spezielle Modalität des Handelns ist nach Brater in besonderer Weise ebenso geeignet, neue Ausdrucksformen wie Wahrnehmungsformen zu erproben, die essenziell darüber entscheiden, ob es gelingt, sich in einer überkomplexen Welt zurechtzufinden und dann auch noch „die richtigen Entscheidungen" zu treffen.

Mit „künstlerischem Handeln" sind freilich Kompetenzen, Selbstbilder und Handlungsmuster angesprochen, denen bislang im Rahmen des schulischen Bildungsangebotes nur sehr wenig Platz eingeräumt wird, zumal es sich nicht auf Belehrung, Fertigkeiten- und Wissensvermittlung reduzieren lässt. Es setzt vielmehr auf weitgehend informelle Lernformen, die die Lernenden grundsätzlich nur selbst vollziehen können. Ihr Erwerb ist auf die Auseinandersetzung mit ganz konkreten Erfahrungen angewiesen. Brater spricht in dem Zusammenhang von einem „pädagogischen Paradoxon", wonach Kompetenzen für künstlerisches Handeln schlicht dadurch erlernt würden, dass man künstlerisch handelt. Das aber würde bedeuten, dass sich der „Erfolg" künstlerischen Handelns in dem Maße einstellen kann, in dem dieses – auch – im unternehmerischen Kontext erprobt und eingeübt werden kann.

3   Kunst und das Bild der Künstlerinnen und Künstler

Vieles deutet darauf hin, dass wir heute von keinem einheitlichen und allgemein akzeptierten Begriff der *Kunst* mehr ausgehen können. Folglich gibt es „[auch] keinen Maßstab mehr und keine Bestimmung mehr, an dem sich objektiv erkennen ließe, was ‚Kunst', geschweige denn ‚gute Kunst' ist" (Lehnerer 1994, S. 82). Dieser Umstand wirkt vor allem auf Menschen, die sich nicht professionell mit dem Kunstbetrieb auseinandersetzen, verunsichernd und erklärt so manche Abwehr, sich mit dem komplexen Phänomen *Kunst* intensiver auseinanderzusetzen.

Für andere ist es aber gerade dieser verwirrende und irritierende Charakter, der die besondere Qualität von Gegenwartskunst ausmacht. Als solche lässt sie uns in spielerischer Weise mit den vielfältigen Verwirrungen und Irritationen, die das Leben des 21. Jahrhunderts für uns bereit hält, in kreativer Weise umgehen und – zumindest in geglückten Fällen – auch noch eine Lust am Spiel daraus ziehen: „Die ‚Macht der Kunst' besteht gerade darin, im Grunde alles, alle möglichen inhaltlichen, formalen, materialen, technischen und funktionalen Bezüge und Abhängigkeiten in ein freies Spiel zu verwandeln" (Lehnerer 1994, S. 130).

In Zeiten von wachsenden Krisenerfahrungen, deren Auswirkungen für große Mehrheiten mittlerweile alle Bereiche des Alltags erreicht haben, könnte es gerade der widerständige Charakter der Kunst sein, der hilft, sich auch dem Unangenehmen auszusetzen bzw. „Resilienz" zu entwickeln „was so viel bedeutet wie erfolgreiche Krisenbewältigung oder das Stehaufmännchen-Prinzip – im Leben von KünstlerInnen eine Selbstverständlichkeit" (Vogel 2014).

Entsprechend kommt dem Künstler als Spieleanleiter eine zentrale Aufgabe zu. Künstlerinnen und Künstler gelten gemeinhin als Personifizierung des *schöpferischen Menschen*, damit der kreativen Individualität und der exponierten Subjektivität. Als solche eignen sie sich durchaus als Role Models, denen zumindest zwei konstitutive Merkmale eingeschrieben sind, die zunehmend – und nicht nur in den Führungsetagen – in unternehmerischen Kontexten nachgefragt werden: Da ist zum einen die grundsätzliche Freiheit des künstlerischen Schaffens. In einer zunehmend verregelten Welt ist Künstlerinnen und Künstlern alles erlaubt, alles möglich, wenn allgemeingültige und verpflichtende Normen sukzessive abgelehnt und überwunden werden wollen. Und da ist die Selbstverpflichtung von Kunstschaffenden zur Kreativität, zum Neuen, noch nie Dagewesenen. Als Pioniere von Welterfahrung gehen Künstlerinnen und Künstler immer an Grenzen, brechen Tabus, stoßen in Neuland vor und probieren etwas aus, das bisher noch niemand ausprobiert hat.

Und so sind die Ängste von Menschen verständlich, die meinen, konfrontiert mit diesen Freiheitsansprüchen, damit würden mühsam entwickelte und bislang bewährte Strukturen in Frage gestellt und Erfolgsaussichten geschmälert. Zurückkommend auf den angesprochenen Paradigmenwechsel in der Arbeitswelt könnten es aber gerade diese Formen des spielerischen Infragestellens sein, die helfen können, das Standing der Mitarbeiterinnen und Mitarbeiter in unsicheren Zeiten zu verbessern und darüber hinaus künftige Entwicklungen zu antizipieren und sich in motivierter und flexibler Weise darauf vorzubereiten. Dass in diesem Spannungsfeld von Beharrung und spielerischer Vorwegnahme künftiger Entwicklungen immer auch emotionale Seiten der Mitarbeiterinnen und Mitarbeiter (Befürchtungen, Hoffnungen, …) angesprochen und einbezogen werden können, verschafft künstlerischem Handeln eine zusätzliche Bedeutung.

4   Bedeutung für die Schule

Bislang war – neben der Familie – der Schule die Aufgabe zugedacht, jungen Menschen den Zugang zu Kunst und Kultur zu eröffnen, sie mit den wesentlichen Errungenschaften künstlerischen Schaffens vertraut zu machen und sie, wenn möglich, zu künstlerischer Selbsttätigkeit zu motivieren. Dabei waren freilich (entlang der Logik fordistischer Produktionsweise) die Chancen sehr ungleich verteilt. Während der kleinere Teil der jungen Menschen, die als künftige Führungselite ausersehen waren, intensiv auf die vielfältige Nutzung des Angebotes des Kunst- und Kulturbetriebs vorbereitet wurde, meinte die Bildungspolitik bei den Ausführenden weitgehend darauf verzichten zu können. Für sie lag das Hauptaugenmerk nicht in der Hebung ihrer geistigen, intellektuellen oder künstlerischen Potenziale, sondern in der Einübung repetitiver Fähigkeiten, die es galt, ein Leben lang auszuüben. Diese gewaltsame Trennung ist bis heute nicht an ihr Ende gekommen; nach wie vor zeichnen sich allgemeinbildende höhere Schulen durch ein weitgehend intaktes (wenn auch tendenziell sinkendes) Angebot kultureller Bildung aus, das in der

Oberstufe freilich nur mehr knapp ein Fünftel der Altersgruppe erreicht. In weiten Teilen des berufsbildenden Schulwesens hingegen, das die große Mehrheit der jungen Menschen besucht, dominiert die fachliche Ausbildung ungebrochen über kulturelle Bildung (wenn eine solche überhaupt angeboten wird).

Mit ihrer traditionellen Angebotsstruktur macht Schule deutlich, dass sie den Übergang vom Fordismus zum Postfordismus nach wie vor nicht vollzogen hat (bzw. dass die zuständigen Bildungspolitikerinnen und -politiker noch gar nicht realisiert haben, dass der angedeutete Paradigmenwechsel im Bereich der Arbeitswelt früher oder später seine Entsprechung im Bildungswesen finden muss, will sich dieses nicht völlig von den Realitäten entfernen).

Die Nachteile liegen auf der Hand: Da ist zum einen der Mangel an Erfahrungen von jungen Menschen im Umgang mit Kunst und Kultur. Auch mit ihrem Eintritt in die Arbeitswelt verfügen sie über keinen hinreichenden Erfahrungsschatz, der sie in Stand setzen würde, das, was Kunst zu bieten hat, für sich persönlich und für die soziale Gruppe, in der sie sich bewegen, zu nutzen. Von daher rührt wohl auch die Sprachlosigkeit vieler Interviewpartnerinnen und -partner, die sich schlicht überfordert fühlen von Kunst und keine Chance sehen, diese in bereichernde Weise in ihr (Arbeits-)Leben zu integrieren.

Zum anderen produziert dieser systemische Mangel an Angeboten eine zunehmend gefährliche Missachtung von Potenzialen junger Menschen, die auf Grund der anhaltenden Verengung schulischen Unterrichts auf die Vermittlung von Wissensbeständen und Fertigkeiten der Industriegesellschaft (als ungebrochene Hauptaufgabe von fachspezifischen Lehrkräften) erst gar nicht entdeckt und daher auch nicht gefördert werden, schon deshalb, weil der Schule die dafür notwendige Diagnosefähigkeit fehlt. Zurück bleibt eine wachsende Anzahl an frustrierten und perspektivlosen Schulabgängerinnen und Schulabgängern, die keine Chance sehen, noch einmal an der produktiven Weiterentwicklung der Gesellschaft aktiv mitzuwirken (und dabei dieselben Symptome zeigen wie der unterforderte Beschäftigte im fordistischen Unternehmen). Dies stellt auch für die Unternehmerseite eine Herausforderung dar. Eine Interviewpartnerin meint dazu: „Wir sind gezwungen, auf den Umstand zu reagieren, dass die Anzahl der Arbeitskräfte im Abnehmen begriffen ist, neue Potenziale erschlossen werden müssen."

Und so stehen wir vor dem Dilemma, dass gerade diejenigen Jugendlichen, deren oft schwierige Lebensverhältnisse nach kreativen Lösungen bei der Bewältigung schon der einfachsten Alltagsprobleme schreien, beim Angebot kreativer, kultureller und künstlerischer Bildung und den damit verbundenen Freiheitsansprüchen strukturell zusätzlich benachteiligt werden.

Der Doyen der US-amerikanischen kulturellen Bildungsforschung, Elliot W. Eisner, (2002) hat in diesem Zusammenhang den bis heute gültigen Artikel „What can education learn from the arts about the practice of education?" verfasst. Beim Lesen wird unmittelbar deutlich, dass die Schule im Übergang von fordistischen zu postfordistischen Traditionen weniger ein organisatorisches Problem hat (um dessen Lösung seit vielen Jahren vergeblich gerungen wird), sondern ein inhaltliches. Dieses besteht in erster Linie im Fortbestand eines rational-mechanischen Weltbildes, an dessen Rändern bestenfalls einige wenige Aspekte der sinnlich-emotionalen, kreativ-gestalterischen und damit ästhetischen Persönlichkeitsentwicklung Platz haben. Hier nachzuziehen und ein neues Gleichgewicht herzustellen, das im betrieblichen Zusammenhang immer weniger negiert werden kann, scheint das bildungspolitische Gebot der Stunde.

5   Welches Potenzial hat Lernen in und mit Kunst und Kultur?

Beschäftigte auf zunehmend allen beruflichen Ebenen sind immer weniger bereit, sich überkommenen engen Nutzenregimen zu unterwerfen. Sie erheben stattdessen den Anspruch, mehr von ihrer Persönlichkeit einzubringen und damit das Arbeitsleben um Aspekte sinnlich-ästhetischer Erfahrungen zu bereichern. Dieser nicht nur von Personalistinnen und Personalisten geäußerte Trend deutet darauf hin, dass wir die Diskussion um das künftige Verhältnis von Industrie und Wirtschaft sowie Kunst und Kultur im Zusammenhang mit den damit verbundenen Bildungsvoraussetzungen möglicherweise an eine entscheidende Zeitenwende führen. Diese stellt bisher für sakrosankt gehaltene Formen der Arbeitsteilung in Frage und ermöglicht das Wiederaufgreifen vergessener Traditionen zur Schaffung für beide Seiten ergiebiger Beziehungen zwischen wirtschaftlich-unternehmerischem und künstlerischem Handeln.

Auch in unseren zahlreichen Interviews hat sich der Nutzen von Lernen in und mit Kunst und Kultur als sensibles Thema erwiesen. Während manche Gesprächspartnerinnen und Gesprächspartner ganz deutlich sagen, dass die Benennung verschiedener Nutzenaspekte – gerade für Unternehmen – unabdingbar ist, halten andere dies für problematisch. Letztere warnen vor einer kurzsichtigen Instrumentalisierung von Kunst und Kultur. Einig sind sich die meisten Gesprächspartnerinnen und Gesprächspartner darin, dass der Nutzen keinesfalls klassisch-betriebswirtschaftlich messbar ist. Er ist auch nie nur in eine Richtung zu denken. Allen Beteiligten muss gleichermaßen ein Nutzen entstehen. Es geht also um einen „Austausch von Nutzen", wie es in einem der beiden Round Tables formuliert wurde. Was in jedem Fall benannt und nutzbar gemacht werden kann, sind die Potenziale von Lernen in und mit Kunst und Kultur.

Folgende Potenziale sprechen die Gesprächspartnerinnen und Gesprächspartner dem Lernen in und mit Kunst und Kultur zu:

- Ausgleich zum Arbeitsleben und zum Alltag schaffen
- Ganzheitliches Lernen, das auch eine intuitiv-emotionale Seite einschließt, fördern
- Persönliche Kompetenzen wie Motivation, Selbstorganisation, Eigenverantwortung und Reflexionsfähigkeit entwickeln
- Soziale Kompetenzen wie Team- und Konfliktfähigkeit entwickeln
- Kulturelle Kompetenzen wie Aushalten von Unsicherheiten, Prozessorientierung, das Ausprobieren neuer Lösungswege, Experimentieren mit verschiedenen Ausdrucksformen entwickeln
- Wettbewerbsvorteile durch mehr Kreativität und Innovationsgeist fördern

- Standortqualitäten erhöhen und Regionalentwicklung fördern
- Klima in Schulen und Unternehmen verbessern
- Lebenslanges Lernen durch kontinuierliche Auseinandersetzung mit Kunst und Kultur – auch in Unternehmen – fördern
- Festgefahrene Strukturen durch künstlerische Innovationen aufbrechen
- Institutionen verzahnen und Synergien schaffen

Wenn Lernen in und mit Kunst und Kultur, wie oben beschrieben, einen wichtigen Beitrag zur Standortqualität, zur Qualifizierung von (zukünftigen) Arbeitskräften, zu einem besseren Unternehmens- und Schulklima leistet, dann muss es im Interesse aller Beteiligten sein, dieses zu fördern.

6 Wie können Partnerschaften aussehen?

Die verschärften internationalen Wettbewerbsbedingungen zusammen mit den langanhaltenden finanz- und wirtschaftspolitischen Krisenerscheinungen haben den Staat an den Rand seiner Möglichkeiten gebracht. In seiner derzeitigen Form erscheint er kaum mehr in der Lage, auch nur die bestehende Infrastruktur aufrechtzuerhalten, geschweige denn, noch einmal nachhaltige kultur- und bildungspolitische Impulse zu setzen. Während es in den anglo-amerikanischen Ländern diesbezüglich eine lange Tradition gibt, hat sich zuletzt auch in Deutschland mit seiner außerordentlichen Staatsnähe des Kultur- und Bildungsbereiches eine Vielzahl von öffentlichen, vor allem aber privaten Stiftungen des Themas der kulturellen Bildung angenommen. Sei es im Rahmen eigener Förderprogramme, im Rahmen eigener Programme oder im Rahmen der Unterstützung einer eigenen Forschungsszene: Kulturelle Bildung hat sich als ein Schwerpunkt auf dem Weg zu einer zeitgemäßen Schulentwicklung zu etablieren vermocht. In Österreich fehlen bislang Anreize für privates Engagement.

Im Wissen um die engen Grenzen von Schule wurde zuletzt ein neues Bildungskonzept der Industriellenvereinigung (2014) „Beste Bildung für Österreichs Zukunft: Bildung neu denken. Schule besser leben" veröffentlicht, das in der Öffentlichkeit breit diskutiert wurde. In seiner inhaltlichen Ausrichtung versucht es nicht, den weitgehend fruchtlosen Diskurs um schulische Organisationsfragen um eine weitere Stimme zu ergänzen, sondern – durchaus im ursprünglichen Sinn Hartmut von Hentigs (1993) – „Schule neu zu denken".

Besonders erfreulich erscheint der Umstand, dass die Industriellenvereinigung noch einmal auf ein breites Selbstverständnis von Allgemeinbildung rekurriert, das sich kurzsichtigen Verwertungslogiken verweigert. Als solche antizipiert es durchaus das Bild erfolgreicher Arbeitnehmerinnen und Arbeitnehmer in der postindustriellen Arbeitswelt, die sich nicht mehr auf ein für alle Mal erworbene Wissens- und Fertigkeitsbestände verlassen können, sondern täglich aufs Neue mit ihrer auf Ganzheitlichkeit ausgerichteten Persönlichkeit gefordert sind.

Auch im Rahmen unserer Erhebungen sind wir der Frage nachgegangen, wie Allianzen zwischen Wirtschaft, Kunst und Kultur sowie Bildung aussehen könnten. Einzelne Befragte betonen, dass zunächst einmal das Bewusstsein für die Chancen der Zusammenarbeit geschaffen und gegenseitiges Interesse geweckt werden müsse. Dazu ist es notwendig, Gelegenheiten zu schaffen, um sich kennenlernen zu können. „Jeder muss was davon haben. Das müssen echte Partnerschaften werden", meint ein Gesprächspartner.

Allianzen zwischen Bildung, Kunst und Wirtschaft können durchaus eine Herausforderung darstellen. Das fängt bei der unterschiedlichen Nutzenerwartung an und hört bei unterschiedlichen Sprachregelungen auf. Schon allein das Wort Kreativität wird in jedem Bereich etwas anders verstanden. Auch unterschiedliche institutionelle Rahmenbedingungen können eine Zusammenarbeit erschweren. Und die wohl zentralste Herausforderung ist die, nicht einfach nur für die Ziele des anderen benutzt zu werden. Unternehmen wollen nicht nur Financiers sein, Künstlerinnen und Künstler wollen nicht nur schmücken und Schulen wollen nicht nur Schülerinnen und Schüler auf einen sich ohnehin ständig in Bewegung befindlichen Arbeitsmarkt zurichten müssen.

Die Zusammenarbeit zwischen Wirtschaft, Kunst/Kultur und Bildung kann in verschiedenen Bereichen sinnvoll und nützlich sein:

7 Personalentwicklung

Immer mehr Unternehmen integrieren Kunstschaffende bzw. künstlerische Angebote im Rahmen der Personalentwicklung. Ziel dieser Interventionen ist es oft, festgefahrene Strukturen zu verlassen, neue Perspektiven einnehmen zu lernen und dadurch sich selbst und das Unternehmen weiterzuentwickeln. Bedauert wird von Seiten unserer Gesprächspartnerinnen und Gesprächspartner, dass derartige Interventionen häufig nur auf der Führungsebene stattfinden.

Unternehmensstrategie
Veränderungsprozesse in Gang zu setzen, gelingt häufig über eine Irritation, die durch Kunst und Kultur passieren kann. Voraussetzung ist freilich, dass Irritation im Unternehmen sowie von den Mitarbeiterinnen und Mitarbeitern positiv betrachtet wird. Künstlerische Prozesse und die andere Perspektive von Künstlerinnen und Künstlern für die Unternehmensstrategie nutzbar zu machen, halten viele Gesprächspartnerinnen und Gesprächspartner für wichtig und sinnvoll. Im Rahmen eines Round-Table-Gesprächs formulierte es ein Teilnehmer folgendermaßen: „Es geht nicht darum, dass ein Künstler in einem Baukonzern Kunst produziert. Es geht darum, dass er in Strategien eingebunden wird und strategisch anders denkt als ein Bauarbeiter."

Bildungssystem
In Deutschland haben sich mittlerweile zahlreiche Unternehmen, teilweise in Form von Stiftungen, dem Thema der Förderung der kulturellen Bildung in der Schule an-

genommen. In Österreich existiert bislang kein vergleichbares Engagement. Einzelne Gesprächspartnerinnen und Gesprächspartner sehen die Wirtschaft in der Verantwortung, das Ganztagsschulangebot als „Aufgabe der Zukunft" zu unterstützen. Gerade hier liegt viel Potenzial im Lernen in und mit Kunst und Kultur. Ein interessantes Beispiel im Rahmen der universitären Ausbildung ist das Bronnbacher Stipendium des Kulturkreises der deutschen Wirtschaft[2], das seit 2004 jährlich vergeben wird. Pro Jahr erhalten rund 20 Studierende der Universität Mannheim, v. a. aus wirtschaftlichen Fachbereichen, die Möglichkeit, ein Jahr lang künstlerische Prozesse zu durchlaufen, um ihre Erfahrungen dann zurück in die Unternehmen zu tragen.

(Lehrlings-)Ausbildung

Zahlreiche Unternehmen haben das Potenzial von Lernen in und mit Kunst und Kultur erkannt und es in ihr Ausbildungscurriculum integriert (z. B. Spar, Alnatura). Auch KulturKontakt Austria hat sich mit dem Programm K3[3] die Kulturvermittlung mit Lehrlingen zum Ziel gesetzt. Trotz großer Erfolge einzelner Unternehmen, die teilweise auch mit Preisen für die beste Lehrlingsausbildung ausgezeichnet wurden, hat sich dieses Vorgehen aber noch nicht durchgesetzt.

Ähnliches gilt auch für Qualifizierungsmaßnahmen für Jugendliche, die Schwierigkeiten haben, Arbeit oder einen Ausbildungsplatz zu finden. Die Initiative JOBLINGE[4] ist ein Beispiel dafür. Entwickelt und ins Leben gerufen wurde JOBLINGE von der Unternehmensberatung The Boston Consulting Group und der Eberhard von Kuenheim Stiftung der BMW AG. Das Programm begleitet junge Menschen in sozial schwierigen Umständen bei ihrem Eintritt in die Arbeitswelt. Seit 2008 setzt dieses gemeinsame Engagement von Wirtschaft, Staat und Gesellschaft wirksame Akzente gegen Jugendarbeitslosigkeit. In einem sechsmonatigen Programm erlernen die Jugendlichen „on the job" wichtige Schlüsselqualifikationen, trainieren soziale und (inter-)kulturelle Kompetenzen und erarbeiten sich ihren Ausbildungs- und Arbeitsplatz. Neben der Unterstützung durch persönliche Mentorinnen und Mentoren, die ihre Lebens- und Arbeitserfahrungen einbringen, erfahren die Jugendlichen im Rahmen des Kultur- und Sportprogramms eine Reihe von unkonventionellen Zugängen, die sie mit Theater, Musik oder kreativem Schreiben vertraut machen. Diese Angebote ermöglichen den jungen Menschen vielfältige neue Erfahrungsräume, die es erlauben, ihre „Lebensthemen" in künstlerischer Weise anzusprechen und sie auf spielerische, kreative Weise gemeinsam bearbeitbar zu machen.

Lobbying

Auch im Bereich Lobbying können Industrie und Wirtschaft zur Förderung von Lernen in und mit Kunst und Kultur beitragen. Industrie und Wirtschaft sind starke Partner, wenn es um die Durchsetzung von Änderungen in Ausbildung und Bildung geht. Sobald also

---

[2] Für mehr Informationen s. http://www.bronnbacher-stipendium.de/.

[3] Für mehr Informationen s. http://www.kulturkontakt.or.at/k3.

[4] Für mehr Informationen s. http://joblinge.de/.

das Potenzial von Lernen in und mit Kunst und Kultur von weiten Teilen der Unternehmerinnen und Unternehmer erkannt wird, kann hier wichtige Lobbyarbeit stattfinden. In England gibt es zu diesem Zweck beispielsweise die Cultural Learning Alliance[5], ein Kollektiv zur Förderung des Zugangs von Kindern und Jugendlichen zu Kunst und Kultur. Die Alliance hat mehr als 10.000 individuelle und institutionelle Mitglieder aus vielen Gesellschaftsbereichen und hat das Ziel, bislang getrennte Sektoren wie schulische Bildung, außerschulische Jugendarbeit, Kunst und Kultur, aber auch Wirtschaft und Industrie zusammenzuführen und für gemeinsame Aktionen zu gewinnen.

8   Erforderliche Rahmenbedingungen

Damit Partnerschaften zwischen Wirtschaft, Kultur und Bildung gelingen können, braucht es spezifische Rahmenbedingungen. Die so häufig formulierte Forderung nach „Partnerschaften auf Augenhöhe" bekommt in diesem Zusammenhang ein neues Gewicht. Immerhin ist die Gefahr eines Abhängigkeitsverhältnisses des Kulturbereichs von der Wirtschaft sehr hoch. „Sobald die Wirtschaft versuchen würde, das Kunstprojekt zu vereinnahmen oder allzu sehr zu beeinflussen, verflüchtigen sich die Künstler", warnt etwa ein Interviewpartner. Lange Zeit wurde die Kunst – v. a. beim Kultursponsoring oder beim Anlegen von Kunstsammlungen – eher vom Produkt her gedacht. Die Kunst vom Prozess her zu denken, ist ein eher junger Zugang und erfordert von allen Beteiligten ein Umdenken.

Auf Unternehmensseite ist zunächst das Bewusstsein für das Potenzial von Lernen in und mit Kunst und Kultur notwendig. Dazu gehört auch eine Offenheit und Risikobereitschaft. Immerhin sind künstlerische Prozesse ergebnisoffen. In diesen ist ein kritischreflektiver Umgang mit Problemstellungen gewünscht, Emotionen werden als Ressource wahrgenommen und künstlerische Freiheit kann gewahrt werden.

Auf Seite der Kunstschaffenden sowie der Kultureinrichtungen braucht es ein Verständnis für die beteiligten Unternehmen. Hilfreich sind oft Mittelspersonen zwischen Unternehmen und Künstlerin oder Künstler, so genannte Intermediäre, die nicht nur für das Matching, sondern auch für die Prozessbegleitung verantwortlich zeichnen. Die künstlerische Qualität ist zwar unabdingbar, gefragt sind aber gleichermaßen kommunikative Kompetenzen. Künstlerinnen und Künstler müssen in der Lage sein, die Gratwanderung zu meistern, für Irritation zu sorgen, ohne Ängste auszulösen.

Schulen melden zurück, dass es in der Zusammenarbeit – gerade mit der Wirtschaft – große Unsicherheiten gibt. Hier gibt es Unterstützungsbedarf, vor allem, wenn die Zusammenarbeit über klassisches Sponsoring hinausgehen soll. Hinzu kommt die Bereitschaft, sich auf die Person des Künstlers und der Künstlerin einzulassen und diese in den Unterricht einzubauen.

Im Zuge unserer Recherchen ist rasch deutlich geworden, dass es für Lernen in und mit Kunst und Kultur keine isolierte Zuständigkeit gibt. Stattdessen hat es sich bald als eine

---

[5] Für mehr Informationen s. http://www.culturallearningalliance.org.uk/.

– durchaus erlernbare – Praxis im Umgang mit sich und der Welt herausgestellt, die nur gemeinsam und damit im Zusammenwirken unterschiedlicher Akteursgruppen realisiert werden kann. Nur eine solche integrative Sicht ermöglicht es unserer Ansicht nach, die damit angesprochenen Potenziale zu erkennen, zu entwickeln und auch zu nutzen. Voraussetzung dafür ist eine gegenseitige Offenheit, Neugierde und wohl auch Risikobereitschaft, allesamt Qualitäten, die für die Zukunftsfähigkeit unserer Gesellschaft entscheidend sein werden.

Literatur

Brater M, Freygarten S, Rahmann E, Rainer M (2011) Kunst als Handeln – Handeln als Kunst. Was die Arbeitswelt und Berufsbildung von Künstlern lernen können. Bertelsmann Verlag, Bielefeld

Eisner EW (2002) What can education learn from the arts about the practice of education? The encyclopedia of informal education. www.infed.org/biblio/eisner_arts_and_the_practice_of_education.htm. Zugegriffen: 16. März 2015

von Hentig H (1993) Die Schule neu denken. Carl Hanser Verlag, München

Industriellenvereinigung (2014) Beste Bildung für Österreichs Zukunft. Bildung neu denken. Schule besser leben. Wien. http://www.iv-net.at/d4300/beste_bildung.pdf. Zugegriffen: 12. März 2015

Lehnerer T (1994) Methode der Kunst. Königshausen und Neumann, Würzburg

Mir E (2014) Kunst Unternehmen Kunst – Die Funktion der Kunst in der postfordistischen Arbeitswelt. transcript, Bielefeld.

Nagel T, Wimmer M, EDUCULT (2015) Unternehmen Kultur. Auf dem Weg zu neuen Partnerschaften zwischen Industrieunternehmen, Bildung und Kultur. Wien. http://educult.at/wp-content/uploads/2014/02/EDUCULT_UnternehmenKultur_Abschlussbericht_ENDVERSION.pdf. Zugegriffen: 12. März 2015.

Vogel S (2014) Sieben Tage „Visionen für den Kunststandort Wien". DiePresse.com vom 23.11.2014. http://diepresse.com/home/kultur/kunst/4602199/Sieben-Tage-Visionen-fur-den-Kunststandort-Wien. Zugegriffen: 16. März 2015

Mag. Tanja Nagel Wissenschaftliche Mitarbeiterin bei EDUCULT – Denken und Handeln im Kulturbereich in Wien. Studium an der Pädagogischen Akademie des Landes in Vorarlberg (Hauptschullehramt) sowie Studium der Soziologie an der Universität Wien. Seit 2002 im Bereich Evaluation und Sozialforschung tätig – zunächst im Sozial- und Gesundheitsbereich, seit 2008 bei EDUCULT für Forschungsprojekte im Bereich kultureller Bildung verantwortlich. Mitglied im Arbeitskreis Kultur und Kulturpolitik der Gesellschaft für Evaluation sowie im Österreichischen Arbeitskreis für Gruppentherapie und Gruppendynamik.

Dr. Michael Wimmer Direktor von EDUCULT – Denken und Handeln im Kulturbereich (www.educult.at) in Wien, Chemieingenieur, Musikerzieher, Politikwissenschafter, von 1987 bis 2003 Geschäftsführer des ÖKS (Österreichischer Kultur-Service). Berater des Europarats, der UNESCO und der Europäischen Kommission in kultur- und bildungspolitischen Fragen; lehrt an der Universität Wien und an der Universität für angewandte Kunst Wien zu österreichischen und vergleichenden bildungs- und kulturpolitischen Fragen.

SOMETIMES IT'S A PIPE. Kunst und Wirtschaft

Roland Schappert

Zusammenfassung

Der Künstler und Autor Roland Schappert verfolgt undogmatisch, was Akteure der Wirtschaft und Künstler voneinander wollen, welche Klischees immer wieder auftauchen und wie dennoch ein Dialog auf Augenhöhe zustande kommen könnte. Er sucht nach adäquaten Tools und fragt: „Sind Künstler heutzutage zu Ideenmanagern mutiert, gestalten sie etwas Exemplarisches, etwas was Strukturen aufzeigt? Falls ja, dann wirkt Kunst auch außerhalb ihrer Selbstbezüglichkeit" und könnte weitergehend auf Gesellschaft und Wirtschaft einwirken. Schappert geht es dabei um die Voraussetzungen und Möglichkeiten gleichberechtigter Kooperationen von Unternehmen, Vertretern der Wirtschaft und der Kultur, Künstlern, Theoretikern der Künste sowie der Wirtschaft und des Managements. Klischees vom kreativen Einzelgänger und Vereinnahmungsversuche müssen dabei von allen Seiten aufgehoben werden, wenn es zu einem Dialog auf Augenhöhe kommen soll, Begriffe geklärt werden. Es gibt beispielsweise nicht den einen Künstlertypus oder die vorherrschende Künstlerrolle in der heutigen westlichen Gesellschaft. Der erfolgreiche Künstler als Unternehmertyp ist selbst ein vorbildlicher Konsument, der Begierden erzeugt und Bedürfnisse schafft: er ist jemand, der auswählt, umsetzt, aber niemals alternativlos ist. Der Unternehmer in der Rolle des Künstlers wäre ein Forschertyp, der nicht wüsste, wie sein Spiel endet und keinen Masterplan mehr in den Händen hält. Schapperts Fazit: Gerade die Eigenartigkeit künstlerischer Strategien und Produktionen anzuerkennen und aufrecht zu erhalten, wäre ein notwendiger Schritt, um Partnerschaften zwischen Kunst sowie Kultur mit der Wirtschaft weiterzuführen. Vorzeitige Einebnungen von Differenzen verhelfen demnach nicht zum

R. Schappert (✉)
Engelbertstrasse 12, Köln 50674, Deutschland
E-Mail: mail@roland-schappert.com

© Springer-Verlag Berlin Heidelberg 2015
V. Steinkellner (Hrsg.), *CSR und Kultur,* Management-Reihe Corporate
Social Responsibility, DOI 10.1007/978-3-662-47759-5_10

fruchtbaren Austausch, sondern eine reflektierte Annäherung an spezifische Fragestellungen und Interessen, nicht zuletzt auch durch die Überwindung sprachlicher Barrieren. Wir können nur dann voneinander lernen, wenn wir beständig bereit sind, uns auf
Neues, Fremdes und Unerwartbares einzulassen und in dieser Hinsicht Kommunikation zwischen Kunst und Wirtschaft und gemeinsame Tools entwickeln.

René Magritte malte 1928/1929 eines seiner bis heute bekanntesten Gemälde unter dem
Titel „Der Verrat der Bilder". Er schrieb auf die Leinwand unterhalb des plastisch gemal-
ten Pfeifenobjektes: „Ceci n'est pas une pipe." Klar, das Bild einer Pfeife kann keine Pfeife sein, nur Farbe und Abbildung. Aber was bildet eine Pfeife auf einem Bild eigentlich
ab – und was können Darstellungen der Kunst überhaupt leisten? Bildet Kunst Alltagswelt
ab, die Konsumgüter unserer Wirtschaftswelt, die Gesichter ihrer Protagonisten sowie deren Visionen und Bewegungen? Geben zeitgenössische Musik und Tanz den Rhythmus
unseres Lebens wieder und die Literatur unsere Bedürfnisse, Glücksmomente und Ängste? Wohl kaum, denn Literatur ist nicht ausschließlich für unseren Seelenhaushalt zuständig, sowenig wie Kunst für Repräsentation, Vision und Konsum oder Musik sowie Tanz
für unsere Vitalität.

SOMETIMES IT'S A PIPE. Sind Künstler heutzutage zu Ideenmanagern mutiert, gestalten sie etwas Exemplarisches, etwas das Strukturen aufzeigt? Sind sie Chronisten ihrer
vielfältigen Zeitgenossenschaft? Falls ja, dann wirkt Kunst auch außerhalb ihrer Selbstbezüglichkeit. Derart ist Kunst obdachlos, aber nicht hoffnungslos und so könnte sie uns
von Nutzen sein.

Während der selbstlose Kunstfreund das Kunstziel durch andauernde Sensibilisierung der Wahrnehmung und unaufhörliche Bewusstseinserweiterung auszumachen vor-
gibt – wer mag das heutzutage noch hören? – findet der intellektuell ewig unterschätzte
Kunstbanause Vergnügen an der puren Schönheit der künstlerischen Exkremente. Wie
unterscheiden sich diese aber von anderen schönen Dingen? Was macht also Kunst zur
Kunst? Kommt sie keinem eigenen Auftrag nach, wem nützt sie dann? Die Beschäftigung
mit Kunst führt nicht nur zur Sensibilisierung im Umgang mit Geschmack, Material und
Ressourcen, sondern auch zu einer Multiplikation aller Fragen. Zeigt Kunst ihrer Gesellschaft aber auch exemplarisch auf, dass die ständig anwachsende Komplexität unseres
Weltverständnisses überhaupt noch in lesbare Formen gebracht werden kann? Wie könnte die Rezeption dieser Formen aus der Haltung und Perspektive einzelner Individuen
stattfinden und mit den Interessen und Anliegen von Vertretern der Wirtschaft in Dialoge
gebracht werden?

Ein Unternehmen der Wirtschaft betrachtet sich im Rahmen einer Corporate Cultural
Responsibility (CCR) als eine Organisation, die sich in ihrem sozialen, gesellschaftlichen
und kulturellen Umfeld eigenständig positioniert. Auf der einen Seite gelangen selbst ge-
wählte, unternehmerische Absichten neben gesellschaftliche Ansprüche, die zusammen
– miteinander verbunden und einträchtig vereint – einer unternehmerischen kulturellen
Verantwortung nachkommen sollen. Somit gelangt CCR auch ins Umfeld kulturpoliti-
scher Anliegen. Auf der anderen Seite üben sie Einfluss auf innerbetriebliche Abläufe

der jeweiligen Organisation aus, als Bestandteil nachhaltiger, die Identität und das Image fördernder oder zumindest diversifizierender Maßnahmen. Zudem kann CCR der Aufpolierung einer Außendarstellung zur Förderung der Reputation und Akzeptanz von Unternehmen dienen.

Mir geht es im Folgenden jedoch weniger um Kultursponsoring, Mäzenatentum oder kulturpolitische Vereinbarungen, auch nicht um innerbetriebliche Abläufe, sondern um Voraussetzungen und Möglichkeiten gleichberechtigter Kooperationen von Unternehmen, Vertretern der Wirtschaft und der Kultur, Künstlern, Theoretikern der Künste sowie der Wirtschaft und des Managements. Auf der Suche nach einem Dialog auf Augenhöhe stellen sich viele relevante Fragen. Der von mir gewünschte Dialog sollte sich schließlich nicht zuletzt durch ein gegenseitiges Befragen und aufkommendes Verständnis unterschiedlicher Begriffe, Positionen und Aufgabenstellungen erkennen und fördern lassen.

Wenn ich als Künstler mit Vertretern der Wirtschaft spreche, auch zu Veranstaltungen eingeladen werde, wundere ich mich immer wieder über einseitige Vereinnahmungsversuche von Kunst und Künstlern. Damit entspreche ich selbst natürlich genau einem Klischee und was ich erlebe, rechtfertigt mein Klischee mit einem anderen Klischee. Die Kunst soll uns plötzlich helfen. In unterschiedlichen Formaten dürfen gemeinsam Ideen fruchtbar entwickelt werden. Wir befinden uns aber nicht auf einem großen Obst- und Gemüsemarkt, sondern agieren in der Regel auf unterschiedlichen Marktplätzen. Wir sehen oftmals auch nicht dieselben Objekte und Zielvorstellungen vor Augen und sprechen unterschiedliche Sprachen mit divergierenden Begrifflichkeiten. Ich träume jedoch von einem Dialog auf Augenhöhe.

Zeitgenössische Methoden der Wirtschaft und des Managements werden zumeist stillschweigend als bekannt vorausgesetzt und im Dialog mit Kulturschaffenden selten gemeinsam diskutiert oder problematisiert. Eher schweben sie als imaginäre Einheiten im Raum, die dann mit einer Analyse künstlerischer Prozesse, Strategien sowie Kompetenzen verbunden werden sollen, um der Zukunft der unternehmerischen Herausforderungen noch besseren Auftrieb zu verschaffen.

Ich sehe leider noch nicht, wie hierbei meine zumindest erträumte, gemeinsame Augenhöhe der Dialogpartner zustande kommen kann. Wer hilft hier weiter, wer reflektiert die Begriffe und Handlungsmaximen, die uns von außen und innen befeuern sollen?

Des Öfteren hört man von der mühseligen Arbeit, die damit verbunden sei, Vertrauen aufzubauen an der Schnittstelle zwischen Wirtschaft und Kultur. Es wird von der Notwendigkeit gesprochen, „Risiken und Wagnisse einzugehen, die vermeintlich sicheren Wege einmal zu verlassen – und sei es nur als erster gedanklicher Versuch" (Grosz und Delhaes 1999, S. 4). Das klingt nach vorbildhaften unternehmensberatenden Ansichten. Aber führt dies dann auch zu einer Förderung gemeinsamer, zeitgenössischer Kultur mit der Absicht, Zukunft offen – und damit auch im möglichen Widerstreit der Interessen – zu gestalten? Wäre gut. Jetzt denke ich als Künstler einmal weiter.

Denn da, wo weiterhin nur Schmusekurse gefahren, parallel oder gegensätzlich singuläre Interessen verfolgt werden, scheint mir etwas verdächtig zu sein. Da stimmt die Chemie nicht, da findet weiterhin Verkrustung statt, wird Angst geschürt, es könnte sich etwas verändern. Wer meint, Kunst oder künstlerische Prozesse schon verstanden zu haben, bevor man sie selbst gesehen und gehört, sich an ihnen erfahren und erprobt hat, der versteht noch nicht viel von künstlerischer Erfahrung. So spricht jedenfalls der Künstler in mir. Hier sollte es nun anders werden. Verkehren wir die Dinge einmal weiter.

Der erfolgreiche Künstler als Unternehmertyp ist selbst ein vorbildlicher Konsument, der Begierden erzeugt und Bedürfnisse schafft: Er ist jemand, der auswählt, umsetzt, aber niemals alternativlos ist. Der Unternehmer in der Rolle des Künstlers wäre ein Forschertyp, der nicht wüsste, wie sein Spiel endet und keinen Masterplan mehr in den Händen hält.

Was wollen wir? Den Künstler als Unternehmer kennenlernen oder den Unternehmer bzw. den angestellten Manager den Künstler spielen lassen?

Unternehmen können Künstler auch vorübergehend einladen oder anstellen, um in einer Krise oder im Rahmen vorbeugender Maßnahmen die Unternehmer- oder Managerrolle besser spielen zu lernen. Haben erfolgreiche Künstler daran Interesse? Was bedeutet in diesem Zusammenhang erfolgreich zu sein? Welche Eigenschaften der Künstler interessieren Unternehmer?

Etwas nüchterner betrachtet man bis heute Kunstförderung und Mäzenatentum, und zwar als Standortpflege, als Übernahme gesellschaftlicher Verantwortung zur Förderung der Kultur und des damit verbundenen eigenen Ansehens. Das Ganze kann dann auch als Goodwill Totschlagwaffe dienen im Sinne eines Jeder-küsst-jeden, bezeichnet als Public Private Partnership. Oder man will einfach die Unternehmenskultur weiterentwickeln. Aber was bedeutet das eigentlich und wozu führt es? Am Ende stellt man in einigen Unternehmen wieder kitschige Blumenkübel vor sinnfällig angekaufte Kunstwerke, die nach Ausscheiden des für den Ankauf verantwortlichen Vorstandes noch einige Zeit weiter vor sich hin stauben. Nach dem häufig zitierten Universalsoziologen Niklas Luhmann kommt die Kunst sowieso nur einem allgemeinen, eher folgenlosen Modell der Gesellschaft nach. Sie steht zwar in Nachbarschaft zu anderen Modellsystemen der Gesellschaft wie Recht, Liebe und Wirtschaft, produziert jedoch ständig nur neue Ungewissheiten, an denen sich die Gesellschaft – oder diejenigen Akteure, die sich dazu befähigt halten – abarbeiten darf.

Um die Jahrtausendwende sprach man oft von Kreativitätsforschung in Unternehmen, von Dezentralisierung und Verflachung der Hierarchien, von der Förderung der schöpferischen Eigenkompetenz – und das alles natürlich zum Wohle des Unternehmens und seiner Mitarbeiter. Das Schreckgespenst Globalisierung geisterte herum und neue Methoden und Wege wurden gesucht, um fit zu bleiben für den unaufhaltbaren und seitdem beständigen Wandel. Das irrationale Element, welches man in der Kunst vorzufinden glaubte, sollte kanalisiert, dienstbar gemacht und der Zufall kreativ ausgebeutet werden, um ungenutzte oder fehlgeleitete Wirtschaftsprozesse auf Linie zu bringen. Effizienz und Effektivität mussten gewährleistet bleiben, Zielvorgaben weiterhin eingehalten werden. Der vermeintlichen Rationalität des Managers sollten lediglich Intuition, sinnliche Erfahrung und Visionen, die man bei Künstlern vermutete, als Turbobeimischung zugefügt werden. Man erfreute sich einerseits am Töpferkurs, wollte mit Improvisationstechniken vorstrukturiertes Handeln überdenken und sprach andererseits ehrfurchtsvoll von der Kraft der Kunst als Frühwarnsystem der Gesellschaft.

Mit den Mitteln der Kunst und deren Interpretationsmöglichkeiten sollten sich schließlich Veränderungen gesellschaftlicher und wirtschaftlicher Abläufe ausloten lassen. Nichtlineares Denken und das Entdecken sowie Erfinden von Prozessen und Dingen, die man gar nicht gesucht hatte – Stichwort Serendipity-Prinzip – schlagen seitdem Brücken zwischen Wissenschaft, Wirtschaft, Erfindung und Kunst. Man sollte von einer verwertbaren Leistungsfähigkeit der Kunst und ihren Strategien jedoch nicht zu viel erwarten, wenn es darum geht, allgemeingültige Kriterien der Entscheidungsfindung zu reflektieren. Erkenntnisse aus Psychologie, Anthropologie, Verhaltensökonomik, Wirtschaftsästhetik, Spieltheorie sowie aus einigen anderen Disziplinen ermöglichen in dieser Hinsicht stabilere Wechselbeziehungen zu Wirtschafts-, Innovations- und Managementtheorien als dies Theorien künstlerischer Prozesse vermögen.

Ob Prinzipien einer schlanken Organisation in Unternehmen, Stichwort Lean Management, mit ihren Paradigmen noch effizienterer Nutzung der Ressourcen und Einsparung von Kosten, zusätzliche Spielräume für kreative Umwege und komplizierte Findungsprozesse ermöglichen, erscheint mir unwahrscheinlich. Methoden des Design Thinking und Hybrid Thinking sowie das Thema Disruptive Innovation könnten in Zukunft stattdessen in Wechselwirkung mit künstlerischen Methoden und Strategien weitergehend behandelt werden.

Meiner Meinung nach benötigen und erzeugen kreative Verfahren und Strategien verschiedene Raum- und Zeitzonen. In bestimmten Zonen herrscht ein Klima mehr oder weniger zielloser Aktivitäten nach mehr oder weniger präzisen Vorgaben. In anderen Zonen kommt es zu gerichteter Verschwendung von Ressourcen und vor allem Zeit. Innerhalb der meisten dieser Zonen lassen sich dabei keine genauen Prozessdefinitionen ableiten. Aber wie lassen sich überhaupt stressfreie Arbeitszonen zur Vorentwicklung von Innovationen organisieren und in Unternehmen rechtfertigen?

Während nach dem Ökonomen Joseph Schumpeter zumindest der gute, ehrenwerte und eigenverantwortliche Unternehmer Anfang des 20. Jahrhunderts noch von Neugierde und Freude am Neuen gekennzeichnet war, so erleben wir seit den 1970er-Jahren, im Zeitalter der fast allgegenwärtigen Creative Industries, die Selbsterfüllung des kreativen Impetus der Konsumenten. Fast wäre es dabei zu einem Siegeszug des sich zumindest unabhängig fühlenden, in postmoderner Beliebigkeit verwirklichenden Selbstverbrauchers gekommen.

Aber dann klärten uns plötzlich einige kreative – visionäre oder geniale (?) – Unternehmer wie Steve Jobs auf, dass der kluge Konsument eben doch nicht weiß, was er will, sondern dass ihm erst ein voraus denkendes Unternehmen aufzuzeigen habe, was er eben will oder eigentlich nicht will, aber zu wollen hat, bis er nichts anderes will als gerade das zu wollen, was er eben noch nicht zu wollen gewagt hat, weil er seinen eigenen Willen ja auch noch gar nicht gekannt bzw. nicht gewusst hat, dass der Wille des Unternehmens eigentlich nur sein Wille ist, weil ein Produkt, welches vom Konsumenten nicht angenommen wird, auch nicht vom Willen des Unternehmers gewollt werden kann.

Dies ist übrigens auch meine eigene Konsumtheorie. Und ja, sie trifft auch auf die Kunst bzw. auf den Vertrieb ihrer Produkte zu.

Gehen wir noch einmal einen Schritt zurück: Indem Joseph Schumpeter Anfang des 20. Jahrhunderts fast romantisch den Unternehmerdiskurs auf die Selbstverantwortung tragende Subjektfigur des Unternehmers verlegte und damit den unaufhaltsamen, lediglich angestellten Managertyp des Großkapitals noch außen vor ließ, vollführte er eine eigenartige Annäherung seines Unternehmerbildes an das moderne Künstlermodell, dessen wichtigste Fähigkeit es war und anscheinend immer noch ist, Neues in die Welt zu setzen.

Arbeiten erfolgreiche Künstler heutzutage auf dieselbe Art und Weise wie einst der klassische, selbstverantwortliche Unternehmer nach Schumpeter? Erst nach erfolgreicher Inventio – im Sinne einer Neuheit oder einer lediglich bis dahin nicht in Erscheinung getretenen Neukombination – konnte die Willensstärke und Tatkraft erfordernde Arbeit des Unternehmers folgen, mit der er sich auch auf dem Markt gegen Widerstände durchzusetzen hatte, um eine erfolgreiche Innovation einzuführen und im Markt zu etablieren.[1] Planen Künstler heute selbst, wie sie ihre eigenen Neukombinationen, bestenfalls Entdeckungen oder Erfindungen, zu gewinnbringenden Innovationen für das eigene Unternehmen = Künstlerlabel auf- und ausbauen können? Denkt der den Erfolg suchende Künstler in Kategorien wie Investitionspotenzial, Zielgruppenforschung und Kundenorientierung? Kalkuliert er den Aufwand, die Anstrengung, die es vermutlich erforderlich machen wird, um seine eigenen künstlerischen Produkte einem Käuferkreis erfolgreich zuführen zu können? Denkt der Künstler in Kategorien wie Return on Investment, und wenn ja, wie berücksichtigt er die Risiken, die mit seinen Investitionen verbunden sind? Entspricht ein derart handelnder, erfolgsorientierter Künstlerunternehmer unserer gegenwärtigen Gesellschaftsstruktur?

Oder kommen der Unternehmerrolle, die wir von Schumpeter kennen, eher klassische Programmgaleristen und Verleger nach, die sich der Vermarktung der Produktionen einzelner Künstler und Schriftsteller langfristig verbunden fühlen und nun selbst langsam auszusterben drohen, weil die Märkte und Produzenten so unberechenbar geworden sind? Denken wir schließlich auch an die Agenten und Manager der Musik- und Filmindustrie – oder ist an dieser Stelle das Denken des freien Unternehmertums bereits überwunden, weil wir es hier nur noch mit undurchschaubaren Interessensverflechtungen gewinnmaximierender Konzerne zu tun haben? Jedenfalls glaubt heutzutage kaum noch jemand an

---

[1] Treffen diese Voraussetzungen auch auf viele größere Unternehmen zu? „Im Gegensatz zu inhabergeführten Unternehmen ist heute das Management von Kapitalgesellschaften bei Fragen der Kulturförderung viel stärker an das unmittelbare Unternehmensinteresse gebunden. Genau hier liegt eine der Herausforderungen: zwischen den kurzfristigen betriebswirtschaftlichen Interessen und der mittel- bis langfristigen Herausbildung einer Unternehmenskultur zu vermitteln" (Grosz und Delhaes 1999, S. 4).

einen unüberwindbaren Gegensatz zwischen marktfernen, autonomen Künstlern und einer alles vereinnahmenden Kulturindustrie, deren Abziehbild bis Ende der 1960er-Jahre von Autoren der Frankfurter Schule bzw. den Vertretern der Kritischen Theorie wie Theodor Adorno und Herbert Marcuse so eindringlich beschrieben wurde. Die Leitbilder der Creative Industries fügten seit den 1970er-Jahren neue Zwischentöne in die Verbindungen zwischen Kunst und Wirtschaft. Der Kulturarbeiter wurde zur Ich-Ressource ernannt im Sinne einer sich ausdifferenzierenden Dienstleistungsbereitschaft im postfordistischen Zeitalter. Unternehmen wollten kreativer werden, Mitarbeiter zuweilen so sensibel und flexibel wie die freien Künstler, die umgekehrt den Kontakt zur Wirtschaft schätzen lernten. Soweit die Schlagwörter und Klischees.

„Was will die Wirtschaft von der Kunst" (Ullrich 2003, S. 87–102)? Diese Frage stellte Wolfgang Ullrich im Jahre 2003 und warf bei seinem Versuch einer Antwort einige Schlaglichter auf die wirtschaftsfördernden Funktionen von Kunst und deren Einsatz in Unternehmen. Er meinte festzustellen, dass der Transfer zwischen Kunst und Wirtschaft zumindest bei einigen Beteiligten schnell zu Unmut führen könnte, weil hippe Künstler nun selbst zu sehr in die Rolle des Unternehmers schlüpfen bzw. effiziente Praktiken der Wirtschaft für ihr eigenes Geschäft und für mögliche Kooperationen mit Unternehmen einsetzen. Geschult in smartem Auftreten, mit Börsenvokabular im Gepäck, irritieren nun zunehmend hochmotivierte Karriere-Künstler mit ihren ausgefeilten Business-Plänen ihre neuen Partner aus der Wirtschaft:

> Allerdings sind viele Wirtschaftsleute gar nicht sonderlich erfreut, wenn Künstler auf einmal Formen aus ihrer Welt übernehmen – so wie sich umgekehrt Künstler oft ausgenützt fühlen, wenn man ihre Werke allzu selbstverständlich in die Corporate Identity eines Unternehmens integrieren will. Jede Seite bemerkt bei den Übernahmen vonseiten der jeweils anderen mangelnde Kenntnis und Professionalität und ist entsprechend etwas desillusioniert (Ullrich 2003, S. 99).

Nun könnte man einräumen, dass die Warholisierung der Kunstwelt in den letzten zehn Jahren immer weiter zugenommen hat, Factory-Denken, Anzahl der Assistenten und weitere Professionalisierungen der eigenen Betriebsstrukturen immer mehr in den Vordergrund der Kunstwelt gerückt sind, sodass auch Vertreter kunstferner Wirtschaftszweige ein besseres Verständnis für die zunehmende Ökonomisierung der Kulturbranchen erlangt haben müssten. Aber was wollen nun die Unternehmer und Manager von der Kunst und den Künstlern? Beschäftigen sie sich mit einzelnen Kunstwerken und künstlerischen Strategien, lernen vom anderen – oder verbleibt ein allgemeines Verlangen nach einer ungewissen, abstrakten Vorstellung von der Kunst als Allheilmittel mit erhöhtem Glamourfaktor? Noch einmal möchte ich hier Ullrich folgen:

> Und am liebsten läse man sogar Fallbeispiele: Welches Gemälde hat einem Manager bei der Entscheidung geholfen, was für Fusionen er anbahnen oder wie viele Mitarbeiter er entlassen

soll? Welche Skulptur hat einen Chefentwickler zu einer neuen Produktidee inspiriert? Welche Druckgraphik hat auch nur den Stress eines leitenden Angestellten gemindert, als dieser gerade wieder von eiligen Terminarbeiten überfordert war (Ullrich 2003, S. 91)?

Man sollte die konkreten Anforderungen an Kunst nicht überstrapazieren, zumal sich positive Auswirkungen von Kunsteinsätzen sehr ungenau messen lassen. Emmanuel Mir, der in seiner aktuellen und sehr umfänglichen Untersuchung „Kunst Unternehmen Kunst" (Mir 2014) einerseits die Verwandtschaft von Unternehmer und Künstler als freie selbständige Gestalter sehr eng führt (Mir 2014, S. 335), was erneut an Schumpeter erinnert, warnt andererseits:

> „Konfrontiert man plötzlich unvorbereitete Angestellte mit Kunst, die sie nicht verstehen oder akzeptieren, läuft man Gefahr, deren Arbeitsfreude zu versäuern und das Betriebsklima zu verschlechtern (vgl. Zinell 1991, S. 278 ff.). Die Parade gegen diesen kontraproduktiven Effekt besteht in einer ausreichenden Informationspolitik" (Mir 2014, S. 179).

Die zuletzt angesprochene Gefahr aufgreifend, frage ich mich nun, worauf das hinauslaufen könnte. Um die Informationspolitik zu stärken, wäre es doch sinnvoll, beispielsweise Kunstwissenschaftler und Kulturmanager in die Unternehmen zu holen und im Schulterschluss mit Künstlern die Kunst erklären zu lassen – nach dem Motto: Du musst keine Angst vor kritischer oder zunächst unverständlicher Kunst haben, denn sie ist nur zu deinem Wohl und Fortkommen gemacht. Künstler könnten in diesem Sinne auch verstärkt als Coach sowie als Kunsttherapeuten arbeiten oder dem Marketing offen zuspielen. Die entscheidende Frage ist nicht, ob genügend Künstler zu netten Therapeuten und Unternehmensberatern auf Zeit mutieren wollen – denn Künstler gibt es genug und die meisten profitieren nicht vom Kunstboom der Spitzenkünstler und deren Rekordpreisen. Die Masse der Künstler ist auf kunstnahe Jobs angewiesen und ein Teil davon wird wahrscheinlich sehr gerne einer vermittelnden therapeutischen Umfunktionalisierung von Kunst und deren Prozessen nachkommen. Die interessantere Frage betrifft die Vertreter der Wirtschaft: Was wollen sie von der Kunst? Jetzt kann man nur hoffen, dass Unternehmer und Manager nicht so denken, wie Ullrich vor zehn Jahren befürchtet hat:

> Da sie [die Kunst] gerade von Unternehmern und Managern ‚an sich' sehr hochgeschätzt wird, finden diese es enttäuschend, wenn sie sich ihrer Welt zu sehr annähert, da sie dann plötzlich zu vergleichbar – und damit profan – wird [...] Dann wird eventuell sogar deutlich, dass der Wunsch von Unternehmern und Managern, ihr Metier als ähnlich der Kunst auszugeben, daraus entsteht, dass man die Kunst eigentlich auch als das ‚ganz Andere', das Exotische, Ausgefallene – und damit Geheimnisvolle, Unergründliche – empfinden will (Ullrich 2003, S. 99–100).

Wer diesen Beobachtungen und Vermutungen folgen möchte, erkennt sehr schnell einige Gefahren, die sich aus einer systematischen Einebnung der Differenzen zwischen Kunst und Wirtschaft sowie aus der Angleichung der Milieus und Arbeitsbedingungen ergeben.

Dem Autor dieses Textes stellt sich nun die entscheidende Frage, ob sich im Spannungsverhältnis von Unternehmen und Kunst eher die Gegensätze anziehen, die Energie gefördert wird, die daraus resultiert, vom anderen zu lernen, zumal das Fremde am meisten zur Identifikation lockt, ohne jemals eine Übereinstimmung erreichen zu können (Ullrich 2003, S. 99–100) – oder ob Kunst und Künstler als bloße Gedankenzünder, Wachmacher und Bilderzeuger angesprochen werden (Mir 2014, S. 303–327)?

Wer setzt etwas durch? Wer bringt kulturelle Inhalte und Kulturschaffende ins Gespräch und macht damit kulturelle Leistungen erkennbar und für andere zugänglich? Sind kulturelle Güter unabhängig von wirtschaftlichen Interessen überhaupt zu vermitteln und zu erhalten? Wer sucht die Künstler aus und trifft Vorauswahlen für Kooperationen mit Unternehmen? Wer verantwortet die öffentliche Sichtung künstlerischer Werke und nach welchen Kriterien? Wo könnte sich eine freie Kunst entfalten oder zeigen und wen würde das interessieren? Folgen Künstler eigenen, lediglich selbst gesetzten Zielen und Maximen bzw. wären diese für Rezipienten und Verwerter relevant? Ermöglicht die vermeintlich freie Marktwirtschaft eine Eigenständigkeit der Kunst oder hat sie diese ersetzt oder vernichtet?

Neben den vorangegangenen Fragen, die sich auf das Verhältnis von Kunst und Gesellschaft sowie Wirtschaft beziehen, stellen sich auch noch weitere Fragen innerhalb des Kontextes des Betriebssystems der Kunst: Sollte man an keine Gegenleistungen gebundene Entscheidungen zur Förderung von Kunst und an keine Bedingungen geknüpften Erwerb künstlerischer Werke sowie Dienstleistungen auch schon als Anzeichen eines Verlustes der Autonomie der Kunst betrachten können? Dann hätte Kunst außerhalb der Ateliers, Musik- und Studierzimmer zu keiner Zeit und an keinem Ort jemals einen autonomen Status inne gehabt. Vieles spricht tatsächlich für diese Vermutung, denn beispielsweise auch die historischen Avantgarden unserer gängigen Kunstgeschichten haben schließlich sehr schnell den Weg in Museen, Konzerthäuser und Unternehmen gefunden. Auch wenn die meisten Künstler weiterhin nach eigenen Vorgaben und Maximen Werke schaffen sollten, so werden diese als Produkte vermarktet und gehandelt oder vergessen. Förderung, Ausstellen sowie Ankauf von Kunst und ihre Diskurse führen in gewisser Weise immer zu heteronomen Betrachtungsweisen, wodurch ein vorgeblich autonomer Status der Kunst schwindet. Das ist der Preis für Öffentlichkeit. Niemals gesehene, nicht geförderte und nicht gesammelte Kunst bleibt immer außen vor und erhält keine gesellschaftliche Relevanz sowie nicht gehörte Musik und ungelesene Literatur. Manchmal reicht für eine entsprechende Aufwertung oder Nobilitierung jedoch schon aus, wenn man nur darüber spricht, was man so von anderen gehört hat – und dann die entsprechende Kunst kauft.

Sind zumindest die Kriterien, die zu Ausstellungen, Förderungen, Ankäufen und Kooperationen von Künstlern und Unternehmen führen, transparent und nachvollziehbar? Ist ihnen zuzustimmen? Oder finden wir am Ende nur Dialoge der gegenseitigen Abhängigkeiten? Wer ist bereit für den Dialog auf Augenhöhe und legt seine Kriterien und Interessen offen?

IN FREIHEIT DENKT MAN FREIHEIT ANDERS Können wir also Kunst und Wirtschaft überhaupt noch als Gegensätze getrennt betrachten? Nein, auf gar keinen Fall, möchte ich jetzt antworten. Entweder Kunst bzw. künstlerische Prozesse finden eine Erfüllung in ihrer neuen kunsttherapeutischen und innovationstechnisch orientierten Funktionalisierung in Nähe zur temporalen Unternehmensberatung – oder ihre Produkte und Dienstleistungen werden auf dem Kunstmarkt, innerhalb des Tanz-, Musik- und Literaturbetriebes, in Unternehmen, subventionierten und fremdfinanzierten Opern, Konzerthäusern und Museen verwertet.

Wie könnte er denn nur aussehen, mein Traum vom Dialog auf Augenhöhe? Ist er vielleicht schon verwirklicht in den Sälen der großen Auktionshäuser in London und New York? Niemals waren einzelne zeitgenössische Kunstwerke bestimmter Künstler und ausgewählte Werke der Modernen Kunst so wertvoll wie heute. Das Marketing und die Legendenbildung um einzelne Künstler werden von einer breiten Öffentlichkeit wahrgenommen und neue Rekordpreise bei Auktionen staunend aufgenommen. Eine Crux zeigt sich auch innerhalb des Kunstbetriebes beispielsweise bei der inzwischen stark eingeschränkten Ankaufspolitik der Museen. Einerseits klagen die Intendanten und Direktoren der Museen für zeitgenössische Kunst über zu schnell steigende Preise auch der noch jungen Künstler. Auf der anderen Seite wagen sie es kaum, Werke anzukaufen, die nicht schon als relativ teuer empfunden werden. Es ließe sich für weniger teure Werke keine allgemeine Akzeptanz bei Förderern, Museumsvereinen und dem Publikum mehr finden, heißt es immer wieder. Dies deutet darauf hin, dass der Preis eines künstlerischen Werkes oder einer künstlerischen Dienstleistung ihren ästhetischen Wert bzw. ein spezifisch ästhetisches Erkenntnisinteresse an der Kunst verdeckt oder ersetzt hat. Auch einige Kunstsammler sind offensichtlich bereit, erhebliche Summen für einzelne Exponate auszugeben, ohne eine ausgesprochene Kenntnis oder Erfahrung in Bezug auf die angestrebten Konsumgüter aufzuweisen. Dieses Phänomen ist nicht neu. Der Hype trifft jedoch immer nur eine sehr kleine Anzahl von Künstlern und Auswahl an Werken. Der Rest der unzähligen Künstler kann von ihrer Kunst kaum oder gar nicht leben. Den meisten Musikern, Literaten und Tänzern geht es ebenso. Ich frage mich nun: Mit welchen Künstlern möchten Unternehmen kooperieren, welche Vorstellung haben sie vom Wert und öffentlichen Ansehen der Künste und Akteure?

Der amerikanische Soziologe und Ökonom Thorstein Veblen behauptete schon 1899 in „The Theorie of the Leisure Class", dass der Erwerb eines schönen Sammelobjektes eher nicht mit einem Interesse am Inhalt oder Diskurs über den ästhetischen Wert zu be gründen sei, sondern treffender durch das Gebot eines Geltungskonsums. Nach seiner Theorie sind Gegenstände erst dann schön, wenn sie sich monopolisieren lassen und als kostbarer Besitz begehrt werden. So verdrehen sich die Verhältnisse. Kunstgegenstände werden nicht begehrt, weil sie schön sind, sondern gelten als schön, weil sie den Prestigenormen der entsprechenden Klasse nachkommen: „Die Merkmale des Kostspieligen werden allmählich zu Merkmalen der Schönheit." (Veblen 1981, S. 103) Außerdem erhöhen sich bei steigenden Preisen Nachfrage und Interesse: Der Veblen-Effekt (Schappert 2014, S. 334–337).

Hier gilt es Vorsicht walten zu lassen. Wenn tatsächlich über Inhalte und ästhetische Erfahrungsmöglichkeiten zu wenig reflektiert werden sollte und über Wert und Qualität von Kunst/Werken/Dienstleistungen das Nachdenken versiegen würde, dann müsste man auch jede individuelle Entscheidung über Ausstellung, Ankauf, Sponsoring sowie Kooperationen zwischen Kunst und Wirtschaft in Frage stellen. Auf der einen Seite hätten wir ein funktionales Interesse an Kunst und Künstler mit der oben angesprochenen die Wirtschaft beratenden bis kunsttherapeutischen Ausrichtung. Eine qualitative Eigenständigkeit von Kunst als das Fremde und andere wäre hier vermutlich entbehrlich und könnte restlos verschwinden. Auf der anderen Seite sähen wir weiterhin das große Interesse am hohen Preis, Bekanntheitsgrad und Glamourfaktor der Spitzenkunst und Rekordkünstler. Aber auch hier wäre die Eigenständigkeit von Kunst in Gefahr, sogar unabhängig vom Preis insofern der Öffentlichkeitswert im Vordergrund steht. Erinnert sei zum Schluss an Theodor Adornos schlichte Erkenntnis, die er in seiner Schrift „Über den Fetischcharakter in der Musik und die Regression des Hörens" (1938) äußerte: „Der Begriff des Geschmacks selbst ist überholt. (…) Die Bekanntheit des Schlagers setzt sich an Stelle des ihm zugesprochenen Wertes: ihn mögen, ist geradewegs dasselbe wie ihn wiedererkennen" (Adorno 1956, S. 9–10).

FAZIT

Die Eigenartigkeit künstlerischer Strategien und Produktionen anzuerkennen, halte ich für eine der wichtigsten Voraussetzungen für zukunftsweisende Dialoge und Partnerschaften zwischen Kunst und Kultur mit der Wirtschaft. Weder einseitige Vereinnahmungsversuche noch vorzeitige Einebnungen von Differenzen verhelfen zum fruchtbaren Austausch, sondern eine reflektierte Annäherung an spezifische Fragestellungen und Interessen, nicht zuletzt auch durch die Überwindung sprachlicher Barrieren. Wir können nur dann voneinander lernen, wenn wir beständig bereit sind, uns auf Neues, Fremdes oder Unerwartetes einzulassen und in dieser Hinsicht Kommunikation entwickeln (siehe Abb. 1, 2, 3).

Abb. 1 Roland Schappert: DOES ART TALK YOUR TALK, 2014, Entwurf einer Wandmalerei. (© R. Schappert)

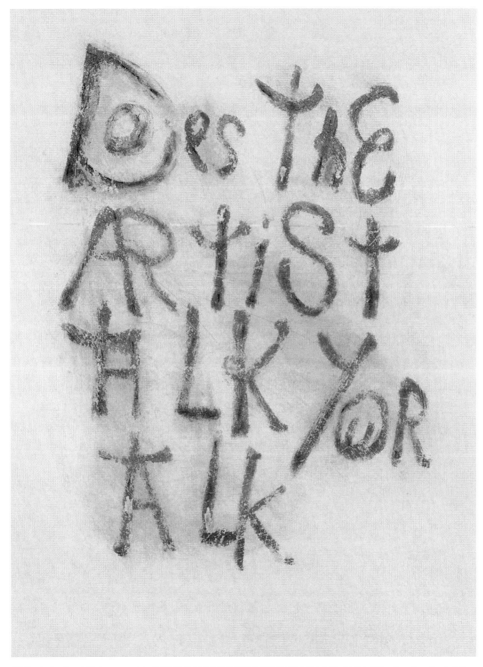

Abb. 2 Roland Schappert: DOES THE ARTIST TALK YOUR TALK, 2014, Wandmalerei mit Marmorsumpfkalkfarbe, Siebdruckfarbe, Vinylfarbe, 87 × 66 cm, Städtische Galerie Wolfsburg. (Foto: Simon Vogel, © R. Schappert)

Abb. 3 Roland Schappert: o. T. (CLEARINGSTELLE), Ölfarbe auf Papier, 70 × 50 cm, 2014. (©
R. Schappert)

Literatur

Adorno T (1956) Über den Fetischcharakter in der Musik und die Regression des Hörens. In: Ador-
    no T (Hrsg) Dissonanzen. Vandenhoeck & Ruprecht, Göttingen, S 9–10
Grosz A, Delhaes D (1999) DIE KULTUR AG. Neue Allianzen zwischen Wirtschaft und Kultur.
    Carl Hanser Verlag, München
Mir E (2014) Kunst Unternehmen Kunst. Die Funktion der Kunst in der postfordistischen Arbeits-
    welt. transcrict Verlag, Bielefeld
Schappert R (2014) DIE Kunstbedürftigkeit des Kommentars. Kunstforum International 229
Ullrich W (2003) Was will die Wirtschaft von der Kunst? In: Verwoert J (Hrsg) Die ICH-RES-
    SOURCE. Zur Kultur der Selbst-Verwertung. Volk Verlag, München
Veblen T (1981) Theorie der feinen Leute. Deutscher Taschenbuch Verlag, München

Dr. Roland Schappert ist Maler und Autor. Dissertation über ästhetische Fragestellungen der 1980er-Jahre, 1998 das Buch: „Martin Kippenberger/Die Organisationen des Scheiterns". Im Jahre 2005 zusammen mit Michael Ebmeyer Videonale-Preis 10 im Kunstmuseum Bonn. In den Jahren 2007–2010 Gastprofessor für Malerei an der Hochschule für Bildende Künste Braunschweig. Im Jahre 2015 Themenband für Kunstforum International zum KUNSTURTEIL. Veröffentlichungen, Vorträge und Performances über Aspekte eines zeitgenössischen Kunstbegriffs, Kunst und Wirtschaft.

Sometimes it isn't a pipe

Lisa Fröhlich

Zusammenfassung

An einer privaten Hochschule, die zum einen ihre Studenten als *Kunden* definiert, zum andern aber auch ihre Partnerunternehmen, ohne die ein Überleben unter heutigen Marktbedingungen kaum noch möglich ist, erkennt man die Veränderungen am Bildungsmarkt viel schneller als an öffentlichen Hochschulen, deren Nachfrage nach Studienplätzen nicht unbedingt den klassischen Marktgesetzen folgt. *Berufsbefähigung* ist der zentrale Schlüsselbegriff, es wird jedoch immer deutlicher, dass die etablierten Managementmethoden kaum noch Lösungen für die Herausforderungen der Zukunft bereithalten. Das Blicken über den Tellerrand wird zur Überlebensstrategie, um Bildung und Management neu bzw. zeitgemäß zu denken. Können in diesem Sinne Kunst- und Managementstrategien aufeinander eingehen und uns neue Wege in die Zukunft zeigen? Damit bedarf es in einer zunehmend vernetzten und globalisierten Multi-Stakeholder-Gesellschaft eines Überdenkens traditioneller Managementkonzepte. Diese neue Führungspraxis des 21. Jahrhunderts verlangt nach andersartigen Kompetenzen, um häufigen Richtungswechsel und blinden Aktionismus im Management zu vermeiden.

Aber was bildet eine Pfeife auf einem Bild eigentlich ab – und was können Darstellungen der Kunst überhaupt leisten? Bildet Kunst Alltagswelt ab, die Konsumgüter unserer Wirtschaftswelt, die Gesichter ihrer Protagonisten sowie deren Visionen und Bewegungen (Schappert 2015)?

L. Fröhlich (✉)
Cologne Business School, Hardefuststr 1, 50677 Köln, Deutschland
E-Mail: e.froehlich@cbs.de

© Springer-Verlag Berlin Heidelberg 2015
V. Steinkellner (Hrsg.), *CSR und Kultur,* Management-Reihe Corporate
Social Responsibility, DOI 10.1007/978-3-662-47759-5_11

Dieser Text nimmt Bezug auf die konstruktiv-kritischen Überlegungen, die Schappert in seinem Essay SOMETIMES IT'S A PIPE (2015) zum Dialog zwischen Kunst und Wirtschaft anstellt und fasst dessen nachhaltiges Wirken in den Blick. Schappert formuliert die entscheidende Frage dahingehend, ob aus dem Gegensatz von Kunst und Wirtschaft ein „Energiestrom entstehen kann, der beide Disziplinen anregt, das Fremde zu akzeptieren, um voneinander zu lernen, ohne jemals eine völlige Übereinstimmung" erreichen zu können. Oder besteht das Interesse der Wirtschaft an der Kunst und am Künstler nur darin, im Sinne eines beratenden oder kunsttherapeutischen Ansatzes tätig zu sein? Der Künstler würde dann nach Schappert (2015) eher als ein „Gedankenzünder, Wachmacher und Bilderzeuger angesprochen werden". Auf den nachfolgenden Seiten wird der Versuch unternommen – ohne die zuvor zitierte Warnung außer Acht zu lassen – einen konzeptionellen Rahmen zu entwickeln, wie Kunst und nachhaltige Unternehmensführung zueinander finden können, um einen Dialog auf Augenhöhe zu führen.

An einer privaten Hochschule, die zum einen ihre Studenten als „Kunden" definiert, zum andern aber auch ihre Partnerunternehmen, ohne die ein Überleben unter heutigen Marktbedingungen kaum noch möglich ist, erkennt man die Veränderungen am Bildungsmarkt viel schneller als an öffentlichen Hochschulen, an denen die Nachfrage nach Studienplätzen nicht unbedingt den klassischen Marktgesetzen folgt. *Berufsbefähigung* ist der zentrale Schlüsselbegriff, es wird jedoch immer deutlicher, dass die etablierten Management-Methoden kaum noch Lösungen für die Herausforderungen der Zukunft bereithalten. Der Blick über den Tellerrand wird zur Überlebensstrategie, um Bildung und Management neu bzw. zeitgemäß zu denken. Können in diesem Sinne Kunst- und Managementstrategien aufeinander eingehen und uns neue Wege in die Zukunft zeigen? Wer den Künstler ins Unternehmen bringt, sollte nicht erwarten, dass sich jedes Corporate Identity-, Kommunikations-, Motivations- oder Organisationsproblem auf wundersame Weise in Luft auflöst. Kunst sollte nicht wörtlich genommen und die Abbildung einer Pfeife auch nicht als realer Gegenstand betrachtet werden, vielmehr sollte man sich dem Unbekannten öffnen, Ideen und Visionen wahrnehmen und wirken lassen.

> Zeigt Kunst ihrer Gesellschaft aber auch exemplarisch auf, dass die ständig anwachsende Komplexität unseres Weltverständnisses überhaupt noch in lesbare Formen gebracht werden kann (Schappert 2015)?

Das unternehmerische Umfeld wird heute von sinkender Nachfrage nach Gütern und Dienstleistungen – vor allem in gesättigten Märkten –, aber auch von widersprüchlichen und schwer vorhersehbaren Entwicklungen auf sogenannten Wachstumsmärkten in Verbindung mit Unsicherheiten auf den internationalen Finanzmärkten bestimmt (Kron 2014). Unser Weltverständnis wird somit wesentlich durch sogenannte Megatrends, wie demografischer Wandel, Globalisierung 2.0, digitale Kultur oder wissensbasierte Ökonomie geprägt. Megatrends begleiten uns seit mehr als 30 Jahren. Dabei verändern sie nicht nur einzelne Bereiche oder Sektoren unseres Lebens, sondern *formen ganze Gesellschaften*. Damit bedarf es in einer zunehmend vernetzten und globalisierten Multi-Stakeholder-

Gesellschaft eines Überdenkens traditioneller Managementkonzepte. Megatrends sind verantwortlich für die steigende Komplexität und Dynamik unserer Märkte, und werden zumeist als unbequem und manchmal paradox empfunden (:zukunfts|institut 2014). Die steigende Komplexität wirtschaftlichen Handelns macht aber Leitungsfunktionen weniger kontrollierbar.

Führungsaufgaben, Informationsflüsse und Stakeholder Management werden vielschichtiger und verwobener, sowohl innerhalb einer Organisation oder eines Sektors als auch zwischen den Sektoren. Gleichzeitig beschleunigt sich die Taktung der Entscheidungszyklen. Die gefühlte und tatsächliche Geschwindigkeit von Führungshandeln nimmt zu. Hinzu kommt das Gefühl wachsender Unvorhersehbarkeit einer globalisierten und vernetzten Welt (Leipprand et al. 2012, S. 7).

> „Langfristige Megatrends zeigen, dass die Führungskräfte der Zukunft ein stärkeres strategisches Denkvermögen benötigen. Zudem müssen sie eine große Integrität und intellektuelle Offenheit zeigen", fasst Dr. Georg Vielmetter, europäischer Direktor für Führungs- und Talentmanagement der Hay Group zusammen. „Manager werden auf ihre Macht verzichten müssen, um kollaborative Ansätze zu finden – innerhalb und außerhalb ihrer Organisation. Dies kann dazu führen, dass Verhaltensweisen signifikant verändert werden, die Führungskräfte bisher an die Spitze eines Unternehmens gebracht haben" (HayGroup 2011).

Diese zunehmende Dynamik und Nicht-Steuerbarkeit von Führungsentscheidungen lässt der Führungskraft kaum Raum für Regeneration und Reflexion. Langfristig zu denken wird immer schwieriger und baut einen enormen Druck auf, dem viele Führungskräfte nicht mehr gewachsen sind. Fehlentscheidungen, Burnout aber auch Betrugsdelikte sind mögliche Folgen. Diese neue Führungspraxis des 21. Jahrhunderts verlangt nach andersartigen Kompetenzen (Kompetenz hier verstanden als kontextbezogenes, angemessenes und verantwortliches Handeln; Jungmann et al. 2014), um häufigen Richtungswechsel und blinden Aktionismus im Management zu vermeiden.

Leipprand et al. (2012, S. 17) schaffen ein neues Führungsverständnis, das die folgenden Kernkompetenzen umfasst: Raum schaffen für Reflexion, die eigenen Energien auf Komplexitäts- und Zukunftsmanagement fokussieren, sich über Sektorengrenzen hinweg vernetzen und den Austausch zwischen den Sektoren fördern, Mitarbeiter über eine Vertrauens-, Wertschätzungs- und Beteiligungsstruktur befähigen, Orientierung geben und Sinn stiften, robuste und zugleich flexible Strukturen aufbauen, die schnell auf veränderte Realitäten reagieren, in systemisches Komplexitätsmanagement investieren, Führungshandeln an Langfristigkeit und Gemeinwohl ausrichten. Alle diese Aspekte bedingen eine konsequente Weiterbildung der notwendigen Fähigkeiten der Führungskräfte.

Die Artist Placement Group erkannte schon 1966, dass sowohl Akteure der Privatwirtschaft als auch der öffentlichen Hand unfähig seien, „langfristige Strukturen und eine dauerhafte Vision für die Gesellschaft zu entwickeln" (Mir 2014, S. 205), da der Fokus letztendlich nur auf kurzfristigen Nutzen-Kosten-Analysen liege.

Was können wir tun, um die zuvor skizzierte Notwendigkeit eines neuen Führungsverständnisses lebendig werden zu lassen, Führungskräfte zu befähigen, die Herausforderungen

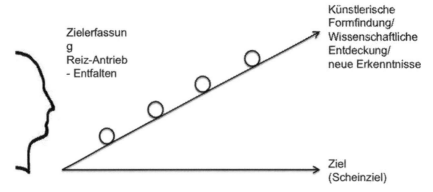

Abb. 1 Der schöpferische Winkel (Baumeister 1947, S. 160)

der Zukunft erfolgreich anzunehmen? Macht es überhaupt Sinn, sich diesen komplexen Herausforderungen zu stellen, oder führen wir lieber weiter wie bisher und hoffen auf das Beste? Nein, wir müssen liebgewonnenes Fahrwasser verlassen. „Wir können nur dann voneinander lernen, wenn wir beständig bereit sind, uns auf Neues, Fremdes oder Unerwartbares einzulassen und in dieser Hinsicht Kommunikation entwickeln" (Schappert 2015).

Willi Baumeister (1947) versuchte in seinem Buch *Das Unbekannte in der Kunst* Entwicklungen im Kunstschaffen zu deuten. Er geht von der Annahme aus, dass jede Tätigkeit eine Absicht – ein Ziel – voraussetzt, so wie jeder planende Prozess unternehmerischen Handelns ein solches voraussetzt. Ohne Zielvorgaben macht unternehmerisches Handeln keinen Sinn, da dem ökonomischen Prinzip nicht Rechnung getragen werden kann und damit kein effizienter Ressourceneinsatz möglich ist, auch keine Gewinnoptimierung (siehe Abb. 1).

> Während der Künstler glaubt, sich seiner Vision als endgültigem Zielpunkt ständig zu nähern, führen ihn die aus seiner ‚Mitte' ausstoßenden Formkräfte unmerklich in eine andere entscheidende Richtung zum unbekannten Ort, zu dem bisher Unbekannten. Diese neue Richtung ist abgewichen von der Richtung auf die Vision (oder auf ein sonstiges Vorbild), sie ist die Linie und Richtung der Unfehlbarkeit und des Findens. Die Abweichung mag mit der Lichtbrechung im Wasser verglichen werden, oder mit dem Lichtstrahl im ‚gekrümmten' Raum. Es ist die Linie des Findens im Sinne des schöpferischen Winkels (Baumeister 1947, S. 160).

Nachfolgende Zitate aus dem Buch Baumeisters dienen als Denkanstoß für die weiteren Schlussfolgerungen auf unternehmerisches Handeln aus seinem Konzept des *Schöpferischen Winkels*: „Es ist anzunehmen, dass viele Begabungen durch das Ziel auf den Erfolg und der damit verbundenen Hinwendung zum Bekannten scheitern" (Baumeister 1947, S. 164) sowie „Wird im Allgemeinen bei einem geplanten Unternehmen ein Ziel vorweg dargelegt und bekannt gegeben, so entwertet sich das geplante Vorhaben derartig, dass es oft nicht mehr entstehen kann" (Baumeister 1947, S. 165).

Somit wäre „der Unternehmer in der Rolle des Künstlertyps ein Forschertyp, der nicht wüsste wie sein Spiel endet und keinen Masterplan mehr in Händen hält" (Schappert 2015). Die zuvor beschriebene zunehmende Komplexität und Dynamik unternehmerischen Handelns verhindern oftmals, betriebliche Ziele *inhaltlich exakt* zu beschreiben, da viele Lösungen zukünftiger Probleme noch nicht bekannt sein können. Ziele werden zu *Scheinzielen*. Damit soll aber auch nicht zum Ausdruck gebracht werden, dass Unternehmen jeden Zielbezug aufgeben sollten; das wird und darf nicht der Fall sein, denn Ziele repräsentieren auch Werte des Managements. Das Management sollte sich aber von der Vorstellung lösen, dass jedes noch so komplexe unternehmerische Problem *entzerrt* werden kann, in leicht *verdauliche* und bearbeitbare Teilprobleme zerlegbar ist und damit immer der gerade Weg zum Ziel (im Sinne von Effizienz) vorab identifiziert werden könnte.

Wäre eine Besinnung der Betriebswirtschaft auf ihre Wurzeln, auf Schumpeter (2011), der die Selbstverantwortung des Unternehmers in den Mittelpunkt seiner Überlegungen stellte und kritisch bemerkte, „nicht jedermann besitze die Willenskraft, gewohnte Bahnen zu verlassen und Neues zu wagen" (Kurz und Sturn 2012, S. 106), nicht ein erster Schritt in die richtige Richtung, hin zu wiedergewonnener Reflexion und Offenheit? Es stellt sich die Frage, ob es durch innovative Bildungskonzepte vielleicht gelingen könnte, Selbstverantwortung von Managern, Führungskräften und Mitarbeitern besser zu aktivieren, um im Geiste des *Schöpferischen Winkels* und Schumpeters neue Wege – die vielleicht auch Umwege sein können – zu gehen und Lösungsansätze zu *erfinden*, die uns den zuvor genannten Herausforderungen des Managements im 21. Jahrhundert einen Schritt näher bringen? Die gleichen Bildungskonzepte müssen aber im Sinne des Change Managements auch einen kulturellen Wandel im Unternehmen bedingen, der eine *Kultur der Fehler* wieder toleriert – der Fehler als Auslöser einer kreativen Problemlösungsstrategie (Schappert 2013).

> Mit den Mitteln der Kunst und deren Interpretationsmöglichkeiten sollten sich schließlich Veränderungen gesellschaftlicher und wirtschaftlicher Abläufe ausloten lassen. Nichtlineares Denken und das Entdecken sowie Erfinden von Prozessen und Dingen, die man gar nicht gesucht hatte – Stichwort Serendipity-Prinzip – schlagen seitdem Brücken zwischen Wissenschaft, Wirtschaft, Erfindung und Kunst (Schappert 2015).

Im letzten Abschnitt dieses Beitrags steht die Frage nach den Formen des Kunsteinsatzes in Unternehmen im Vordergrund bzw. nach den Zielen, die mit dem Einsatz von Kunst – respektive im Dialog mit der Kunst oder künstlerischen Prozessen – in Unternehmen verfolgt werden können.

Corporate Cultural Responsibility (CCR) wird im einleitenden Artikel dieses Buches definiert als „eine gemeinsame Entwicklung und Etablierung einer beiderseitig gewinnbringenden Partnerschaft". Der von Steinkellner (2015) propagierte funktionale Ansatz kommt der Intention dieses Beitrags sehr nahe, auch wenn Schappert (2015) vor einseitigen Vereinnahmungsversuchen beider Seiten und vorzeitigen Einebnungen von Differenzen klar warnt. Funktionale Ansätze zeichnen sich in ihrem Verständnis durch einen hohen

Grad der Integration und ein sehr geringes Investitionsniveau aus. Eine Eigenständigkeit von Kunst im unternehmerischen Kontext lässt sich dann nicht mehr definieren, die beiden Disziplinen verschmelzen zu einem neuen Konzept. Steinkellner (2015) rechnet diesen Bereich nicht mehr der CCR zu, dennoch soll darauf Bezug genommen werden. Ihrer Argumentation, dass in diesem Ansatz das Potenzial, Synergieeffekte zu realisieren, verloren geht, wird somit nicht gefolgt. Zu vermeiden gilt es, dass es bei der rein künstlerischen Intervention in Unternehmen bleibt, die zeitpunktbezogen Lösungen für unternehmerische Probleme aufgreifen. Vielmehr stellt man sich die Frage nach Kontinuität. Wie kann man Ziele des Kunsteinsatzes langfristig realisieren? Am Beispiel *Kreativität fördern* kann diese Position verdeutlicht werden. Führungskräfte sollen nicht nur durch eine einmalige Kunstintervention ihr Kreativitätspotential *erfahren*, um einer speziellen Herausforderung – beispielsweise dem Paradigma der Vernetzung in einer globalen Welt – begegnen zu können. Es stellt sich vielmehr die Frage, wie Führungskräfte zusätzliche Qualifikation erwerben, dass sie sich Schumpeters (2011) „schöpferische Zerstörung" wieder zutrauen und eigenständiger Verantwortung für ihr Handeln übernehmen?

Lüddemann (2007) nennt einige Ziele, die mit dem Einsatz von Kunst realisiert bzw. zumindest gefördert werden könnten: Corporate Identity, Mitarbeiter fördern, Kreativität fördern, Umbauprozesse fördern, neue Produkte finden und Zielgruppen erreichen. In diesem Beitrag liegt der Fokus auf *Kreativität und Umbauprozesse fördern*. Damit lassen sich die bei Steinkellner (2015) definierten Aufgaben von Kunst und Wirtschaft, neben Strategie und Funktion um die *personelle Dimension* erweitern.

> Der Einsatz von Kunst in Unternehmen soll die Kreativität befördern und damit positive Effekte für die tägliche Arbeit bewirken. Hintergrund dieser Erwartung ist eine Unternehmenskultur, die nicht mehr auf starre, sondern auf flache Hierarchien setzt und damit an jeden einzelnen Mitarbeiter (aber auch jede einzelne Führungskraft) die Anforderung stellt, Probleme eigenständig zu analysieren und zu lösen. Allerdings wird die bloße Präsenz von Kunst einen solchen allgemeinen Kreativitätstransfer kaum bewerkstelligen können (Lüddemann 2007, S. 154).

Er gibt allerdings zu bedenken, dass die durch Kunst vermittelten Botschaften nicht leicht zu decodieren seien und damit das Ziel der Unternehmen, Kreativität und Umbauprozesse zu fördern, nur *vermittelt* auftreten könne. Einen in dieser Hinsicht „vermittelnden" Lösungsansatz – ein Bildungsangebot im Bereich *Creative Management* – wurde in den letzten Monaten an der Cologne Business School angestoßen und wird zur Zeit noch weiter entwickelt.[1]

Aspire to higher Kunst und Wirtschaft – kein neues Themenfeld, und doch sind noch längst nicht alle Möglichkeiten, die sich aus der Verbindung dieser beiden Disziplinen ergeben können, ausgeschöpft. In diesem Beitrag wurde der Versuch unternommen, zu verdeutlichen, was die Motivation einer privaten Business School sein kann, sich die-

---

[1] http://www.cbs.de/de/studienangebot/mba-executive-education/kunst-und-wirtschaft-an-der-cbs.

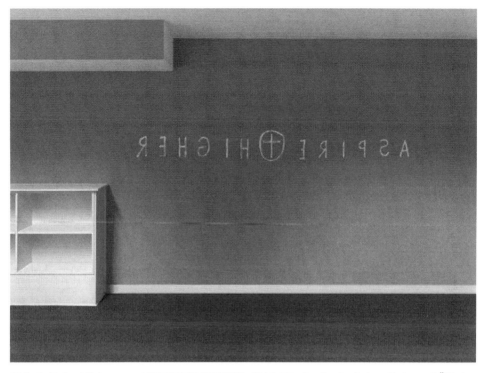

Abb. 2 Roland Schappert: ASPIRE TO HIGHER, 2013, Wandmalerei mit Acrylfarbe und Ölfarbe, 30 × 269 cm, CBS. (Foto: Simon Vogel © R. Schappert)

sem Dialog zwischen Kunst und Wirtschaft zu stellen. Die Eigenartigkeit künstlerischer Strategien und Produktionen bildet das Fundament eines neu zu definierenden Qualifizierungsansatzes an der Cologne Business School. Künstler können unternehmerisches Handeln und Strategien reflektieren bzw. Aspekte in die Wirtschaft zurückspiegeln, um einen fruchtbaren Austausch zwischen den beiden Disziplinen zu forcieren. Begonnen hat dieser Text mit Verantwortung – unseren Stakeholdern gegenüber –, beendet wurde er mit einer konkreten Zielrichtung, diese Verantwortung zu übernehmen (siehe Abb. 2).

Literatur

Baumeister W (1947) Das Unbekannte in der Kunst. Schwab, Stuttgart
HayGroup (2011) Leadership 2030: Was macht die Führungspersönlichkeit der Zukunft aus? http://www.openpr.de/news/578032/Leadership-2030-Was-macht-die-Fuehrungspersoenlichkeit-der-Zukunft-aus.html. Zugegriffen: 22. Nov 2014
Jungmann T, Osssenberg P, Wissemann S (2014) Begriffsklärung zur Kompetenzorientierung. DNH (5):142–145
Kron A (2014) Gut gerüstet. Entrepreneur (1):39–43
Kurz HD, Sturn R (2012) Schumpeter für Jedermann. Frankfurter Allgemeine Buch, Frankfurt a. M.

Leipprand T, Allmendinger J, Baumanns M, Ritter J (2012) Jeder für sich und keiner fürs Ganze? Studie, Berlin

Lüddemann S (2007) Mit Kunst kommunizieren, 1. Aufl. Verlag für Sozialwissenschaften, Wiesbaden

Mir E (2014) Kunst Unternehmen Kunst: Die Funktion der Kunst in der postfordistischen Arbeitswelt. Diss., Bielefeld

Schappert R (2013) Vortrag an der Cologne Business School – KREATIVITÄT AUS FEHLERN. Köln. http://www.cbs.de/fileadmin/cbs/pdf/Studienprogramme/Kunst_und_Wirtschaft/KreativerProzessAusFehlern2014.pdf

Schappert R (2015) Sometimes it's a pipe, Beitrag in diesem Band

Schumpeter JA (2011) The entrepreneur. In: Becker M, Knudsen T, Swedberg R (Hrsg) Standford

Steinkellner V (2015) CSR und kultur. Corporate cultural responsibility als Erfolgsfaktor in Ihrem Unternehmen. Springer Gabler, Berlin

:zukunfts|institut (2014) http://www.zukunftsinstitut.de/megatrends. Zugegriffen: 20. Nov 2014

Prof. Dr. habil. Lisa Fröhlich studierte Betriebswirtschaftslehre an der Ludwig Maximilian Universität in München sowie an der Universität zu Köln. Nach ihrer Dissertation setzte sie ihre wissenschaftliche Laufbahn am Seminar von Prof. Dr. U. Koppelmann an der Universität zu Köln fort und beendete 2005 ihre Habilitation zum Thema „Modellierung von Berufsbildern in der Beschaffung". Seit dem 01.05.2013 leitet sie als Präsidentin der Cologne Business die Hochschule und vertritt dort das Fach Strategisches Beschaffungsmanagement. Anlässlich des 20-jährigen Bestehens der CBS in 2013 wurde mit dem Konzeptkünstler Roland Schappert das Kunstprojekt REISEFIBER an der CBS realisiert und seitdem tritt die Hochschule in den direkten Dialog mit bildender Kunst. Ein wichtiger Fokus der CBS liegt zukünftig in der Einführung innovativer Executive-Education-Programme. Die Förderung und Vernetzung zu Bereichen der zeitgenössischen Kunst und Kultur und zu Themen der Innovation sind der Hochschule dabei ein besonderes Anliegen. Auch im Rahmen der universitären Ausbildung liegt der Fokus der CBS auf der Berufsbefähigung der Studenten auf allen Ebenen und somit auch in Hinsicht auf ihre soziale und kulturelle Verantwortung im wirtschaftlichen Umfeld.

Teil III

Business Cases

Corporate Cultural Responsibility bei der UniCredit Bank Austria AG

Wolfgang Lamprecht

Zusammenfassung

Banken gelten beim Kunstsponsoring gemeinhin als federführend. Vorliegender Text geht zunächst den Motiven der Banken für kulturelles Engagement auf den Grund, ehe er auf den Paradigmenwechsel vom Kultursponsoring hin zur Corporate Cultural Responsibility (CCR) fokussiert. CCR wird hinsichtlich ihrer Funktionen, darunter Wirtschaftsethik und gesellschaftliche Verantwortung, untersucht. In weiterer Folge wird das diesbezügliche Engagement der UniCredit Bank Austria AG exemplarisch ins Zentrum gerückt, und der genuin kommunikative Zugang des Unternehmens zum Verhältnis von Ökonomie und Kultur einer Analyse unterzogen, wobei insbesondere die partizipative Auseinandersetzung mit sozialen Themen Berücksichtigung findet. Weiter fasst der Text, der auch das allgemeine Kunstsponsoring durch Banken in Österreich streift, die wesentlichen Säulen des Kultursponsorprogramms der Bank Austria in den Blick und bringt sie in Bezug zu den Grundvoraussetzungen dieses Engagements. Nach einem Exkurs auf spezifische Projekte und Kooperationen folgen abschließende Überlegungen zur Praxis von CCR-Communications sowie dem CCR-Performance Measurement der Bank Austria.

W. Lamprecht (✉)
Bank Austria Kunstforum Wien, Freyung, 8, 1010 Wien, Österreich
E-Mail: wlamprecht@bankaustria-kunstforum.at

© Springer-Verlag Berlin Heidelberg 2015
V. Steinkellner (Hrsg.), *CSR und Kultur,* Management-Reihe Corporate
Social Responsibility, DOI 10.1007/978-3-662-47759-5_12

1   Klassisches Kunstsponsoring durch Banken

John Kenneth Galbraith traf vor etwa fünf Jahrzehnten die damals fast unumstrittene Aussage, dass die Beziehung der ökonomischen Wissenschaften und der Kunst allenfalls dadurch charakterisiert sei, dass sie gar nicht existiere, da „Kunst mit dem ernsthaften Anliegen des Wirtschaftswissenschaftlers nichts zu tun habe […]" (Hamm 1994, S. 1).

Heute trifft dieses Postulat wohl kaum mehr zu, wenngleich sich das Beziehungsgeflecht zwischen Kunst, Ökonomie und Kommunikation mitunter als diffizil erweist. Denn gerade Banken gelten als federführend und in einer langen Tradition stehend, was den Bereich der Kunstsponsoringaktivitäten – die klassische Domäne unternehmerischen Kulturengagements – betrifft. Das wohl berühmteste Beispiel für ein kommunikationspolitisch erfolgreiches Kulturengagement wurde in der Geschichte der Sponsoringforschung mehrmals differenziert beschrieben: Die Medici, Staatsmänner und Bankiers, deren Image von der Hochkultur in Florenz nicht zu trennen ist.

1.1   Bankbetriebliche Motive

Um mögliche Gründe aufzuzeigen, die Banken heute veranlassen können, einen Großteil ihrer Förderungsmaßnahmen dem Bereich der Kunst zu widmen, ist zunächst auf gesellschaftliche Entwicklungen zu verweisen, die mit Begriffen wie „postmaterielle Gesellschaft", „Erlebnisgesellschaft", „Ästhetisierung der Alltagswelt" „Wissensgesellschaft" oder „Übernahme gesellschaftlicher Verantwortung" belegt werden, und die das Erfordernis einer stärkeren Berücksichtigung des menschlichen Faktors in der postindustriellen Wirtschaft aufzeigen (vgl. Büschgen 1996, S. 6). In dieser Ökonomie, in der sich die Akzentuierung von der Quantität der materiellen Güterproduktion hin zur Qualität einer flexiblen Dienstleistungswirtschaft und kreativen Kommunikationsgesellschaft verschiebt, findet eine ästhetische und kulturelle Dimension des Arbeitsalltags, der Produktion, der Freizeit und des Konsums auch im Hinblick auf Wettbewerbsparameter wie Know-how, Kreativität, Standortattraktivität, Reflexions- und Kommunikationsfähigkeit gleichsam höhere Beachtung. Zunehmend wichtiger wird somit die Integration der Kunst als nicht materielles Grundbedürfnis der menschlichen Existenz in ein kulturelles Subsystem wie Unternehmen es eben auch sind. Begründet durch steigendes Bildungsniveau und Wertewandel, der sich in einer stärkeren Betonung von Selbstentfaltungswerten und Kreativität niederschlägt, erkennen und nutzen auch Banken das Kunstinteresse und die damit verbundene Chance, durch eigene kulturelle Aktivitäten ein positives und gleichzeitig individuelles Erscheinungsbild ihrer selbst – dessen Notwendigkeit angesichts einer zunehmenden Homogenisierung und Nivellierung der bankbetrieblichen Leistungsbündel durchaus besteht – in der Öffentlichkeit zu prägen (Büschgen ebd.).

„Culture-based creativity": Mit diesem Begriff definiert die EU, dass auf Kultur basierende Kreativität wichtig für ein Alleinstellungsmerkmal ist (vgl. Steinkellner 2015, S. 909). Das Ziel von klassischem Sponsoring scheint sich daraus konsequent zu entwickeln: Es geht um die Erhöhung des Bekanntheitsgrades einer Marke, um die Beeinflussung von Einstellungen (der Stakeholder) gegenüber dem Geber, damit um die Hoffnung auf Absatzmaximierung und schließlich um die Pflege von Kontakten als Teil der Verantwortungs- und Vertrauenskommunikation (vgl. Ganser et al. 1996, S. 6). Motive, die Weissnar in ihrer Studie über österreichische Banken jedenfalls auch der „Sponsoring"-Praxis der UniCredit Bank Austria AG nachweisen konnte (vgl. Weissnar 2011, S. 81 ff.).

Sowohl Büschgen wie auch Ganser et al. verweisen aber auch auf die Problematik der Rechtfertigung klassischen Kultursponsorings gegenüber den Shareholdern im Zusammenhang mit der erwerbswirtschaftlichen Zielsetzung von Banken (vgl. Büschgen, S. 29., Ganser et al. S. 65 f.). Sie leiten daraus – solange nicht Satzungs- oder Geschäftszwecke um den Aspekt des wohltätigen Gesellschaftszweckes (wieder) erweitert wurden – die Notwendigkeit zur Planung sowie zur Erfolgskontrolle ab, zu Wirkungs- und Kosten-Nutzen-Nachweisen, zur aktiven Kommunikation und damit implizit auch: zum Nachweis eines Returns von Kulturengagements. Somit nehmen sie schon früh die zentralen Elemente einer Corporate Cultural Responsibility (CCR) wegweisend vorweg.

2   Corporate Cultural Responsibility

Beginnen wir damit, den sich seit 2002 (als zögerlich damit begonnen wurde, Kultursponsoring in Corporate-Citizenship-Konzepte zu übertragen) schleichend vollziehenden Paradigmenwechsel vom Kultursponsoring zur Corporate Cultural Responsibilty zunächst anhand einer Nach- bzw. Neujustierung mit mehr oder weniger bekannten Erkenntnissen und Definitionen zu konfrontieren.

Definieren wir zunächst also Corporate Social Responsibility (CSR) als das werte- und normengeleitete Kommunikationsmanagement des freiwilligen Engagements eines Unternehmens bei der Lösung gesellschaftlicher Problemlagen im jeweiligen Umfeld eines Corporate Citizen (vgl. Lamprecht 2014, S. 21): Dieses Konzept (auch das des kommunikativen Handelns im Sinne von Jürgen Habermas) bedeutet für Unternehmen nichts weniger als die Verinnerlichung einer Wirtschaftsethik des „guten Bürgers", die eine der Gesellschaft und ihrer Zukunft gegenüber verantwortliche Verhaltensweise sichtbar und glaubwürdig nachvollziehbar macht. Insbesondere die Krisen seit 2008 haben in der öffentlichen Diskussion das Augenmerk der Öffentlichkeit auf eine solche Verantwortung gerichtet, der Begriff der CSR hat dabei als kommunikatives Handlungsprinzip – worüber geredet wird, muss im Sinne einer Glaubwürdigkeit auch vorgelebt werden – an enormer Wirkung gewonnen; speziell bei Banken, denen gemeinhin die Verursacherrolle der Krisen zugeschrieben wird (vgl. Lamprecht 2012, S. 41 ff.). Corporate Cultural Responsibility (CCR) drückt nun im Rahmen von CSR nichts weniger als kulturelle Verantwortung der Unternehmen für Kultur aus, CCR ist also Teil der sozialen (= gesellschaftlichen, nicht karitativen) Verantwortung eines Unternehmens (vgl. Lamprecht 2012, S. 253 ff.; vgl. Lamprecht 2014, S. 15; vgl. Steinkellner 2015, S. 907).

Auch für die UniCredit Bank Austria AG birgt dieser Ansatz Entscheidendes: Kultur-engagement ist zunächst zwar kein unmittelbares Kerngeschäft einer Bank, zudem wird auch der Standpunkt nicht in Frage gestellt, dass die wesentlichen Aufgaben eines der führenden europäischen Finanzdienstleistungsunternehmen darin bestehen, Produkte und Dienstleistungen mit einer hohen Qualität und Nachhaltigkeit zu einem möglichst guten Preis bereitzustellen und Profit zu generieren. Doch im Sinne genau dieses unternehme-rischen Eigeninteresses ist das Verständnis essenziell, dass gelebte Unternehmensverant-wortung gegenüber den Stakeholdern auf Basis einer Cultural Governance ein Teil des erfolgsdeterminierenden Selbsterhaltes sind. Es ist damit für die UniCredit Bank Austria AG schlicht Teil der Corporate Governance, dafür Sorge zu tragen, dass es den Anspruchs-gruppen des Unternehmens, vor allem Kunden, Mitarbeitern, Investoren, Eigentümern etc. gut geht. Francis Fukuyama hat zu Recht darauf verwiesen, dass nur in diesem Fall auch wirtschaftlicher Erfolg und Wachstum möglich sind (Fukuymama 1995, S. 3 ff.), wovon wiederum eine Gesellschaft profitiert – und damit auch die UniCredit Bank Austria AG selbst. Der evidente Faktor einer zunehmenden Mediatisierung und Medialisierung der Gesellschaft spielt dabei kommunikationsstrategisch keine unwesentliche Rolle, erlauben doch beide Phänomene leichtere Zugänge zu öffentlicher Kontrolle und damit auch Kritik.

Die UniCredit AG Bank Austria reklamiert daher in ihrem CCR-Verständnis einen ge-nuin kommunikativen Zugang, der darin besteht, das Verhältnis von Ökonomie und Kultur neu zu denken: Da Vertrauen als wichtiges ökonomisches Gut nicht mehr einfach nur ge-kauft werden kann, sondern erarbeitet werden muss, wird *guter* Kapitalismus erst durch die partizipative Auseinandersetzung mit sozialen Themen möglich. Und indem über die Kulturdefinition der UNESCO hinaus (Kultur = Sport, Soziales, Umwelt, Wissenschaft, Kunst) auch Ökonomie als Kultur begriffen wird, aber auch den Wachstumspfaden in der Kunst, wie sie etwa Michael Hutter identifiziert hat (vgl. Hutter 2010, S. 11), wirtschafts-stabilisierende Eigenschaften zugeschrieben werden können, unterliegt das CCR-Konzept – und dies ist die wirklich gute Nachricht – über die kommunikative Funktion hinaus auch einer betriebswirtschaftlichen Logik, die sowohl den unternehmerischen Nutzen im Hinblick auf Returns, die freilich als nachhaltig verstanden werden wollen, als auch Part-nerschaft auf Augenhöhe ins Zentrum rücken. Kurz gesagt: Das kulturelle Engagement der UniCredit Bank Austria AG resultiert aus der Überzeugung, dass die Unterstützung von Kunst und Kultur ein wichtiger Beitrag gesellschaftlicher Verantwortung ist, die ein Unternehmen zur Erhaltung einer ausgewogenen und zivilisierten Gesellschaft und da-mit auch zur nachhaltigen Absicherung seines eigenen Erfolges leisten sollte. Gleichzeitig geht es dabei aber auch um die Kultifizierung von Gesellschaft und Ökonomie.

> Corporate Cultural Responsibility bezeichnet – als *eine* ergänzende Form der Kulturförderung im Rahmen von CSR – das werte- und normengeleitete Management wirtschaftlicher Vor-gänge des freiwilligen kulturellen Engagements eines Unternehmens/Corporate Citizens, bei dem durch die partnerschaftlich ausgelegte Investition in Künstler, Wissenschaftler, kulturelle Gruppen, Kulturinstitutionen, Kulturprojekte, Kulturunternehmen oder solche der Creative Industries (kurz: Kulturträger) mittels Bereitstellung von Geld- oder Sachmitteln, Dienstleis-tungs-, Netzwerk- oder Know-how-Kapazitäten unter Berücksichtigung der Compliance im

Hinblick sowohl auf einen eigennützigen Financial Return on Invest (FROI), einen eigennützigen (internen oder externen) Communicative Return on Invest (CROI) aus einer möglichst breiten Öffentlichkeit, einen eigennützigen Business Return on Invest (BROI) oder Social Return on Invest (SROI) auf Basis von vertraglichen Fixierungen kommunikationsstrategisch nachhaltige Ziele zum Gemeinwohl aller Anspruchsgruppen und der Gesellschaft verbunden sind. (Lamprecht 2012, S. 231, 2014, S. 20)

Ein entscheidender Vorteil des beschriebenen Modells liegt darin, innerhalb von CCR nicht mehr – so wie in der Vergangenheit geschehen – die terminologisch verkniffenen Abgrenzungen (von CCR-Maßnahmen) zwischen Sponsoring, Mäzenatentum, Spendenwesen etc. als Voraussetzung zur unternehmerischen Legitimation von einzelnen Kulturfördermaßnahmen deklinieren und perpetuieren zu müssen, sondern nunmehr die einzelnen Maßnahmen im Zusammenhang einer übergeordneten CCR-Idee und Kommunikationsstrategie additiv sehen zu können. Das Ziel bleibt: Vor dem Hintergrund massiven Vertrauensverlustes bei gesättigten Märkten und einander ähnelnden Produkten sind Unternehmen gezwungen, im Mitbewerb um Kunden auf anderen als auf den üblichen Wegen an ihre Stakeholder heranzutreten. CCR beinhaltet den Wunsch, sich von der Konkurrenz abzuheben und sich besonders über den Bereich der Unternehmenskommunikation Vertrauen, Wettbewerbsvorteile und nachweisbaren Ertrag zu sichern. Als Maßnahmen der CCR wurden dafür definiert: Corporate Sponsoring, Corporate Giving, Corporate Secondments/Corporate Volunteering, Events, Cultural Comissioning, Product-/Image-Placement, Cause Related Marketing, Public Private Partnerships, Impact Investments (Lamprecht 2012, S. 274 ff., 2014, S. 20 ff.).

3   Kunstsponsoring durch Banken in Österreich

Die Kulturengagements im Allgemeinen inhärenten Motive, sind österreichischen Banken insgesamt geschätzt jährlich rund 43 Mio. € wert. Das ist jene Summe, die zuletzt 2011 vom österreichischen „Wirtschaftsblatt" als seit Jahren stabile Budgetzahl genannt wird. In der Regel bringen Banken jeweils zwischen vier und sechs Prozent ihres Werbe- und Marketingbudgets für Kunstsponsoring auf. Dazu kommen noch Sachsponsoring und Know-how-Transfer. Laut Analyse des „Wirtschaftsblattes" hätten die Krisen seit 2008 insgesamt dennoch einerseits zu moderaten Kürzungen des Sponsoringbudgets geführt, andererseits zu einer selektiveren Vorgehensweise bei neuen Partnerschaften (vgl. Pressberger 2011). Man könnte anhand dieser Analyse auch sagen: Die Tendenz beweist Effizienz- und Nutzenorientierung sowie die Untermauerung gesellschaftlicher Verantwortung mit der Verbindung zum Sozialbereich, der im Rahmen von CSR bereits gebenchmarkt wird und damit auch einen kommunikativ höheren Stellenwert als Kultur zu genießen scheint. Nicht zuletzt auch aufgrund des Isomorphismus, der sich im Bewerb um Aufmerksamkeit und Alleinstellung kommunikationsstrategisch als Herausforderung erweist: Österreichs Banken fördern in der Hauptsache bildende Kunst, Musik und Theater (und innerhalb dieser Genres junge Kunst); die Projekte sind schwerpunktmäßig auf die Kulturhauptstadt Wien zugeschnitten. Die UniCredit Bank Austria AG hat sich also auch in ihrer gesellschaftlichen Verantwortung – wenn man so will: einem Markt – und damit einem Wettbewerb zu stellen. Die UniCredit Bank Austria AG setzt in ihren Kulturengagements daher deutlich auf die Mainstream-Kulturöffentlichkeit. Damit untermauert die Bank auch ihre strategische Positionierung als serviceorientierte Universalbank, als Kundenbank, in deren Mittelpunkt die Interessen einer breiten Öffentlichkeit stehen.

Das Resultat dieser Grundüberlegung gibt der UniCredit Bank Austria AG länger schon recht Laut einer Umfrage des Marktforschungsinstituts MMO Media & Market Observer im Auftrag der Agentur MPM Sponsoring Consulting unter 840 Personen im Jahr 2002 führte die Bank Austria die Liste der bekanntesten Kultur- und Kunstsponsoren an; laut einer Studie des Institutes Fessel GFK aus dem Jahr 2005 nahmen zum Umfragezeitpunkt 36 Prozent der Österreicher die Bank als führenden Kultursponsor vor allen Mitbewerbern wahr; und die Befragten schrieben der UniCredit Bank Austria AG, die Ambush-Marketing übrigens nicht zu ihrem Kommunikationsarsenal zählt, Sponsoringengagements bei Kulturprojekten wie den Salzburger Festspielen zu, die sie niemals gesponsert hatte. Auch beim OGM Kommunikationsbarometer 12/2007 führt die UniCredit Bank Austria AG auf die Frage „Welche Banken setzen sich besonders für Kunst und Kultur ein?" mit 38 Prozent der Nennungen bei Kunden und elf Prozent bei Nicht-Kunden das Ranking an.

4   CCR bei der UniCredit Bank Austria AG

Diese Spitzenwerte kommen dennoch nicht von ungefähr: Denn kulturelles Engagement hat in der UniCredit Bank Austria AG eine bis in die Fünfzigerjahre des vorigen Jahrhunderts zurückreichende Kontinuität, als die Zentralsparkasse den Wiener Kulturfonds errichtete (vgl. Fak 1987, S. 127 ff.). Allerdings hieß die Bank Austria zu diesem Zeitpunkt noch nicht (schon wieder) Bank Austria. Die UniCredit Bank Austria AG geht vielmehr aus dem Zusammenschluss der traditionsreichsten Banken Österreichs (ehe sich sie 2000 mit der Hypo Vereinsbank zusammenschloss und 2005 in die italienische UniCredit-Gruppe eintrat) hervor, womit sich aus der Geschichte heraus mitunter sowohl die besondere Stellung der Bank im Kulturengagement als auch die Sponsoringstrategie unter Berücksichtigung von Stakeholdern im Hinblick auf die Kultur als Repräsentation national-staatlicher Identität ableiten lässt.

Das kulturelle Engagement der Bank Austria hat sich im Lauf seiner Geschichte naturgemäß mehrmals Änderungen unterzogen. Shareholder- und Stakeholderinteressen spielten dabei immer wieder eine ebenso große Rolle, wie jene der wechselnden Vorstände und ihrer Motive. Ab 2010, nachdem mit Willibald Cernko ein neuer Vorstandsvorsitzender mit authentischem Engagement für Kunst gefunden worden war, baute das Kultursponsorprogramm der Bank strategisch auf vier identifizierbaren Säulen auf: Förderung junger Talente, strategische Premium-Partnerschaften mit nationalen Kulturmarken, Projekte, die Kunst und Soziales verbinden und regionale Partnerschaften.

Als Ausgangslage für diese Schwerpunkte dient ein Kriterienkatalog, der dem strategischen Ansatz, der Festigung der Positionierung der beiden Marken UniCredit und Bank Austria sowie dem kundenorientierten Ansatz, der die vier Divisionen (Privat & Firmenkunden, Private Banking, Corporate & Investmentbanking, CEE) unterstützt, als Orientierungsgrundlage für integrierte Anwendungen dienen soll. Darüber hinaus wurde festgeschrieben, Mitarbeiter – wann immer möglich – in eine Kooperation mit einzubeziehen. Als Grundvoraussetzungen für Engagements wurden definiert:

A) **Innovation:** Innovative Partner sollen im strategischen Bereich der Kooperationen angesiedelt sein. Dabei soll es – neben einem unkonventionellen Ansatz bei den Gegenleistungen – auch um Exklusivität gehen, die für Kunden wie Mitarbeiter genutzt werden kann.
B) **Image:** Hinsichtlich imageträchtiger Partner (= etablierte Player im Kulturbetrieb) bedeutet dies eine Übertragung dieses Imagevorteils auf die Bank. Wenn es sich um einen Partner mit internationaler Bekanntheit handelt (z. B. Wiener Musikverein, Wiener Philharmoniker), muss dieser Imagevorteil auf die UniCedit Gruppe ausgedehnt werden. Exklusivität wird auch hier gefordert.

Tatsächlich betreibt die UniCredit Bank Austria AG längst kein klassisches Kultursponsoring mehr, vielmehr steht sie für ein Role Model der CCR: So haben die „Sponsoring"-Flaggschiffe wie das Bank Austria Kunstforum Wien, die Sammlungen der Bank Austria, das Bank Austria Künstlersparbuch oder der Bank Austria Kunstpreis mehr mit Venture Philanthropy oder Impact Investing gemein, als mit dem Verständnis von klassischem Sponsoring. Den Kanon der CCR-Maßnahmen dominieren Events, Public Private Partnerships, Cultural Commissioning, natürlich aber finden sich auch viele als klassisch zu bezeichnende Sponsorings als CCR-Maßnahme wieder. Überdies verfügt die UniCredit Bank Austria AG über ein als selbständig operationalisiertes Ticketing-System, das Kunden im Rahmen entsprechender Bindungsprogramme mit Veranstaltungstickets zu ermäßigten Preisen versorgt, einen klaren betriebswirtschaftlichen Auftrag hat, aber dem die Bank Austria laut Konzernumfragen zu einem großen Teil den Ruf als federführender „Kultursponsor" verdankt. Die Grundsteine für die Anwendung von CCR sind damit auch im Hinblick auf die Cultural Governance gelegt: Immerhin wird darauf verwiesen, dass für die Bank Austria als fixer Bestandteil des kulturellen Netzwerkes der UniCredit Gruppe „das gemeinsame Kulturengagement der Gruppe ein Schlüsselelement der Corporate Social Responsibility-Strategie […]" ist. „In der gesamten Gruppe steht hinter dem Engagement für Kultur das gesellschaftliche Verantwortungsgefühl des größten Finanzdienstleisters Europas, einen gesamthaften Beitrag zur Zukunft Europas zu leisten" (Bank Austria Presseinformation vom 17.07.2008).

Im Folgenden kann exemplarisch nur eine repräsentative Auswahl der insgesamt rund 300 jährlich von der Bank Austria durchgeführten CCR-Projekte vorgestellt werden:

4.1   Bank Austria Kunstforum Wien

Mit dem Kunstforum Wien verfügt die UniCredit Bank Austria AG über ein eigenes Aus-
stellungshaus, das für Kunstinteressierte als erste Anlaufstelle gilt, wenn es um die Klassische Moderne und die Avantgarden der Nachkriegszeit in der Malerei geht. Rund 250.000
Menschen besuchen jährlich die Wechselausstellungen, seit 2000 finden auch Ausstellungen zeitgenössischer Künstler statt. Seit 2011 ist das Bank Austria Kunstforum Wien auch
für die Bewahrung, Aufarbeitung, Entwicklung, Vermittlung und Vermarktung der Bank
Austria Kunstsammlung sowie der Sammlung Fotografie zuständig. Die UniCredit Bank
Austria AG unterstützt den Verein, dessen Mitglieder sich ausschließlich aus Mitarbeitern
der Bank (Corporate Volunteering) und Mitarbeitern des Bank Austria Kunstforums Wien
rekrutieren, sowohl finanziell als auch mittels Corporate Secondments (Bank-Austria-
Mitarbeiter werden über Voll- und Teilzeitmodelle für Direktion und Geschäftsführung
des Kunstforums abgestellt) oder im Rahmen der integrierten Unternehmenskommunikation. Das Engagement fällt in die Kategorie Investment: Die Bank erhält für ihr Engagement einen CROI (medienrelevante Namenspatronanz, Logos, Werbemittel, Pressearbeit),
einen BROI (Kundenevents, Tickets, Mitarbeiteraktionen), einen SROI (Präsentations-
plattform für Projekte aus weiterer Projekte aus CCR und CSR-Maßnahmen), aber auch
einen FROI: Der Betrieb des Hauses wird aus weiteren Sponsoringeinnahmen (SIGNA
Holding, Schoellerbank, UniCredit Leasing, card complete, pioneer, ERGO) Ticketein-
nahmen, Vermietungen, Merchandising-Einnahmen der 100%igen Vereinstochter Kunst-
forums-Handels GmbH (Shop für Kunstbücher, Kataloge, Poster, Postkarten, Gimmicks
etc) oder der Vermarktung der Sammlungsbestände aus der Bank Austria Kunstsammlung
(Leihgebühren, Rechte) gespeist. Gewinne wurden dem Betrieb zugeführt, der Marken-
wert war 2014 noch nicht realisiert.[1]

4.2   Bank Austria Kunstpreis

Als fixer Bestandteil der heimischen Kulturlandschaft und einer der größten Kulturförderer des Landes, vergibt die Bank Austria mit dem Bank Austria Kunstpreis bereits seit
2010 alljährlich die höchstdotierte privatwirtschaftliche Kulturförderung des Landes.
Nach fünf erfolgreichen Jahren wurde der Kunstpreis 2015 neu konzipiert, um vor allem
den Förder-Bedürfnissen der Kulturschaffenden noch besser gerecht werden zu können.
In Zukunft vergibt die Bank Austria bei gleichbleibender Gesamtdotierung von 218.000
Euro ihren Kunstpreis als:

- Crowdfunding-Kampagne für rund 36 regionale, kleinere Projekte (110.000 Euro)
- Großer Würdigungspreis der Jury für herausragende heimische Projekte (100.000
  Euro)
- Preis der Jury für Kulturjournalismus (8.000 Euro)

---

[1] Info: www.kunstforumwien.at.

Als Partner holt sich die Bank Austria wemakeit, eine der größten und erfolgreichsten Crowdfunding-Plattformen Europas an Bord. Eine Jury nominiert Einreichungen für die reward-based Crowdfunding-Kampagne. Sobald ein Projekt nach erfolgtem Startschuss mit mindestens 20 Unterstützerinnen und Unterstützer das erste Drittel seines Finanzierungsbedarfs erreicht hat, übernimmt die Bank Austria das zweite Drittel der Crowdfunding-Kampagne. Das letzte Drittel muss dann wieder über die Crowd finanziert werden. Wenn die Kampagne erfolgreich abgeschlossen ist, wird der Gesamtbetrag ausbezahlt.

Die Expertise und Serviceleistungen von wemakeit ergänzen die Kunstförderung der Bank Austria zu einem Rundumpaket für die österreichische Kunstszene. So ist es mit der Bank Austria als Beschleuniger möglich, bis zu 330.000 Euro an Kulturinitiativen auszuschütten. Zusätzlich werden bestehende Institutionen für ihre Verdienste um den Kunst- und Kulturstandort Österreich ausgezeichnet. Dies wird in einem vom Crowdfunding losgelösten Nominierungsprozess durch eine weitere Jury erfolgen. Dieselbe Jury vergibt auch den Preis für Kulturjournalismus.

Förderpreise sind … nicht vorgesehen

4.3 Ö1-Talentebörse

Gemeinsam mit dem Kultursender Ö1 unterstützt die UniCredit Bank Austria AG junge Kulturschaffende, die noch in Ausbildung stehen. Angehende Künstler, die von Professoren der österreichischen Hochschulen nominiert werden, erhalten eine breit angelegte Marketingplattform (SROI). Ein Radiofeature pro Woche gibt einem aufsteigenden Stern aus den Musik-, Schauspiel- oder Kunstakademien die Gelegenheit, sich vorzustellen, die Bank Austria Galerie stellt prämierte bildende Künstler in ihren Räumen aus, Ö1 präsentiert die Auserwählten auch in seinen Off-Air-Medien. Daran gekoppelt ist das mit 10.000 € dotierte Ö1 Talentestipendium für bildende Kunst: Auch dieser Preis ist ein Förderpreis und die Bank Austria stiftet ihn bisher – wie alle anderen – allein: für einen CROI, BROI und SROI. Erlöse aus Beteiligungen und Lizenzen waren 2014 nicht vorgesehen.[2]

4.4 Bank Austria Salon im Alten Rathaus

200 Jahre lang waren Salons eine zentrale Institution im gesellschaftlichen Leben und Drehscheibe für neue Ideen in Kunst, Politik und Philosophie. Der Salongedanke ist heute wieder gefragt, denn in Zeiten hochfrequenter Onlinekommunikation und Eventabfertigung kultivieren Salons das direkte und persönliche Gespräch. Mit dem Barocksaal des Alten Rathauses verfügt die UniCredit Bank Austria AG über eine traditionsreiche und intime Kultur-Einrichtung in der Wiener Innenstadt und somit über einen ebenso einzigartigen wie idealen Raum, um exklusive private Salons wieder aufleben zu lassen, mit

---

[2] Info: http://oe1. orf.at/talenteboerse/.

interessanten Persönlichkeiten, prominenten Gästen und lieben Freunden Neues kennen-
zulernen, Bekanntes zu reflektieren und Impulse für den Alltag zu schöpfen. Der Salon
ist programmatischer Teil der Initiative „Gemeinsam für ein besseres Miteinander", bei
der die UniCredit Bank Austria AG einen Dialog mit allen gesellschaftlich relevanten
Gruppierungen startet und alle Österreicher einlädt, sich für einen weltoffenen Umgang
miteinander einzusetzen. Im Zentrum der Initiative stehen die kulturellen Werte Respekt,
Toleranz und Gleichbehandlung. Der Salon wird auch externen Kulturprojekten zur Verwendung überlassen. Der Vorstand der Bank nutzt den Salon im Hinblick auf einen CROI
und SROI. Die Nutzung der mitgeschnittenen Gespräche und künstlerischen Programme
erfolgt als Mediencontent online derzeit noch kostenlos.[3]

4.5 Wiener Musikverein

Der 1870 eröffnete Wiener Musikverein ist nicht nur das traditionsreichste Konzerthaus
Wiens, ist auch das berühmteste. Aus dem Großen Goldenen Musikvereinssaal, der als
einer der schönsten und akustisch besten Säle der Welt gilt, wird zum Beispiel jährlich
weltweit das Neujahrskonzert der (ebenfalls mit der UniCredit Bank Austria AG zusammenarbeitenden) Wiener Philharmoniker übertragen. Aber auch an den restlichen 364
Tagen im Jahr bietet der Wiener Musikverein einige wunderbare Konzerterlebnisse mit
den besten Orchestern, Solisten und Dirigenten der Welt. Der Musikverein verfügt damit
über die besten Voraussetzungen für eine Premium-Partnerschaft. Seit 2010 sponsert die
UniCredit Bank Austria AG im Hinblick auf einen CROI (Logopräsenz, Nennung, Pressearbeit, …), BROI (Tickets, exkl. Kundenkonzerte, …) und einen SROI (Präsentations-
plattform der jungen Musiker des von der UniCredit Bank Austria geförderten, siehe 4.7
Musikforums Trenta) fünf große Orchesterkonzerte pro Saison klassisch.[4]

4.6 Albertina

Die Albertina zählt mit ihren 50.000 Zeichnungen und Aquarellen sowie etwa 900.000
druckgrafischen Arbeiten zwischen Spätgotik und Gegenwart zu den wertvollsten, größten und kunsthistorisch bedeutendsten Sammlungen der Welt. Im Jahr 2000 zum Univer-
salausstellungshaus ausgebaut, setzt das Kunstmuseum heute auch mit Blockbuster-Ausstellungen wichtige Impulse. Auf Wunsch der Division Retail, die eine Diversifikation
des Kulturangebots für Bankkunden als dienstleistungsorientiert erachtet, unterstützt die
UniCredit Bank Austria AG seit 2011 über das Kunstforum in Wien hinaus jährlich eine
Großausstellung der Albertina im Hinblick auf einen CROI (Logopräsenz, Pressearbeit,
Werbemittel, Nennung etc.), einen BROI (Kundenevents), finanziell aber auch durch die

---

[3] Infos: www.facebook.com/SalonImAltenRathaus.

[4] Info: http://www.bankaustria.at/.

zeitlich befristete kostenlose Leihgabe eines Klimt-Gemäldes aus der Sammlung der Bank Austria (ein FROI ergibt sich aus Erträgen durch die Vermarktung der Bildrechte, die zwischen Albertina und Kunstforum Wien aufgeteilt werden).[5]

4.7   Internationales Musikforum Trenta

Jahr für Jahr bewerben sich Hunderte Musikstudenten aus Zentral- und Osteuropa bei der UniCredit Bank Austria AG um die Teilnahme an einem speziellen Kursus: dem „Internationalen Musikforum Trenta", bei dem im namensgebenden slowenischen Ort Trenta talentierte Streicher in Meisterkursen an die Klangvorstellungen der Wiener Philharmoniker herangeführt werden. Der Unterricht wird von Professoren des Orchesters gehalten, die besten Teilnehmer werden jeweils an einem dem Meisterkurs folgenden Herbsttermin im Musikverein präsentiert, den allerbesten stehen Engagements bei renommierten Orchestern offen (SROI). Die UniCredit Bank Austria AG nutzt das Sponsoring für einen CROI und SROI (Logos, Werbemittel, Konzert für die Einwohner und Gastfamilien von Trenta, Beziehung zu den Wiener Philharmonikern) und BROI (Kundenkonzert).[6]

4.8   Projekt „Brunnenpassage"

Mit diesem Projekt wird in Kooperation mit der Caritas Wien allen Bevölkerungsgruppen ein niederschwelliger Zugang zu zeitgenössischer Kunst ermöglicht. Dabei stehen neuartige Begegnungsmöglichkeiten im Vordergrund. Die rund 330 Veranstaltungen pro Jahr – von Theateraufführungen über Konzerte bis hin zu Ausstellungen – ziehen im multiethnischen Umfeld des Yppenplatzes pro Monat bis zu 2500 Besucher an. Die UniCredit Bank Austria AG fördert das Projekt mit einem finanziellen Beitrag und Kommunikationsmaßnahmen gegen einen CROI (Logos, Medienberichte, Nachhaltigkeitsberichte, Cause-Related Marketing), BROI (Kunden- und Mitarbeiterevents), FROI (anlegerrelevant: Dow Jones Sustainability Index, London Benchmark Group) und einen SROI (Beziehungen zur Caritas, Sichtbarmachung sozialer Verantwortung im Integrationsbereich, …).[7]

4.9   Das Theater in der Josefstadt

Es ist als ältestes bestehendes und bespieltes Theater Wiens eine Institution. Die Geschichte des Hauses ist mit großen Namen verbunden: Ludwig van Beethoven und Richard Wagner dirigierten hier, Johann Nestroy und Ferdinand Raimund waren dem Haus als Schauspie-

---

[5] Info: http://www.bankaustria.at/.

[6] Info: www.wienerphilharmoniker.at/jugend/trenta.

[7] Info: www.brunnenpassage.at/.

ler und Autoren verbunden, Max Reinhardt, Otto Preminger, Otto Schenk oder Helmut
Lohner waren die wohl bekanntesten unter den bekannten Direktoren, die über Österreich
hinaus Theaterakzente setzen konnten. Im Zuge eines Public-Private-Partnership-Modells
(das Theater in der Josefstadt ist über eine Stiftung von der Stadt Wien und dem Bund
abgesichert) hilft die UniCredit Bank Austria AG gegen einen CROI (Logo, Nennung,
…), einen BROI (Ticktes, Nutzung der Probebühne für Events) und einen FROI bei der
Kredit-Finanzierung der baulichen Instandhaltung.[8]

4.10   Bank Austria Künstlersparbuch

Kurz vor dem Weltspartag am 26. Oktober editiert die Bank Austria jährlich ihr Künstlersparbuch. Dabei handelt es sich um ein klassisches Bankprodukt, das ab einer gewissen
Einlage eine Fixverzinsung verspricht, die über jener herkömmlicher Sparbücher liegt und
einige Mehrwerte parat hält: Mit dem Künstlersparbuch erwirbt der Sparer zusätzlich Ein-
trittskarten zu kulturellen Veranstaltungen, Ermäßigungen beim Eintritt ins Bank Austria
Kunstforum Wien und das Wissen, das pro eröffnetem Künstlersparbuch auch eine Cha-
rity-Aktion der Bank Austria (Cause-Related Marketing) unterstützt wird. Zum Cultural
Commissioning wird das Künstlersparbuch, indem jedes Jahr ein Kulturträger (Künstler,
Kunstforum) beauftragt wird, die Gestaltung des in Auflage und Ausgabezeit limitierten
Sparbuchs zu übernehmen. Ein Präsentationsevent, Werbemittel und eine flankierende In-
seratenkampagne unterstützen den CROI, BROI und SROI (Förderung von Kulturträgern,
Charity-Aktion), der FROI ergibt sich aus mess- und bilanzierbaren Umsätzen und Ein-
lagen, die über das Künstlersparbuch erwirtschaftet werden. Das Beispiel Bank Austria
Künstlersparbuch beweist damit CCR als Best Practice.[9]

5   Die Praxis von CCR-Communications bei der UniCredit Bank Austria AG

Dort, wo Produkte und Dienstleistungen von mehr als einem angeboten werden, entsteht
bekanntlich ein Markt. Wo sich ein Markt findet, da ist auch ein Wettbewerb; ein Wettbewerb auch um Aufmerksamkeit als konstituierendes Element von Public Relations und
Marketing. Aufmerksamkeit erlangt nur, wer auch auf sich aufmerksam machen kann,
und spätestens das ist dann auch eine Frage von Reporting, der Kommunikation und ihrer
zugrundeliegenden Strategie. CCR-Reporting hat also nicht nur eine wesentliche Funktion
in der Management- und Stakeholderinformation, es schafft im Rahmen von CCR-Communication nicht nur die Grundlage für allerlei Berichtswesen und Benchmarks, es kann
innerhalb des Marktes unternehmerischen Kulturengagements vielmehr auch das Augen-

---

[8] Info: http://www.bankaustria.at/.

[9] Info: http://www.bankaustria.at/.

merk der Öffentlichkeit auf die praktische Umsetzung gesellschaftlicher Verantwortung eines Unternehmens lenken und somit helfen, sowohl den Investor intendiert als *sozial verantwortlich* zu positionieren, als auch Zuspruch und, für Kulturveranstaltungen nicht unwesentlich, Zulauf zu evozieren.

Die Vermarktung spielt auch in diesem Punkt eine zentrale Rolle: Die unter Sponsoringexperten tradierte Faustregel des optimalen Verhältnisses zwischen Projektinvestition und Kommunikationsaufwand von 1:5 berücksichtigt die Bank Austria auf die Gesamtheit ihrer Sponsoringprojekte bezogen nicht. Stattdessen hat sie, den Faktor teilweise egalisierend, eine PR-Agentur mit der kommunikativen Vermarktung ihrer Kultursponsoringprojekte beauftragt (vgl. Pröll 2013, S. 89; vgl. Weissnar 2011, S. 78), und sie beweist sich auch als „Media Citizen": Zu den regelmäßigen Publikationen gehört – über Onlinepräsenz, Newsletter und die (vorsichtige) Implementierung von Web-2.0-Konzepten hinaus – ein Medienarsenal für CCR-Kommunikation zwischen dem Kundenmagazin „Bank Exklusiv" und dem Mitarbeitermagazin „TeamLive". Die Themenserie „Konkret", die Literaturedition „Edition 2", der Ticketing-Newsletter „Mailer" sowie Berichte (Geschäfts- und Zwischenberichte, Nachhaltigkeitsberichte, die „Fakten") bieten überdies ein reichhaltiges Umfeld der Platzierung von Vertrauen fördernden Botschaften.

Die Social-Media-(SM)-Kanäle der Bank auf Twitter und Facebook werden nach Zielgruppen diversifiziert gespeist und kommunizieren Kulturengagements der Bank auch über Aktionen im Zusammenhang mit Cause-Related Marketing. Eine wichtige Rolle in der authentischen Kommunikation der Kulturaktivitäten über Social Media spielt der 2012 erfolgte Relaunch der Website des Bank Austria Kunstforums Wien als an den Onlineauftritten von Medien orientierte Sites sowie der konzentrierte Auftritt des Kunstforums auf kollaborativen SM-Plattformen wie Facebook, Twitter, YouTube, Foursquare, pinterest oder Web 2.0-Marketingplattformen wie Groupon, rublys oder iTunes. Die Bank Austria und das Bank Austria Kunstforum Wien produzieren darüber hinaus regelmäßig Video- und Audio-Podcasts zu den Kulturaktivitäten der Bank, die über die SM-Kanäle und einschlägigen Podcast-Plattformen vertrieben, von Prosumenten vervielfacht oder mitunter auch von Fernseh- und Hörfunkanstalten als Content übernommen werden.

Klassische Medienkampagnen, die das Brandmanagement zu Engagements wie Bank Austria Kunstpreis und Künstlersparbuch im Print- und Onlinebereich umsetzen, oder als Crossmarketing-Maßnahme etwa auf Werbemitteln oder in Programmheften von Kulturpartnern Verwendung finden, ergänzen die Kommunikationsmaßnahmen. Ambient-Media-Kampagnen und Above-the-Line-Aktivitäten wie Plakate oder Screens in den Smart-Banking-Filialen helfen dabei, die Kulturaktivitäten der UniCredit Bank Austria AG über das Filialnetz der Bank zu promoten. Dazu gehören etwa auch Kommunikate auf Kontoausdrucken, Kundenmailings oder Bankomaten sowie das Mobile Marketing, das Kulturengagements der Bank über die App der UniCredit Bank Austria AG auf Mobile Devices spielt. Nicht zuletzt vermittelt das Bank-Austria-Intranet den Mitarbeitern der UniCredit Bank Austria AG Kulturaktivitäten direkt.

Das Kommunikat der Kulturförderung den Stakeholdern zu vermitteln, nimmt damit eine zentrale Stellung in der CCR-Communication ein. In der Kulturkommunikation ist das durchaus kein nachteiliger Ansatz, zumal die kognitive Verankerung von Kulturthemen im Bewusstsein von Rezipienten einer entsprechenden Botschaft am besten von Mund zu Mund verbreitet funktioniert. Darüber hinaus setzt die Bank Austria in ihrer CCR-Kommunikation weiterhin auf klassische Presse- und Medienarbeit (Aussendungen, OTS, Pressekonferenzen).

6   CCR-Performance Measurement bei der UniCredit Bank Austria AG

Performance Measurement spielt im Bereich des unternehmerischen Kulturengagements der Bank Austria eine entscheidende Rolle bei Evaluierung und Steuerung des Managements. Im Zuge der Konzernmarktforschung (Kommunikationswirkung, Reputation, Marketingstudien etc.) werden periodisch wiederkehrend Fragen zur Akzeptanz und Wahrnehmung des Kulturengagements gestellt und in Berichts-Kennzahlen gegossen, die rechtmäßige Gebarung des Budgets erfolgt durch Wirtschaftsprüfer. Einmal jährlich wird eine quantitative Medienanalyse erstellt, das Reporting gegenüber dem Mutterkonzern UniCredit erfolgt in Form von regelmäßigen Berichten, die Projekte, Geodaten, Nutznießer, Dauer der Kooperation, Beginn der Kooperation und Investment angibt.

7   Fazit

Im Zuge ihrer historischen Entwicklung hat sich die UniCredit Bank Austria AG einerseits zur Übernahme gesellschaftlicher Verantwortung, andererseits – als Teil dieser Verantwortung – zur traditionellen Partnerschaft mit Kulturträgern verpflichtet. Die UniCredit Bank Austria AG macht – gleich anderen Finanzdienstleistern – dafür auch bankbetriebliche Gründe geltend, die sowohl einen gesellschaftlichen Wandel als auch eine kommunikationstechnologische und wettbewerbliche Entwicklung berücksichtigen. Die UniCredit Bank Austria AG befindet sich dabei in guter Gesellschaft: Den heimischen Banken ist das klassische Kultursponsoring jährlich immerhin 43 Mio. € wert. Die Krise hat nun dazu geführt, dass Budgets moderat gekürzt wurden und werden, und dass neue Partnerschaften selektiver angegangen werden: Mit den Ressourcen wird gezielter umgegangen, zu einer Ergebniskontrolle addiert sich eine Erfolgskontrolle. Die Bank Austria hat diesen Paradigmenwechsel intuitiv vorweggenommen: Es geht nicht mehr um Kultursponsoring (auch wenn das Engagement in Kulturträger in der breiten Öffentlichkeit und Fachliteratur noch so heißt), es geht um das Management der gesellschaftlichen Verantwortung eines Unternehmens in die Kultur einer Gesellschaft als Teil der Vertrauenskommunikation.

Der Autor dankt für die Unterstützung durch Dr. Katja Erlach, Head of Events & Sponsorship, UniCredit Bank Austria AG.

Literatur

Büschgen HE (1996) Kunst-Sponsoring durch Banken – Das Beispiel des Kunstkonzeptes der Deutschen Bank AG, Vortrag beim 11. Churburger Wirtschaftsgespräch am 12.10.1996, Manuskript im Archiv von W. Lamprecht. Wien

Fak K (1987) Kunstförderung als Bankdienstleistung. In: Haschek HH, Schröder KA, Sedlaczek R, Reder C (Hrsg) Kunst und Wirtschaft. Wien

Fukuyama F (1995) Trust: human nature and the reconstitution of social order. The social virtues and the creation of prosperity. New York

Ganser H, Neubauer P, Schatz G (1996) Kunst- und Kultursponsoring der österreichischen Bankengruppen im Vergleich, Marktstudie des Lehrgangs Werbung und Verkauf an der WU Wien. Wien

Hamm J-P (1994) Kunst in der Unternehmung – Grundlagen, Strategien und Instrumente der innerbetrieblichen Kulturförderung. Hallstadt

Hutter M (2010) Wertwechselstrom. Texte zur Kunst und Wirtschaft. Hamburg

Lamprecht W (2012) Schaffe Vertrauen, rede daruber und verdiene daran. Kommunikationspraxis und Performance Measurement von Corporate Cultural Responsibility. Wiesbaden

Lamprecht W (2014) Corporate Cultural Responsibility. Moratorium für Kultursponsoring. Wiesbaden

Pressberger T (2011) Für Künstler wird es nicht einfacher – Kunst und Kultursponsoring der Banken ist nach der Krise selektiver geworden. Wirtschaftsblatt vom 25.05.2011, Wirtschaftsblattmedien GmbH. Wien

Pröll D (2013) Bank Austria Kunstforum – Ein moderner Kulturdienstleister. In: Wagner U, Reisinger H, Schwand C (Hrsg) Fallstudien aus der österreichischen Marketingpraxis. Ein Arbeitsbuch zu den Grundzügen des Marketings. Wien

Steinkellner V (2015) Corporate Cultural Responsibility. In: Schneider A, Schmidpeter R (Hrsg) Corporate Social Responsibility, 2. Aufl. Wiesbaden

Weissnar L-M (2011) Die Motive und Ziele des Kunstsponsorings von Banken, Masterarbeit am Institut für Publizistik und Kommunikationswissenschaft der Universität Wien. Wien

Zuletzt erschienen

Corporate Cultural Responsibility. Moratorium für Kultursponsoring, Springer VS, Wiesbaden 2014

CSR in der Kommunikationswissenschaft: Tendenzen – Herausforderungen – Reflexionen, Medien und Zeit 1/2014, Jahrgang 29, Arbeitskreis Historische Kommunikationsforschung, Wien 2014

Schaffe Vertrauen, rede darüber und verdiene daran: Kommunikationspraxis und Performance Measurement von Corporate Cultural Responsibility, Springer VS, Wiesbaden 2013

Weißbuch Kulturjournalismus, Löcker Verlag, Wien 2012

Mag. Dr. Wolfgang Lamprecht studierte Publizistik- und Kommunikationswissenschaft, Theater-
und Musikwissenschaften, Promotion an der Universität Wien. Journalistische Tätigkeit und Jazz-
kritiker unter anderem für AZ, Standard, Die Presse, FAZ und ORF. Advisor für Corporate Cultural
Responsibility u. a. bei UniCredit Bank Austria AG, Mitinhaber der Wiener PR-Agentur leisure
communication. Seine wissenschaftliche Arbeit ist an der Schnittstelle von Kultur, Medien, Ökonomie und Öffentlichkeit angesiedelt, die er u. a. auch im Rahmen von Vorträgen und Lehraufträgen
an Universitäten und Fachhochschulen vermittelt. 2011 u. a. Gründungsmitglied im Verein zur Förderung und Erforschung medialer Geschichtsvermittlung (VGM) sowie im Verein zur Förderung für
Kulturkommunikation. Lamprecht ist u. a. Mitarbeiter der Projektgruppe Geschichte im Fernsehen
am Institut für Publizistik- und Kommunikationswissenschaft der Universität Wien und seit 2013
Mitglied des Arbeitskreises für historische Kommunikationsforschung (AHK). Er hat 2014 an der
Universität Wien den Masterlehrgang für Kulturkommunikation und Kulturjournalismus initiiert,
dessen wissenschaftlichen Beirat er als Mitglied angehört.

Das BASF-Kulturengagement

Karin Heyl

Zusammenfassung

Können Kunst und Kultur dazu beitragen, die Herausforderungen unserer Zeit zu bewältigen? Die BASF, der weltweit größte Chemiekonzern, hat diese Frage schon vor geraumer Zeit mit „Ja" beantwortet. Vorliegender Text unternimmt zunächst einen historischen Rückblick auf die Anfänge des Unternehmens als Kulturpartner und skizziert in der Folge die zahlreichen gegenwärtigen Sponsoren- und Förderaktivitäten der BASF in der Metropolregion Rhein-Neckar, die Bereiche von klassischer Musik bis hin zum Comedy umfassen. Im Anschluss werden diverse Aspekte von Kulturpartnerschaft und Corporate Cultural Responsibility aufgefächert, Bereiche wie kulturelle Bildung und Partizipation im Unternehmen beleuchtet und Themenfelder wie Forschen und Lernen in den Blick gefasst. Abschließend wird betrachtet, wie sich der Konzern im Zusammenspiel mit Künstlern, Wissenschaftlern und Kunden Zukunftsfragen nach städtischem Leben, Ernährung und intelligenter Energie stellt.

Was hätte die Wirtschaft denn heute gern für Menschen? Umgänglich und kommunikationsstark sollten sie schon sein, zugewandt, nachdenklich, selbstreflexiv, wertorientiert, diszipliniert, empathisch, zuhörend – und urteilsfähig in fachlicher, menschlicher, ethischer Hinsicht. (…) Man muss nicht Klavierspielen können, um so ein Mensch zu werden, kein Orchestermitglied gewesen sein, kein Maler oder Tänzer. Aber solche Menschen müssen sich irgendwann einmal mit existenziellen Fragen beschäftigt und über sich und ihre Umwelt Gedanken gemacht haben. Nur wo findet genau das statt? Fast ausschließlich in der dauerhaften Konfrontation mit den Künsten, mit Musik, Literatur, Philosophie, Malerei, in denen genau all das verhandelt wird und die dadurch Erkenntnisgewinn überhaupt ermöglichen (Nagano 2014).

K. Heyl (✉)
Social Engagement & Work-Life-Management, BASF SE, Carl-Bosch-Straße, 38,
67056 Ludwigshafen, Deutschland
E-Mail: karin.heyl@basf.com

© Springer-Verlag Berlin Heidelberg 2015
V. Steinkellner (Hrsg.), *CSR und Kultur,* Management-Reihe Corporate
Social Responsibility, DOI 10.1007/978-3-662-47759-5_13

Kent Naganos Buch „Erwarten Sie Wunder!" (2014) ist keine Verteidigungsschrift der Bedeutung klassischer Musik angesichts eines zu beobachtenden Bedeutungsverlustes, es ist vielmehr ein Aufruf, die Kraft und das Potenzial der klassischen Musik, wie auch die anderer Künste, für die Bewältigung der Herausforderungen unserer Zeit zu nutzen. *Klassik für die Krise* ist Naganos Motto, der in den aktuellen Umbruchzeiten ihre Chance sieht.

Ähnlich muss dies die Unternehmensleitung der BASF gesehen haben, als sie 1922 eine Partnerschaft mit dem Pfalzorchester einging. Es waren Krisenzeiten: Die junge Weimarer Republik sah sich großen Herausforderungen gegenüber – nach dem Krieg lag die Wirtschaft darnieder, gleichzeitig waren Reparationszahlungen zu leisten. Politisch und gesellschaftlich waren die Zeiten instabil, soziale Konflikte und Arbeitskämpfe bestimmten das Leben. Die Menschen kämpften ums Überleben, suchten nach materieller, aber auch geistiger Orientierung. Auch die BASF kämpfte ums Überleben – sie musste als Teil der Vereinbarungen im Friedensvertrag 30.000 t Ammoniak jährlich an Frankreich liefern und hatte intern mit Arbeiterkämpfen umzugehen. Auch wenn sich die Unternehmensleitung der BASF in diesen Zeiten als umsichtig erwies, wurde doch im Zuge der revolutionären Umtriebe 1918 der Bildungsausschuss aufgelöst. In diesem Ausschuss hatten sich verschiedene Initiativen der Arbeiter und Angestellten, darunter der Gesangverein von 1892 und die Musikgesellschaft von 1901, zusammengetan. Veranstaltungsort war das Vereinshaus, das heutige Feierabendhaus.

Am 10. Oktober 1919 fanden sich Arbeiter und Angestellte zusammen und gründeten einen neuen „Ausschuss für das Bildungswesen". Mit Carl Bosch und seinen Vorstandskollegen teilten sie die Überzeugung, dass die BASF nur überleben könne, wenn alle ihre Mitarbeiter an einem Strang ziehen würden: „Wir alle sind uns der Gegensätze bewusst, die zwischen den einzelnen Gruppen der Fabrik und ebenso draußen in der Allgemeinheit bestehen, und der Kämpfe, welche zwischen diesen Gruppen toben. Wenn diese Kämpfe nicht zu einem Ausgleich und zu einer Verständigung führen, gehen wir einem Zusammenbruch entgegen, der für alle furchtbar sein wird." Und sie beschlossen, Unterhaltungsabende, Vorträge und Konzerte anzubieten, um den Zusammenhalt der Mitarbeiter zu stärken, und riefen alle auf, die ein Instrument spielen oder Poesie und Prosa vortragen konnten, sich zu melden und mitzuwirken. Kunst und Kultur für die Krise.

Dies galt in noch stärkerem Ausmaß im November 1921, als der Bildungsausschuss gemeinsam mit dem neu gegründeten Pfalzorchester erstmals ein Sinfoniekonzert für die Mitarbeiterinnen und Mitarbeiter anbot. Immer noch war das Unternehmen durch die Reparationszahlungen belastet, es herrschte Hyperinflation und die BASF war durch eine große Explosionskatastrophe im südlichen Werksteil Oppau, die 561 Todesopfer und viele Verletzte gefordert hatte, zutiefst getroffen. Der Schaden betrug 570 Mio. Inflationsmark. Die BASF versuchte die betroffenen Familien zu entschädigen – durch Zahlungen, die aufgrund der Inflation schnell aufgezehrt waren. Im Jahre 1922 geriet das Pfalzorchester in Finanznot und konnte die Musiker nicht mehr bezahlen. Dies war der Beginn einer bis heute andauernden Partnerschaft zwischen dem Orchester, heute Deutsche Staatsphilharmonie Rheinland Pfalz, und der BASF: Das Unternehmen sicherte dem Orchester finanzielle Unterstützung zu, im Gegenzug verpflichtete sich das Ensemble dazu, Konzerte für Mitarbeiter der BASF zu geben. Auch Carl Bosch und seine Kollegen aus der Unternehmensleitung vertrauten auf Kunst und Kultur, auf klassische Musik für die Krise.

Schon bald erwies sich das Vereinshaus als nicht geeignet für das ambitionierte Konzertprogramm, 1925 begann man mit Umbauarbeiten. Auch wenn die klassische Musik in Ludwigshafen keine lange Tradition hatte und das Pfalzorchester nicht auf ein Publikum mit entsprechender musikalischer Vorbildung bauen konnte, zählten die Sinfoniekonzerte bereits Mitte der 20er-Jahre 4000 Abonnenten. Trotz – oder vielleicht gerade wegen – der Krise scheint den Menschen die klassische Musik etwas gegeben zu haben. Die Künste, so Kent Nagano, würden uns das Leben mehr als nur erträglich machen, klassische Musik sei eine „ungemeine Erweiterung des Horizonts, Kraft- und Inspirationsquelle, die uns emotional, spirituell und intellektuell gleichermaßen anspricht."

In dem vorliegenden Band geht es um das, was Vera Steinkellner als Corporate Cultural Responsibility bezeichnet, um „kulturelles Engagement, das über die rein finanzielle Unterstützung von Kunst und Kultur hinausgeht und für Nachhaltigkeit, Zukunftsfähigkeit und Integration in die Unternehmensstrategie steht" (Steinkellner 2015). Der einführende geschichtliche Exkurs zur „Kultur für die Krise" zeigt, dass es umfassende integrative und nachhaltige Formen von unternehmerischem Engagement quasi „avant la lettre" gab und gibt. Und man kann ihn auch als Beleg verstehen, dass strategisches Engagement für die Kultur zur Zukunftsfähigkeit des Unternehmens beiträgt, auch wenn der empirische Nachweis schwierig zu erstellen bleibt. Die BASF hat die Krise Anfang des 20. Jahrhunderts auf jeden Fall gemeistert – und feiert 2015 ihr 150-jähriges Bestehen.

2012 wurde das Kulturprogramm der BASF 90 Jahre alt, schon lange richtet sich das Programm nicht nur an Mitarbeiter – die BASF ist ein Konzertveranstalter neben anderen in der Region. Seit Mitte der 2000er-Jahre ist die BASF SE darüber hinaus auch als Sponsor und Förderer in der Metropolregion Rhein-Neckar aktiv und wir verfolgen kooperative Ansätze mit Partnern in der Region, indem wir in gemeinsamer Trägerschaft Projekte umsetzen. Ich werde im Folgenden versuchen, anhand von Beispielen die Unterscheidungen zwischen dem repräsentativen, dem kooperativen und dem integrativen Ansatz, wie sie Vera Steinkellner in ihrem Artikel dargestellt hat, zu beleuchten.

Dem strategischen Ansatz in der Kulturförderung der BASF lag schon in den Anfängen auch die Notwendigkeit zugrunde, das Umfeld attraktiv zu gestalten, um Mitarbeiter zu binden und zu gewinnen. Dabei war die Kultur nur ein Aspekt unter vielen – neben u. a. der sozialen Absicherung, der Unterstützung von in Not geratenen Mitarbeitern, der Bereitstellung von attraktivem Wohnraum oder einer Leihbibliothek. Diese strategische Ausrichtung schlägt sich heute u. a. darin nieder, dass das Kulturmanagement – neben den anderen Bereichen des gesellschaftlichen Engagements, d. h. Sport und Gesundheitsförderung, Bildung, Soziales, Corporate Volunteering und Internationale Projekte – zur Personalabteilung und dort zur Einheit Talent Management gehört. Damit ist der explizite Auftrag verbunden, sowohl nach außen als auch nach innen zu wirken.

1 BASF als Kulturveranstalter

Kern des kulturellen Engagements der BASF ist das Kulturprogramm – mit über 60 Veranstaltungen pro Saison. Dazu zählen Abonnementreihen wie die Sinfoniekonzerte, die Kammermusik oder The Big Four. Weiters gibt es Matineen mit jungen Pianisten, Kammermusikensembles und dem Ballettring, aber auch freie Reihen für neue Konzertformate oder außergewöhnliche musikalische Richtungen, Weltmusik, Pop, Kabarett, Kinder- oder Werkstattkonzerte. Diese Veranstaltungen finden größtenteils im Feierabendhaus oder im Gesellschaftshaus der BASF statt, die Tanzveranstaltungen im Theater am Pfalzbau und ausgewählte Jazz- oder Popkonzerte in „Das Haus", beide in der Trägerschaft der Stadt Ludwigshafen. Im Rahmen des Kulturprogramms arbeiten wir auch langjährig mit Partnern zusammen. Die längste Partnerschaft verbindet uns mit der Deutschen Staatsphilharmonie Rheinland-Pfalz, sie währt, wie oben bereits erwähnt, schon über 90 Jahre. Das Orchester spielt vier Konzerte in der Sinfoniekonzertreihe und gestaltet in der Regel die Kinderkonzerte. Den Ballettring verantworten das Theater im Pfalzbau und die BASF gemeinsam, das Gleiche gilt für ausgewählte Konzerte im Rahmen von Enjoy Jazz, einem der renommiertesten europäischen Jazzfestivals, und jeweils einem Konzert pro Saison mit dem Jetztmusik Festival. Als verantwortungsvolles Unternehmen ist es für die BASF selbstverständlich, dass sie als einer der Kulturveranstalter in der Region ein fairer Wettbewerber ist. Das heißt, dass das Team des Kulturmanagements unter den normalen Marktbedingungen arbeitet und sich regelmäßig einem Benchmarking mit öffentlichen und privaten Kulturveranstaltern zu stellen hat.

Das Kulturprogramm holt einerseits Kunst und Kultur ins Unternehmen, viele Konzertkonzepte erarbeitet das Team des Kulturmanagements mit den Künstlern gemeinsam. Es folgt also einem kooperativen Ansatz, als öffentlicher Veranstalter sind einem integrativen Ansatz aber auch Grenzen gesetzt. Künstlergespräche, Workshops und Werkstattkonzerte sind in der Regel nicht den Mitarbeitern vorbehalten. Aber wie für andere Konzertveranstalter ist es auch für uns besonders wichtig, unterschiedliche Zielgruppen anzusprechen. Dazu gehören neben Schulklassen auch ausgewählte Zielgruppen der BASF für die wir jeweils gesonderte Formate entwickeln. Als Beispiel sei hier die Begegnung von Forschern mit Kit Armstrong genannt, der in der Saison 2014/2015 als Pianist, Improvisator und Komponist mit sehr unterschiedlichen Konzertprogrammen vorgestellt wurde. Armstrong studierte neben seiner Ausbildung zum Musiker Naturwissenschaften und erlangte einen Masterabschluss in Mathematik.

2 Good Cultural Neighbour – Kulturengagement für das Umfeld

Eine vergleichbar lange Tradition wie das Kulturprogramm hat auch die Förderung von Kulturvereinen am Standort Ludwigshafen, inzwischen im gesamten Gebiet der Metropolregion Rhein-Neckar in der Region, über Spenden. Heute arbeiten bei der BASF SE in Ludwigshafen 33.000 Menschen, wenn wir die Gruppengesellschaften aus der Region dazu nehmen, sind es knapp 42.000. Viele der Mitarbeiter engagieren sich an ihren Wohn-orten in der Region in diversen Vereinen, im Speziellen in Sportvereinen und Kulturver-einen, sowie in Chören und Musikensembles. Viele dieser Vereine engagieren sich dafür, Kinder und Menschen mit ganz unterschiedlichen Geschichten und Voraussetzungen ans Musizieren, Theaterspielen, Tanzen oder an andere künstlerische Aktivitäten heranzufüh-ren. Die Unterstützung dieser Initiativen und Vereine sowie der vielen engagierten Men-schen in der Region ist eine Investition in die Attraktivität und die Lebensqualität am Standort.

Die BASF ist ein B2B Unternehmen, produziert nur wenige Produkte für den Endver-braucher. Der Beitrag der Kulturförderung – und des gesellschaftlichen Engagements für das Image der repräsentativen Funktion insgesamt – ist vor allem für den Standort wichtig. Als verantwortungsvolles Chemieunternehmen geht es in erster Linie darum, die Sicher-heit der Produktionsanlagen zu garantieren – für die Mitarbeiter und für das Umfeld. Sich auch über das Kerngeschäft hinaus am Standort verantwortungsvoll zu zeigen, sich zu en-gagieren gehört zum Selbstverständnis des Unternehmens und zahlt auf den Markenkern „connected" ein.

3   Kulturvision 2015 in der Metropolregion Rhein-Neckar

Als die BASF sich Mitte der 2000er-Jahre entschieden hat, aktiv die Gestaltung und Ent-wicklung der Metropolregion Rhein-Neckar als attraktiven Standort für Industrie und Wirtschaft sowie für hochqualifizierte und kreative Mitarbeiter voranzutreiben, hat sie ihr Engagement in den verschiedenen Bereichen ausgeweitet – dabei immer einem ko-operativen Ansatz folgend. Das „Projekt" Metropolregion Rhein-Neckar war von Beginn an eine gemeinsame Initiative von Politik und Wirtschaft – und für beide war ebenfalls von Beginn an klar, dass Kunst und Kultur eine wichtige Rolle in dem Projekt spielen. In der Präambel der Kulturvision (2015, S. 2) finden sich alle Aspekte, die Vera Steinkell-ner (2015), in ihrer Einführung Florida zitierend, dem Wirkungsbereich von Kultur zu-schreibt: „Kultur wirkt identitätsstiftend, sinngebend und imagebildend. Im Wettbewerb der Regionen ist sie ein Standortfaktor." Die Kulturvision fördert das kulturelle Leben in der Überzeugung,

> dass in der Region ein großes Potenzial für mehr Lebensfreude, Kreativität und Phantasie, für mehr gegenseitige Befruchtung von Denken und Handeln, von Kunst und Realität des Alltags sowie der Künste untereinander vorhanden ist – und dass es für die Region bedeutsam ist, diese Kräfte zu wecken und zu mobilisieren. […] Es geht also darum, im Zusammenwirken vieler Kräfte der Region einer neuen, außergewöhnlichen Qualität und Kreativität Raum zu schaffen (Kulturvision 2015, S. 2).

An der Erarbeitung der Kulturvision waren Mitarbeiter der BASF maßgeblich beteiligt: John Feldmann, Mitglied des Vorstands, und Klaus-Philipp Seif, Leiter Kultur, Sport und

Sozialberatung. Der Arbeitsgemeinschaft Kulturvision gab eine Studie zu Stärken und Schwächen der Kulturlandschaft in Auftrag. Diese Studie war die Grundlage für die strategische Ausrichtung der Kulturvision – und die BASF nahm sie als Grundlage für die strategische Entwicklung ihres Kulturengagements.

4   Fokus Festivalregion

Die Arbeitsgemeinschaft Kulturvision, geleitet von Peter Kurz, Oberbürgermeister der Stadt Mannheim, entschied sich, bei der Profilierung des kulturellen Angebots in der Region zunächst auf die Festivals zu setzen. Dazu wurde eine Evaluation durchgeführt, die Friederike Reutter als Leiterin des Kulturmanagements der BASF im Kulturbüro der Kulturvision moderierte. Zur Entwicklung der Metropolregion Rhein-Neckar als Festivalregion gehörte dabei sowohl die Weiterentwicklung und Stärkung der bestehenden Festivals als auch die Etablierung neuer Festivals. Die BASF unterstützt als Sponsor ausgewählte Festivals der klassischen Musik. Einen Schwerpunkt legt sie auf jene Bereiche, für die Stärken in der Region identifiziert wurden. Dazu gehört die Förderung der Festspiele Ludwigshafen mit Schwerpunkt Tanz und Bezug zum eigenen Kulturprogramm, aber auch mit für die BASF neuen Themenbereichen wie Film und Foto. Hier ermöglichte das Unternehmen als Hauptsponsor die Etablierung von zwei neuen Festivals, die seitdem Erfolgsgeschichte geschrieben haben: Das Festival des deutschen Films auf der Parkinsel in Ludwigshafen und das biennale Fotofestival Mannheim_Ludwigshafen_Heidelberg.

Parallel zu diesen Investitionen in das kulturelle Leben der Region, ging es immer auch um Marketing, nach innen wie nach außen. Überregional soll die Region als Kulturregion wahrgenommen werden – innerhalb der Region sollen über eine engere Zusammenarbeit der Städte und Landkreise Synergien geschaffen und die Identifikation der Menschen mit der Region über ihren Heimatort hinaus gestärkt werden. Diese Aspekte spielen eine entscheidende Rolle im Kulturengagement der BASF und dienen als Kriterien für Förderentscheidungen. So leistete das Unternehmen eine Anschubfinanzierung für das Magazin der Festivalregion, das im deutschsprachigen Raum verteilt wird, und fördert die wichtigen Museen der Region bei großen Ausstellungsvorhaben, die geeignet erscheinen, überregionale Aufmerksamkeit zu erlangen. Einen Schwerpunkt bildet die Fotografie, ein wichtiger Partner ist das Wilhelm-Hack-Museum in Ludwigshafen. Insbesondere das internationale Fotofestival Mannheim_Ludwigshafen_Heidelberg, das unter der Trägerschaft der drei Städte stattfindet und verschiedene Ausstellungshäusern und -orte bzw. Museen einbindet, hat die Kooperation zwischen den Städten auf Ebene der Dezernate und Ämter sowie der Institutionen gestärkt. Seit nunmehr drei Jahren veranstaltet die Kulturvision 2015 jährlich ein Denkfest zur lokalen, nationalen und internationalen Vernetzung. Dort diskutieren die Kulturschaffenden wichtige kulturpolitische Themen und die strategische Ausrichtung der Kulturvision über das Jahr 2015 hinaus. Die BASF unterstützt das Denkfest als Sponsor.

Nach zehn Jahren lässt sich eine insgesamt positive Bilanz ziehen: Viele der gemeinsam gesetzten Ziele konnten erreicht werden und die gute Zusammenarbeit in der Region ist eine hervorragende Basis für die weitere strategische Entwicklung der Kulturvision.

5 Fokus kulturelle Bildung und Partizipation im Unternehmen

Das kulturelle Engagement der BASF in der Metropolregion Rhein-Neckar ist also strategisch ausgerichtet und im Sinne des Markenkerns „connected", das heißt kooperativ. Bei einzelnen Projekten mag auch der repräsentative Aspekt eine große Rolle spielen – aber immer auf der Basis des kooperativen Gesamtansatzes. Integrative Ansätze verfolgen wir über gesonderte Angebote im Zusammenhang mit den von uns geförderten Projekten. Grundsätzlich gibt es keine kostenlosen Tickets oder Sonderangebote für Mitarbeiter, dafür aber Führungen, Künstlergespräche, Fotowettbewerbe oder auch Workshops für Mitarbeiter, einzelne Mitarbeitergruppen wie beispielsweise Auszubildende oder für Mitarbeiter und ihre Familien. Als das Wilhelm-Hack-Museum 2013 eine Ausstellung des Künstlerpaares L/B zeigte, die sich formal auf das BASF-Werk in Ludwigshafen bezog („Struktur und Zufall") haben Mitarbeiter aus einer der großen Chemieanlagen gemeinsam mit der Kuratorin eine Führung durch die Ausstellung angeboten.

Auch auf kulturelle Bildung legt die BASF in ihrem Kulturengagement einen Schwerpunkt. So initiierte sie 2006 das „Junge Theater im Delta", zu Beginn eine Kooperation der Theater in Ludwigshafen, Mannheim und Heidelberg, heute bilden deren Jugendtheater gemeinsam mit kleineren und unabhängigen theaterpädagogische Initiativen aus der Metropolregion Rhein-Neckar ein Netzwerk, das gegenseitiger Unterstützung und dem Lernen voneinander dient. In den Projekten sammeln junge Menschen im Alter von fünf bis 21 Jahren Bühnenerfahrung als Schauspieler, Regisseur oder Autor – unabhängig von ihrer sozialen oder kulturellen Herkunft – und üben sich in Sprach- und Ausdrucksfähigkeit sowie im sozialen Miteinander. Einmal im Jahr treffen sich alle teilnehmenden Projekte zu einem gemeinsamen Festival.

„School of Rock" der Popakademie Mannheim ist ein weiteres regionales Projekt, das die BASF seit nunmehr 10 Jahren finanziert. Studenten und Dozenten der Popakademie gehen für einen Tag in Schulklassen und führen Schüler an aktives Musizieren heran, erarbeiten mit ihnen einen Song – vom Texten bis zur Präsentation auf der Bühne – oder coachen bestehende Schülerbands. „School of Rock" setzt die BASF vielfach auch für Mitarbeitergruppen ein – bei Workshops mit Auszubildenden oder auch mit Führungskräften, immer mit Studenten oder Dozenten der Popakademie. Die Popakademie als Träger sieht die „School of Rock", die Zusammenarbeit der Studenten mit *Nicht-Musikern* unterschiedlichster Herkunft, als wichtigen Aspekt der Ausbildung an.

„School of Rock" entspricht einem kooperativen Ansatz mit einer klassischen Win-win-Situation und einem starken integrativen Aspekt. In vielen Seminaren, Workshops und Bildungsangeboten werden künstlerische Elemente integriert, Künstler als Dienstleister verpflichtet. Ein Beispiel möchte ich hier nennen: Die BASF veranstaltet regelmäßig für neue Mitarbeiter einen einwöchigen Campus, um das Unternehmen besser kennen-zulernen und sich auch international zu vernetzen. Teil des Programms ist gemeinsames Musizieren unter der Anleitung einer Trommlergruppe. Dabei handelt es sich um einen funktionalen Einsatz. Ganz so einfach ist die Grenze zwischen dem integrativen und dem funktionalen Einsatz aber nicht immer zu ziehen. In dem Projekt „Start in den Beruf" etwa, in dem junge Menschen ohne oder mit einem schlechten Schulabschluss auf eine Ausbildung vorbereitet werden, entwickelten eine Theatergruppe und die Ausbildungslei-ter der BASF gemeinsam ein Konzept für die theaterpädagogische Arbeit – auf Augenhö-he. Viele freischaffende Künstler sehen in diesen pädagogischen Projekten heute nicht nur eine Chance auf eine größere finanzielle Sicherheit, sondern verstehen die dort gewonnen Erfahrungen mit unterschiedlichen Zielgruppen als wichtigen Input für ihre künstlerische Arbeit.

6   Fokus Forschen und Lernen

Der im Vorangegangenen dargestellte integrative Ansatz zielt auf Begegnung mit Kultur und Beschäftigung mit Kunst als Anlass oder Möglichkeit, sich mit existenziellen Fragen zu beschäftigen und über sich selbst und seine Umwelt Gedanken zu machen (Nagano 2014). Wie steht es mit dem Einsatz von Kunst und Kultur zur Förderung von Kreativi-tät? Macht eine wunderbar bewegende Darbietung von Mahlers 7. Sinfonie die Zuhörer kreativer? Hier eine Wirkungskette beschreiben zu wollen, erscheint absurd. Und darum geht es auch nicht. Kunst und Kultur können einen Labor- und Experimentierraum bieten, in dem wir uns ausprobieren, in dem wir in andere Rollen schlüpfen, in dem wir an unse-ren Wahrnehmungsmechanismen und Vorurteilen scheitern, in dem wir neue Perspektiven ausprobieren können, Wagnisse eingehen. Sie können ein Raum sein, in dem wir lernen, mit Fremdem und Unverständlichen umzugehen, in dem wir Mut schöpfen, ungewöhn-liche Lösungswege anzudenken. Sie können – aber sie tun es nicht per se. Und nicht nur Kunst und Kultur können diese Lernorte sein, sondern beispielsweise auch Erfahrungen in unbekannten sozialen Kontexten über Volunteering-Einsätze. Eine Herausforderung ist es, die Räume der Begegnung mit Kunst und Kultur so zu gestalten, dass sie gute Voraus-setzungen für Auseinandersetzung, Perspektivwechsel und Lernen bieten. Kulturinstituti-onen wie Unternehmen und suchen dafür neue Wege und Formate.

7   Fokus Zukunft

Anregung und Anlass, ganz neue Wege im Bereich Kunst und Kultur einzuschlagen, ist für die BASF das 150-jährige Jubiläum. Im Jahre 2015 diskutierte das Unternehmen auf einer Online-Plattform (Creator Space Online) und im Rahmen einer Creator Space Tour mit Stopps in Mumbai, Shanghai, New York, São Paulo, Barcelona und Ludwigshafen zentrale Herausforderungen aus den Themenbereichen Städtisches Leben, Ernährung und

Intelligente Energie unter Fragestellungen wie: „Wie können wir nährstoffhaltige Ernährung für jedermann zur Verfügung stellen?", „Wie können wir unsere Mobilität in den Städten verbessern ohne die Umwelt zu belasten?" oder „Wie können wir unsere Wohnraumqualität verbessern?" Entsprechend der Unternehmensstrategie „We create chemistry for a sustainable future" suchen in den Foren der Creator Space Tour BASF-Mitarbeiter gemeinsam mit Wissenschaftlern, Kunden, Lieferanten, Vertretern der Zivilgesellschaft sowie der öffentlichen Hand – und Künstlern! – nach Lösungen und Projektideen für diese Herausforderungen, die ökologischen, ökonomischen und sozialen Anforderungen gerecht werden, bzw. diese ins Gleichgewicht setzen. Am Ende des Jahres werden unter den Projektideen einige ausgewählt und umgesetzt. Für jeden Stopp der Creator Space Tour gibt es ein extern besetztes Expertenteam, dem jeweils auch ein Künstler oder eine Künstlergruppe angehört. In New York konnten folgende Persönlichkeiten für diese Task Force gewonnen werden: Mitch Joachim und Christian Hubert von Terreform ONE, ein privates Forschungs- und Gründerzentrum für Stadtentwicklung, Alex Washburn vom Stevens Institute of Technology in New Jersey sowie als künstlerischer Kurator Ron Labaco, Direktor des Museum for Arts and Design. In Mumbai wurden die künstlerischen Inhalte von Brinda Miller, der Gründerin und Direktorin des Kala Ghoda Festivals kuratiert. Für Shanghai zeichnet Yang Quing Quing, interdisziplinäre Künstlerin und Professorin an der Shanghai Theatre Academy, für das Kulturprogramm verantwortlich, in Brasilien ist es Stella Barbieri, die ehemalige Kuratorin des Educationprogramms der Sao Paolo Biennale. In Barcelona wird der Tour Stop künstlerisch von Cristina Salvador gestaltet. Sie ist ausgewiesene Expertin für Formate in denen Wirtschaft und Kunst aufeinander treffen. Für Ludwigshafen, der letzten Station der Creator Space Tour, hat die Kuratorenfunktion die Ars Electronica Linz übernommen.

An jedem Ort auf andere Art und Weise sind Kunst und Kultur aktiver Teil des Prozesses. Es geht darum, die Potenziale unterschiedlicher Kompetenzen, Sprachen, Organisationsstrukturen und Herangehensweisen in einer Kooperation zu nutzen, die auf ein Drittes zielt – auf eine Fragestellung von gesamtgesellschaftlicher Relevanz. Es handelt sich um eine Zusammenarbeit auf Augenhöhe, die über die beschriebenen kooperativen oder integrativen Ansätze hinausgeht.

Die Beziehung von Kultur und Kunst zur Wirtschaft ist nicht isoliert zu betrachten, Corporate Cultural Responsibility – von der Repräsentation, zu Kooperation, Integration bis Funktionalisierung von Kultur – findet eigene, aber durchaus vergleichbare Ausprägungen in der Beziehung zur öffentlichen Hand, Politik und Gesellschaft. Die Grenze zwischen Integration, bei der sich Kunst und Kultur in ihrer Relevanz für die Gesellschaft oder das Unternehmen behaupten, und Funktionalisierung ist durchlässig – wobei die Gefahr besteht, dass sich das spezifische Potenzial von Kunst und Kultur gerade nicht entfaltet, wenn sie in rein dienender Funktion verstanden wird. Es braucht als Voraussetzung die autonome Entscheidung des Künstlers, sich in gesellschaftliche Prozesse einbringen zu wollen, Relevanz zu erlangen. Vielleicht ist es eine Notwendigkeit für die Kunst, sich immer wieder zwischen Autonomie und Relevanz zu positionieren, die Grenzen auszuloten, das Terrain auszuhandeln und Reibungen nicht aus dem Weg zu gehen, die den Lernort *Kunst und Kultur* einmalig macht?

Die Anforderung an Unternehmen, gesellschaftlich verantwortlich zu agieren, findet ihren Niederschlag in den Nachhaltigkeitsindizes. Diese nehmen vor allem das Kerngeschäft in den Blick. Wenn das Kerngeschäft ökologisch, ökonomisch und sozial verantwortlich geführt wird, ist die gesellschaftliche Wirkung unmittelbar zu beschreiben. Die Wirkungsorientierung wird als Maßstab zunehmend auch beim gemeinnützigen Engagement der Unternehmen, das über das Kerngeschäft hinausgeht, angelegt (Phineo-Studie 2013). Es geht sowohl um die Wirkung in der Gesellschaft als auch in den Unternehmen – im Fall der Kultur um eine Beschreibung und Bewertung der Wirkung von Corporate Cultural Responsibility. Für den kooperativen und den integrativen Ansatz fehlen uns dafür noch die Instrumente – sie gilt es zu entwickeln, parallel zu den neuen Wegen und Formaten, bei denen Kunst und Kultur sowohl ihre Relevanz als auch ihre Autonomie behaupten.

Literatur

Kulturvision (2015) erhältlich auf Anfrage über das Kulturbüro der MRN GmbH: kulturbuero@m-r-n.com

Nagano K (2014) Erwarten Sie Wunder! eBook Verlag, Berlin

Phineo-Studie (2013) Tue Gutes und rede darüber! Eine Studie zur Wirkungstransparenz des Corporate Citizenship in DAX 30 Unternehmen. https://www.phineo.org/fileadmin/phineo/2_Publikationen/2013/Studie_DAX30/PHINEO_Studie_Wirkungstransparenz_Dax-30.pdf. Zugegriffen: 7. Mai 2015

Steinkellner V (2015) CSR und Kultur. Corporate Cultural Responsibility als Erfolgsfaktor in Ihrem Unternehmen. Springer Gabler, Berlin

Karin Heyl geb. am 17.12.1960 in Leverkusen. In den Jahren 1980–1989 Studium an der Universität zu Köln: Italienische Philologie, Germanistik, Französische Philologie bei den Professoren G. Roellenbleck, K.-O.Conrady und W. Hinck. Studienschwerpunkte: Theater, Kunst und Literatur der Jahrhundertwende und der historischen Avantgarde. In den Jahren 1983/1984 integriertes Auslandsstudium der Universität zu Köln an der Univerità degli studi di Firenze (DAAD) in Florenz. In den Jahren 1990–2004 Dresdner Bank AG, Abteilung Kunst und Wissenschaft; ab 1999 Leiterin der Abteilung, Vorstandsmitglied der Jürgen Ponto-Stiftung und der Kulturstiftung Dresden der Dresdner Bank. In den Jahren 2004–2006 Geschäftsführerin des Kulturkreises der deutschen Wirtschaft im BDI e. V. und des AKS (Arbeitskreis Kultursponsoring). In der Zeit von Juni 2006 – Mai 2012 Geschäftsführerin der Crespo Foundation, Frankfurt am Main. Seit 01.06.2012 bei BASF SE, Leiterin der Einheit ‚Social Engagement & Work-Life-Management'.

Das Google Art Project – Fallstudie einer kreativen Partnerschaft zwischen Wirtschaft und Kultur

Simon Rein

Zusammenfassung

Kreativität und Innovation haben für Google einen zentralen Stellenwert, woraus sich das Interesse des Unternehmens an einer Reihe von Projekten an der Schnittstelle zu kulturellen Einrichtungen und Themen ergibt. So entstand auch das Google Art Project, bei dem es darum geht, Kunstschätze und Kulturgüter digital verfügbar zu machen. Als Experiment gestartet, eröffnete das Art Project bald neue Perspektiven in Hinblick auf einen alternativen, erweiterten Zugang zu Kunst und Kultur. Unter dem Dach des Google Cultural Institute präsentiert es mittlerweile eine große Anzahl an unterschiedlichsten Sammlungen auf der ganzen Welt – von den Uffizien in Florenz bis hin zu Street Art in Sao Paulo. Obwohl ursprünglich nicht ausdrücklich als Projekt im Sinne von Corporate Cultural Responsibility konzipiert, kann das Google Art Project in diesem Zusammenhang betrachtet werden, da es auf einer intensiven Zusammenarbeit sowie einem regen Kompetenzaustausch zwischen Google als Technologieunternehmen und kulturellen Einrichtungen gründet.

S. Rein (✉)
Google Cultural Institute, Google UK Ltd, Colonnade Walk, 123 Buckingham Palace Road, SW1W 9SH London, UK
E-Mail: simon.rein@fu-berlin.de

© Springer-Verlag Berlin Heidelberg 2015
V. Steinkellner (Hrsg.), *CSR und Kultur,* Management-Reihe Corporate
Social Responsibility, DOI 10.1007/978-3-662-47759-5_14

1 Einführung

Als Basis aller kulturellen Schöpfungen gilt bekanntlich die Kreativität. Die Künstler, deren Schöpfungen in ihrer Gesamtheit die Kultur einer Gesellschaft entscheidend mitprägen, waren und sind so etwas wie eine kreative Avantgarde. Ihr ständiges Reflektieren, Infragestellen, Experimentieren und Neuschaffen begründet eine Haltung, die auch für Unternehmen wie Google einen besonderen Stellenwert hat. Als Unternehmen ist es auf die Kreativität seiner Mitarbeiter angewiesen, sie ist der Motor für Innovation. Aus diesem Grund fördert Google eine offene, teamorientierte Unternehmenskultur, die sich bewusst an typischen Start-up-Erfahrungen orientiert. Ziel ist es, Bedingungen und Freiräume zu schaffen, in denen jeder einzelne Mitarbeiter seine Ideen mit einbringen kann. In dieser Anerkennung der Kreativität als wichtiger Ressource für den langfristigen Erfolg des Unternehmens liegt sicher einer der Gründe für die Affinität Googles zu Projekten mit Kunst und Kultur.

Google betreibt eine Reihe von Projekten an der Schnittstelle mit kulturellen Institutionen und Themen. Drei besonders wichtige, unabhängig voneinander entstandene Projekte, das *Google Art Project,* Historic Moments und *World Wonders,* werden heute vom Google Cultural Institute gesteuert, das im Jahre 2011 ins Leben gerufen wurde. Das Google Art Project basiert auf der Zusammenarbeit mit Museen und Kunsteinrichtungen weltweit, und ermöglicht den beteiligten Institutionen, ihre Kunstschätze auf neue Art und Weise im Internet zu präsentieren. Archive erstellen digitale Ausstellungen zu historisch bedeutsamen Ereignissen oder Persönlichkeiten, die mit Fotos, Videos, Manuskripten oder Dokumenten gewürdigt werden. World Wonders wiederum ist ein Projekt, das Stätten des Kulturerbes der modernen und antiken Welt wie Angkor Wat oder Stonehenge in virtuellen 360-Grad-Rundgängen erfahrbar werden lässt.

Die drei Projekte sind nicht nur institutionell, sondern auch in ihrer Darstellung unter dem Dach des Google Cultural Institute zusammengefasst. Das ist insofern sinnvoll, als sich sowohl bei der Projektsteuerung als auch bei der Darstellung Zusammenhänge und Überschneidungen ergeben können und nutzen lassen – etwa wenn sich neben den Werken eines Künstlers aus einem Museum auch dessen Korrespondenzen aus einem Archiv recherchieren lassen. Heute sind mehr als 530 Einrichtungen aus 60 Ländern Partner des Google Cultural Institute und mit einer Sammlung auf dessen Internetseite www.google.com/culturalinstitute vertreten, viele davon als Teil des Art Project.

2 Fallstudie: Das Google Art Project

2.1 Entstehung und Entwicklung des Projektes

Am Anfang stand ein Experiment: Was wird sichtbar, wenn man die Gemälde alter Meister mit hochauflösender Fototechnik digitalisiert? Das Ergebnis ist verblüffend: die Bilddaten erlauben einen Blick bis auf den feinsten Pinselstrich, und es werden Details sichtbar, die dem bloßen Auge verborgen bleiben. Aus den anfänglichen Tests entwickelte sich das breitere Vorhaben, gemeinsam mit einigen der weltweit führenden Museen einen Ort im Netz zu schaffen, der die Begegnung mit der Kunst und das Erlebnis Museum auf vielfältige Weise näherbringt – das Google Art Project.

Die Internetseite des Google Art Project wurde im Februar 2011 freigeschaltet. Zum Start haben sich 17 Museen mit insgesamt etwas über 1000 Kunstwerken beteiligt, darunter so renommierte Einrichtungen wie das Schloss Versailles, die Uffizien in Florenz, Tate Britain in London, das New Yorker Metropolitan Museum of Art, das Rijksmuseum in Amsterdam oder die Alte Nationalgalerie und die Gemäldegalerie der Staatlichen Museen zu Berlin. War das Projekt in seiner unmittelbaren Entstehungsphase noch auf Museen in Europa und Nordamerika fokussiert, und hier insbesondere auf Gemälde und alte Meister, so hat in der Folgezeit eine deutliche Ausweitung der kulturellen Inhalte stattgefunden. Beim zweiten Launch im April 2012 waren bereits mehr als 140 Einrichtungen vertreten. Heute sind es über 600 Einrichtungen, die mehr als 200.000 Objekte verschiedenster Gattungen zeigen.[1]

Die Bandbreite der Partner reicht von der Kunstsammlung des Weißen Hauses in Washington über das Museum für Islamische Kunst in Katar bis zur indischen Kochi-Muziris-Biennale. Von der Architektur der Antike über Kunsthandwerk des Mittelalters bis hin zur zeitgenössischen Kunst oder gar Street Art wird der Formenreichtum der Kunst und ihre regionale Vielgestaltigkeit abgebildet. Diese Diversifikation ermöglicht erfreuliche institutionenübergreifende Ergebnisse: So sind beispielsweise von den 34 bekannten Gemälden Vermeers 17 im Google Art Project zu finden, die aus Museen in Washington, Wien, Amsterdam, Berlin, Dresden, Frankfurt, London und New York stammen, nun aber online nebeneinander betrachtet werden können.

2.2   Partnerschaftlicher Charakter des Projekts

Für beide Seiten war das Google Art Project von Anfang an auch ein Lernprozess. Die erste Herausforderung bestand darin, einen Modus der Zusammenarbeit zu finden zwischen zwei Welten, die eher selten miteinander in Berührung kommen. Kunstinstitutionen haben hohe Ansprüche, was den getreuen und respektvollen Umgang mit ihren Objekten anbetrifft. Viele der Kriterien, die für Museen dabei eine Rolle spielen, waren für Google erst einmal nicht selbstverständlich und mussten in Vorbereitung zum ersten Launch gelernt und umgesetzt werden. Zum Beispiel sollten die Kunstwerke auf der Internetseite im Vordergrund stehen und besonders gut auf den Betrachter wirken können. Aus diesem Grund ist die Seite farblich deutlich dezenter gestaltet, als man das von vielen anderen Google-Seiten gewöhnt ist.

Eine enge Zusammenarbeit der Partner erwies sich von Beginn an als ein wichtiger Faktor für den Erfolg und das Wachstum des Projekts. Google ging anfänglich auf Museen zu, aber nicht mit einer Wunschliste von Kunstwerken, sondern mit dem Angebot, mit dem Art Project einen technischen Rahmen zur Verfügung zu stellen, den diese eigen-

---

[1] Angaben Stand November 2015.

verantwortlich mit Objekten und Informationen ausfüllen konnten. Heute sind es oft die Museen, die auf Google zugehen, um sich an dem Projekt zu beteiligen. Das ursprüngliche Kooperationsmodell ist dasselbe geblieben und bis heute gültig. Jeder der beiden Partner bringt in das Projekt das ein, worin er besonders gut ist: Google die Technologie und technische Expertise, die Museen kulturelle Inhalte und ihr Wissen über sie.

Konkret bedeutet das, dass die Museen, mit denen eine Vereinbarung über die Zusammenarbeit getroffen wurde, Zugang zu einem Content Management System erhalten, über das sie die von ihnen ausgewählten Bilder und Informationen hochladen können. Von dort können sie die Bilder auch jederzeit wieder entfernen oder durch andere ersetzen. Sie können die Informationen zu den Bildern fortlaufend bearbeiten, und etwa den neuesten wissenschaftlichen Erkenntnissen anpassen. Google wiederum stellt Leistungen zur Verfügung, wie das Content Management System, das Content Hosting, das Erstellen virtueller Rundgänge, die Digitalisierung ausgewählter Kunstwerke in hoher Auflösung, oder auch den Viewer, der es erlaubt, sich in diese Abbildungen schnell und fließend, auch bei schwächeren Internetverbindungen, hineinzoomen zu können. Dabei greift Google auch immer wieder auf im Unternehmen bereits vorhandene Technik zurück, die aber an die Spezifika des Google Art Project angepasst wird.

2.3 Ausgestaltung des Projekts

Das Google Art Project ermöglicht den beteiligten Museen, ihre Kunstschätze auf neue Art und Weise im Internet zu präsentieren, indem es mehrere virtuelle Darstellungsfunktionen miteinander verbindet. Den inhaltlichen Kern des Google Art Project bilden dabei die unter dem Menüpunkt „Sammlungen" gelisteten Seiten der einzelnen Einrichtungen. Jedes beteiligte Haus richtet eine solche Sammlungsseite ein und stellt sich dort mit einem kurzen Text, Link und Logo vor. Auf den Sammlungsseiten finden sich zudem die von den Museen zur virtuellen Präsenz ausgewählten Objekte. Zu den Objektbildern stellen die Museen relevante Metadaten, Texte, Audio- oder Videodateien bereit. Die Sammlungsseiten liefern so den grundlegenden Bestand des Google Art Project, auf dem viele seiner weiteren Funktionen aufbauen.

Eine wichtige Funktion des Google Art Project sind die virtuellen Museumsansichten oder Galerierundgänge. Sie ermöglichen dem Nutzer eine Bewegungsmöglichkeit im Raum, als wäre er vor Ort. In einem 360-Grad-Radius kann er unabhängig von den Öffnungszeiten mit der Maus durch die Galerien flanieren, wobei ihm ein kleiner Grundriss navigatorische Hilfestellung leistet. Er kann vor einzelnen Bildern verweilen, sich heranzoomen und per Mausklick näher über sie informieren, und andere links liegen lassen – so wie im richtigen Leben.

Ein Alleinstellungsmerkmal des Google Art Project ist die Anwendung der Gigapixeltechnik. Sie erlaubt es, die von den Partnern ausgewählten Kunstwerke in ausgesprochen hoher Qualität digital zu reproduzieren. Eine spezielle Kamera fotografiert ein Werk Zentimeter für Zentimeter. Aus den tausenden von Einzelbildern wird dann das fertige Bild zusammengesetzt. Jedes dieser Gigapixelbilder besteht aus Milliarden von Pixeln und offenbart ungleich mehr Details der Objekte als eine herkömmliche digitale Aufnahme. Nicht jedes Objekt im Google Art Project wird als Gigapixel dargestellt, aber man kann dort einigen der wichtigsten Meisterwerke der Kunstgeschichte so nahe kommen wie nie zuvor.

Über das Google Art Project können Partner mit Hilfe eines speziellen Tools auch digitale Ausstellungen kuratieren und veröffentlichen. In diesen digitalen Ausstellungen können Einrichtungen ihre Objekte in einen Zusammenhang stellen, mit Text und Video erläutern und ihre kulturelle Bedeutung so für ein breites Publikum verständlich machen. Diese ursprünglich für Historic Moments entwickelte Funktion erfreut sich großer Beliebtheit, mehr als 1800 Ausstellungen lassen sich auf der Seite des Google Cultural Institute aufrufen. So bietet die von der Tate Gallery kuratierte Ausstellung „500 Jahre Britische Kunst" einen profunden Überblick über die wichtigsten Epochen der britischen Kunstgeschichte. In Videosequenzen erläutern Kuratoren des Museums die spezifischen Charakteristika der Epoche und gehen auf einzelne Kunstwerke näher ein.

Aber nicht nur die Einrichtungen, sondern auch die einzelnen Besucher des Art Project können sich aus dem großen Bestand an Kunstwerken ihre eigenen, individuellen Benutzergalerien zusammenstellen. Dafür muss man die Bilder nur mit einem Klick in einen eigenen Rahmen hinüberziehen. Nutzergalerien gibt es von professionellen als auch von Hobby-Ausstellungsmachern, die hier zum Beispiel ihre Lieblingsbilder aus der Renaissance oder dem Barock präsentieren und über soziale Medien mit Freunden teilen. Diese interaktive Funktion lädt die Nutzer der Seite zur eigenen Auseinandersetzung mit Kunst ein, und der spielerische Umgang eröffnet ein hohes Potenzial für die Bildungsarbeit.

2.4   Kommunikation des Projekts

Museen kommunizieren ihre Beteiligung am Google Art Project auf ihrer Internetseite, anhand von Pressekonferenzen oder in Form einer Pressemitteilung. Das Google Cultural Institute selbst nutzt eigene Kommunikationskanäle, wie etwa den offiziellen Google-Blog. Stark ist das Google Art Project auch in den sozialen Medien vertreten. So kommt es bei Google+ mittlerweile auf über 14 Mio. Follower. Wir glauben, dass wir auf diesem Wege neue Zielgruppen erschließen und so – im besten Sinne des Wortes – Werbung für Kunst machen können.

Am besten gelingt das, wenn es einen besonderen Anlass für eine Veröffentlichung gibt: So konnten wir rechtzeitig zu den Osterfeiertagen 2014 Dürers berühmten *Feldhasen* (1502), ein Meisterwerk aus der Wiener Albertina, in der Gigapixel-Auflösung zugänglich machen. Dieses Aquarell ist so lichtempfindlich, das es nur alle vier bis fünf Jahre ausgestellt werden kann, ansonsten schlummert es im Depot. Jetzt lässt sich der „Feldhase" in bester Reproduktion jederzeit im Netz bewundern.

Zudem veranstaltet das Google Cultural Institute regelmäßig *Art Talks,* bei denen sich Experten in Videoübertragungen, sogenannten *Hangouts on Air,* live speziellen Fragen der Kunst widmen, etwa zu spektakulären Details in Brueghels Gemälde *Großer Turmbau zu Babel* oder Fragen der digitalen Vermittlung von Kunstwissen. Die Zuschauer können sich an diesen Art Talks interaktiv beteiligen, indem sie Fragen auf Facebook, Twitter oder Google+ posten oder die Gesprächsinhalte mit der Kommentarfunktion diskutieren.

3   Schlussbetrachtung: Das Google Art Project im Lichte von Corporate Social Responsibility

Oft wird die Frage gestellt, welchen Nutzen Google aus dem Art Project zieht und welche Strategie das Unternehmen damit verfolgt. Diese Frage ist zunächst damit zu beantworten, was nicht die Ziele sind: Das Google Cultural Institute verfolgt keine finanziellen Interessen. So ist es beispielsweise nicht beabsichtigt, dass auf der Plattform eines Tages Werbung erscheinen wird. Das Ziel ist auch nicht, den realen Museumsbesuch durch einen virtuellen zu ersetzen. Auch die detailgenaueste Fotografie kann die Aura eines Originals nicht einfangen – umgekehrt kann sie aber neugierig auf die Begegnung mit ihm machen.

In diesem Sinne soll das Google Art Project keine Konkurrenz zu Museen sein, sondern deren Wirkungsbereich vielmehr erweitern. Es soll zur Beschäftigung mit Kunst einladen oder, für Menschen, die keinen leichten Zugang zu Museen oder Bibliotheken haben, diese überhaupt erst ermöglichen. Es geht dem Google Cultural Institute darum, einen weiteren, breiten Zugang zu Kunst und Kultur zu schaffen, indem es kulturellen Einrichtungen technische Expertise und Tools zur Verfügung stellt, um ihren Bestand digital zu sichern und institutionsübergreifend online zu präsentieren. Das folgt aus dem Selbstverständnis Googles, die Informationen der Welt zu organisieren und allgemein zugänglich und nutzbar machen zu wollen. Das entspricht aber auch der klassischen Aufgabe von Museen, die ihnen anvertrauten kulturellen Schätze nicht nur zu bewahren, sondern auch ihr Wissen über sie der Öffentlichkeit zu vermitteln. Es ist diese gemeinsame Zielsetzung von Museen und Google, die das Art Project tragfähig und fruchtbar machen.

Vor diesem Hintergrund kann man das Google Art Project aus dem Blickwinkel der Corporate Cultural Responsibility betrachten und bewerten. Es ist jedoch nicht als herkömmliches Corporate Cultural Responsibility Projekt entstanden. Es entwickelte sich auch nicht aus einem strategischen Plan des höheren Managements heraus, sondern aus den Ideen und der Experimentierfreudigkeit einzelner Mitarbeiter. Die Entwicklung erfolgte hier also umgekehrt, im Gegensatz zu vielen Projekten, bei denen Unternehmen erst entscheiden, sich kulturell stärker zu engagieren, und dann überlegen, welche konkreten Partner oder Projekte besonders gut zu ihren Werten passen.

Erfolgreich kann das Art Project nur in enger Zusammenarbeit mit seinen Partnern sein. Es folgt einem kooperativen Modell, bei dem alle Seiten ihre spezifisch herausragenden Kompetenzen zur Verfügung stellen, um gemeinsam etwas Neues zu entwickeln und zu etablieren. Ihr Verhältnis ist dabei von der Achtung der spezifischen Interessen und Verlässlichkeit geprägt. Das Modell folgt einer klaren Trennung von Aufgaben und Verantwortlichkeiten, ist aber ansonsten ein dynamischer, von gegenseitiger Lernerfahrung geprägter Prozess. Heute ist es ein etabliertes Beispiel für eine von Kompetenzrespekt geprägte Partnerschaft zwischen Wirtschaftsunternehmen und kulturellen Einrichtungen.

Simon Rein MA ist seit 2013 beim Google Cultural Institute in London tätig, das das Google Art Project und andere kulturelle Initiativen Googles steuert. Als Program Manager arbeitet er mit Museen, Archiven und Universitäten zusammen, um Zugang zu Kunst und Kultur zu schaffen und einem neuen Publikum zugänglich zu machen. Zuvor war Simon Rein sechs Jahre bei der Stiftung Preußischer Kulturbesitz für die Öffentlichkeitsarbeit der Staatlichen Museen zu Berlin und des Humboldt-Forums im Berliner Schloss beschäftigt.

RWE Stiftung. Warum fördern Unternehmen Kultur? Eine zivilgesellschaftliche Betrachtung

Stephan Muschick

Zusammenfassung

Noch immer wird unternehmerische Kulturförderung in zwei grundsätzlichen Kategorien beschrieben: entweder als mäzenatische Tätigkeit (Spenden) oder als Geld- und Sachleistungen, bei denen diesen vertraglich fixierte Gegenleistungen gegenüberstehen (Sponsoring). Anhand von Beispielen aus dem Ruhrgebiet und darüber hinaus zeigt der Autor, dass einer neuen Vielfalt künstlerischer Formen auch ein neues Verständnis unternehmerischer Kulturförderung gegenüberstehen muss. Unternehmen sind dabei als zivilgesellschaftliche Akteure zu begreifen, die angesichts drängender gesellschaftlicher Fragen in einen lebendigen Austausch mit künstlerischen Akteuren und Institutionen treten sollten. Durch eine solche auf Offenheit und Neugier beruhende Austauschbeziehung nehmen Unternehmen nicht nur gesellschaftliche Verantwortung wahr, sondern profitieren auch selbst, und zwar jenseits traditioneller Indikatoren wie Markenbekanntheit und Verkaufsförderung.

1 Jenseits von Gemeinplätzen

Immer wenn von unternehmerischer Kulturförderung die Rede ist, dürfen mindestens drei Gemeinplätze nicht fehlen:

1. In Deutschland werden mehr als 90 % der Gelder für die Kultur von der öffentlichen Hand zur Verfügung gestellt. Folglich steuern Unternehmen, Privatpersonen und

S. Muschick (✉)
RWE Stiftung für Energie und Gesellschaft gGmbH, Opernplatz 1, 45128 Essen, Deutschland
E-Mail: stephan.muschick@rwe.com

© Springer-Verlag Berlin Heidelberg 2015
V. Steinkellner (Hrsg.), *CSR und Kultur,* Management-Reihe Corporate
Social Responsibility, DOI 10.1007/978-3-662-47759-5_15

Akteure des sogenannten dritten Sektors weniger als 10 % bei. Ob man diesen Anteil für durchaus beachtlich hält oder für verschwindend gering, liegt im Auge des Betrachters. In Amerika, das ist auch bekannt, sind die Verhältnisse genau spiegelverkehrt.

2. Unternehmerische Kulturförderung lässt sich in zwei Kategorien unterteilen: Das mäzenatische, also vollkommen altruistische Engagement und das Kultursponsoring, bei dem das Verhältnis zwischen Leistung (Geld- oder Sachleistungen) und Gegenleistung (Logopräsenz, Tickets oder ähnliches) klar definiert ist. Spende vs. vorsteuerabzugsfähige Betriebsausgabe, so ließe sich das auch formulieren.

3. Die privaten Kulturförderer, wird immer wieder wie ein Mantra formuliert, wollen nicht „Lückenbüßer" oder „Ausfallbürgen" (vgl. Schweriner Erklärung 2014) für Kürzungen in den öffentlichen Haushalten sein. Diese Formulierung zeigt zweierlei: Offenbar werden solcherlei Ansinnen immer wieder an potenzielle private Kulturförderer herangetragen und entsprechend beargwöhnt. Gleichzeitig tut *man*, also der kulturfördernde Privat- und Drittsektor, sich offenbar schwer zu formulieren, was *man* stattdessen sein will.

Genau dies gilt es aber zu formulieren. Denn *dass* Unternehmen Kultur fördern, steht empirisch außer Frage – auch wenn aktuelle, konkrete, belastbare Zahlen weitgehend fehlen. Zuletzt, das heißt im Jahr 2010 veröffentlichte der Kulturkreis der deutschen Wirtschaft die Ergebnisse einer Umfrage (vgl. Kulturkreis der deutschen Wirtschaft 2010). Darin gaben 265 Unternehmen zu Protokoll, im Schnitt jeweils rund 600.000 € pro Jahr für die Unterstützung von Kunst und Kultur aufzubringen. Die Mittel fließen in Form von Spenden oder Sponsoring-Geldern an Vereine, Kulturinstitutionen, manchmal auch an Künstler direkt, langfristig oder auch für einzelne Projekte.

Doch abgesehen von den empirischen Unschärfen – eine Hochrechnung auf die Gesamtheit des privaten und dritten Sektors verbietet sich methodologisch – wird die Frage nach dem WARUM der unternehmerischen Kulturförderung nicht beantwortet. Eine Annäherung an eine Antwort bietet das 2014 erschienene Sonderheft des Fachmagazins Stiftung und Sponsoring (vgl. Unternehmen für Kultur 2014), in dem Vertreter verschiedenster Unternehmen und Stiftungen über das WIE und über die Motive ihres Engagements berichten.

Völlig außerhalb des Blicks ist aber auch in diesem Heft eine gesamt- oder besser: zivilgesellschaftliche Perspektive. Die Frage nach der gesellschaftlichen Relevanz – gerade unter den Bedingungen einer sich rasant verändernden Zivilgesellschaft und den damit verbundenen neuen Bedingungen (und Rollen) von Kunst und Kultur – jenseits der bloßen Tatsache, dass sich private Akteure auf dem Feld der Kultur engagieren und die Produktion und Vermittlung von Kunst unterstützen – bleibt bis heute weitgehend unbeantwortet.

2 Unternehmerische Kulturförderung ist keine Selbstverständlichkeit

Warum also fördern Unternehmen, Privatpersonen und unternehmensnahe Stiftungen Kultur? Bei genauer Betrachtung setzt diese Frage zwei Dinge voraus, die möglicherweise gar keine Selbstverständlichkeiten sind. 1. DASS Unternehmen Kultur fördern, und 2., dass es gut und richtig ist, dass Unternehmen sich auf diesem Feld betätigen. An beiden Positionen gibt es empirisch nachweisbare Zweifel.

Angesichts der Vielzahl kulturfördernder Unternehmen und des ausdrücklichen Engagements der deutschen Wirtschaft lassen die Zahlen tatsächlich den Schluss zu: Für viele privatwirtschaftliche Akteure ist Kulturförderung ein wichtiger Bestandteil zivilgesellschaftlichen Engagements. Oder aber – auch das muss erlaubt sein – Teil der Marketing- und Vertriebsstrategie.

Kulturförderung ist aber immer nur eine von zahlreichen Möglichkeiten, zivilgesellschaftliches Engagement zu zeigen oder eine Marketingstrategie umzusetzen. Gerade in wirtschaftlich schwierigen Zeiten hat es die unternehmerische Kulturförderung häufig nicht leicht, gerade in wirtschaftlich angespannten Situationen. Manchmal sind die Probleme hausgemacht: Ohne Strategie, ohne eine klare Antwort auf die WARUM-Frage haben es unternehmerisch geförderte Kulturprojekte zuweilen schwer, dem Rotstift zu entgehen. Manchmal reicht sogar ein simpler Wechsel im Vorstand des Unternehmens, dass die Prioritäten neu gesetzt werden. Hat sich der eine Vorstand noch als bildungsbürgerlicher Kulturliebhaber verstanden, interessiert sich der neue Protagonist eher für Fußball oder Leseförderung im Grundschulalter. Kulturförderung ist immer auch ein Kampf um Budgets, und da erscheint manches Kultursponsoring-Projekt oder manche Spende kaum zwingend.

Zum Teil hat diese Fragilität aber auch damit zu tun, dass die vermeintliche Selbstverständlichkeit gar keine zu sein scheint. Erinnert sei hier an ein Interview des damaligen Generaldirektors der staatlichen Kunstsammlungen Dresden, Martin Roth, der reklamierte, dass es sich bei der Finanzierung von Kunst und Kultur um eine genuin hoheitliche Aufgabe handle, und da es Sponsoren ohnehin nur um VIP-Empfänge, Häppchen und Champagner gehe, solle man doch gleich auf deren Geld verzichten (Roth 2009, S. 12).

Die Argumentationslage wäre manchmal schlicht einfacher, wenn die Verantwortung, die Unternehmen im Bereich Kultur übernehmen, öffentlich stärker zur Kenntnis genommen und gewürdigt würde. Aber noch immer tut sich mancher Kulturjournalist, gerade in den Feuilletons der großen überregionalen Tageszeitungen, schwer, den Geldgeber von Konzert X oder Ausstellung Y zu erwähnen. Eine ernsthafte inhaltliche Auseinandersetzung findet erst recht nicht statt. Doch in dem Moment, in dem etwas schiefläuft, erwacht dann der kritische Geist des Journalisten. Das war beim Ende der Siemens-Förderung der Bayreuther Festspiele der Fall, und der Energieversorger Vattenfall war nach langjähriger erfolgreicher Förderung der Hamburger Lesetage nach dem Fukushima-Unglück im Jahr 2011 plötzlich der böse Atomkonzern, dem von Manchem sogar pauschal die Berechtigung abgesprochen wurde, Kulturförderung zu betreiben. Denn diese sei ohnehin nichts als Greenwashing. Ein anderes Beispiel: Das Engagement von BMW im Rahmen des BMW Guggenheim Lab in Berlin und der Protest der Kreuzberger Anwohner gegen einen Konzern, der doch erst einmal seine Vergangenheit in Sachen Zwangsarbeiter bewältigen solle, bevor er sich im Rahmen eines Kunstprojekts in den Prinzessinnengärten der Zukunft des urbanen Raums widmen dürfe. Wobei BMW möglicherweise sogar von der – wenn auch kritischen – medialen Aufmerksamkeit profitiert hat. Denn schließlich fand das Projekt statt, wenn auch an einem anderen Ort.

3   Unternehmerische Kulturförderung: Kein Lückenbüßer, auch nicht im Ruhrgebiet

Über die Motivation eines Martin Roth für seine damalige drastische Aussage lässt sich trefflich spekulieren. Möglicherweise ging es gar nicht so sehr um eine pauschale Kritik an den privaten Kulturförderern, sondern darum, die öffentliche Hand an ihren im Grundgesetz festgeschriebenen Auftrag, Kunst und Kultur zu finanzieren, zu erinnern. Wo aber bleiben dann die Privaten? Und vor allem: Was wollen die Privaten? Aus der bereits zitierten Schweriner Erklärung des Bundesverbandes deutscher Stiftungen 2014 wissen wir, was sie nicht sein wollen: Ausfallbürgen. Positiv formulierte es der Kulturkreis der deutschen Wirtschaft in seiner 2011 aktualisierten Satzungspräambel: „Die deutsche Wirtschaft hat sich 1951 in einer eigenständigen Organisation zusammengeschlossen mit dem Ziel, eine freie Entwicklung von Kunst und Kultur sicherzustellen" (Kulturkreis 2011). Das klingt gut und kommt einer ganzheitlichen zivilgesellschaftlichen Betrachtung – Kultur und Wirtschaft stehen in einem sich wechselseitig befruchtenden Verhältnis, das es zu fördern gilt – schon sehr nah. Aber was passiert im Fall von knappen Kassen, Konflikten und Kritik? Dann wird der allzu sonntagredenhafte Kern solcher Statements schnell offenbar.

In Nordrhein-Westfalen und vor allem im Ruhrgebiet ist die Lage besonders prekär. Die Verschuldung der Kommunen – in Oberhausen pro Kopf oder in Essen in absoluten Zahlen gemessen – liegt an der Spitze in der Bundesrepublik Deutschland. Die Kulturlandschaft mit Theatern, Konzerthäusern oder Museen ist im Ruhrgebiet besonders reichhaltig – sie will aber auch finanziert sein. Hinzu kommen zum Teil äußerst schwache Besucherzahlen in manchen Einrichtungen. Zwar kann man den Erfolg eines Museums nicht allein an solchen Kennziffern messen, das Aufgabenfeld eines Museums ist breiter, als einen regen Besucherverkehr zu gewährleisten. Aber manche Häuser darben so dahin, Besucherzahlen von Null an manchen Tagen sind keine Seltenheit. Ausbleibende Einnahmen sind aber nur ein Aspekt des Problems. Häuser ohne Besucher können keine Bedeutung im öffentlichen Raum und im öffentlichen Diskurs entfalten, und schon kommt eine Diskussion in Gang, bei der es nur um das Beharren auf zementierten Positionen geht, statt um die Frage, welche Art von Kunst und Kultur wir wollen und wie diese zu finanzieren sei. Die prekäre Situation der Kunstmuseen im Ruhrgebiet und die mangelnde Tiefe und Breite des Diskurses über ihre Zukunft sind Wasser auf die Mühlen der „Kulturinfarkt"-Alarmisten um

Pius Knüsel, die in ihrer 2012 erschienenen Streitschrift (vgl. Haselbach et al. 2012) die These vertraten, die Hälfte von allem würde auch ausreichen und wäre sogar die Voraussetzung dafür, mit dem zur Verfügung stehenden Geld eine größere Wirkung zu erzielen.

Dem schließe ich mich nicht pauschal an, aber die Frage, wie es auch und gerade im Ruhrgebiet weitergehen kann, muss gestellt werden.

Im Ruhrgebiet kommen weitere Faktoren hinzu, die einen Erhalt oder eine erfolgreiche Transformation unserer Kulturlandschaft nicht erleichtern. Das nach dem Kulturhauptstadtjahr wieder stärker ausgeprägte Kirchturmdenken[1] ist nicht nur ein Rückschritt, es sorgt zuweilen auch für eine enorme Fehlallokation von Mitteln. Zugespitzt: Warum das Land Nordrhein-Westfalen und die EU gemeinsam rund 16 Mio. € in den Neubau des so genannten Musikzentrums, also eines weiteren Konzerthauses zwischen Dortmund (das dortige Konzerthaus hat 1500 Plätze) und Essen (mit einer Philharmonie mit 1900 Plätzen) investieren, erschließt sich nur schwer. Ins Feld geführt wird das bürgerschaftliche Engagement der Bochumer Bevölkerung, die einen Anteil der Baukosten in Form von gesammelten Spenden selbst trägt – immerhin kamen hier mehr als 10 Mio. € zusammen, und die am Ende ausstehenden 3 Mio. € wurden 2013 von der Brost-Stiftung aufgebracht. Aber noch einmal: Die Frage, ob die Region wirklich einen weiteren Konzertsaal braucht oder für welche Zwecke die öffentlichen und privaten Gelder stattdessen eingesetzt werden könnten, wird nicht im Ansatz diskutiert.

Kultur und Kulturförderung im Ruhrgebiet stoßen aber auch auf mentale Barrieren. Harald Welzer führt dies in seinem Beitrag zu Mischa Kuballs „New Pott"-Projekt (vgl. Welzer 2012, S. 116–126) aus. Er spricht von einer „Ungleichzeitigkeit", also dem Phänomen, dass in jedem Augenblick der Gegenwart unterschiedliche Zeiten schlagen. Nicht zuletzt meint er die immer noch wirkungsmächtigen Nachwirkungen des montan-fossilen Zeitalters. Gerade die Beziehung zum PKW-getriebenen Individualverkehr ist im Ruhrgebiet eine geradezu erotische – bis hin zur Versinnbildlichung zu DEM Vorzeigeprojekt der Kulturhauptstadt, also dem „Stillleben A 40."

4   Ein Rückblick auf die Kulturhauptstadt

Das Ruhrgebiet bleibt sich treu. „Jede Gesellschaft hat die Kunst, die sie verdient. Und jede Kunst findet die Gesellschaft, die sie verdient", orakeln Markus Metz und Georg Seeßlen in ihrem Pamphlet „Geld frisst Kunst, Kunst frisst Geld" (Metz und Seeßlen 2014). Der industrielle Identitätskern des Ruhrgebiets ist tatsächlich noch immer wirkmächtig, und es handelt sich um eine durchaus ambivalente Wirkungsmacht. Klar, eine

---

[1] Ironisch ist es, wenn sich ausgeprägtes Kirchturmdenken nur durch Satire und Science Fiction überwinden lässt. So geschehen im Roman „Anarchie in Ruhrstadt" von Jörg Albrecht. Dort zieht sich die NRW-Landesregierung 2015 aus dem Ruhrgebiet zurück. Die Macht übernimmt eine Art Selbstverwaltung der „54. Stadt" – welche schließlich im Jahr 2044 in Anarchie implodiert (vgl. Albrecht 2014).

„Extraschicht – lange Nacht der Industriekultur" gibt es nur hier. Und die auf diesem industriellen Identitätskern basierende Eröffnungsveranstaltung des Kulturhauptstadtjahres
hat viele im In- und Ausland fasziniert. Aber die Vergangenheit besitzt auch eine Schwer-
kraft, die nicht nur positiv wirkt. Denn ob man sich hier wirklich auf der historischen Erkenntnis ausruhen kann, dass man aufgrund der fehlenden feudalen Vergangenheit wenig
ererbt, aber viel erarbeitet hat, wie es in dem Evaluationsband zum Kulturhauptstadtjahr
1 (vgl. Zentrum für Kulturforschung 2011) heißt, mag man bezweifeln. Denn die montan-
industrielle Vergangenheit hat eben eine ganz eigene Wirkungsmacht entwickelt, und das
auch im Kulturbereich. Offenbar ist die Lebendigkeit der kulturellen Öffentlichkeit nicht
stark genug entwickelt, um einen tatsächlichen Strukturwandel – der Wirtschaft, der Öffentlichkeit, der Kultur – zu vollziehen.[2]

Aber zum Positiven: In ihren programmatischen Äußerungen hat sich Ruhr 2010 zum
Ziel gesetzt, die Entwicklung des Ruhrgebiets – oder der Metropole Ruhr – durch Kultur
zu reflektieren und voranzutreiben, und dies sowohl erlebbar durch entsprechende Projekte als auch durch die Weiterentwicklung der kulturellen Infrastruktur. Kunst und Kultur
wurden also im Kulturhauptstadtjahr in ihrem Potenzial, in andere Gesellschaftsbereiche
hineinzuwirken, begriffen. Der Anspruch war also vorhanden, immerhin.

Das Neue blieb jedoch unscharf. Zwei Beispiele: Die so genannte Kreativwirtschaft
bekam im Kulturhauptstadtjahr den Status eines eigenständigen Programmbereichs zuge-
wiesen, verbunden mit dem Versprechen, dass es sich hier einstmals um einen florierenden
und vor allem profitablen Wirtschaftszweig handeln würde, ganz im Sinne der Thesen
eines Richard Florida oder einer so genannten „Warhol Economy"[3]. Andernorts, wie in
New York oder Berlin[4] mag das funktionieren; im Ruhrgebiet steht das Dortmunder U als
steinernes, überirdisches Subventionsgrab. Immerhin, mit ECCE haben wir im Ruhrgebiet
eine Institution, die die notwendigen Diskussionen weiter vorantreibt. So sucht zum Beispiel die internationale Perspektive, die das mittlerweile zum dritten Mal stattfindende
Forum d'Avignon Ruhr an den Tag legt, ihresgleichen.

---

[2] Vgl. hierzu: „Performativer Ort, kulturelle Öffentlichkeit und lebendige Demokratie – Festvortrag
zum 10-jährigen Geburtstag der Philharmonie Essen, 4. Juli 2014". Dem Festredner Claus Leggewie
gelang es hier, in einem dem Anlass angemessenen Duktus auf zahlreiche Defizite in Essen und im
Ruhrgebiet, die im Kern immer auf ein Zuwenig an Zivilgesellschaft hinauslaufen, hinzuweisen
– umrahmt von einem vielsagenden musikalischen Programm: zweimal Richard Strauss, einmal
Wolfgang Rihm.

[3] Dass dieser Terminus angesichts des vollzogenen Verkaufs zweier Warhol-Gemälde durch das
Land Nordrhein-Westfalen zugunsten der Sanierung einer maroden landeseigenen Spielbank einen
ironischen Zungenschlag erhält, sei hier nur am Rande erwähnt.

[4] Vgl. hierzu Tim Renner, Berliner Kulturstaatssekretär, in der Frankfurter Allgemeinen Sonntagszeitung vom 10. Oktober 2014: „Ich argumentiere Kultur immer auch wirtschaftlich, das ist neu für
die Stadt. Viele Leute haben Angst vor einer Ökonomisierung der Kultur. Aber man muss sehen:
Kulturförderung ist kein Selbstzweck, sie ist für eine Stadt wie Berlin existenziell. Mit 15 % des
Sozialprodukts ist die Kultur zusammen mit der Kreativwirtschaft und dem von ihr lebenden Tourismus der stärkste Faktor in Berlin. Das Geld, das wir dafür ausgeben, ist mindestens so relevant wie
die unmittelbare Wirtschaftsförderung" (Renner 2014).

Das „Ruhr-Atoll" genannte Ensemble auf dem Baldeneysee, bei dem Fragen von Energieversorgung und Klimawandel künstlerisch-kritisch reflektiert wurden und das damals mit 1,25 Mio. € von RWE gefördert wurde: Ein schönes, zukunftsweisendes Projekt, befreit von den Fesseln der Vergangenheit, könnte man meinen, vorbildlich diskursiv begleitet – und doch bei Weitem kein Selbstläufer. In der selbst auf den Weg gebrachten Evaluation hat RWE damals gefragt, mit welchem Kulturhauptstadtprojekt der Förderer am ehesten assoziiert wurde. Das Ergebnis? Das bereits erwähnte „Still-leben" lag ganz vorn. Kleine Ironie: RWE war hier gar nicht Sponsor, sondern hatte lediglich Tische für Mitarbeiter und Gäste auf der Autobahn aufgestellt und die Frei-willigen in blaue T-Shirts gesteckt. Geschicktes Branding wirkte hier offenbar deutlich stärker als manche Publikumsveranstaltung über die Energieversorgung der Zukunft. Wenn also Kunst in die Gesellschaft hineinwirken und Relevanz entfalten soll, müssen nicht nur die richtigen Dinge getan werden. Klingeln um Aufmerksamkeit gehört zum Geschäft!

Ein positives und kaum zu überschätzendes Beispiel für eine erfolgreiche Umsetzung der Programmatik von Ruhr 2010 war indes Mischa Kuballs erwähntes „New Pott"-Projekt. Eine ganze Region wurde mit künstlerischen Mitteln – Fotografie und Lichtkunst begleite-ten intensive Gesprächssituationen – völlig neu vermessen (vgl. Kuball und Welzer 2011). Die positiv-kritische Umdeutung des Phänomens Migration, der partizipative Ansatz und nicht zuletzt die wirklich nachhaltige Bewirtschaftung in Form von Ausstellungen an ver-schiedenen Orten, wissenschaftlichen Symposien, einer intensiven begleitenden Kommu-nikationsarbeit und schließlich des Ankaufs durch das Duisburger Lehmbruck-Museum kann nicht genug gewürdigt werden.

5 Der *Zustand* Interkultur

Womöglich ist Mischa Kuballs Werk deshalb so erfolgreich, weil es eine künstlerische Konkretisierung dessen ist, was der Soziologe Mark Terkessidis mit seinem Konzept der „Interkultur" (vgl. Terkessidis 2010) meint. Die spitzfindige Frage, ob der Autor des gleichnamigen, 2010 erschienenen Buches mit dem Terminus Interkultur auf halbem Wege stehen bleibt und nicht lieber von „Transkultur" gesprochen hätte, sei hier aus-geblendet. Denn was Terkessidis schreibt, ist schlicht richtungsweisend, und zwar nicht zuletzt für die Entwicklung des Ruhrgebiets und möglicherweise auch die Zukunft der unternehmerischen Kulturförderung. Was ist an Terkessidis' Thesen so besonders? Punkt 1: Er erkennt an, dass wir in einem uneindeutigen Zustand leben, dass wir vor der Ge-staltung einer unklaren Zukunft stehen. Punkt 2: Vielfalt – oder lassen Sie es mich in der Sprache eines Unternehmens wie RWE sagen: Diversity – ist kein lästiges Problem, das es zu lösen gilt, sondern unsere Ausgangslage. Das bewirkt – Punkt 3: –, dass normative Vorstellungen von einem „Wir", in das sich Migranten (oder andere vermeintliche Randgruppen) zu integrieren hätten, obsolet geworden sind. Terkessidis illustriert das schön anhand von hybriden Biografien von Einwohnern der Stadt Düsseldorf (Terkessidis 2010, S. 19 ff.). Punkt 4: Einwanderer sind damit nicht mehr als „Störung" eines geregelten Gesamtablaufs zu betrachten, sondern die Menschen, die wir als Produzenten, Vermittler und Rezipienten von Kultur genauso im Auge haben müssen, wie die Menschen, die seit vielen Generationen hier leben.

Das wirft Fragen auf: Zum Beispiel die, ob die Differenz Migrant/Nicht-Migrant die einzige ist, der wir uns neu zu stellen haben. Anders gesagt: Vielfalt ist nicht nur eine Frage der geografischen oder ethnischen Herkunft (Randbemerkung: In Unternehmen wurde Diversity lange als Erreichen eines bestimmten Anteils an weiblichen Mitarbeitern betrachtet, ein ähnlicher Irrweg …), sondern auch eine soziale Frage, eine Frage der Neukonstituierung von Gemeinschaften, eine Frage auch nach dem autonomen Subjekt und von Authentizität in einer sich wandelnden, immer stärker durch die Digitalisierung geprägten Gesellschaft.

Aber greift man allein die Differenz Migrant/Nicht-Migrant heraus, kann man sich dieser mit Terkessidis auf der Höhe der Zeit nähern. Hier sei ein Beispiel aus Berlin angeführt: Es geht, nicht nur über dieses Thema zu reden, sondern – salopp gesagt – die Leute einfach machen zu lassen. Das Gorki-Theater unter der Intendanz von Shermin Langhoff ist in dieser Hinsicht vorbildlich. Dort ist Interkultur Programm, eine Tatsache. Wer hingeht, kann sehen, was mit einem Haus und seinem Publikum passiert, wenn „Interkultur" in der „zentralsten Mitte Berlins" angekommen ist. Schwächen, die auch dieses Haus wie jedes andere hat, eingeschlossen.

Ganz anders mutet derzeit noch die so genannte Zukunftsakademie NRW – ein gemeinsames Projekt der Stiftung Mercator, des Landes Nordrhein-Westfalen und des Bochumer Schauspielhauses – an, die vor einigen Monaten in Bochum nach langem Ringen eröffnet wurde. Dort geht es ja bekanntlich darum, das Thema „Interkultur" mit den Themen „kulturelle Bildung" und „Stadtentwicklung" zusammen- und nach vorn zu bringen. Auf der Eröffnungsveranstaltung entstand der Eindruck, dass man viel *redet*, viel in *Projekten* denkt und vor allem, dass man dieses Themendreieck behandelt, als gehe es um etwas Drittes – statt sich mitten hineinzustellen. Ins wirkliche Leben, in den *Zustand* der Interkultur. Auch ein Blick auf die Website der Zukunftsakademie (www.zaknrw.de) bestätigt diese Befürchtung, auch wenn neben allen *Symposien* und *Laboratorien* immerhin schon neue Texte des sogenannten postmigrantischen Theaters in szenischen Lesungen vorgestellt werden.

6 Neue Inhalte, neue Prozesse, neue Finanzierungsformen

Vieles ist also im Fluss, nicht nur im Lande Nordrhein-Westfalen. Das heißt: Die Gesellschaft, die Kultur bzw. Kulturen in ihren Erscheinungsformen (vulgo: die Kunst), die Prozesse und nicht zuletzt die Organisations- und Finanzierungsformen. Nicht führen möchte ich hier die Diskussion, ob der sogenannte „social turn" in der Kunst, von dem zum Beispiel im Sammelband „New Relations" die Rede ist, gleichbedeutend ist mit einem instrumentellen Kulturverständnis, also einer Kultur als Mittel zum Zweck. Der Leitsatz des Kulturhauptstadtjahres – „Kultur durch Wandel, Wandel durch Kultur" – legt so einen Verdacht nahe, und auch manches Projekt, das unter dem Label „kulturelle Bildung" stattfindet, weckt den Eindruck, dass künstlerische Projekte, häufig finanziert von öffentlichen oder privaten Stiftungen, dort genuine Bildungsaufträge abarbeiten sollen, wo das Regelsystem versagt. „JEKI" lässt sich offenbar besser vermarkten als regulär stattfindender Musik- oder Kunstunterricht.

Bei aller Kritik: Es geht um mehr Durchlässigkeit zwischen der Kultur und den Teilsystemen der Gesellschaft – der Politik, der Wissenschaft, auch der Wirtschaft beispielsweise. Kunst kann in alle diese Richtungen wirken, ohne sich vordergründig für einen bestimmten Zweck instrumentalisieren oder vor den Karren des Programms einer politischen Partei spannen zu lassen. Zumal die „Vorstellung, man könne ‚unpolitisch' über Kunst sprechen, (selbst) eine politische Ideologie" (Metz und Seeßlen 2014, S. 16) ist, die weder heutigen Produktions-, Rezeptions- noch Finanzierungsbedingungen gerecht wird.

Anfang des Jahres 2014 sorgte der Intendant der Berliner Festspiele, Thomas Oberender, mit einem Interview in der ZEIT (Mangold 2013) für Gesprächsstoff, vor allem unter Kulturschaffenden. „Es geht darum, unsere kulturellen Institutionen zu retten, und das auf anderen Wegen als bisher", fordert Oberender. Mit seinem Postulat, unsere dezentrale Kulturlandschaft zu erhalten, wirft er zwangsläufig die Frage auf, wie diese Landschaft künftig aussehen soll. Und wer was bezahlen soll.

Oberender ist aber kein Bewahrer um jeden Preis. Etwa in dem Sinne, wie es Olaf Zimmermann, der Geschäftsführer des Deutschen Kulturrates, immer wieder fordert: Alles soll so bleiben, wie es ist, und dafür muss immer mehr Geld her. Künstlerische Inhalte ändern sich und mit ihnen künstlerische Prozesse. Sie werden partizipativer, interdisziplinärer, interkultureller, hybrider. Mit diesen Veränderungen gehen neue Finanzierungsnotwendigkeiten einher. Oberender thematisiert das: Immer neue Projekte fordern immer neue Ressourcen. Oft geht das zu Lasten des Regelbetriebs der etablierten Institutionen mit ihren stagnierenden oder sinkenden Etats. Was tun? Für ein Beharren auf dem Status quo gibt es bereits zu viele Veränderungen in der Welt.

Die Frage „Wer bezahlt was?" – die Frage nach einer klugen Arbeitsteilung und den richtigen Inhalten also – harrt allerdings noch kluger Antworten. Genau hier ist auch die kulturfördernde Wirtschaft angesprochen: Warum sollen Unternehmen und unternehmensnahe Stiftungen Kultur fördern? Welche Kultur sollen sie fördern, wenn sie fördern? Und welches sind die passenden Förderformen?

Auch wenn die lange Zeit gültige Dichotomie zwischen auf Leistung und Gegenleistung ausgerichtetem Sponsoring auf der einen und altruistischem Mäzenatentum auf der anderen Seite schon längst nicht mehr die existierende Vielfalt hinreichend beschreibt, heißt das nicht, dass es Kultursponsorings, die eindeutig auf Vertriebs- oder Marketingziele ausgerichtet sind, nicht mehr gibt. Heute ist es so: Einem sich verändernden, häufig von Finanzsorgen geplagten Kulturbetrieb mit vielfältigen Angeboten und Herausforderungen steht eine Vielfalt von Förderformen, Kooperations- und Austauschmöglichkeiten gegenüber.

7   Chancen und Herausforderungen für die unternehmerische Kulturförderung

Die Kulturförderung privater Geldgeber will keine Flickschusterei oder keine Ausfall-bürgschaft für Lücken in öffentlichen Kulturhaushalten sein. Wobei das Modell „Ausfallbürgschaft" eine seit vielen Jahren im Ruhrgebiet erfolgreich praktizierte Förderform gewesen ist. Sämtliche großen Publikumsausstellungen im Museum Folkwang sind auf diese Weise zustande gekommen. Anders gesagt: Ohne dieses private Engagement hätte es diese Ausstellungen nie gegeben. Und die mit den Ausstellungen erwirtschafteten Überschüsse kamen dem Museum zugute. Allerdings, auch das ist Teil der Wahrheit, ist dieses einst innovative Modell, das übrigens ein zusätzliches erhebliches Marketingbudget zur Aktivierung der Publikumsmassen erforderte, mittlerweile an seine Grenzen gestoßen. Laut Metz und Seeßlen scheint „… die Zeit der großen ‚Blockbuster-Ausstellungen', in denen Kunst eine hedonistische Masse evolvieren lassen konnte wie sonst nur Fußballweltmeisterschaften, vorüber zu sein …" (Metz und Seeßlen 2014, S. 235). Die Gründe hierfür sind vielfältig. Fakt ist aber, dass im Falle der von RWE geförderten Ausstellung „Im Farbenrausch" mit rund 220.000 Besuchern die Refinanzierung des Ausstellungsbudgets gerade so gelang – und das mithilfe eines astronomischen Marketingbudgets von 1,5 Mio. € (welches im Übrigen nicht refinanziert wurde).

Ein guter Zeitpunkt also, um über neue Formate nachzudenken. Ausstellungsformate, aber auch Förderformate. Vielleicht sollte man dabei im Hinterkopf behalten, dass solcherlei, erhebliche personelle und finanzielle Ressourcen bindende Aktivitäten, nie Kerngeschäft eines Unternehmens sind. In wirtschaftlich schwierigen Zeiten werden sie mithin gnadenlos hinterfragt.

Gleichzeitig ist das zivilgesellschaftliche Engagement der privaten Hand notwendiger denn je.

Was also tun? Wie wäre es vor diesem Hintergrund, – denn in diesem Zwiespalt befindet sich ein Unternehmen wie RWE nicht allein – wenn sich die kulturfördernden Unternehmen oder die privaten Stiftungen zusammentun würden, geleitet von der Frage, welche neuen, möglicherweise kooperativen Formen sich finden lassen, um der Erwartung der Zivilgesellschaft gerecht zu werden – und gleichzeitig von der Kultur profitieren. Ein gleichermaßen fördernder und dienstleistungsorientierter gemeinsamer Fonds, gespeist aus Geld und Know-how privater Geldgeber könnte ein solcher Ansatz sein – quasi als Pendant zur öffentlich finanzierten Kunststiftung NRW.

Der Hauptgrund, warum private Akteure – also Unternehmen und Stiftungen – auch in Zukunft Kulturförderung betreiben sollten, besteht für mich – neben allem Reden in Marketingkategorien oder von einer *Corporate Cultural Responsibility* – darin, dass beide Seiten miteinander ins Gespräch kommen und voneinander lernen können.

Unternehmen können von der Kultur, also von künstlerischen Prozessen und Arbeiten, lernen. Das ist die eine Richtung. Bei den Themen *Wissenskulturen* und *Innovation* wird dieser Austausch bereits erfolgreich praktiziert. Der 2012 erschienene, plakativ betitelte Band „Kunst fördert Wirtschaft. Zur Innovationskraft künstlerischen Denkens" widmet sich diesem Thema (vgl. Bertram 2012). Hüten muss man sich nur vor Gleichmacherei und allzu schnellem Einverständnis oder vor allzu sinnfälligen Plattitüden. Dort, wo von *Impulsen*, *Laboratorien* oder *Katalysatoren* die Rede ist, sollte man stets auf der Hut sein. Zu schnell bewegt man sich dann nämlich wieder in der Logik der Wirtschaftsförderer, die in Kunst und Kultur allein Standortfaktoren – und eben nicht mehr – sehen. „Nicht der Einheitsbrei, sondern die Differenzen sind der Witz!", möchte man ausrufen.

Verstanden haben dies der Direktor der Londoner Tate Gallery, Sir Nicholas Serota, und zwei seiner Partner aus der Wirtschaft, EY-Managing Partner Martin Cook und Lance Uggla, CEO des Finanzdienstleisters Markit. In einem Gespräch für das Magazin Entrepreneur loten sie aus, worin das Besondere der Kooperation zwischen Kulturbetrieb und Wirtschaft liegen könne. Einig ist man sich interessanterweise darin, dass nicht der nach außen gerichtete kommunikative Nutzen im Vordergrund stehe – schließlich gäbe es hierfür zahlreiche alternative, möglicherweise weit wirkungsvollere Betätigungsfelder im Sponsoring- und CSR-Bereich. „Mit Kunst und Wirtschaft treffen zwei völlig unterschiedliche Lebenswelten aufeinander. Eine solche Begegnung kann eigentlich nur fruchtbar sein – für beide Seiten", ist man sich einig. Dies schafft, wie es Martin Cook ausdrückt, „ein gewisses Grundvertrauen" (vgl. Serota et al 2014).

Auch die RWE Stiftung für Energie und Gesellschaft versucht, bei der Förderung künstlerischer Projekte diesen Weg zu gehen, sprich: Differenzen zwischen künstlerischen Positionen und Herangehensweisen und der Sicht eines Wirtschaftsunternehmens zu überbrücken und dauerhaft zu verringern. Die im Rahmen des Artist in Residence-Programms „VISIT" entstandenen Arbeiten legen Zeugnis davon ab – ob es nun um die Braunkohle im rheinischen Revier geht, um die massiven Eingriffe der Wasserkraft in die Natur, die „Netzrepublik Deutschland" im Jahr 2042 oder aber um die magische Wirkung des Synchronglühwürmchens, das in Tennessee beheimatet ist und vom Künstler Peter Miller fotografisch eingefangen wurde.

Der RWE-Konzern hat hier einen langen Lernprozess hinter sich. Die Ausstellung des Rotterdamer Künstlerkollektivs Atelier Van Lieshout, die im Jahr 2008 im Essener Museum Folkwang und 2009 im Moskauer Galeriezentrum Vinzavod gezeigt wurde, war wohl eher dem Zufall im Rahmen einer größeren Kooperation zwischen RWE und dem Museum entsprungen als einem übergreifenden, auf die Zivilgesellschaft zielenden Kalkül. Als die subversive Kraft dieser Arbeit unter dem Titel „Slave City" gerade aus der Perspektive eines Energieversorgungsunternehmens deutlich wurde, ging man eher in Deckung als in die kommunikative Offensive. Schade eigentlich, möchte man aus heutiger Perspektive sagen. In Deckung zu gehen scheint häufig der einfachere Weg für kulturfördernde Unternehmen zu sein, die sich Kritik aus den eigenen Reihen oder seitens der Öffentlichkeit ausgesetzt sehen – häufig zulasten des geförderten Projekts oder eines eigentlich innovativen Ansatzes: Als sich Vattenfall hinsichtlich der Hamburger Lesetage mit massiver Kritik am energiewirtschaftlichen Kurs des Unternehmens konfrontiert sah, tauchten die oberen Verantwortlichen des Unternehmens ab – und verkündeten im Oktober 2013 das Aus. Ein weiteres Beispiel: Als sich im Frühjahr 2014 Entrüstung unter beflissenen Journalisten angesichts des von E.ON angekündigten Verkaufs eines Pollock-Gemäldes aus der unternehmenseigenen Sammlung breitmachte, gab sich der Konzern mit kulturpolitischen Statements – welche durchaus den nachhaltigen Sinn eines solchen Unterfangens hätten erklären können – schmallippig. Kleine Ironie am Rande: Einer der vollmundigsten Kritiker – der Düsseldorfer Kunstberater Helge Achenbach – sitzt heute wegen Betrugsvorwürfen in Untersuchungshaft. Und die nie um Kritik verlegene öffentliche Hand verkauft, wie das Land NRW, selbst Teile ihres künstlerischen Tafelsilbers, um die angeschlagene landeseigene Spielbank zu sanieren.

Lernen können Unternehmen von der Kunst auch in punkto Vielfalt – oder eben Diversity – und von dem eben erwähnten Konzept der Interkultur, das ja nicht auf den Bereich der Kunst beschränkt ist. Zwar räumt Terkessidis in seinem Buch ein, dass das Thema Diversity bereits zu einem sehr frühen Zeitpunkt, nämlich in den 1990er-Jahren des zwanzigsten Jahrhunderts von manchen Unternehmen als Notwendigkeit entdeckt wurde, aber bei der Herausforderung, Diversity zu einem erotischen Chancenthema, wie es mittlerweile auch Bundeswirtschaftsministerin Manuela Schwesig fordert, zu machen, kann Kunst helfen. Und vor allem zu einem Thema, das sich nicht per Dekret von oben verordnen lässt.

Drittes Beispiel: Olafur Eliassons Arbeit „Little Sun" ist ein künstlerisches Projekt, oder sagen wir: das Projekt eines Künstlers. Es begann mit einer Kunstausstellung in der Londoner Tate Modern im Jahr 2012, aber von Anfang an ging es darum, mit den solarbetriebenen, ästhetisch gestalteten Sonnenblumenlampen Entwicklungshilfe als Selbsthilfe zu betreiben. Schließlich ging es sogar darum, eine Art Geschäftsmodell vor Ort zu etablieren. Sehr niederschwellig das Ganze. So manches Unternehmen, nicht zuletzt aus dem Bereich der Energieversorgung, kann sich hiervon eine Scheibe abschneiden, allein wenn es darum geht, Afrika in ein Bewusstsein zu holen, das nicht von einem Schuldkomplex bestimmt, sondern, durchaus lustvoll, von Chancen erfüllt ist. Die Frage der Frankfurter Allgemeinen Sonntagszeitung, was genau „Little Sun" zur Kunst macht, pariert Eliasson: „Nun ja, […] erstmal habe er, wie er es immer bei seinen Kunstwerken tue, sehr intensiv an einem Design gearbeitet. […] Doch zuerst einmal, das dürfe man nicht vergessen, sei er nun einmal Künstler: ‚Ich mache nur Kunst, ich interessiere mich nur für Kunst. Aber ich finde eben zufälligerweise auch, dass Kunst überall sein kann und alles'" (Spirituelle Sonne, funktionale Sonne 2012, S. 25).

Aber natürlich können kulturelle Einrichtungen auch von der Wirtschaft lernen, und Künstler hinsichtlich der Gestaltung ihrer Prozesse und Arbeiten nicht minder. Wenn alles gut läuft, geht es in der Wirtschaft darum, Prozesse und Strukturen fortlaufend so zu optimieren, dass sie möglichst effektiv und effizient sind. Das mag man als Profitmaximierung geißeln, und man sollte durchaus auch über das WIE der Profitmaximierung diskutieren, auch mit Mitteln oder Impulsen aus dem künstlerischen Bereich. Aber das Wissen und manchmal sogar die Erfahrung, dass nichts für ewig ist, der Schumpetersche Ansatz der „schöpferischen Zerstörung" könnte manche festgefahrene Debatte im Kulturbetrieb vielleicht ein wenig durchlüften. Oder dass es darum geht, Veränderungen wirklich in Angriff zu nehmen, um auch für die Zukunft ein reichhaltiges Kulturangebot zu sichern.

Die RuhrKunstMuseen sind so ein Fall. Der Verbund wurde im Kulturhauptstadtjahr ins Leben gerufen. Damals sorgten die im Bereich der kulturellen Bildung angesiedelten, übrigens privat von der Deutschen Bank Stiftung finanzierten Collection Tours für den nötigen Kitt in Form von Sinn und Infrastruktur. Heute scheint der Verbund der zwanzig Ruhrkunstmuseen von Duisburg bis Hamm an seine Grenzen gekommen zu sein. Das Marketing wurde professionalisiert: Neue Website, neuer Kunstführer, Zeitungsanzeigen, Verlagsbeilagen, auch Neuenthüllungen von Kunst im öffentlichen Raum. Allerdings sind die RuhrKunstMuseen von einem lebendigen, schlagkräftigen Verbund mit eigenen Projekten und übergreifenden Angeboten für Besucher noch (oder wieder) weit entfernt. Was ist also zu tun? Ganz einfach: Entweder man lässt dieses Herumdümpeln in diesen quasi nicht-organisierten, ineffizienten Netzwerk einfach sein (und gefährdet damit die kulturelle Vielfalt im Ruhrgebiet) – oder aber man geht beherzt weitere Schritt in Richtung einer weiteren Professionalisierung. Das heißt: Die Organisationsformen müssen stimmen, also umsetzungsorientiert sein, ohne neue bürokratische Monster aufzubauen, es müssen Köpfe her, die für die RuhrKunstMuseen in der Region, im Land und darüber hinaus stehen und last but not least geht es um übergreifende, synergetische Projekte. Eine Neuordnung der Sammlungen darf dabei kein Tabu sein oder zumindest ein pragmatischerer, unverkrampfterer Umgang mit diesem Schatz.

8   Wie wollen wir leben?

Einige Beispiele sollten andeuten, welch großes Potenzial in der unternehmerischen Kulturförderung steckt, und das jenseits der alten Dichotomie von Sponsoring und Mäzenatentum, angesichts einer sich in allen Aspekten drastisch verändernden Kulturlandschaft und mitten in einer sich stetig verändernden Gesellschaft. Zugespitzt formuliert: Das Ruhrgebiet steht mittendrin, und das macht die Region mit ihren 53 Kommunen und 5,1 Mio. Menschen so interessant. Das Ruhrgebiet ist ein Laboratorium für die Beantwortung der Frage, wie wir heute und vor allem: wie wir morgen leben wollen. Diese Frage wird im Kulturbereich mit ebenso großer Dringlichkeit gestellt wie in der Wirtschaft.

Beim Blick auf die Wirtschaft kann derzeit jeder wie unter einem Brennglas beobachten, mit welchen Argumenten und vor allem mit welcher Emphase zum Beispiel das Thema Energiewende diskutiert wird. Im Moment, nachdem der Atomausstieg bis zum Jahr 2022 endgültig beschlossen ist, geht es scheinbar vorrangig um Kosten. Und es geht immer wieder um technologische Fragen: Welche Leitungen brauchen wir, welche Art von Kraftwerken, welche Speicher und so weiter. Aber in Wahrheit geht es um ganz andere Dinge, nämlich letztlich um jene, die von der Art und Weise des gesellschaftlichen Zusammenlebens bestimmt sind. Wer sich den Begriff *Dezentralität* einmal auf der Zunge zergehen lässt, bekommt eine Ahnung davon, in welchen Dimensionen sich Gesellschaft verändert. Da geht es um Teilhabe, um die Verteilung von Wohlstand und Lasten, um Verantwortung, auch um Lebensqualität. Künstlerische Arbeiten können hier Impulse setzen. Sie können, wie durch den Verweis auf Helge Fischers Arbeit „Netzrepublik Deutschland

2042" (vgl. Fischer 2013) im Rahmen der Veranstaltung „Schöne neue dezentrale Welt"
am 6. Oktober 2014 in Berlin geschehen, Diskussionen zwischen Technikern und Wissenschaftlern in eine Richtung lenken, die alle angeht, nämlich auf die Frage, wie wir morgen
leben wollen.

Diese Fragen allein den Entscheidungsträgern aus der Wirtschaft oder der Politik zu
überlassen, wäre ein großer Fehler. Zumal der Kulturbereich mit ähnlich dringlichen Fragen konfrontiert ist. Kultur und Wirtschaft haben einander eine Menge zu sagen. Am besten funktioniert das, wenn man verstanden hat, dass nicht das eine System und Ableitung
des anderen ist, sondern dass es sich um unterschiedliche Sphären handelt, die letztlich
völlig unterschiedlichen Logiken folgen. Genau das ist der Witz. In der Wirtschaft geht es
ganz am Ende immer um Profit, und im Kultursystem, oder sagen wir: in der Kunst, geht
es ganz am Ende immer um Schönheit.

Interessant wird es dann, wenn diese zugespitzten Logiken aufeinander treffen. In der
Wirtschaft, deren Logik sich ja in den letzten Jahrzehnten krakenhaft über die gesamte
Gesellschaft ausgebreitet hat, können Zweifel manchmal hilfreich sein, ob Profit wirklich
alles ist. Umgekehrt: Im Kultursystem in Schönheit zu sterben, dürfte auch nicht erstre-
benswert sein!

Schließen möchte ich mit einem Zitat, das ich zufällig in einem Artikel im Guardian,
übrigens schon aus dem Jahr 2002, gefunden habe. Die Autorin stellt, kurz nach den An-
schlägen auf das World Trade Center, die Frage nach der Rolle, dem Wert oder der Kraft
der Kunst. Ihr Ausgangspunkt: „Art is a different value system" (Winterson 2002). Dieser
Satz ist für die Autorin Jeanette Winterson mehr als eine neutrale Feststellung, denn diese
Aussage zielt, so isolationistisch sie zunächst anmuten mag, auf die Welt als Ganze, bzw.
in anderer Dimension, auf den ganzen Menschen ab.

We sense there is more to life the material world can provide, and art is a clue, an imi-
tation, at its best, a transformation. We don't need to believe in it, but we can experience
it. The experience suggests that the monolith of corporate culture is only a partial reality.
This is important information, and art provides it (Winterson 2002).

Grund genug, dies weiterhin mit allen Mitteln zu fördern.

Literatur

Albrecht J (2014) Anarchie in Ruhrstadt, Roman. Wallstein, Göttingen
Bertram U (2012) Kunst fördert Wirtschaft. Zur Innovationskraft des künstlerischen Denkens.
    Transcript, Bielefeld
Bundesverband deutscher Stiftungen (2014) Schweriner Erklärung. http://www.stiftungen.org/up-
    loads/tx_leonhardtdyncontent/downloads/AK_Kunst_und_Kultur_Schweriner_Erklaerung.pdf
Fischer H (2013) Grids. Reportagen und Berichte aus der Netzrepublik, Essen
Haselbach D, Klein A, Knüsel P, Opitz S (2012) Der Kulturinfarkt. Von allem zu viel und überall
    das Gleiche. Eine Polemik über Kulturpolitik, Kulturstaat, Kultursubvention. Knaus, München
Kuball M, Welzer H (2011) New Pott. Neue Heimat im Revier. Ringier, Zürich

Kulturkreis der deutschen Wirtschaft (2010) Unternehmerische Kulturförderung in Deutschland. Ergebnisse einer umfassenden Untersuchung des Kulturkreises der deutschen Wirtschaft im BDI. Berlin. http://www.stiftungen.org/uploads/tx_leonhardtdyncontent/downloads/AK_Kunst_und_Kultur_Schweriner_Erklaerung.pdf

Kulturkreis der deutschen Wirtschaft (2011) Satzung. Berlin. http://www.kulturkreis.eu/images/stories/downloads/pb_ueber_uns/kuk_satzung2011_webansicht.pdf

Mangold I (2013) Intendant Thomas Oberender: Die alten Schemata greifen nicht mehr. Die Zeit. http://www.zeit.de/2013/49/berliner-festspiele-intendant-thomas-oberender-interview

Metz M, Seeßlen G (2014) Geld frisst Kunst, Kunst frisst Geld. Ein Pamphlet. Suhrkamp, Berlin

Renner T (2014) Die Oper muss auch Leute wie mich gewinnen. Der Berliner Kulturpolitiker Tim Renner über die Preise für die Hochkultur, den Reichtum armer Künstler und das Lustwandeln im Park. Frankfurter Allgemeine Sonntagszeitung

Roth M (2009) Die Zeit des Verbeugens ist vorbei. Süddeutsche Zeitung, München

Serota N, Cook M, Uggla L (2014) Künstler ermutigen uns, die Welt mit anderen Augen zu sehen. Entrepreneur. http://www.ey.com/Publication/vwLUAssets/Entrepreneur by EY 02-2014/$FILE/Entrepreneur-by-EY-Vernetzung-Juli-2014.pdf

Spirituelle Sonne, funktionale Sonne (2012) Kann Plastik die Welt verändern? Eine Fragestunde mit Olafur Eliasson über seine ‚Little Sun'. Frankfurter Allgemeine Sonntagszeitung

Terkessidis M (2010) Interkultur. Suhrkamp, München

Unternehmen für Kultur (2014) Stiftung und Sponsoring. Sonderheft, Berlin

Welzer H (2012) Zur Ungleichzeitigkeit und Unmöglichkeit des ‚Potts'. In: Wappler F (Hrsg) New relations in art and society. Ringier, Zürich, S 116–126

Winterson J (2002) The secret life of us. The guardian. http://www.theguardian.com/artanddesign/2002/nov/25/art.artsfeatures1

Zentrum für Kulturforschung, ICG Culturplan (2011) Mit Kultur zur Metropole? Evaluation der Kulturhauptstadt Europas RUHR.2010. Bonn

Dr. Stephan Muschick geboren 1969 in Greifswald, studierte Skandinavistik, Germanistik und Ideengeschichte in Greifswald, Berlin und Uppsala. Im Jahre 2001 wurde er an der Humboldt-Universität zur Berlin zum Dr. phil. promoviert. Nach mehreren beruflichen Stationen in der Wirtschaft und als Kommunikationsberater startete er im Jahr 2004 seine Karriere im RWE-Konzern. Seit 2009 ist er Geschäftsführer der RWE Stiftung. Stephan Muschick war von 2009–2015 Sprecher des Arbeitskreises Kultursponsoring im Kulturkreis der deutschen Wirtschaft.

Roche und die schönen Künste. Eine institutionalisierte Policy

Alexander Lukas Bieri

Zusammenfassung

Die Förderung von kulturellen Projekten sowie der bildenden Kunst hat in vielen großen und kleinen Unternehmen eine lange Tradition. Je nach Branche und Geschäftstätigkeit können diese Aktivitäten ganz unterschiedlich motiviert sein. Bei der Roche-Gruppe, einem der größten industriellen Konzerne im Healthcare-Bereich, haben sich diese Aktivitäten ab den 1930er Jahren im Zusammenhang mit einer einzigartigen Architekturtradition kontinuierlich entwickelt. Durch besondere Umstände gelang es, die Förderung von herausragender Industriearchitektur und von zeitgenössischer Kunst über Jahrzehnte hinweg zu verstetigen. Dadurch hat sich eine enge Verbindung der Kunstförderung zur Firmenkultur ergeben, die weit über die Nutzung der Kunst zu Repräsentationszwecken hinausgeht. Die Integration von Kunst und zeitgemäßer Architektur wird bei Roche als produktiver Bestandteil verstanden, der einen wichtigen Einfluss auf die kreativen Arbeitsprozesse innerhalb des Unternehmens ausübt.

Die klassische Auffassung, dass der Adel und der Klerus zu den bedeutendsten Mäzenen im Bereich der Kunst zu zählen sind, ist seit mindestens hundert Jahren überholt. An ihre Stelle ist vielerorts eine staatlich finanzierte Förderung getreten, deren Vergabepolitik meist breit abgestützte Entscheidungsgremien voraussetzt. Ob diese Gremien ihre Aufgaben effizient wahrnehmen, darüber lässt sich trefflich streiten. Oftmals wird vergessen, dass neben der staatlichen Kunstförderung heute auch privatwirtschaftliche Unternehmen eine mäzenatische Förderung von Kunst betreiben. Das privatwirtschaftliche Engagement

A. L. Bieri (✉)
Historisches Archiv Roche, F. Hoffmann-La Roche AG, Grenzacherstrasse 124, 4070 Basel, Schweiz
E-Mail: alexander.bieri@roche.com

© Springer-Verlag Berlin Heidelberg 2015
V. Steinkellner (Hrsg.), *CSR und Kultur,* Management-Reihe Corporate
Social Responsibility, DOI 10.1007/978-3-662-47759-5_16

für Kunst wird freilich nicht immer ernst genommen: Der Vorwurf, dass diese Aktivitäten ja bloß dem Repräsentationsbedürfnis der Unternehmen dienten, steht in vielen Fällen absolut berechtigt im Raum. Doch war dies seinerzeit im Fall der kirchlichen und weltlichen Fürsten anders? Sind die Kunstwerke aus der Zeit des Feudalismus deswegen weniger wert, als diejenigen, die von staatlichen Kunstkommissionen in Auftrag gegeben wurden? Man könnte im Gegenteil argumentieren, dass gerade durch die demokratisch nicht legitimierte Repräsentationsfreude einzelner Entscheidungsträger die ausgefallensten Projekte möglich wurden, die wir heute im Museum als Schlüsselwerke bewundern.

1   Von der abstrakten Idee zum Weltkonzern

Roche ist heute eines der größten pharmazeutischen Unternehmen und gilt daneben als bedeutender Kulturträger. Dies war der jungen pharmazeutischen Fabrik bei der Gründung jedoch keineswegs eingeschrieben, stattdessen kämpfte der Betrieb zunächst um sein Überleben. Seitens des Firmengründers, Fritz Hoffmann-La Roche, wurden der neugegründeten Gesellschaft jedoch einige Besonderheiten in die Wiege gelegt, die für die Ausprägung einer einzigartigen Unternehmenskultur wesentlich waren und bis heute geblieben sind. Diese Unternehmenskultur erschöpft sich nicht in der Art und Weise, wie Roche Geschäfte betreibt. Als forschendes Unternehmen steht bei Roche die Kreativität der Mitarbeitenden als produktiver Faktor im Mittelpunkt. Die Forscherinnen und Forscher suchen nach immer neuen Wegen und Mitteln, Krankheiten besser und effizienter behandeln zu können. Von da ist es nur noch ein kleiner Sprung zum kulturellen Engagement der Firma, wie in den nachfolgenden Ausführungen deutlich wird. In vielen Unternehmungen geht ein kulturelles Engagement auf jeweils eine Führungspersönlichkeit zurück, die ihr eigenes Steckenpferd in die Firmenpolitik miteingebracht hat. Auch bei Roche lässt sich solch eine Schlüsselperson definieren, doch verlief die weitere Entwicklung anders als üblich. Der einmal eingeschlagene Weg wurde von nachfolgenden starken Persönlichkeiten über viele Jahrzehnte weiterverfolgt, geprägt und vertieft. So ist heute das kulturelle Engagement von Roche ein untrennbarer Bestandteil der tagtäglich gelebten Unternehmenskultur, die in diesem besonderen Fall eine ganz andere Funktion hat, als ein bloßer Prestigeträger zu sein. Würde man Roche als Organismus bezeichnen, dann käme der Unternehmenskultur wohl die Funktion des Immunsystems zu, das dafür sorgt, dass die passenden Charaktere langfristig an Bord bleiben.

2   Wie kam es dazu, dass die Kultur für Roche so eine große Bedeutung erlangt hat?

Der Firmengründer, Fritz Hoffmann-La Roche, entstammte einer großbürgerlichen Basler Kaufmannsfamilie. Er verbrachte nach einer Banklehre einige Zeit im Ausland, so weilte er 1892 auch in Hamburg und erlebte dort die letzte große Choleraepidemie Europas. Die

Machtlosigkeit der Ärzte gegenüber der Krankheit ließ in ihm den Plan reifen, mittels wissenschaftlich erprobter, in Dosierung und Wirksamkeit standardisierter Medikamente ein Geschäft aufzubauen. Die Gelegenheit dazu ergab sich 1894, als er in Basel zusammen mit einem Geschäftspartner eine kleine Fabrik übernehmen konnte. Vom Charakter her war Fritz Hoffmann-La Roche ein typischer Basler Fernhändler. So überrascht es nicht, dass er auf die rasche Gründung von Auslandsfilialen drängte, obwohl kaum Einkünfte von verkaufsfähigen Produkten aufzuweisen waren. Die ausbleibenden Erfolge veranlassten seinen Geschäftspartner zum Ausstieg aus der gemeinsamen Firma, worauf im Oktober 1896 die F. Hoffmann-La Roche & Co. im Basler Handelsregister eingetragen wurde. Auf dieses Datum führt Roche heute die Gründung des Unternehmens zurück, welches diesen Namen wenigstens für den Basler Hauptsitz bis heute in nahezu unveränderter Form beibehalten hat. Nachdem er nun alleine entscheiden konnte, gründete Fritz Hoffmann umgehend Gesellschaften in Mailand und in Grenzach (Deutschland). Ein Jahr später kam das erste erfolgreiche Produkt, der Hustensaft „Sirolin" auf den Markt (Wanner 1968, S. 65 ff.). Bis 1911 gründete er neun Auslandsgesellschaften, darunter auch je eine in den USA und in Japan. In den Grundzügen sind damit bereits zwei für die Unternehmenskultur von Roche bis heute prägende Eigenschaften skizziert: Einerseits ist dies die Internationalität des Geschäfts, die ein globales Selbstverständnis voraussetzt; andererseits ist es der Umstand, dass sich Roche seit jeher einem Abstraktum als Ziel verschrieben hat, nämlich der Verbesserung der medizinischen Versorgung mittels wissenschaftlich erprobter Produkte. Dass sich Fritz Hoffmann-La Roche damit nicht auf die Beherrschung einer spezifischen Technologie bezogen hatte, wie es damals allgemein üblich war (so geschah es unter anderem bei den vielen zur Ausbeutung der chemischen Synthese gegründeten Unternehmen, die später auf Pharmazie umschwenkten), sollte später von großer Bedeutung für Roche werden. So wurden bereits in den 1960er-Jahren die Molekularbiologie und der diagnostische Gerätebau als wichtige Zukunftsfelder für die medizinische Versorgung erkannt. Der Einstieg in diese Gebiete wäre kaum so zügig vonstatten gegangen, hätte Fritz Hoffmann-La Roche sich seinerzeit für eine konkrete Technologie entschieden. Somit ist Roche jedoch eines der ersten industriellen Unternehmen überhaupt, das sich als *Healthcare-Unternehmen* hätte bezeichnen dürfen, hätte es diesen Begriff damals schon gegeben (Bieri 2008, S. 4–10). Die Grundlage der strategischen Ausrichtung von Roche war damit gelegt. Es oblag Fritz Hoffmann-La Roches Nachfolger, dieser Strategie einen gestalterischen Ausdruck zu verleihen. Wie bei einer Persönlichkeit aus dem Großbürgertum nicht anders zu erwarten, war Fritz Hoffmann-La Roche noch ganz von der Gestaltungswelt des 19. Jahrhunderts geprägt. Obwohl seine Marketingstrategien der Zeit weit voraus waren, kann sein persönlicher Geschmack auch aus dem zeitlichen Kontext heraus nur als rückständig bezeichnet werden. Sein Nachfolger sollte diesbezüglich ganz andere Voraussetzungen mitbringen (Bieri 2010, S. 8).

3   Die Suche nach einem eigenständigen Selbstbild

Nachdem Fritz Hoffmann-La Roche Anfang 1920 verstorben war, übernahm Dr. Emil Christoph Barell die Leitung des Unternehmens. Barell wurde 1896 als Chemiker eingestellt, aufgrund seines großen Geschicks in administrativen Belangen wurde er aber rasch zur rechten Hand Fritz Hoffmann-La Roches. Ab 1899 leitete er das größte Werk der jungen Unternehmensgruppe im badischen Grenzach. Im Jahre 1920 übernahm Barell zunächst als Generaldirektor die Geschicke des Unternehmens; ab 1938 amtierte er zusätzlich als Verwaltungsratspräsident. Zudem gelang es ihm, nach dem Tod Fritz Hoffmanns einen großen Anteil der stimmberechtigten Aktien unter seine Kontrolle zu bringen. Barell stammte aus einfachsten Verhältnissen und wuchs ohne Vater auf. Dieses soziale Stigma löste bei ihm nicht nur einen enormen Arbeitseifer aus, sondern auch eine große Distanz zur althergebrachten „besseren Gesellschaft" (Barell 1953). Durch den großen Anteil, den sich Barell an Roche gesichert hatte, nahm auch sein privates Vermögen ab dieser Zeit zu. Als *Selfmademan* ist Barell in jeder Beziehung eine faszinierende und schillernde Persönlichkeit. Legendär war etwa sein Kontrollwahn, der sich auf noch so nichtig erscheinende Kleinigkeiten ausdehnte. Selbst als Roche bereits auf allen Erdteilen tausende Mitarbeiter beschäftigte, hielt er es für nötig, frühmorgens Kontrollgänge durch die Büros durchzuführen, auf denen er persönlich unnötig eingeschaltete Leuchten ausschaltete. Kaum eine Entscheidung im Konzern ging nicht über seinen Schreibtisch (Peyer 1996, S. 80). So unangenehm diese Eigenschaft für seine Mitarbeitenden gewesen sein muss, so lag hier doch die Keimzelle für die besondere Gestaltungskultur von Roche. So ließ er den Marketingverantwortlichen einen für seine Verhältnisse ungewöhnlich großen Freiraum bei der Gestaltung der Werbematerialien. Die Drucksachen bei Roche wurden unter Barell nach den neuesten Tendenzen der Zeit gestaltet, was zu einem avantgardistischen gedruckten Erscheinungsbild führte. Nicht mehr die Massenwerbung war sein Ziel, sondern die gezielte Aufbereitung wissenschaftlicher Daten zur besseren Information des medizinischen Personals. Barell legte sich auch eine Kunstsammlung zu, wobei er sich besonders für die Maler der „Neuen Sachlichkeit" interessierte. Sein besonderes Augenmerk galt jedoch der Bautätigkeit und angesichts seines progressiven Geschmacks ist es nicht erstaunlich, dass er den wenig originellen Bauten seines Vorgängers nicht viel abgewinnen konnte. Bis in die 1930er-Jahre schien ihm jedoch für die Umsetzung seiner Vorstellungen der richtige Architekt zu fehlen: So ist bei den Neubauten der 1920er-Jahre zwar ein Bemühen um sachliche Gestaltung erkennbar, doch die Umsetzung blieb uninspiriert.

Dies sollte sich 1930 ändern, als Otto Rudolf Salvisberg aus Berlin in die Schweiz übersiedelte. Der bedeutende Architekt, dessen Berliner Großsiedlungen heute Teil des Weltkulturerbes sind, übernahm an der ETH Zürich die Professur für Architektur von Karl Moser (Liechtenstein et al. 1995). Barell kam mit Salvisberg vermutlich während des Ersten Weltkriegs in Berlin in Kontakt, als Leiter der Deutschen Filiale von Roche verbrachte er einen großen Teil der Kriegszeit dort. Auch die Eile, mit der Barell 1930 Salvisberg kontaktierte, legt nahe, dass sich die beiden bereits gekannt hatten. Zunächst ging es um den Bau seines Privathauses in Basel, das auch als Testobjekt für die Zusammenarbeit zwischen Architekt und Bauherrn gedient haben mag. Barell brachte sehr klare Vorstellungen in den Gestaltungsprozess ein, die einerseits auf der rational-funktionalen Weltsicht des Naturwissenschaftlers beruhten. Andererseits war sich Barell des besonderen Charakters seines Unternehmens bewusst. Mehr als in anderen Industrien ist in der Pharmaindustrie das hauptsächliche Kapital in ephemeren Wissensprozessen gebunden. Die Forschungsleistung stellt den bedeutendsten Investitionsblock dar, entsprechend wird in der innovationsgetriebenen Pharmaindustrie auch nicht das physische Produkt verkauft, sondern das Wissen, in welcher Situation und in welcher Dosierung das Produkt angewendet werden soll. Zur Absicherung dieses auf Innovation beruhenden Geschäftsmodells bestehen die Patente, deren Wert sich ebenfalls in dem ephemeren, dahinter stehenden Wissensprozess bemisst. Letztlich geht es in der Pharmaindustrie also immer um das, was im angelsächsischen Raum als *intangible assets* bezeichnet wird. Während diese Tatsache schon in der heutigen Wissensgesellschaft nicht einfach zu vermitteln ist, so war sie damals revolutionär klarsichtig. Barell sah Roche gewissermaßen als ein Unternehmen der Zukunft, welches Entwicklungen der kommenden Jahrzehnte vorweg nahm. Dieser *Vision* wollte er einen passenden gebauten Rahmen verleihen. Für diese Aufgabe war Salvisberg genau der richtige Architekt: Seine Bauten lassen sich bis heute nur schwer in einer bestimmten Zeit verorten und machen auf Betrachter oftmals den Eindruck, aus Zeit und Raum hinauszufallen. Salvisberg war ein detailversessener Planer, der auf den Bauplänen jedes Bauteil so lange überarbeiten ließ, bis es in Form und Funktion perfekt war. Und Perfektion hieß für Salvisberg, dass alle Bestandteile eines Gebäudes ihre Funktion absolut zuverlässig erfüllen, dabei aber gestalterisch auf das unbedingt Notwendige reduziert sind (siehe Abb. 1).

4   Der Architekt des Direktors wird zum Architekten von Roche

Barells neues Privathaus, das er 1934 beziehen konnte, ist ein Meisterwerk der Baukunst der „Neuen Sachlichkeit" geworden, eine Villa, die bis heute ihr Umfeld ausgesprochen altmodisch aussehen lässt. Sie verfügt über alle funktionalen Annehmlichkeiten der Zeit und darüber hinaus über technische Details, die selbst heute ungewöhnlich anmuten. So kann die raumhohe Verglasung der Gartenhalle auf Knopfdruck im Boden versenkt werden. Barell jedenfalls muss zufrieden gewesen sein, denn Salvisberg wurde fortan zum Hausarchitekten von Roche und baute nebst dem Verwaltungsgebäude des Konzerns in Basel auch Fabriken sowie repräsentative Firmensitze in Großbritannien und in Italien. Für die Entwicklung der Unternehmenskultur von Roche ist aber das Basler Verwaltungsgebäude von größter Bedeutung, das seit 1936 ununterbrochen die Hauptverwaltung inklusive der Büros der Geschäftsleitung beherbergt. Um eine für Roche passende Gestaltung zu schaffen, bediente sich Salvisberg aus seinem langjährigen Erfahrungsschatz im Krankenhaus- und Universitätsbau: Für das forschende pharmazeutische Unternehmen Roche entstand eine Architektur, die sowohl Aspekte aus der Medizin (Hygiene) als auch aus der Forschung (Kommunikation, Funktionalität) in sich vereint. Zu den mit diesem

Abb. 1 Ansicht der Eingangspartie des Verwaltungsgebäudes von Roche Basel, 1936. Das durch Otto Rudolf Salvisberg geplante und errichtete Gebäude verkörpert bis heute die architektonischen Werte, an denen sich Neubauten bei Roche messen müssen. Fotografie von Robert Spreng

Gebäude gelegten Grundlagen der *gebauten Corporate Identity* von Roche gehört auch, dass sich die verwendeten Materialien durch Robustheit auszeichnen, dabei jedoch industrieller Natur sind und damit Materialtreue und Einfachheit ausstrahlen. Kostbare oder dekorative Materialien sind fast vollständig aus den Raumkonzeptionen Salvisbergs verbannt, denn der industrielle Charakter der Firma sollte selbst noch im Büro des Präsidenten spürbar werden. Wo Repräsentation gefragt war, wurde diese von Salvisberg sparsam einzig über die Proportion der Räume und mit Hilfe von natürlichen und künstlichen Lichtquellen erzeugt (Gürtler Berger 2010). Die klinisch weißen, ohne jeden Schmuck ausgestatteten Räume waren für die Zeitgenossen Barells ein Schock, ganz besonders für die Leiter anderer Unternehmen, die Roche besuchen kamen. Viele der Räume sind im Originalzustand verblieben; sie wirken auch auf heutige Betrachter nackt, reduziert und damit in einem eigenwilligen Sinn *modern*. Da kein zeittypisches Material und kein Ornament, das hätte veralten können, eingesetzt wurden, hat sich auch die Gestaltung als immun gegen den Zahn der Zeit erwiesen. Diese Zeitlosigkeit spiegelt sich im langfristigen Nutzen des Gebäudes, das noch nie saniert werden musste und seine Funktion nun seit 1936 ununterbrochen erfüllt. Das Bauwerk hat sich also für Roche als ausgesprochen nachhaltig erwiesen. Aber die Nutzbarkeit des Gebäudes geht in diesem Fall noch viel weiter, denn mit den Jahrzehnten haben sich diese Eigenschaften der Architektur auch auf den Führungsstil im Unternehmen übertragen. Die Unternehmenspolitik von Roche zeichnet sich seit jeher dadurch aus, dass über kurzfristige Krisen hinweg eine langfristige Planung verfolgt wird, die Jahrzehnte umfasst. Die großzügigen Hallen und Räume des Verwaltungsgebäudes lassen einen innehalten und jede Hektik abstreifen, sie führen also dazu, dass man einen *kühlen Kopf* bewahrt und sich nicht durch Alltagsprobleme von der langfristigen Linie ablenken lässt. Das Gebäude ist zu einem gebauten, dreidimensionalen Manifest dessen geworden, was den Führungsstil des Unternehmens ausmacht.

Aber nicht nur eine besondere architektonische Verpflichtung, die bis heute für Roche Gültigkeit hat, wurde mit diesem Bauwerk aus der Taufe gehoben. Auch das Engagement für zeitgenössische Kunst lässt sich darauf zurückführen. Der großzügige Korridor im Direktionstrakt wird von einer sechs mal sechs Meter messenden Wandscheibe abgeschlossen, an der von Beginn der Planung an ein Wandbild vorgesehen war. Nachdem der Basler Maler der „Neuen Sachlichkeit", Niklaus Stoecklin, einen enttäuschenden ersten Entwurf abgeliefert hatte, wurde ein Wettbewerb unter sieben Künstlern ausgelobt, welchen schließlich Stoecklin doch noch mit seinem zweiten Entwurf für sich entscheiden konnte (siehe Abb. 2). Das war das erste Mal, dass bei Roche „Kunst am Bau" in Auftrag gegeben wurde; es erstaunt nicht, dass diese Tradition seither zu einem der wichtigsten

Abb. 2 Das 6 × 6 m messende Wandbild im Direktionskorridor des Verwaltungsgebäudes war das erste Kunstwerk, das durch Roche beauftragt wurde. Der Basler Maler der „Neuen Sachlichkeit", Niklaus Stoecklin, hatte den Zuschlag nach einem Wettbewerb im zweiten Anlauf erhalten und eine Allegorie auf die Herkunft der Pharmazeutik aus der Pflanzenwelt geschaffen. Dieses Kunstwerk stand am Beginn der heute über 6500 Werke zählenden Kunstsammlung von Roche

Pfeiler der Kunstförderung bei Roche geworden ist. Zusätzlich zu der immobilen Kunst waren im gesamten Gebäude Vitrinen zur Aufnahme von Sammlungsgegenständen vorgesehen und erstmals wurden auch Bilder zur Ausschmückung der Räume angeschafft. Ähnliche Vorhaben wurden daraufhin auch in den durch Salvisberg geplanten Neubauten in Großbritannien und in Italien umgesetzt. So wurde der Illustrator der Kinderbücher von Erich Kästner, Walter Trier, mit einem Wandbild für das Sitzungszimmer der Britischen Verwaltung beauftragt (Neuner-Warthorst 2000). Für die Ausgestaltung der Vitrinen des Basler Verwaltungsgebäudes wurde eine einzigartige Sammlung von Apotheken-Keramiken zusammengetragen, die bis heute eine Brücke zur historischen Apotheke schlagen (Mez-Mangold 1990, S. 7). Eine Besonderheit in der Architektur Salvisbergs sind die Treppen, denen er ganz besonders große Aufmerksamkeit widmete. In allen drei repräsentativen Großbauten, die er für Roche verwirklichen konnte, finden sich herausragende Zeugnisse der Treppenbaukunst. Die Treppenhäuser der Salvisberg-Bauten dienen als informelle Begegnungsorte, wo oftmals die interessantesten Gespräche stattfinden. Dieser kommunikative Effekt ergibt sich aus der dynamischen Verbindung in der Vertikalen, die von Salvisberg architektonisch durch geschwungene Treppenläufe betont wurde. Die Treppen sind bloß eines von vielen immer wiederkehrenden architektonischen Elementen, die bis heute in die Bauten von Roche Eingang finden, nicht zuletzt durch die Basler Architekten Herzog & de Meuron, die seit den 1990er-Jahren das bauliche Erbe von Roche Basel weiterentwickeln.

Salvisberg verstarb bereits 1940, mitten in der Bearbeitung großer internationaler Projekte für Roche. Emil Christoph Barell konnte noch vor Kriegsausbruch Bekanntschaft mit dem begabten Schüler Salvisbergs, Roland Rohn, schließen, und ihn mit der Fortführung der Rolle als Hausarchitekt von Roche betrauen, bevor er in die USA emigrierte, um die Roche-Gruppe während des Krieges von da aus zu leiten. Von den vielen Schülerinnen und Schülern Salvisbergs, die zum Teil seine architektonischen Prinzipien bis nach Lateinamerika oder Australien trugen, stand Rohn seinem Lehrer sicher am nächsten (Edquist 2000). Nach Salvisbergs Tod ehelichte er dessen Frau, Emmy Salvisberg-Roloff, und wurde dadurch zum Erben seines einstigen Lehrmeisters. Rohns erstes Projekt für Roche musste er unter schwierigen Bedingungen während des Zweiten Weltkriegs in den USA verwirklichen, aber er errichtete auch zahlreiche Neubauten in Basel und anderswo. Es ist bezeichnend, dass die Architektur von Roche auf höchstem Qualitätsniveau unter Berücksichtigung aller von Salvisberg festgelegten Gestaltungsprinzipien nahtlos fortgesetzt wurde; die Zäsur kam erst 1953, als Barell verstarb.

5   Gefahr am Horizont

Dass Roche anschließend gegen alle Konventionen an dem einmal eingeschlagenen Weg festgehalten hat, wirft ein Licht auf eine wenig erfreuliche Eigenschaft von Findungsprozessen in Unternehmen. In vielerlei Hinsicht ist dies die Kehrseite der eingangs beschriebenen Vorteile einer direkten Auftragsvergabe, die sich nicht Entscheidungsgremien

zu unterwerfen hat. Unter diesem Aspekt des Mäzenatentums hatten auch schon die Handwerker und Künstler in den Diensten des Klerus oder des Adels zu leiden, besonders, wenn
die visionären Gönnerinnen und Gönner frühzeitig verstorben sind. Oftmals findet die Ab-
kehr von einem langfristigen Gestaltungsplan (oder auch einem kulturellen Engagement)
mit personellen Wechseln an der Spitze statt, indem gestalterische Entscheidungen nach
dem persönlichen Geschmack der Entscheidungsträger autokratisch von oben durchgesetzt werden. Auch werden in den heutigen Unternehmensstrukturen Bauaufgaben oder
auch kulturelle Projekte häufig als persönliches Steckenpferd einzelner Führungskräfte
begriffen, was ebenso problematisch werden kann, wie ein generelles Desinteresse an kulturellen Themen. Im Jahre 1953 stand Roche mit dem Tod Barells genau an diesem Schei-
deweg. Es wäre wohl bei einem episodischen gestalterischen Höhepunkt geblieben, der
niemals einen identifikatorischen Nutzen für das Unternehmen entfaltet hätte, wenn der
Nachfolger Barells frei hätte entscheiden können. Albert Caflisch interessierte sich nämlich überhaupt nicht für avantgardistische oder moderne Gestaltung und sammelte stattdessen lieber Ikonen und Einrichtungsgegenstände der Renaissance, deren Architektur er
auch als das Maß aller Dinge begriff. An dieser heiklen Stelle trat eine Persönlichkeit für
das Festhalten an Rohn ein, die wie niemand Zweites dazu berufen war, den kulturellen
Aktivitäten von Roche Form und Richtung zu geben.

6   Kontinuität, Aufbruch und Expansion

Maja Sacher (geborene Stehlin) war die Tochter eines bedeutenden Basler Architekten. Sie
selbst wollte Architektin werden, was ihr aber als Frau verwehrt blieb. Stattdessen wurde
sie Bildhauerin und lernte ihr Handwerk unter anderem bei Émile-Antoine Bourdelle.
Im Jahr 1921 heiratete sie einen der beiden Söhne Fritz Hoffmann-La Roches, Emanuel.
Das junge Paar interessierte sich sehr für zeitgenössische Kunst und begann, eine Kunstsammlung anzulegen. Leider kam Emanuel Hoffmann 1932 bei einem Verkehrsunglück
ums Leben (Sacher 1989). Maja heiratete einige Jahre später den jungen Basler Dirigenten
Paul Sacher, der sich bereits um die zeitgenössische Musik verdient gemacht, aber auch
durch die Gründung der „Schola Cantorum Basiliensis" eines der bedeutendsten Institute
zur Erforschung der historischen Aufführungspraxis ins Leben gerufen hatte (Erni 1999).
Maja Sacher war es nach dem Zweiten Weltkrieg gelungen, eine Aktienmehrheit an Roche
zu erwerben und damit in der Lage, die Firmenleitung dazu zu zwingen, an Roland Rohn
als Architekten festzuhalten. Sie selbst hatte Salvisberg über Barell kennengelernt und
sich später ihr eigenes Haus stark an Salvisbergs Stil angelegt konzipiert. Sie verstand
sich prächtig mit Roland Rohn, der gestalterische Probleme der Roche-Architektur künftig stets mit ihr zu besprechen pflegte. Der Dritte im Bunde war der junge Vizepräsident
von Roche, Adolf Walter Jann. Dieser wurde von Caflisch schon 1957 zu Roche geholt
und übernahm die Alltagsgeschäfte des Unternehmens, bevor er nach Caflischs Tod 1965
auch Präsident des Verwaltungsrates wurde. Jann selbst war sehr kunstsinnig und während
sieben Jahren Mitglied der Kunstkommission des Basler Kunstmuseums. [HAR PE.2.JAA

– 101615] In seinem Privathaus hingen Bilder von Mark Rothko, er war einer der ersten Europäer, die sich für das Werk Rothkos interessierten (Nowotny 2005).

Dem Zusammentreffen dieser drei Persönlichkeiten sowie der ersten intensiven Wachstumsphase der noch jungen pharmazeutischen Industrie ist es zu verdanken, dass bei Roche in wenig mehr als zehn Jahren eines der anspruchsvollsten Architektur- und Kunstprogramme im Industriebereich umgesetzt wurde. Der Reigen begann mit den Plänen eines Hochhauses für Roche Basel, das von Roland Rohn mit einer der ersten Vorhangfassaden der Schweiz ausgestattet wurde. Der ausgesprochen elegante Entwurf stellt ein perfektes Beispiel des „International Style" dar und es ist nicht verwunderlich, dass man bei diesem aufsehenerregenden Bauwerk die Tradition von „Kunst am Bau" wieder aufleben lassen wollte (Diethelm 2003, S. 63). So wurde Henry Moore gebeten, eine Skulptur zu entwerfen, die bis heute den Rasen vor dem Hochhaus ziert und eines seiner größten Werke in Marmor darstellt (Abb. 3). Auch mobile Kunstwerke wurden in immer größerer Zahl angeschafft und in Auftrag gegeben. Maja Sacher war in der Kunstwelt bestens vernetzt und

Abb. 3 Salvisbergs Schüler und Nachfolger, Roland Rohn, war für den Neubau des Verwaltungshochhauses bei Roche Basel verantwortlich. Das Gebäude konnte 1960 eröffnet werden. Im Zusammenhang mit diesem Bauwerk gab Roche bei Henry Moore eine Marmorskulptur in Auftrag, die den Titel „Interlocking Two Pieces Sculpture" erhielt und seither den Rasen vor dem Hochhaus ziert

es gelang ihr, neben den großen Schweizer Künstlern wie Bernhard Luginbühl, Jean Tinguely, Ödön Koch oder Bernhard Lüthi auch internationale Künstler wie Eduardo Chillida (Abb. 4), Roy Liechtenstein, Graham Sutherland oder Victor Vasarely zu verpflichten. Ankäufe rundeten das Portfolio der im Auftrag entstandenen „Kunst am Bau" ab. Es war dabei das erklärte Ziel von Maja Sacher, dass kontroverse Kunstwerke Diskussionen und Selbstreflexion auslösen und damit zu einem anregenden, kreativen Arbeitsumfeld beitragen sollen (Jann). Im Jahre 1967 trat sie mit dem Anliegen an Roche heran, dass nicht nur die Büromitarbeiter mit moderner Kunst konfrontiert werden sollten, sondern auch Arbeiter: Sie schlug vor, die Werkstatt des Unternehmens mit eigens angefertigten Kunstwerken junger Kunstschaffender auszustatten. Einige der damals entstandenen Arbeiten sind auch mit heutigen Maßstäben gemessen ausgesprochen radikal (Kunstwerke bei Roche). Wenig überraschend kommentierten die Handwerker und Arbeiter, dass sie statt Kunst lieber etwas mehr Lohn gehabt hätten. Maja Sacher ließ daraufhin eine Diskussion organisieren, anlässlich derer die Handwerker die Künstler mit ihrer Kritik konfrontieren konnten. Zum Schluss ergriff sie selbst das Wort und fragte, welche Konsequenz denn nun aus der

Abb. 4 Eines der letzten Bauwerke Roland Rohns bei Roche Basel, das Empfangsfoyer, konnte dank der Vermittlung von Maja Sacher mit einer bedeutenden Stahlplastik von Eduardo Chillda, Oyarak II, ausgestattet werden. Auch hierbei handelt es sich um eine Auftragsarbeit, die 1970 für das 1971 entstandene Bauwerk eigens angefertigt wurde

Debatte gezogen werden solle. Sie erklärte, dass man die Kunst gerne wieder abhängen
könne, falls das der Wunsch der Mehrheit darstelle. Daraufhin wurde an Ort und Stelle
abgestimmt und die Handwerker entschieden sich mit großer Mehrheit für den Verbleib
der Kunst (Lüthi 2013).

7   Ein erfolgreiches Prinzip wird immer weiter ausgedehnt

Aus dieser Aktion heraus entwickelte sich die Tradition, dass alle Mitarbeiterinnen und
Mitarbeiter von Roche Zugang zu zeitgenössischer Kunst haben sollten. Dies führte –
noch während Maja Sachers Lebenszeit – zur Einrichtung einer internen Galerie, wo sich
die Mitarbeitenden ein Kunstwerk für ihr Büro aussuchen können. Während die Auswahl
der zur Verfügung stehenden Kunstwerke kuratiert ist, erfolgt der Auswahlprozess an sich
völlig frei, wobei die Mitarbeitenden die Beratung der Kuratorin in Anspruch nehmen
können, wenn sie dies denn wünschen. Der Clou bei der Kunstsammlung von Roche ist
allerdings, dass Maja Sacher die Akquisitionspolitik explizit der Freiheit der Kuratorin
überließ. Bei Roche konnte so vermieden werden, dass eine unzusammenhängende An-
sammlung von Werken entsteht, die in sich keine Kohärenz aufweist. Auch dem Druck,
Kunstwerke von künstlerisch tätigen Mitarbeitenden des Unternehmens anschaffen zu
müssen, die keinen kuratorischen Zusammenhang mit den festgelegten Konzepten haben, ist die Kunstsammlung Roche dadurch nicht ausgesetzt. Maja Sacher hat durch diese
Maßnahme eindrücklich bewiesen, dass sie sich der Gefahr der potenziellen Banalisierung
einer Firmenkunstsammlung bewusst war. Sie hat aus gutem Grund Vorkehrungen dage-
gen getroffen.

Mit ihrem Tod 1989 begann sich die seit den späten 1950er-Jahren festgelegte Gewichtung der Kulturförderung bei Roche wieder etwas zu verschieben. Der damals amtierende
Verwaltungsratspräsident Fritz Gerber hatte selbst großes Interesse an bildender Kunst
und so blieben die bestehenden Prozesse im Kern erhalten. Die Beschäftigung mit zeitgenössischer Kunst gehörte jedoch in der Zeit Maja Sachers zum guten Ton für die Führungskräfte des Unternehmens, da sich so eine Beziehung zur Inhaberin der Firma herstellen ließ. Mit dem Generationenwechsel an der Spitze wurde dieses Interesse nicht mehr
implizit vorausgesetzt. Inzwischen waren die Architekturtradition sowie die Kunstförderung ohnehin schon so stark mit der Unternehmenskultur verbunden, dass ein Bruch mit
dieser Tradition einem Bruch mit dem bewährten Erfolgsrezept von Roche als forschender
Unternehmung gleichgekommen wäre. Die Förderung von Kunst und Architektur ist sozusagen in den 1960er-Jahren in die Erbsubstanz von Roche übergegangen. Eindrücklich
manifest wurde dies besonders anlässlich des Jubiläums zur Feier des 100-jährigen Bestehens des Unternehmens im Jahr 1996. Roche ließ durch Mario Botta in unmittelbarer
Nähe zum Areal von Roche Basel ein Museumsgebäude zu Ehren des Schweizer Plasti-
kers Jean Tinguely errichten (Abb. 5). Die umfangreichen Sammlungen seiner Werke bei
der Familie Sacher, bei Roche und bei den Erben des berühmten Pioniers der kinetischen
Kunst konnten in diesem Haus zusammengeführt und einer breiten Öffentlichkeit zugänglich gemacht werden. Das Museum Jean Tinguely wird vollständig von Roche getragen

Abb. 5 Anlässlich des 100. Geburtstags von Roche Basel ließ das Unternehmen durch Mario Botta ein neues Museum in unmittelbarer Nähe zum Basler Hauptsitz errichten. Es ist dem Schweizer Eisenplastiker Jean Tinguely gewidmet und hat sich seither zum Publikumsmagneten entwickelt. Die laufenden Kosten des Museums werden vollständig von Roche getragen

und ist in vielerlei Hinsicht in den täglichen Betrieb des benachbarten Hauptsitzes von Roche eingebunden. Es stellt auch einen Ort dar, wo Mitarbeiterinnen und Mitarbeiter mit den auswärtigen Besuchern des Museums zusammentreffen, die dabei ganz automatisch auch Roche kennenlernen, da die öffentliche Straße, die zu dem Museum führt, das Betriebsgelände in zwei Teile trennt (Roche Magazin Spezial 1996, S. 3).

Getreu der Maximen von Maja Sacher hat die Firmensammlung ihre aktuelle Sammlungspraxis auf die Förderung junger zeitgenössischer Kunst ausgerichtet. Als eine Art Inkubator für junge Kunst entwickelte die Kuratorin der Kunstsammlung vor etwas mehr als zehn Jahren ein neues Präsentationsgefäß, das die Idee der Integration von Kunst in die Arbeitswelt aufnimmt. Unter dem Titel „Schaufenster junger Künstler" werden seither alle paar Monate Ausstellungen von jungen Kunstschaffenden organisiert, die auf dem Betriebsgelände von Roche Basel stattfinden. Viele dieser Künstlerinnen und Künstler zeigen ihr Werk erstmals einer breiteren Öffentlichkeit außerhalb der Kunstakademie; einige setzen sich in den gezeigten Werken auch kritisch mit Roche als Unternehmen auseinander. Diese Reihe wird von der heutigen Kuratorin der Kunstsammlung, Cornelia Dietschi, mit viel Einfühlungsvermögen und Sorgfalt fortgesetzt und aus vielen der einstmals jungen Kunstschaffenden sind inzwischen bedeutende Exponenten der zeitgenössischen Kunst geworden. Die Sammlung kauft jeweils zwei Werke als *Honorar* für die geleistete Arbeit an, die anderen Arbeiten stehen oftmals den Roche-Mitarbeitenden zum Kauf zur Verfügung. Diese Initiative, die immer auch mit einer öffentlichen Vernissage begleitet wird, hat sich als ausgezeichnetes Instrument erwiesen, junge Kunst aus dem lokalen Umfeld einer breiten und internationalen Öffentlichkeit bekannt zu machen. Bei Roche Basel liegt der Anteil der Schweizer Mitarbeitenden unter 50 % und der Rest der Belegschaft teilt sich auf über 80 Nationalitäten auf.

8   Die Kunst und Roche: Eine Symbiose?

Maja Sacher soll einmal gesagt haben, dass sie das Leben mit ihrem ersten Ehemann Emanuel Hoffmann aufgrund des intensiven Kontakts mit bildenden Künstlern interessanter gefunden habe, als mit dem Musiker Paul Sacher (Dr. Reidemeister, Persönliche Mitteilung 2010). Diese mit einem Augenzwinkern abgegebene Bemerkung darf nicht darüber hinwegtäuschen, dass für Roche das musikalische Erbe Paul Sachers ebenfalls von großer Bedeutung ist. Es ist heute oftmals schwierig, mit bildender Kunst echte Debatten auszulösen, da auch vermeintlich kontroverse Inhalte in unserer an Bildern reichen Zeit häufig bereits von der Realität eingeholt worden sind. Dies sieht bei der zeitgenössischen Musik bekanntlich anders aus. Nach der Jahrtausendwende hat Roche deswegen und auch im Andenken an Paul Sacher mehrere Programme entwickelt, welche die Förderung der zeitgenössischen Musik zum Ziel haben. Darunter findet sich eine Veranstaltung zur Jazzmusik namens „Roche'n'Jazz", in deren Rahmen Konzerte im Museum Jean Tinguely organisiert werden. Das bedeutendste Engagement im Bereich der zeitgenössischen klassischen Musik ist zweifellos „Roche Commissions": Unter diesem Titel vergibt das Unternehmen Kompositionsaufträge an bedeutende Komponistinnen und Komponisten, deren neugeschaffene Werke jeweils am Lucerne Festival uraufgeführt werden. Die Autografen gelangen anschließend in die Sammlung der Paul Sacher-Stiftung, die sich das Ziel gesetzt hat, Komponistennachlässe zu erhalten und der Forschung zugänglich zu machen. Die Stiftung nennt eine der weltweit größten Sammlungen musikalischer Autografen des 20. Jahrhunderts ihr Eigen, viele davon sind noch von Paul Sacher selbst erworben worden. Ein anderes, überaus erfolgreich während der vergangenen zehn Jahre durchgeführtes Programm führt junge Naturwissenschaftler und Naturwissenschaftlerinnen mit jungen Musikerinnen und Musikern zusammen, die gemeinsam die kreativen Bezüge zwischen Musik und Wissenschaft ausloten. Dieses Programm bringt viele der erwähnten kulturellen Aspekte und ihre Bezüge zu Roche als kommerziellem Unternehmen auf den Punkt. Roche ist heute in drei technologisch überaus anspruchsvollen Bereichen tätig: Der Biotechnologie, der Synthesechemie sowie dem komplexen Gerätebau (diagnostische Geräte). Viele der Produkte, die Roche heute herstellt, erscheinen in ihrer Wirkungsweise futuristisch und die Komplexität der wissenschaftlichen Probleme, mit denen sich die Forscherinnen und Forscher beschäftigen, ist unüberschaubar. Es ist das Ziel von Roche, die Medizin mit den immer neuesten Mitteln weiterzuentwickeln und die Grenzen des heute Machbaren immer weiter zu verschieben, um letztlich ein uraltes Problem lösen zu helfen: Die Erhaltung der Gesundheit der Menschen. Versteht man Kunst und Kultur als Katalysator, um das, was in der menschlichen Gesellschaft am ältesten und wesentlichsten ist, für jede Generation neu verständlich und begreifbar zu machen, dann ergibt sich hier eine Deckungsgleichheit, die nur diejenigen überraschen kann, die niemals mit der unstillbaren Neugierde von Wissenschaftlern und Künstlern konfrontiert waren. Wesentlich für die menschliche Existenz sind der Drang, neue Gebiete und Grenzen auszuloten, nach dem passenden Ausdruck der Zeit zu suchen oder auch Dinge zu entwickeln, die heute noch als unrealisierbar gelten. Der Grundsatz, kulturelle Engagements zu verfolgen, die diese Eigenschaften mit der Forschungstätigkeit des Unternehmens teilen, ist der logische Ausdruck des seit 1896 verfolgten Unternehmenszwecks und gleichzeitig der notwendige Antrieb, um auch in Zukunft der Medizin die neuesten und wirksamsten Mittel gegen die ungezählten noch nicht behandel- oder heilbaren Krankheiten zur Verfügung zu stellen. Die Unternehmenskultur – und dazu gehören bei Roche eben auch integral die künstlerischen Bereiche von der Baukunst über die bildende Kunst bis hin zur Musik – spielt dabei eine wichtige Rolle, die zu unterschätzen angesichts der Geschichte dieses Unternehmens töricht wäre.

Literatur

Barell EC (1953) Abdankungsbroschüre, „Lebensbild". F. Hoffmann-La Roche & Co. AG, Basel

Bieri AL (2008) Aus Tradition der Zeit voraus. F. Hoffmann-La Roche AG, Basel

Bieri AL (2010) Gesundheit darstellen: Die Ursprünge des Pharma-Designs. F. Hoffmann-La Roche AG, Basel

Diethelm A (2003) Roland Rohn. gta Verlag, Zürich

Edquist H (2000) Frederick Romberg: The Architecture of Migration. RMIT University Press, Melbourne

Erni J (1999) Paul Sacher – Musiker und Mäzen. Schwabe Verlag, Basel

Gürtler Berger T (2010) O.R. Salvisberg – Seine Schweizer Bauten, Dissertation, ETH, Zürich

Jann AW (1971) Ansprache zur Eröffnung des Personalhauses Basel, HAR BU.0.3 – 200305

Korrespondenz und Protokolle der Sitzungen der Kunstkommission des Kunstmuseum Basel, 1969–1976, HAR PE.2.JAA – 101615

Kunstwerke bei Roche: Ankaufsunterlagen. Rezensionen, Korrespondenz. Nummer 824–830, Kunstwerke in der Werkstatt Bau 49, HAR AF.4 – 10593

Liechtenstein C et al (1995) Die Andere Moderne. gta Verlag, Zürich

Lüthi B (2013) Persönliche, mündliche Mitteilung am 1. November 2013, sowie HAR AF.5 – 105860

Mez-Mangold L (1990) Die Apotheken-Keramik-Sammlung „Roche". Editiones Roche, Basel

Museum Jean Tinguely (1996, Okt.) Basel, Vorwort von Fritz Gerber, Roche Magazin Spezial, Nr. 56

Neuner-Warthorst A (Herbst 2000) Very British, Freunde des Historischen Archivs Roche Nr. 5

Nowotny OH (Herbst 2005) Mündliche Mitteilung

Peyer HC (1996) Roche – Geschichte eines Unternehmens. Editiones Roche, Basel

Reidemeister P (Herbst 2010) Persönliche Mitteilung

Sacher P (1989) Maja Sacher-Stehlin – Zur Erinnerung an meine unvergessliche Frau. Privatdruck, Pratteln

Wanner GA (1968) Fritz Hoffmann-La Roche. Eigenverlag Roche, Basel

Alexander Lukas Bieri (1976) arbeitet seit 1994 bei Roche. Zu Beginn des Jahres 2000 übernahm er die Stelle des Kurators des Historischen Archivs Roche, die seit 2007 auch die Verantwortung für Archive und Sammlungen in der Roche-Gruppe umfasst. Alexander Bieri hat zahlreiche Publikationen und Artikel sowohl zur Geschichte von Roche, aber auch zu anderen Themen veröffentlicht. Er ist als Kurator für verschiedene Museen und Sammlungen bei Roche zuständig und hat Sonder- und Dauerausstellungen in zahlreichen Ländern gestaltet. Als Spezialist für Möbel und Interieurs des 20. Jahrhunderts ist er Mitglied von ICOMOS Schweiz. 2012 wurde Alexander Bieri Lehrbeauftragter für Ausstellungsdesign der Universität Basel.

Corporate Cultural Responsibility am Beispiel der PwC-Stiftung Jugend – Bildung – Kultur

Susanne Hilger

Zusammenfassung

Kulturförderung erweist sich im Allgemeinen als äußerst heterogen. Sie erstreckt sich über alle ästhetisch-künstlerischen Bereiche und reicht von der Begabtenförderung bis hin zur Breitenförderung. Anders als zahlreiche Unternehmensstiftungen engagiert sich die PwC-Stiftung nicht für den künstlerischen Nachwuchs, für Hochbegabte oder für die Unterhaltung von Kunstsammlungen oder Orchestern. Vielmehr möchte sie mit ihrem Engagement vor allem Kinder und Jugendliche aus den sogenannten bildungsfernen Schichten erreichen. Die Berührung mit Kunst und Kultur soll dabei die Integration und einen wachen Umgang mit der eigenen Lebensumwelt fördern und die Persönlichkeitsbildung unterstützen.

Damit gehört die PwC-Stiftung zu den Wegbereiterinnen kultureller Bildung für Kinder und Jugendliche. Laut Definition des Rates für Kulturelle Bildung ist darunter „die Allgemeinbildung in den Künsten und durch die Künste" zu verstehen (http://www.rat-kulturelle-bildung.de). Die PwC-Stiftung Jugend – Bildung – Kultur stärkt die Möglichkeiten künstlerischer Erfahrungen für Kinder und Jugendliche. Sie investiert damit in die Zukunftsfähigkeit künftiger Generationen innerhalb einer immer komplexer werdenden Umwelt. Schließlich bedeutet die Förderung von kultureller Bildung auch ein Investment in Kreativität und innovative Prozesse, die letztlich wirtschaftlichen Fortschritt generieren.

S. Hilger (✉)
PwC-Stiftung, Friedrich-Ebert-Anlage 35-37,
60327 Frankfurt/Main, Deutschland

© Springer-Verlag Berlin Heidelberg 2015   263
V. Steinkellner (Hrsg.), *CSR und Kultur,* Management-Reihe Corporate
Social Responsibility, DOI 10.1007/978-3-662-47759-5_17

Mit den Förderschwerpunkten Jugend, Bildung und Kultur verbindet die PwC-Stiftung die soziale mit der kulturellen Verantwortung des Unternehmens. Im Jahre 2002 von Führungskräften der PwC AG gegründet, betrachten die Stifter die Einrichtung als ein Aushängeschild ihres kulturellen wie auch sozialen Engagements. Dabei kommt der kulturellen Bildung von Kindern und Jugendlichen eine große Aufgabe zu, wie das folgende der Unternehmenshomepage (PwC 2015) entnommene Zitat deutlich macht: „Wer aktiv mit Kultur umgeht, rüstet sich nicht nur ästhetisch, er schult auch seine Urteilskraft. Und wer die hat, geht seinen Weg durchs Leben leichter."

Die so wahrgenommene Verantwortung des Unternehmens geht damit weit über wirtschaftliche Belange hinaus: „Dass wir den jungen Menschen, die die Zukunft unseres Gemeinwesens und unserer Wirtschaft nachhaltig und sicher gestalten müssen, einen freien Raum und die Voraussetzungen zur weltoffenen Entwicklung anbieten müssen, ist der tragende Gedanke der Stiftung" (PwC 2015). Neben Kreativität und Interdisziplinarität, die für die künftigen Generationen als wichtig erachtet werden, stehen insbesondere Handlungsorientierung, Partizipation und Teilhabe im Vordergrund. In Bildungsprojekten für Kinder und Jugendliche werden diese vorrangig gefördert, d. h. Programme und Projekte beziehen Kinder und Jugendliche handlungsorientiert mit ein, stärken ihre Partizipation und ihren Gestaltungswillen.

Kulturförderung erweist sich im Allgemeinen als äußerst heterogen. Sie erstreckt sich, wie das breite Engagement des Kulturkreises der Deutschen Wirtschaft, aber auch zahlreicher Sponsoren und Stiftungen unterstreicht, über alle ästhetisch-künstlerischen Bereiche und reicht von der Begabtenförderung bis hin zur Breitenförderung. Anders als andere Unternehmensstiftungen engagiert sich die PwC-Stiftung nicht für den künstlerischen Nachwuchs, für Hochbegabte oder für die Unterhaltung von Kunstsammlungen oder Orchestern. Vielmehr möchte sie mit ihrem Engagement vor allem Kinder und Jugendliche aus den sogenannten bildungsfernen Schichten erreichen. Die Berührung mit Kunst und Kultur soll dabei die Integration und einen wachen Umgang mit der eigenen Lebensumwelt fördern und die Persönlichkeitsbildung unterstützen.

Damit gehört die PwC-Stiftung zu den Wegbereiterinnen kultureller Bildung für Kinder und Jugendliche. Laut Definition des Rates für Kulturelle Bildung ist darunter „die Allgemeinbildung in den Künsten und durch die Künste" (Rat für kulturelle Bildung 2015) zu verstehen. Eine Sensibilisierung für den Stellenwert, den Kultur für die Entwicklung von Kindern und Jugendlichen im Sinne erweiterter Wahrnehmungs- und Gestaltungsmöglichkeiten besitzt, ist erst in den vergangenen Jahrzehnten verstärkt auch in die Bildungsdebatte getreten. Die PwC-Stiftung Jugend – Bildung – Kultur stärkt die Möglichkeiten künstlerischer Erfahrungen für Kinder und Jugendliche. Sie investiert damit in die Zukunftsfähigkeit künftiger Generationen innerhalb einer immer komplexer werdenden Umwelt. Schließlich bedeutet die Förderung von kultureller Bildung ein Investment in Kreativität und innovative Prozesse, die letztlich auch wirtschaftlichen Fortschritt generieren. Kreativität bildet damit für den Kulturbereich und für die Wirtschaft gleichermaßen einen maßgeblichen Entwicklungsimpuls.

1 Förderschwerpunkte und Programme

Seit mehr als 10 Jahren engagiert sich die PwC-Stiftung für die kulturelle Breitenförderung, indem sie Projekte an Schulen und im außerschulischen Bereich fördert. Diese zielen darauf ab, Kinder und Jugendliche für bildende und darstellende Kunst, Musik und Theater sowie Literatur zu begeistern und ihnen einen Zugang zu Bereichen wie diesen zu eröffnen. Für diesen Förderzweck hat die Stiftung seit 2002 mehr als 10 Mio. € ausgegeben und sich damit eine hohe Reputation erarbeitet. Als Form des professionalisierten Engagements in der unternehmerischen Kulturförderung ist die Unternehmensstiftung Ausdruck eines Bekenntnisses zur gesellschaftlichen Verantwortung und stellt zugleich eine unabhängige und von Fachkompetenz geleitete Förderstruktur sicher.

Die PwC-Stiftung fördert bundesweit Projekte der kulturellen Kinder- und Jugendbildung. Dabei bestehen bislang Schwerpunkte in Nordrhein-Westfalen und Hessen sowie in Städten wie Hamburg, Bremen und Berlin. Schulische und außerschulische Projekte sowie die frühkindliche Bildung in Bereichen wie Theater/Tanz/Musical, Musik/Oper, Literatur, Museum, Kunst und Neue Medien bilden einen Schwerpunkt des Engagements. Vielfach steht dabei die Kooperation mit Künstlerinnen und Künstlern sowie Kulturinstitutionen als Vermittlungsinstanzen im Zentrum. Von Anfang an in der Antragsförderung engagiert hat die PwC-Stiftung 2008 mit der Deutschen Kinder- und Jugendstiftung als Kooperationspartner ihr erstes großes Eigenprogramm „Kultur.Forscher!" entwickelt, das die kulturelle Bildung in Schulen implementieren möchte. Da Kulturelle Bildung im Unterricht bis heute nicht selbstverständlich ist, zielt das Programm sowohl auf das curriculare wie auch das außercurriculare Schulangebot, z. B. über Projekttage und -wochen.

Junge Menschen an Kunst und Kultur heranzuführen, damit diese die Welt weitgehend selbstbestimmt für sich entdecken können und damit an Persönlichkeit und Urteilskraft gewinnen, ist das ambitionierte Ziel des Programms. Damit haben die Kultur.Forscher! gleich mehrfach Neuland betreten. Mit der Methode des Forschenden Lernens waren sie selbst so etwas wie ein Experiment, denn zuvor war das Forschende Lernen bestenfalls den naturwissenschaftlichen Fächern in der Schule vorbehalten. Als neuer Ansatz in der kulturellen Bildung kann Forschendes Lernen als Blaupause dienen, nicht nur, um die kulturelle Vermittlung an unseren Schulen voranzubringen. Vielmehr lernen Kinder und Jugendliche ergebnisoffen ästhetische Forschung – also entdeckende künstlerische Methoden – in verschiedenen Unterrichtsfächern anzuwenden, und das ist neu. Diesen Ansatz so in den Schulalltag zu integrieren, dass er Impulse zur Schulentwicklung setzen kann, ist eine weitere Herausforderung für das Kultur.Forscher!-Programm. Wie die Zwischenbilanz zeigt, waren die jungen Kultur-Forscher! bislang sehr erfolgreich unterwegs: Motivation und Qualität des Lernens nahmen zu, Schülerinnen und Schüler nehmen Kunst und Kultur als einen möglichen Bestandteil ihres Lebens wahr. Damit hat sich an den teilnehmenden Schulen viel bewegt. Nicht nur die beteiligten Lehrer, auch Eltern und Schüler werden *mitgenommen*, motiviert und begeistert. Wenn dies dabei hilft, Schulkultur weiter zu entwickeln und fächerverbindender Unterricht durch die Künste beflügelt wird, ist das Zukunftsweisend.

Dazu zielt das Programm auf den Aufbau langfristiger Kooperationen zwischen Schulen und Kulturpartnern in mittlerweile sieben Bundesländern (Hessen, Baden-Württemberg, Rheinland-Pfalz, Nordrhein-Westfalen, Sachsen, Bremen und Schleswig-Holstein). Die PwC-Stiftung geht davon aus, damit einen Schlüssel zur nachhaltigen Verankerung von kultureller Bildung in der Schule gefunden zu haben. Das Kultur.Forscher!-Programm als Partnerschaft zwischen Schule und Kultur wurde 2013 mit dem Deutschen Kulturförderpreis 2013 in der Kategorie *Große Unternehmen* ausgezeichnet. Damit würdigte der Kulturkreis im BDI e. V. das besondere Engagement der PwC AG WPG für die kulturelle Bildung von Kindern und Jugendlichen. Die Jury, zusammengesetzt aus Vertretern von Medien, Wirtschaft, Politik und Kultur, lobte die Kultur.Forscher! als innovatives und facettenreiches Programm, das, so die Laudatio, langfristig und nachhaltig angelegt sei (Steul 2013). Die regelmäßige Fachberatung und der kollegiale Austausch unter Lehrern und Kulturpartnern sorgen dafür, dass dauerhafte Strukturen entstehen und die Kultur.Forscher! künftig, nach Auslaufen der Förderung durch die PwC-Stiftung, in die Selbständigkeit entlassen werden können.

Um die nachhaltige Verankerung und die Qualität der Angebote kultureller Bildung im Rahmen des Regelunterrichts zu sichern, braucht es Kooperationen. Schließlich sind Schulleitungen, Lehrerinnen und Lehrer keineswegs automatisch auch Experten für kulturelle Bildung. Ebensowenig sind Künstlerinnen und Künstler *von Natur aus* Experten für die Bildung junger Menschen. Vielmehr ergänzen sich beide Seiten in Kooperationen. Schülerinnen und Schüler, Lehrerinnen und Lehrer partizipieren an der künstlerischen Perspektive. Künstler und Kulturinstitutionen lernen ihr junges Publikum und seine Fragen und Bedürfnisse kennen. Verschiedene *Kulturen* treffen aufeinander. Reibung wirkt dabei im besten Fall wie ein Treibhaus für neue Ideen und Wege des Lernens.

Kulturelle Bildung in der Schule öffnet neue Räume für das Lernen inner- und außerhalb der Schule. Wichtig ist dabei die Vielfalt. Kinder und Jugendliche brauchen Wahlmöglichkeiten. Sie müssen emotional angesprochen werden und sich bei der Ausgestaltung kreativ beteiligen können (*hands-on*). Von den bislang mehreren hundert Vorhaben, die die PwC-Stiftung gefördert hat, findet ein großer Teil in Kooperationen von Kulturschaffenden mit Bildungseinrichtungen statt. Für nachhaltig wirkende Kooperationen braucht es nicht nur das Engagement und Geld von Stiftungen, auch die Politik muss sich beteiligen und Rahmenbedingungen schaffen, etwa in Form von Freiräumen für die Gestaltung des Unterrichts. Die Zusammenarbeit der in den Ministerien für Schule und Kultur zuständigen Ressorts ist ein zentraler Punkt, der von Anbeginn eines Projekts auch von Stiftungen moderiert werden kann.

Dies ist auch Gegenstand der im September 2014 gestarteten dritten Phase des Kultur.Forscher!-Programms, die den Transfer in die Fläche voranbringt. Parallel zu den Vernetzungsaktivitäten der Schulstandorte wird ein Top-down-Prozess von Seiten der Länderministerien, also die verstärkte Zusammenarbeit mit den Schul- und Kultusressorts, angestoßen. Durch die Implementierung im bundesweiten Ganztagsschulprogramm soll eine langfristige strukturelle Verankerung in den Bundesländern erfolgen.

Ein wesentliches Ziel der Stiftungsarbeit ist es, nachhaltig und systemisch zu fördern, damit nach Auslaufen der Förderphase der geleistete Input weiterwirkt. Dies ist nicht selbstverständlich für Stiftungsprojekte, deren Wirkung zwar vielfach als Anschub spürbar ist, am Ende aber vielfach zu verpuffen scheint. Bei ihrem Bemühen um die kulturelle Bildung ist der Stiftung bereits mehrfach eine nachhaltige Lösung gelungen. So konnte das Projekt *Kulturklassen Bamberg* nach der Anschubphase in kommunale Trägerschaft überführt werden. Das Programm, das Schulen und lokale Kulturangebote miteinander verbindet, ist heute sogar Modellprojekt für weitere Regionen Bayerns. Und das Programm Mathe.Forscher!, das die PwC-Stiftung 2010 zusammen mit der DKJS und der Stiftung Rechnen aufsetzte, wird heute für Baden-Württemberg von der Klaus Tschirra-Stiftung weitergeführt.

Wie bei den Kultur.- und den Mathe.Forschern! findet sich der Ansatz von Partizipation und Teilhabe in zahlreichen Förderprojekten der PwC-Stiftung. Dazu gehört seit 2013 das Projekt *Oper sucht Klasse* der Komischen Oper Berlin. Es nutzt das Interesse an Castingshows (ein beliebtes Format unter Jugendlichen) und hat ein musikpädagogisches Projekt entwickelt, das Jugendliche an das Musiktheater heranführt. Die Schüler werden angeregt, sich künstlerisch und kreativ mit Musik und Gesang einzigartiger Produktionen zu beschäftigen und zugleich die Castingshow als Medienformat kritisch zu hinterfragen. Mit professioneller Unterstützung der Universität der Künste in Berlin studieren die Klassen Chornummern einer aktuellen Bühnenproduktion der Komischen Oper ein und stellen sich nach Monaten des Probens auf der Bühne einer Fach- und Kinderjury.

2 Fördern und Vernetzen

Beate Heraeus, Vorsitzende der Heraeus Bildungsstiftung und Mitglied des Stiftungsrates der PwC-Stiftung, hat im Jahresbericht 2013 der PwC-Stiftung übereinstimmende Themen und den gemeinsamen Gestaltungswillen als Motiv für Stiftungskooperationen bezeichnet. Die „zentrale Aufgabe von Stiftungen" sei es, „neue Wege einzuschlagen und die davon ausgehenden Impulse möglichst zu skalieren" (Heraeus 2013, S. 6). Gerade im Kulturbereich herrsche ein hoher Bedarf an finanzieller und ideeller Unterstützung. Stiftungen übernehmen hier einerseits eine wichtige Aufgabe als Förderer und Moderatoren bei der Bereitstellung und Vermittlung von Ressourcen. Andererseits haben gerade die auf dem Feld der kulturellen Bildungsarbeit aktiven Stiftungen erkannt, wie wichtig und konstruktiv das gemeinsame Vorgehen, etwa durch den Austausch von Know-how, strukturellem Input oder auch finanzielle *Steigbügel-Hilfe*, sein kann. Netzwerke zwischen politischen Gremien, Träger- und Fördereinrichtungen sowie Stiftungen sind das Ergebnis und stehen für eine qualitativ hochwertige und gut durchdachte Bildungsarbeit, die an drängenden individuellen Bedarfen ausgerichtet ist.

Die Erfahrungen aus der Stiftungstätigkeit der letzten zehn Jahre belegen vor allem eines: Dauerhaftigkeit entsteht nicht im Alleingang. Die Wirkung bestimmter Initiativen zeigt sich erst, wenn sich verschiedene Stakeholder zusammen tun. Dies ist der Grund dafür, warum die PwC-Stiftung in der Zusammenarbeit mit den verschiedenen Partnern aus Politik, Wirtschaft und Kultur einen ganz wesentlichen Mehrwert, ja eine Triebfeder ihrer Arbeit sieht. Kooperationen erhöhen die Präsenz des eigenen Anliegens, sie vermindern Reibungsverluste und sorgen für Reichweite. Darüber hinaus tragen auch die Folgen der europäischen Währungs- und Finanzkrise dazu bei, dass sich Kooperationen auch im Stiftungssektor mehr und mehr durchsetzen. Dies ist zum einen dadurch begründet, dass die gegenwärtige Niedrigzinspolitik Spuren in der Ertragslage vieler Stiftungen hinterlassen hat. Zum anderen sind die staatlichen Haushalte immer weniger in der Lage, komplexer werdende Aufgaben der Daseinsvorsorge zu finanzieren. Dies hat Auswirkungen auf mögliche inhaltliche Zielsetzungen von Stiftungsarbeit. Vernetzungsaktivitäten, Kooperationen und die Errichtung von *matching funds* gehören immer öfter zum Tagesgeschäft von Stiftungen. Dementsprechend kommen als Partner nicht nur ihresgleichen und andere gemeinnützige Initiativen in Frage, sondern auch Akteure des gesellschaftlichen Lebens aus Staat, Wirtschaft, Kultur und Zivilgesellschaft.

Auf Motive wie diese geht auch der Rat für Kulturelle Bildung zurück, den ein Stiftungsverbund bestehend aus Stiftung Mercator, ALTANA Kulturstiftung, Bertelsmann Stiftung, Deutsche Bank Stiftung, Siemens Stiftung, Vodafone Stiftung Deutschland und PwC-Stiftung 2012 ins Leben gerufen hat. Jede der Gründungs-Stiftungen ist auf dem Gebiet der kulturellen Bildung aktiv. Sie setzen mit ihrer gemeinsamen Initiative „ein deutliches Zeichen dafür, dass es neuer gemeinsamer Wege bedarf, um in der kulturellen Bildung starke und nachhaltige Wirkungen zu erzielen", so die vom Rat publizierten Gutachten *Alles immer gut* von 2013 und *Schön, dass Ihr da seid* von 2014 (Rat für kulturelle Bildung 2013, 2014). Es ist die Überzeugung der PwC-Stiftung, dass der, der fördert, auch beratend tätig sein muss, um bildungspolitische Ziele zu erreichen. Als unabhängiges Expertengremium leistet der Rat mit Veröffentlichungen und Veranstaltungen Beiträge zur Bildungsdebatte. Dabei geht es keineswegs um eindimensionale Politikberatung. Dies passt nicht zum Selbstverständnis gemeinnütziger Kulturförderung. Vielmehr geht es um die gemeinsame Ermittlung von Bedarfen zur Erzielung von Synergieeffekten und um ein kooperatives Arbeiten *auf Augenhöhe*. Die vom Stiftungsverbund Rat für kulturelle Bildung initiierten Gesprächsformate wie die Stakeholder-Foren im Sommer 2014 zielten denn auch darauf ab, Akteure der Praxis vor Ort, politische Entscheider aus Kommune, Land und Bund sowie Vertreter von Verbänden, Stiftungen, Bildung und Wissenschaft miteinander ins Gespräch zu bringen, den Austausch zu fördern und letztlich neue Netzwerke auf den Weg zu bringen.

3   Stiftungen als Brückenbauer: Ökonomische Bildung als kulturelle Bildung

Als lernende Organisationen und zivilgesellschaftliche Akteure benötigen Stiftungen einen regelmäßigen Abgleich mit den Bedürfnissen der Gesellschaft, um auf aktuelle Bedarfe reagieren zu können. Dazu gehört nicht zuletzt und *im Kleinen* auch eine Beschäftigung mit globalen Megatrends wie Digitalisierung und demografischer Wandel sowie wirtschaftlichen und ökologischen Herausforderungen. Daraus ergeben sich neue Pfade, die die PwC-Stiftung mit ihrer programmatischen Neuausrichtung betreten möchte, ohne das bewährte Fördergebiet der kulturellen Bildung völlig aufzugeben. Daraus ergibt sich der Brückenschlag zwischen der kulturellen Bildung und der Ökonomie. Gerade an der Schnittstelle dieser Disziplinen, die sich lange unversöhnlich gegenüber standen, sollen innovative Projekte zur partizipativen Bildung von Kindern und Jugendlichen aufgesetzt werden und die Notwendigkeit, über (fachliche) Grenzen zu denken, unterstützen. Um Wirtschaft als einen Teil der Kultur zu begreifen und Schwellenängste abzubauen, sollen ökonomische Themen künftig mit künstlerisch-ästhetischen Methoden erschlossen werden und die kulturelle Prägung von Wirtschaft hinterfragt werden. Corporate Cultural Responsibility bei der PwC AG WPG wird sich somit künftig auch auf wirtschaftskulturelle Bildung erstrecken. Im Sinne eines *erweiterten Kulturbegriffs* werden daher grundlegende Bedarfsthemen der Lebenspraxis wie der verantwortliche Umgang mit Ressourcen ergebnisoffen aufgegriffen. Der Zusammenhang zwischen Kultur und Wirtschaft rückt damit künftig stärker in den Fokus. *Wirtschaft ist Kultur* – dieser Auffassung entsprechend bedingen sich Kultur und Wirtschaft gegenseitig und schließen einander keineswegs aus. Intention der PwC-Stiftung ist es daher künftig, eine Brücke zwischen beiden Disziplinen zu schlagen und nicht nur Themen an der Schnittstelle von Wirtschaft und Kultur aufzugreifen, sondern diese mit Methoden der kulturell-ästhetischen Bildung in die Kinder- und Jugendbildung einzubringen.

Literatur

Heraeus B (2013) Gemeinsam gestalten. http://www.pwc.de/de_DE/de/engagement/assets/pwc-stiftungsbericht-2013-einzelseiten.pdf. Zugegriffen: 07. Mai 2015

PwC (2015) http://www.pwc.de/de/engagement/initiative-der-fuhrungskrafte.jhtml. Zugegriffen: 07. Mai 2015

Rat kulturelle Bildung (2013) Schön, dass Ihr da seid. http://www.rat-kulturelle-bildung.de/fileadmin/user_upload/pdf/RFKB_Schoen_Doppelseiten.pdf. Zugegriffen: 07. Mai 2015

Rat kulturelle Bildung (2014) Alles immer gut. http://www.siemens-stiftung.org/fileadmin/user_upload/partner/Publikationen_der-Kooperationspartner/RKB_ALLES_IMMER_GUT_Doppelseiten.pdf. Zugegriffen: 07. Mai 2015

Rat kulturelle Bildung (2015) http://www.rat-kulturelle-bildung.de. Zugegriffen: 07. Mai 2015

Steul W (2013) Laudatio Kategorie „Große Unternehmen". Deutscher Kulturförderpreis 2013. http://www.kulturkreis.eu/images/stories/downloads/pb_deutscher_kulturfoerderpreis/dkfp_2013/laudatio_willi_steul_kulturforscher.pdf. Zugegriffen: 07. Mai 2015

Prof. Dr. Susanne Hilger ist Leiterin der PwC-Stiftung Jugend – Bildung – Kultur und Professorin für Wirtschaftsgeschichte an der Universität Düsseldorf. In ihren Veröffentlichungen und Vorträgen befasst sie sich mit dem Zusammenhang von Wirtschaft, Geschichte und Kultur. Für die PwC-Stiftung entwickelt sie zur Zeit ein Programm zur wirtschaftskulturellen Bildung für Kinder und Jugendliche.

Printed in Germany
by Amazon Distribution
GmbH, Leipzig

27407837R00165